2020

上海商贸年鉴

SHANGHAI BUSINESS YEARBOOK

《上海商贸年鉴》编纂委员会 编

上海科学普及出版社

图书在版编目（CIP）数据

2020上海商贸年鉴 /《上海商贸年鉴》编纂委员会编. ——上海：上海科学普及出版社, 2020.9
ISBN 978-7-5427-7760-7

Ⅰ. ①2… Ⅱ. ①上… Ⅲ. ①地区贸易经济—上海—2020—年鉴 Ⅳ. ①F727.51-54

中国版本图书馆CIP数据核字（2020）第166128号

2020上海商贸年鉴

《上海商贸年鉴》编纂委员会

责任编辑　吕　岷　李　明
美术编辑　姚　毅

出　　版　上海科学普及出版社
地　　址　上海市中山北路832号（邮编200070）
印　　刷　上海展强印刷有限公司
规　　格　889×1194 1/16
印　　张　22.5
插　　页　12
字　　数　850千字
版　　次　2020年10月第1版
印　　次　2020年10月第1次印刷
书　　号　ISBN 978-7-5427-7760-7
定　　价　380.00元

第二届中国国际进口博览会国家展展区中国馆

第二届中国国际进口博览会国家展展区法国国家馆

第二届中国国际进口博览会国家展展区希腊国家馆

2019年11月5日，在第二届进博会装备展区日本那智不二越公司的超高速点焊SRA系列机器人

2019年11月6日，德国阿吉斯公司的建筑垃圾循环利用破碎机在第二届进博会展示发布平台全球首发

2019年11月6日，参观者在食品及农产品展区全球食品集成分销平台参观

中国（上海）自由贸易试验区临港新片区俯瞰图

2019年11月11日，临港新片区一体化信息管理服务平台启用

2019年11月18日，中国（上海）自由贸易试验区临港新片区管委会与浦银金融租赁股份有限公司举行临港新片区首单船舶跨境租赁项目暨战略合作协议签约仪式

2019年5月20日，市商务委召开跨境电商专题座谈会

2019年7月3日，由中国公共外交协会、上海市政协主办，中国经济社会理事会、上海市商务委员会担任支持单位的“‘一带一路’——中国企业走进亚太”研讨会在上海国际会议中心举办

2019年9月12日，2019对接进博会上海投资促进交流活动举行

2019年9月20日，上海重振老字号工作推进会议在上海展览中心友谊会堂举行

2019年9月26日，2019年度长江经济带东西部国家级经济技术开发区交流合作活动在上海举行

2019年12月6日，市商务委召开第二届进博会总结表彰大会

2019年7月4日，上海市人民政府隆重举行上海市第三批贸易型总部颁证仪式

2019年7月10日，“2018全球时尚产业指数　时装周活力指数”发布会在沪举行。市商务委主任华源出席发布会并致辞

2019年9月4日，市商务委主任华源会见美中贸易全国委员会上海首席代表欧文（Owen Haacke）及会员企业艾默生、eBay的代表

2019年9月12日，上海市副市长许昆林出席海外贸易机构集体入驻仪式

2019年9月16日，绿地钻石直销中心（Greenland Diamond Centre,GDC）在进博会常年展示交易服务平台绿地全球商品贸易港内开馆

2019年9月25日，虹桥进口商品展示交易中心（B型）保税物流中心举行落成运营暨保税展销商品集中发布仪式

中国（上海）自由贸易试验区

具有世界一流管理水平的上海化学工业区

上海漕河泾新兴技术开发区科技创业中心

2019年11月21—23日，2019上海国际城市与建筑博览会在国展中心开幕，上海建工集团股份有限公司携旗下八家子公司亮相

上海丝绸集团股份有限公司举办炎黄盈动AWS PaaS全国巡展活动

2019年12月25日，东华大学服装与艺术设计学院副院长王朝晖和东方国际集团上海利泰进出口公司总经理赵晓东为“东华·东方国际集团上海利泰进出口有限公司”教学实践基地揭牌

2019年4月6日，上海时装周“时尚周末”活动在上海展览中心举行

2019年9月14日，2019上海旅游节正式开幕

2019年9月19日，第八届上海邮轮游艇旅游节在虹口区北外滩上港邮轮城拉开帷幕

2019年9月20日，2019上海购物节盛大开幕

2019年9月20日，2019第十五届上海酒节登陆北外滩

2019年9月22日，上海浦东新区举办“七十年•丰收汇”系列主题活动

《上海商贸年鉴》理事会

会长单位

副会长单位

《上海商贸年鉴》理事会

理事单位

编 辑 说 明

一、《上海商贸年鉴》(以下简称《年鉴》)是一部大型的上海商贸专业工具书,由上海商贸年鉴编纂委员会组织编纂。其主要任务是全面收集上海每一年的商贸发展情况及资料信息,并编辑整理,汇集成册。

二、《年鉴》的前身为《上海对外经济贸易年鉴》,创建于1995年,每年编纂出版1卷,已出版25卷,其中包含《上海商务年鉴》7卷。2016年起更名为《上海商贸年鉴》。2020版《年鉴》是其第二十六卷,主要记载2019年上海内贸、外贸、利用外资、对外经济合作、服务贸易、技术贸易、商贸体制改革等方面的发展情况,重点反映上海商贸企业改革及经营情况。

三、《年鉴》主要采用记叙文体及图表配合形式,全面记述和真实反映上海商贸情况。其编纂体例在突出上海商贸地方特色的前提下,力求同国家行政部门主办的商贸类年鉴相衔接,与海内外编辑的经济类年鉴接轨。

四、《年鉴》设置的编目,随着上海每一年商贸的发展,编目有增有减。本卷年鉴设总述、特载、互联网(5G)+商贸、企业、自贸试验区、开发区、企业与品牌、专集、专记、商贸统计和商贸便览十大编。

五、《年鉴》特载编介绍第二届中国国际进口博览会和上海增设中国(上海)自由贸易试验区临港新片区情况。互联网(5G)+商贸编,着重反映传统商贸企业结合互联网(5G)技术,整合电子支付手段,建立线上线下联动,实现商贸企业战略转型新的业态。企业编,着重反映企业在扩大改革开放和转型升级做出的新成就,适当增加部分中小企业发展情况和上海老字号企业的介绍。中国(上海)自由贸易试验区与开发区编,重点介绍中国(上海)自由贸易试验区和外高桥保税区、洋山保税港区、浦东机场综合保税区的运转情况。企业与品牌编,反映企业在创建品牌和企业发展过程中所创造的成绩。专集编,继续保留国内外有影响的展览会和上海创意产业园的内容。专记编,介绍部分上海品牌、上海名店、上海名镇、上海名景及最新商贸法律法规。商贸统计、商贸便览编,主要收录上海内、外贸经济数据及上海与"一带一路"沿线国家的进出口贸易情况和上海参与共建"一带一路"的资料,供读者需要时阅览。本卷年鉴充分反映上海商贸新的特色以及商贸系统在"创新驱动、转型发展"中出现的新成果和新经验。全书约80万字,收集图照150余幅。图照绝大部份由供稿单位提供,少量来自网络,如有不妥,请联系《上海商贸年鉴》编辑部。

(一) 总述。总体介绍2019年上海商贸发展情况。

(二) 特载。反映第二届中国国际进口博览会和新设立的中国(上海)自由贸易试验区临港新片区情况。

（三）互联网（5G）+商贸。介绍传统商贸企业利用互联网（5G）技术，促转型求发展的新业态情况，共5篇。

（四）企业。收录上海内外贸集团、公司发展情况，共43篇。

1. 内贸企业：介绍上海一些代表性的内贸企业和机制转换及贸易发展情况，共4篇。

2. 外贸企业：介绍上海对外贸易有影响的外贸企业，共3篇。

3. 外资、外经企业：介绍上海知名的外资、外经企业，共10篇。

4. 展览企业：介绍对上海展览行业有贡献的企业，共3篇。

5. 上海老字号企业：介绍上海著名老字号企业，共9篇。

6. 知名企业：刊登长期对年鉴大力支持的知名企业简介，共14家。

（五）自贸试验区与开发区。其中介绍自贸试验区、上海地区的国家级和市级开发区经营发展情况情况，共3篇。

（六）企业与品牌：反映知名企业在创建品牌和企业发展过程中所做出新成就，共3篇。

（七）专集。国内外有影响的展览会，上海创意产业园，共2个栏目。

1. 国内外有影响的展览会：介绍内外贸最具规模，且有较大影响的展览会和交易会，共9篇。

2. 上海创意产业园：介绍上海部分有代表性的创意产业园，共8篇。

（八）专记。选登上海品牌9篇、上海名店7篇、上海名镇6篇和上海名景7篇。商贸法律法规，收录国家及上海市最新商贸法律和法规文件名录。

（九）商贸统计。

1. 对外贸易往来国家（地区）贸易情况分析。共15类。

2. 收录上海与65个“一带一路”沿线国家（地区）进出口贸易统计资料。

3. 商业、服务业。收录上海市2019年商贸领域主要经济指标，共9类。

4. 上海关区及市区进出口贸易。主要收录上海2019年对外贸易统计资料，共9类。

（十）商贸便览。收录上海与全国有关商贸及主要经济数据对比资料，共32类。

六、本卷年鉴有关编目中的数据，由于统计口径不同、方法不一，如有差异，均以统计编中的数据为准。另外有些资料及数据来自网上及相关报纸和杂志，仅供读者参考。

七、本卷年鉴在编纂过程中，得到各撰稿单位及有关人员的大力支持，在此谨表谢意，并请海内外读者对不足之处提出批评。联系地址：上海市四川中路49号101室，邮政编码：200002，邮箱：shwjm@126.com。

《上海商贸年鉴》编辑部

2020年5月

上海商贸年鉴(2020)
总　目　录

分编目录

第七编　专　　集

第八编　专　　记

第一编 总述

总　述

2019年，面对错综复杂的外部环境，上海市商贸系统在市委、市政府领导下，坚持以习近平新时代中国特色社会主义思想为指导，深入学习贯彻落实党的十九届四中全会和习近平总书记考察上海重要讲话精神，坚持稳中求进的工作总基调，推动“三大任务、一大平台”和“上海购物”品牌建设取得新进展。社会消费品零售总额增长6.5%，商品销售总额增长1.8%，规模均稳居全国城市之首；继续保持全球最大货物贸易口岸城市地位，货物进出口增长0.1%；外资新设项目、合同外资、实到外资分别增长21.5%、7.1%、10.1%，实到外资规模创历史新高。

一、服务改革发展大局，推进三大任务、一大平台建设

（一）完成第二届进博会城市服务保障，溢出带动效应不断放大

按照习近平总书记“办出水平、办出成效，越办越好”的指示要求，制定《第二届进博会城市服务保障总体方案》《总任务书》和22个专项方案，完成181项重点工作、369个节点任务，实现重大活动保障有力、中外嘉宾接待周到、交通餐饮服务优质、交易团队组织严密。出台并落实进博会带动效应方案50项，新增18个“6天+365天”交易平台，绿地全球商品贸易港、虹桥品汇等平台的进口集散功能增强。召开了“上海城市推介大会”，吸引600多位跨国公司高管参加，达成一批合作意向，10个参展国开通天猫国家旗舰店，113个参展新品进驻天猫。推动通关、监管和知识产权保护等25项制度落地。

（二）推动自贸区建设，落实重要改革任务

高质量推进自贸试验区工作，商贸领域19项自贸试验改革任务全面落实，“单一窗口”功能进一步拓展，增设“服务贸易”专区，推动物流单证全程电子化。探索自贸试验区平行进口汽车审价机制，实施平行进口汽车“批量”审价便利化措施，拓展平行汽车进口市场规模。支持商业银行自主决定贸易真实性审核流程和依据，提升离岸贸易便利化水平，亚太示范电子口岸成员增至12个经济体22个示范口岸。上海、厦门与澳大利亚开展海运可视化二期试点，与马来西亚开展东盟原产地证互联互通试点。支持临港新片区加快建设，推动电信、保险、证券、科研和技术服务、教育等重点领域加大对外开放力度。制定新片区促进离岸和转口贸易、建设跨境电商“海外仓”和服务贸易集聚区等方案，搭建数字贸易交易促进平台。推进企业原油进口资质、保税油补、保税维修和跨国公司地区总部政策落地。推进产业功能规划、外商投资安全审查、航空中转集拼业务、海关特殊监管区域信息管理、对外投资和跨国金融税收征管、文物拍卖试点等工作。

（三）推进长三角市场一体化建设，完善

区域协同发展机制

贯彻国家《长江三角洲区域一体化发展规划纲要》，落实《长三角区域市场创新发展三年行动计划(2018—2020年)》，召开长三角供应链与创新应用大会，成立长三角供应链创新与应用发展基金，推出一批公共服务和专业服务平台。启动筹建长三角国际会展制造和装备产业园，推进24个城市成立长三角城市会展联盟。发布《长三角重要产品追溯发展报告》，推动长三角区域重要产品追溯信息互通共享。深化长三角单一窗口互通互联，推进沪皖单一窗口系统对接和数据共享。联合三省编写《2019长三角商务发展报告》，展示长三角商务一体化发展成果和趋势。

（四）参与一带一路国际合作，推动“桥头堡”功能进一步提升

一是加强国际产能合作，促进政企、银企对接，推动包括斯里兰卡高速公路、印尼青山产业园新增投资等一批合作项目开花结果。二是完善经贸投资促进网络布局，推进“一带一路伙伴关系计划”，推动上海与德国萨尔州政府签署经贸合作谅解备忘录，与新加坡建立全面合作机制。抓住进博会契机，加快沿线国家国别中心和专业贸易平台建设，新增希腊馆、南太平洋岛国联合馆。三是加强“走出去”能力建设，开设七个专题56个班次的走出去培训项目，累计培训3000人次。推出走出去培训“空中课堂”，扩大培训覆盖面。发挥援外培训平台作用，承办面向“一带一路”援外培训项目57个，参训学员1500人。

二、推动经济高质量发展，提升国际贸易中心核心功能

（一）打响“上海购物”品牌，激活消费市场活力

市政府出台《进一步优化供给促进消费增长的实施方案》，会同相关部门制定推动夜间经济、海派特色小店、老字号发展政策、推出优化营商环境的政策措施，形成全市促销费合力。做大做强夜间经济，聘任15位夜间区长和85位夜生活首席执行官，打造9个夜生活集聚区，夜生活餐饮多样化值，位列全国城市第一。新开浦东机场卫星厅、吴淞口国际邮轮免税店，设立市内免税店，机场免税店经营规模由8000平方米，扩大到19000平方米，在全国率先开展境外旅客购物离境退税即买即退试点，离境退税销售额占全国六成以上。打造全球新品首发地，支持电商龙头企业打造全球新品网络首发中心。成功举办两季上海时装周，每季吸引全球1200余个品牌参展，首发新品过1万件，交易规模破万亿元。引进首店986家，比2018年多151家。举办2019上海购物节，覆盖2000多家企业的2万多个网点。187个老字号形成“一品一策一方案”，在第二届进博会现场新设非遗和老字号展区，118家老字号在电商平台开设旗舰店、专营店，35个品牌近2000个单品进驻虹桥和浦东机场。实施新一轮国家电子商务示范工程，支持“互联网+生活性服务业”创新试验期发展，根据商务部大数据监测，全市网络零售额位列全国城市第一。

（二）加快培育外贸竞争力，提升外贸发展质量

一是大力发展服务贸易。发布全国省级首份数字贸易行动方案，打造数字贸易国际枢纽港。新增浦东软件园等4家服务贸易示范基地，举办第七届中国(上海)国际技术进出口交易会，加快技术贸易发展和科技成果转化。推进国家文化出口基地建设，实现文化服务出口两位数增长，上海国际艺术品保税服务中心投入运营，推进支持邮轮服务贸易发展的14项举措。二是促进贸易新业态发展。深化跨境电商综合实验区建设，支持跨境电商一般出口企业采用“清单核放、汇总统计”便利化报关手续。探索保税展示交易新模式，开展保免税一体化商店政策设计，推进国金中心等开展保税展示交易业务。获批全国首批二手车出口试点城市，支持创新许可证申领办法，4家出口加工区转型升级为综合保税区。三是加快外贸品牌培育。开展自主品牌示范企业认定，举办外贸品牌推介会。优化外贸转型升

级基地检验检测、培训服务和展览、展示等公共服务。

（三）集聚高能级市场主体，提升总部经济能级

市政府发布《关于本市促进跨国公司地区总部发展的若干意见》，提高跨国公司资金使用自由度和便利度，支持地区总部拓展功能。新引进跨国公司地区总部50家、研发中心15家、累计达到720家和456家，保持内地吸引外资总部数量最多的城市地位。出台《上海市鼓励设立民营企业总部的若干意见》，累计认定193家民营企业总部，137家贸易型总部。在有色金属领域率先开展"期现联动"试点，交易额超2000亿元。首创钢铁领域提单交易和产能预售试点，支持大宗商品交易平台对接国家级要素市场，探索监管规则创新，千亿元级以上交易平台累计达10家。

（四）推进供应链与应用试点城市建设，降本增效成果显现

培育认定100家供应链示范企业，推广快消品"整托下单、带板运输、信任交接"模式和农产品"三次不倒筐"配送模式。在汽车、钢铁、医药、消费品等重点领域，形成一批整合产业链资源配置型平台。实施国家级城乡高效配送试点，贯彻《关于本市推进电子商务与物流快递协同发展的实施意见》，支持青浦区加快建设全国首个"快递行业转型发展示范区"，城市配送三级服务网络基本形成。推进老港生态环保示范基地建设，培育废塑料、废纺织品、电子废物等领域龙头企业，鼓励"互联网+回收"等新模式新业态发展，点、站、场、厂的再生资源回收体系逐步健全。

三、推进改革开放向纵深发展，打造国际一流营商环境

（一）积极应对国际经贸形势新变化，打造安商、稳商、留商的营商环境

全面落实中央"六稳"工作要求，出台新的政策举措，加大出口信用保险、通关便利化等支持力度，加快在转手买卖贸易、外汇收支便利等方面创新突破，稳企业成效显现。新设外资项目增长21.5%、合同外资增长7.1%、实到外资增长10.1%，进出口规模保持稳定。举办关税排除实务操作、海外合规经营培训42场，受训企业3300家。在全市46个公平贸易工作站开展行业贸易动态预警及风险防范指导，加强对涉案企业的法律服务，企业应诉率100%。构建市区两级外资企业投诉和合法权益保护机制，推动外商权益保护规范化、流程化和时效化。召开9场外资企业政企合作圆桌会议，收集186个问题或建议，超过85%的问题已解决。制定《关于本市进一步促进外商投资的若干意见》，启动"上海外商投资促进服务平台"，开展线上匹配对接，引进项目信息超过600条。做好经贸外事活动保障工作，对接进博会高级别经贸团组，精心设计经贸考察线路和投资促进活动。举行两批跨国公司地区总部及研发中心颁证仪式和两批共80个外资项目集中签约仪式，推动一大批项目落地。

（二）对标国际最高标准，打造以国际通行规则相衔接的营商环境

落实国家新版负面清单和产业目录，支持新开放领域项目加快落地，制定发布新一轮服务业扩大开放40条。落实优化营商环境2.0版行动方案，制定实施《2019年跨境贸易便利化专项行动实施方案》《上海口岸深化跨境贸易营商环境改革若干措施》，推广提前申报，压缩整体通关时间，实现物流单证全程电子化。实施机电类自动进口许可证无纸化申领，全面规范口岸收费，实现调降货物港务费15%、港口设施保安费20%，企业下调码头操作费约10%，推动世界银行2020年营商环境跨境贸易指标排名上升9位。

（三）持续深化放管服改革，打造透明高效的营商环境

一是加快推进"一网通办"，实现流程优化减材料落地率100%，电子证照减材料落地率100%；实现行政许可事项办理时间减77%，办理材料总量减51%。完成50项行政事项接入"一网通办"，实现"零跑动"事项38

项，实现全部行政事项“一窗通办”。推进会展、家政、外资三项立法，《家政服务条例》获市人大常委会表决通过，《会展业条例》进入市人大审议阶段。加大简政放权力度，复制推广取消加工贸易企业经营状态及生产能力证明事项的改革举措，推进拍卖经营许可事项证照分离改革。

四、持续解决民生问题，推行商务惠民举措

（一）聚焦保供稳价，保障主副食品供应

加强产销对接，与国内猪肉生产区达成16项采购合作意向。与云南签订了保供合作协议，在江苏、安徽等地启动建设6个紧密型生猪外延基地，在全市设立420个“平价肉专柜”。扩大储备投放，完成冻猪肉储备任务，实施定向投放，组织猪肉替代品，增加牛肉、禽肉、水产品等供应量。优化农产品市场布局，新建500家社区智慧微菜场，全面推进“平价菜专柜”建设，加快外延蔬菜和主供应基地建设，新增77个主供应基地、外延蔬菜生产基地累计达到43个。组织本市重点企业开展对云南、贵州、西藏等对口支援地区产销对接，在对口帮扶地区建立30个对接基地。

（二）聚焦实事项目，推动生活性服务业发展

组织召开全国家政服务业经验交流现场会，全年完成家政持证上门服务培训4万多人（次），超额完成市政府实事项目，推进对口帮扶地区入沪就业等家政扶贫项目。在早餐网点薄弱社区建成36家早餐示范门店，支持“便利店+早餐”经营模式，建成50家连锁便利早餐示范点。宣传行业正规军，做好“夏季保维修”系列活动，新增和复审培训4000多人（次），持证上门服务率达90%以上。

（三）聚焦环境优化，规范市场秩序

市政府发布《上海市单用途预付卡管理实施办法》，协同监管平台实现与“一网通办”对接。在重点商圈及企业开展“七日无理由退货服务”，全市已有750多家线下实体店实施，部分企业实行30天无理由退货服务。推进商务诚信公众服务平台的升级，发布“上海购物”商圈信用指数。建立汽车流通信息服务平台，实现一车一档动态管理。

五、2020年工作展望

2020年，是全面建成小康社会和“十三五”规划的收官年，也是上海国际贸易中心的基本建设年。市商务系统以习近平新时代中国特色社会主义思想为指导，深入贯彻落实习近平总书记考察上海重要讲话精神，按照十一届市委八次全会和全国商务工作会议的部署，坚持稳中求进的工作总基调，紧紧围绕国际贸易中心建设，聚焦“消费提质”“外资增能”“外贸稳量”“市场保供”“办好世博”等重大工作的落实，善做善成，扎实推进实施“三大任务”，不断强化四大功能，深入推动商务高质量发展，圆满完成“十三五”规划各项目标任务，为“十四五”开局奠定良好基础。特别是，面对突如其来的“新冠肺炎”疫情的影响，要把加快发展“五个经济”作为对冲疫情影响的着力点。

——做强“夜间经济”。丰富业态，促进夜购、夜娱、夜健、夜读、夜展、夜游等消费场景积聚。完善配套，更大力度推动实施夜间交通市容环境安全等保障措施，探索试点24小时营业区政策，提升能级，塑造大型夜间消费活动。打造地标，推出一批品牌化、标志性商旅文体一体化项目，进一步拓展夜经济集聚区功能。

——做大“免退税经济”。争取更大力度的免退税政策先行先试，支持新设立市内免税店，鼓励自主品牌进入免税店，扩大境外旅客购物离境退税网点覆盖面，提升退税便利度。

——创新发展“平台经济”。支持平台企业不断丰富线上消费场景和内容。打造“小而美”的网络新品牌，精准匹配网络消费新需求。鼓励采取不接触投放、智能柜投放等配送方式，推动无人便利店、智能售货机等创新业态加快发展。在养老、家政、教育、回收等领域建设一批电子商务服务生态圈。深化供应链创新与应用试点，打造一批平台经济龙头企

业。提升钻交所、宝玉石交易中心等国家级要素平台能级,加快建设宝山钢铁领域平台经济示范区,支持浦东打造“期现联动”产业园。

——壮大“品牌经济”。开通“上海购物”APP,提升上海购物节影响力。加快推进南京路步行街、陆家嘴商圈、豫园商城改造提升,推动20条特色商业街区建设。鼓励传统商贸企业继续加快创新转型,推进老字号重振和“一品一策一方案”,实施老字号品牌保护工程、传人培养工程、数字焕新工程和国潮出海工程。

——加快发展“首发经济”。深化黄浦、静安、浦东、徐汇全球新品牌首发地示范区建设,举办高水平全球新品发布活动。支持各大电商平台打造全球新品网络首发中心,优化消费环境。制定促进平台经济规范健康发展的实施意见,开展静安、黄浦、杨浦、嘉定等区重点商圈信用示范区建设,做好宝山、闵行等区单用途预付卡监管试点和执法试点。扩大“七日无理由退货”服务承诺的行业企业覆盖面。

第二编 特载

特　　载

第二届中国国际进口博览会

中国国际进口博览会(China International Import Expo, CIIE),由中华人民共和国商务部、上海市人民政府主办。举办中国国际进口博览会是中国坚定支持贸易自由化和经济全球化、主动向世界开放市场的重大举措,有利于促进世界各国加强经贸交流合作,促进全球贸易和世界经济增长,推动开放型世界经济发展。中国愿与各国一道,将中国国际进口博览会打造成为世界一流的博览会,为各国开展贸易、加强合作开辟新渠道,促进世界经济和贸

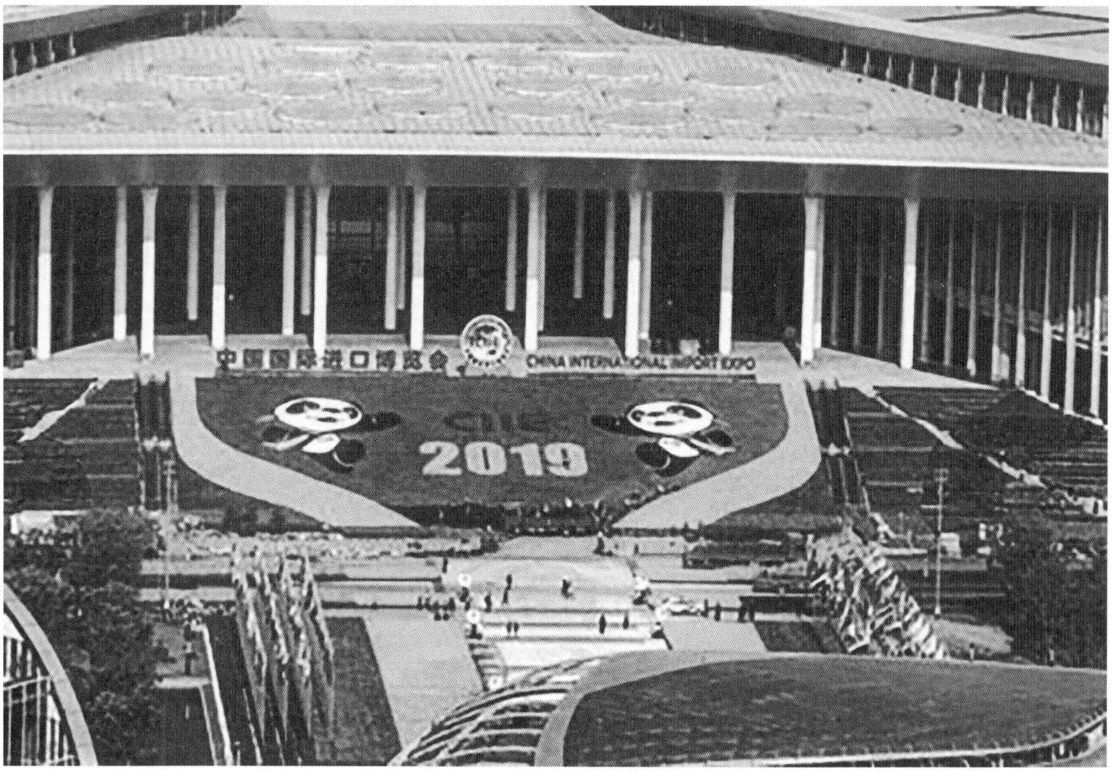

2019 年 11 月 5 日,第二届中国国际进口博览会在国家会展中心(上海)举行

易共同繁荣。

2019 年 11 月 5—10 日，第二届中国国际进口博览会在国家会展中心（上海）举行。11 月 5 日，习近平主席出席开幕式并发表题为“开放合作　命运与共”的主旨演讲，提出了推动建设开放型世界经济的 3 点倡议和中国持续推进更高水平对外开放的 5 方面举措，宣示了中国进一步扩大开放的决心，为推动经济全球化向前发展注入强大信心和澎湃动力。法国总统马克龙、牙买加总理霍尔尼斯、希腊总理米佐塔基斯、塞尔维亚总理布尔纳比奇、意大利外长迪马约、世贸组织总干事阿泽维多在开幕式上致辞。

国家主席习近平的主旨演讲，在与会人士和社会各界中引起强烈共鸣，得到国内外各界高度认同和广泛赞誉。中国已经成为倡导开放经济的引领者，为世界树立典范，各国企业备受鼓舞，增强了对中国市场的信心。

白俄罗斯白中政府间合作委员会科技合作委员会委员列昂诺夫说，习近平主席在主旨演讲中表示中国将坚持新发展理念，继续实施创新驱动发展战略，这表明中国的行动是有连续性的，中国遵守诺言，努力实现目标。习近平主席还针对目前世界经济出现的一些问题提出了解决方案与建议，这有助于促进世界贸易的发展。

乌克兰工商会主席根纳季·奇日科夫说，习近平主席的演讲再次表明中国推动建设开放型世界经济、构建人类命运共同体的决心。中国举办世界最具影响力的国际进口博览会证明中国已经成为倡导开放经济的引领者，为世界树立典范。

乌兹别克斯坦国立世界语言大学教授库兹耶夫说，习近平主席提出共建开放合作、开放创新、开放共享的世界经济，深得广大发展中国家的赞赏和支持。正如习近平主席所说，世界经济发展面临的难题，没有哪一个国家能独自解决。

国际贸易中心执行主任阿兰查·冈萨雷斯说，习近平主席在演讲中不仅展望未来，同时总结了首届进博会以来所取得的成绩，彰显了中国的责任担当与言出必行。

美国伊利诺伊理工大学教授哈伊里·图尔克说，在当前贸易保护主义抬头的趋势下，习近平主席呼吁共建开放合作的世界经济很重要。图尔克指出，一个发展中国家在制定全球贸易议程方面发挥主导作用，这在历史上还是第一次。

德国联邦外贸与投资署新闻发言人安德烈亚斯·比尔芬格说，他注意到习近平主席在讲话中多次提到共建、合作、发展和开放，这些关键词对于德国、中国和世界都很重要。进博会释放了中国将继续开放的信号。

巴西中国问题研究中心主任罗尼·林斯认为，经济全球化趋势不可逆转，没有任何一个国家能够仅凭一己之力实现发展。各国应以更加开放的心态和举措，共同努力，不断推动建设开放型世界经济。

乐高集团首席执行官倪志伟说，习近平主席的主旨演讲中关于中国继续扩大市场开放、优化营商环境、完善知识产权保护法律体系等方面的信息让人备受鼓舞，进一步加强了我们对中国市场和未来在中国发展业务的信心。

欧莱雅集团董事长兼首席执行官安巩表示，习近平主席的演讲令人鼓舞，具有启迪意义。过去几年，欧莱雅享受到中国改革和市场开放带来的巨大红利。随着中国开放的大门越开越大，人们看到一个以更加开放包容的姿态致力于携手各国共同发展、共同构建人类命运共同体的中国。

达能公司秘书长兼执行总裁欧阳伯堂说，习近平主席的演讲再次向世界传递了强烈信号，即中国对外开放的大门将越开越大。中国持续推进更高水平对外开放将为外资企业提供更好的营商环境。

德勤全球战略委员会主席乔礼和说，习近平主席的主旨演讲彰显了中国进一步推进对外开放的决心，体现了中国与世界共享市场的格局。

强生公司中国区主席宋为群认为，习近平

主席在演讲中提出共建开放合作、开放创新、开放共享的世界经济，令强生备受鼓舞，对在华发展充满信心。

一、第二届进博会突出特点

1. *展会规格高，国内外影响广泛*

第二届进博会紧紧围绕习近平主席"办出水平、办出成效、越办越好"的总要求和主场外交定位，延续"新时代，共享未来"的主题。展会规模更大，共有181个国家、地区、国际组织与会，3800多家企业参展。展览面积扩容，总面积超过36万平方米，企业平均展览面积由首届的每家74平方米提升至每家近90平方米。主宾国数量增加。由首届12个主宾国增加到15个，国家展中新亮相国家超1/3，遍及五大洲。采购商规模更大。各省份和部门共组建了39个交易团，近600个交易分团，数量远超首届。论坛会议思想汇聚，展览交易务实高效，配套活动丰富多彩，服务保障专业便捷，整个展会精彩纷呈，盛况空前。

2. *论坛内容丰富，创新引领作用增强*

第二届虹桥国际经济论坛主题鲜明，内容丰富，议题广泛。有关国家政要、国际组织负责人、诺贝尔奖得主、跨国公司董事长和总裁等全球政商学研界嘉宾齐聚一堂，聚焦营商环境、人工智能、世贸组织改革、电子商务、共建人类命运共同体等领域，深入探讨，广泛交流，发言精彩纷呈。论坛成为汇聚最新理念、创造全球共识的国际高端平台，创新引领作用进一步增强。

在"开放、规制与营商环境"分论坛上，与会嘉宾对中国为营造稳定、公平、透明、开放的营商环境和推动经济转型升级做出的努力予以充分肯定，从政府角色和企业视角，共同探讨如何优化国际营商环境，并就如何振兴国际投资积极探求创造性解决方案。

在"人工智能与创新发展"分论坛上，与会嘉宾从理念、技术和政策监管等角度切入，分析以人工智能为代表的新技术、新产业给人类未来发展带来的机遇与挑战。嘉宾普遍认为，各国应携手合作，加强数字化时代基础设施的联通共享，"善用"人工智能，更好地提升人类生活、助力全球经济发展。

在"世贸组织改革与自由贸易协定"分论坛上，与会嘉宾探讨了多边和区域合作机制的走向及世贸组织改革方向，强调各国应旗帜鲜明地反对单边主义和保护主义，并就世贸组织改革提出了各自的见解。

在"数字化时代与电子商务创新发展"分论坛上，与会嘉宾就应对数字经济挑战、促进电子商务开放合作和普惠发展等进行了深入交流，肯定中国电子商务发展的巨大成就，认为唯有不断革新才是正道，应进一步深化电子商务开放合作，促进普惠发展。

在"70年中国发展与人类命运共同体"分论坛上，与会嘉宾认为，中国积极参与经济全球化，为各国经济增长和联动发展带来机遇，在维护世界和平发展、推动全球治理体系变革等方面发挥日益重要的作用。人类命运共同体理念揭示了各国相互依存和人类命运与共的规律，找到了共建美好世界的最大公约数。

3. *经贸合作成果丰硕*

第二届进博会国家展参展国分布广泛，各国展台特色鲜明，活动丰富多彩，促进了各国间的沟通交流。中国馆彰显中国特色，以新中国成立70周年为主题，展示中国新发展理念和高质量发展成就。企业商业展规模、质量、布展水平，与首届相比，均实现了新突破。据初步统计，全球或中国大陆首发新产品、新技术或服务391件，高于首届。进博会正逐步成为各行业新产品、新技术发布和交易采购的首选平台。

第二届进博会专业观众注册超过50万人，其中包括7000多位境外采购商，大大超过首届，采购商国际化程度进一步提高；采购商专业性更强，其中，境内企业中来自制造业的占32%，来自批发和零售业的占25%。交易采购成果丰硕，按一年计，累计意向成交711.3亿美元，比首届增长23%。

第二届进博会期间，共举办380多场配套活动。其中，国家部委的政策解读类活动12

场。国际组织中，世贸组织举办《2019 年世界贸易报告（中文版）》发布会，联合国工发组织举办《2020 年工业发展报告》发布会，世界知识产权组织举办“打击侵权假冒国际合作论坛”。各省、自治区、直辖市举办了系列招商推介、经贸洽谈活动，促进贸易、投资与产业合作。新品发布平台共组织 53 场发布活动，推出多项新产品和新技术。为期 3 天的供需对接会上，来自 103 个国家和地区的 1367 家参展商、3258 家采购商进行了多轮“一对一”洽谈，达成成交意向 2160 项。首次集中亮相进博会的非物质文化遗产和“中华老字号”展示活动积极展现中国传统文化特色，进一步促进中外文化交流。

4. 现场服务质量更优，全方位提升参展参会体验

第二届进博会进一步创新工作举措，着力打造更加专业、便利、高效的一流现场服务，全方位提升展客商参会体验。

在标识指引方面，通过增加场馆固定标识和多语种标识，提高方位感、空间感，满足各国嘉宾观展需求。增加智能机器人指引，提升观展指引性、便捷性和科技感。展商客商普遍反映良好。

在餐饮供应方面，一是供应量更大。第二届进博会平均每日餐饮供应量超过 25 万份，同比增加近 10%，额外配备大量预包装食品用于大客流应急补充。二是品类更齐全。共有 140 家服务商参与整体餐饮保障工作，数量和规模均高于首届，同时增加地方特色小吃、多国风味美食，满足展客商不同国家、口味餐饮需求。三是分布范围更广泛。除在中央商业广场就餐外，在北广场、虹馆及各大展区等区域增设了临时餐饮及咖啡区，方便来宾就近用餐。

在翻译服务方面，大幅增设翻译服务点位及设备，共设置 83 个翻译服务点位，较首届增加了近 6 倍；设置 83 台支持 12 种语言的交传翻译机，较首届增长 150%。展客商预约翻译人员数量达 1061 人，总数较首届增长近 20%，有效提升了展客商交流洽谈的便利性和体验度。

在知识产权服务方面，组建集咨询、调解、仲裁为一体的进口博览会知识产权和商事纠纷处理服务中心，完善服务体系，优化服务机制，针对进博会参展方的实际情况制定服务方案，为全球企业进入中国市场提供专利商标注册和知识产权保护的绿色通道。

在导览服务方面，官方 App 功能设置更完善，服务性更强，稳定性更高，下载总量达 28 万次，较首届增加 40%，展客商基本实现“无忧参展”。一键连 WiFi 功能进一步完善，人均接入速度同比提升 20%，实现 5G 网络全覆盖。现场发放采购商手册、参观指南等材料累计超过 80 万份，为展客商参展参会提供了极大便利。此外，招募 3000 多名志愿者进行现场专业咨询解答、线路引导和展馆讲解，较首届增长 50%。

二、第二届进博会展品之最

1. 最大——法拉帝集团 FSD195 高速巡逻艇

它是第二届进博会第一个进馆布展、也是体积最大的室内展品——意大利豪华游艇制造商法拉帝集团的 195 型巡逻船。坐拥漫长海岸线的意大利，游艇等产品制造水平也位于世界前列。这是该巡逻艇首次在亚洲亮相。它船长 20 米、高 6.8 米、重 37 吨，是同级别巡逻船中速度最快的，时速可达 55 节，相当于每小时 90 多公里，能以 35 节的巡航速度续航 525 海里，相当于从上海开到厦门不用加油。

意大利豪华游艇制造商
法拉帝集团的 195 型高速巡逻船

2. 最细——0.18mm 胰岛素注射针头

首届进博会上,世界上最小的心脏起搏器让人眼前一亮,而在第二届进博会上,日本医疗器械制造行业领军企业泰尔茂株式会社将带着全球最细、最短的胰岛素注射针头"纳诺斯 Jr."前来报到。这一针头的外直径仅为 0.18 毫米,它基本可以实现无痛注射,让吃够"苦头"的"糖友"不再害怕打针,更可以造福于无数"小糖人"。首届进博会上,医疗器械是成交金额最高的品类,共 40.9 亿元。厂商们了看到了商机,2019 年,参展医疗展区的世界 500 强和行业龙头企业的数量超过了 60 家,相比首届翻了一番,排名全球前 30 强的企业有 24 家参展。

3mm 长、外直径 0.18mm 全球最短、最细胰岛素注射针现身进博会

3. 最贵——"海上传奇号"邮轮

第二届进博会上最贵的展品在服贸展区。皇家加勒比邮轮在本届进博会全球首发世界最豪华邮轮"Wonder of the Seas"——海上传奇号。该邮轮拥有世界上最长的邮轮滑梯,一系列新奇有趣的体验、富有想象力的美食、无

10 亿美元:最贵——"海上传奇号"邮轮

与伦比的娱乐活动和最前沿的科技技术,身价超过 10 亿美元。它不仅仅是进博会最贵的展品,也是世界最新、最大、最贵的邮轮。这艘邮轮目前还在法国圣纳泽尔大西洋造船厂建造,预计 2021 年下水并部署中国母港。在第二届进博会上首发后还接受订舱服务。

4. 最靓—"春灿"高跟鞋

还记得首届进博会出尽风头的高跟鞋"春灿"吗,今年她又来了!"春灿"是一双 36 码的高跟鞋,镶满了一万颗粉钻,价值高达 3000 万元。"春灿"珠宝鞋镶嵌工艺要求极高,运用高超的 3D 扫描与焊接技术,团队把一颗一颗的粉钻,使用密钉镶嵌法,辅以一小片一小片 K 金以人工焊接,令所有钻石可以服帖地贴在鞋面上,从设计到制造前后历时近 2 年。2018 年"春灿"吸粉无数,可惜闭幕后就被带回了英国收藏。但未来一年,你或许可以在位于上海外滩的一家商场内,与它来一次"亲密接触"。她的姐妹款"春韵""春云"售价一万多元,都有望在上海的旗舰店内对外销售。

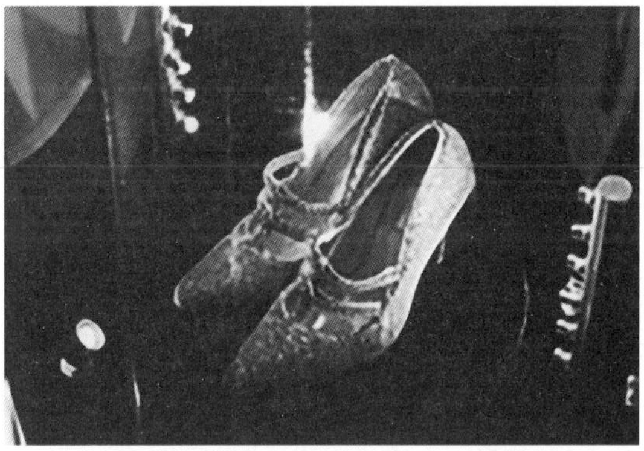

1 万颗钻石:最靓——"春灿"高跟鞋

5. 最古老——古董车斯图茨勇士

第二届进博会上高精尖的展品不稀奇,越古老的越稀有。这是本届进博会"年龄"最大的展品——1916 年的斯图茨勇士,价值 25.97 万美元。它今年 103 岁了,但在诞生之初被誉为是当时的终极跑车。本届进博会共有 5 辆来自美国的古董车,包括 1916 年的斯图茨勇士、1934 年的西斯帕罗·苏扎 J12、1937 年的德拉哈耶 135M 杜博思、1938 年的阿尔法·罗

密欧以及 1957 年的玛莎拉蒂 450S。价值最高的是 20 世纪 30 年代的德拉哈耶 135M 杜博思，本次展出的是限量版车身，价值高达 325 万美元。德拉哈耶 135M 被誉为是世界上最美的车之一，梦幻般的飞行器。看这流线型的车身，犹如在漂浮一般，即使现在看起来，也是未来感和科技感十足。

103 岁：最古老——古董车斯图茨勇士

三、国内外宾客感言

第二届进博会上，一件件展品吸引着目光，一个个“大单”刷新着纪录，一笔笔合作涌动着商机。规模更大、质量更优、创新更强、层次更高、成效更好，是第二届进博会的目标，也是五洲宾客对本届进博会的共同印象。

感言一

“亚米”品牌创始人、来伊份总裁郁瑞芬：

我们携旗下品牌“亚米”（Youngme）再度亮相进博会，单是展台面积就比 2018 年增加了近一倍，展品包括水产、饮料、糖巧果冻、饼干、坚果五大类。从韩国的芝士鳕鱼肠、澳大利亚的全脂牛奶，到意大利的优质天然矿泉水、比利时的牛奶排块巧克力，参展商品也比 2018 年更多。

除了以参展商身份亮相外，我们还与百联集团、苏宁、麦德龙、家乐福等企业一同参与了采购环节，与全球合作伙伴澳大利亚自由食品集团、韩国大象集团签订战略协议，达成近 1.3 亿元的意向采购。

感言二

苏宁采购交易团团长王哲：

第二届进博会上，我们的签约频次比第一届更高，新技术和新产品越来越多。我们同 20 多家海外供应商签约，除了继续加强与家电、3C 厂商密切合作，还更加关注与提升居民生活品质有关的商品。

不仅是采购，我们参展也更加突出“新品”。苏宁旗下日本乐购仕（Laox）整合包括日本百年礼品品牌榭迪（Shaddy）在内的 20 多家企业、60 多个知名品牌参展，很多产品都是在中国首发。质量越来越高的进博会，为我们零售服务商搭建了更好的平台。

本届进博会“质量更优”，体现在方方面面：

从参展商看，参展企业水准更高。参展的世界 500 强和行业龙头企业超过首届，“隐形冠军”企业等优质中小企业也在本届进博会亮相。

从采购商看，本届进博会在做好存量定向邀请的基础上，突出精准招商，优化专业观众的比例、结构，专业观众和国际采购商比例进一步提高。

从展位设置和展会服务看，本届进博会的设置进一步优化，增设室外展区。展会服务以展客商需求为导向，优化提升交易促进服务、知识产权保护服务、观展导购服务、现场综合保障服务等。

感言三

纽仕兰新云董事长盛文灏：

第二届进博会开幕不久，我们就签下了 3 亿元的首个订单，迎来“开门红”。随后，又与北京物美、深圳天虹等多个中国地方企业现场签订深度战略合作协议，踩着消费升级的鼓点进入更加广阔的中国市场。开幕仅 2 天，我们的签约总额就突破 10 亿元，超过首届进博会签约额的总和。

中国的消费升级已辐射到广阔的三四线城市，让我们看到了开拓市场的新机遇。期待 2020 年与进博会再次相约！

一天连签 20 多个海外品牌、一次性成功签约十几台装载机、一开场就签下亿元大单……第二届进博会开幕以来，参展台前摩肩接踵，一场场意向洽谈轮番上演，签约厅内掌声频传，一个个签约合作接连达成，“四叶草”里人气爆棚、好戏连台。

本届进博会头三天，从央企交易团到地方交易团，89 个档期的签约服务密集开展，展馆内的 5 个贸易洽谈区座无虚席，约 1200 家参展商和 2600 家采购商实现多轮次“一对一”现场对接洽谈，达成初步合作意向协议超千项。

本届进博会尚未结束，就有不少参展企业正式签约第三届进博会，“明年还想来进博”，成为许多参展商的共同心声。

感言四

都乐中国品牌总监王娜：

这是都乐第二次参加进博会，我们感到 2019 年观众的专业性更强、洽谈意向更明确。都乐展位所在的食品及农产品展区，还举行了素有“烘焙界奥林匹克”之称的路易・乐斯福杯世界烘焙大赛，进一步彰显了进博会的层次和国际影响力。

在第二届进博会上有丰富多彩的现场活动、供需对接会、项目推介会。本届进博会释放的一系列政策红利、不断扩大的“朋友圈”使都乐走出了一条多元化、多渠道的销售新路径。我们将积极申请第三届进博会的“入场券”。

第二届进博会坚持国际一流展会目标，其国际性、代表性和权威性得到了充分体现：

从展会本身看，买卖双方专业化程度更高。上百个高级别团组进馆观展，高效率开展洽谈交易。

从配套活动看，既有高层次国际论坛，又有相关部委政策解读；既有知名企业或行业组织举办的供需对接、新品介绍和研究发布会，又有相关国家（地区）、中国各省份开展的非商业性特色文化展演活动。

从国际合作单位看，除世贸组织、联合国贸发会议、联合国工发组织外，还新增了联合国开发计划署、联合国粮农组织和国际贸易中心等国际组织。

感言五

现代机器人（上海）有限公司总裁申东瑾：

第二届进博会，“全球首展”“全球首发”的产品和技术明显增加。2019 年是我们进入中国市场的第一年，我们希望靠更强的创新力收获更多认可。

韩国现代重工有 7 款机器人首次参展。比如为适应新能源汽车材质的变化，我们的“自动铆接系统”拥有超高压点焊焊钳，能提高焊接质量；为满足高精度、高品质工艺要求，我们的车身涂胶系统拥有视觉及激光传感器，能进行三维扫描分析，确保涂胶准确。

第二届中国国际进口博览会成功举办，再次向世界宣示了中国扩大开放的坚定决心，发出了共建开放合作、开放创新、开放共享的世界经济的倡议，受到了国际社会的高度评价。第二届中国国际进口博览会在首届的基础上实现了新的提升，展览规模更大，论坛层次更高，参展人员更多，全球瞩目、盛况空前、成果丰硕。习近平主席在第二届中国国际进口博览会开幕式主旨演讲中指出，“中国市场这么大，欢迎大家都来看看”，向世界各国发出了盛情邀请。我们将认真贯彻落实习近平主席重要指示，按照“越办越好”的总要求，精心筹划组织好第三届中国国际进口博览会。

中国（上海）自由贸易试验区临港新片区

增设中国（上海）自由贸易试验区临港新片区（简称新片区），是习近平总书记交给上海的三项新的重大任务之一。新片区是上海推进改革开放和创新发展的重要载体，是上海

中国(上海)自由贸易试验区临港新片区滴水湖畔全景

面向未来发展的重要战略空间,在上海建设具有世界影响力的社会主义现代化国际大都市、推进全方位高水平开放等重大战略任务中,承担着特殊使命。

2019 年 8 月 6 日,国务院印发《中国(上海)自由贸易试验区临港新片区总体方案》,设立中国(上海)自由贸易试验区临港新片区。8 月 20 日上午,上海自贸试验区临港新片区在滴水湖畔正式揭牌。同日,《中国(上海)自由贸易试验区临港新片区管理办法》正式施行。

一、新片区概况

中国(上海)自由贸易试验区临港新片区经党中央、国务院批准,规划在大治河以南、金汇港以东以及小洋山岛、浦东国际机场南侧区域设置新片区,面积为 873 平方公里。按照“整体规划、分步实施”原则,先行启动南汇新城、临港装备产业区、小洋山岛、浦东机场南侧等区域,面积为 119.5 平方公里。其范围:(1)临港地区南部区域共 76.5 平方公里,其中区块一 47.2 平方公里,东至新四平公路、中港,南至杭州湾,西至南芦公路,北至平宵路、大洳港、东两港大道、云水路、正茂路、新元南路、长空路;区块二 10.5 平方公里,东至沪芦高速、芦潮引河,南至环南一路、环南二路,西至南芦公路,北至胜利塘、顺翔路;区块三 18.8 平方公里,东至 H61 路、北护城河、S10 路、B42 路、环湖二路、E7 路,南至海塘大堤,西至沪芦高速、芦潮引河、海港大道、环湖西路、B41 路、环湖三路、S7 路、北护城河、随塘河、海西路,北至三三公路。(2)小洋山岛区域共 18.3 平方公里,小洋山岛全域。(3)浦东国际机场南侧区域共 24.7 平方公里,东至东海大道,南至下盐路、上飞路,西至上海绕城高速,北至申嘉湖高速、围场河路、纬十一路。

新片区在交通规划方面,着力构建便捷的交通网络体系,加强基础设施建设,提高区域连接能力。着力构建对外高效畅达、对内便捷绿色、管理智能便民的综合交通体系。着力建设成为长三角区域重要节点城市。

新片区位于上海东南,北临浦东国际航空港,南接洋山国际枢纽港,是上海沿海大通道的重要节点,海运、空运、铁路、公路、内河、轨交构成了十分便捷的综合交通优势。在交通规划方面，新片区配合市规划资源局开展规划编制前期的梳理和研究工作，获得自然资源部支持后将启动新片区国土空间总体规划编制工作。配合市交通委推动编制新片区综合交通规划，加快铁路、轨道交通建设速度，规划建设东海二桥、S3 高速，进一步增强 16 号线运能。

2019 年 10 月 28 日，新片区主要交通通道 S3 公路南延伸工程开工建设，工程全长 26.6 公里，预计 2021 年基本建成。至此，包括机场、港口、高速公路、铁路和内河在内的立体交通网络在新片区加速成形。

新片区在区域建设上，对标国际上公认的竞争力最强的自由贸易园区，在适用自由贸易试验区各项开放创新措施的基础上，实施具有较强国际市场竞争力的开放政策和制度，加大开放型经济的风险压力测试，实现新片区与境外之间的投资经营便利、货物自由进出、资金流动便利、运输高度开放、人员自由执业、信息快捷联通。鼓励国际优质资本进入教育、医疗、养老、文化体育、园区建设、城市运行等公共服务领域，加强各类基础设施建设管理。

新片区将把产城融合放在了更加突出的位置，提升高品质国际化的城市服务功能，打造开放创新、智慧生态、产城融合、宜业宜居的现代化新城。

新片区在政策支持方面。2019 年 10 月 18 日，新片区管委会发布促进产业发展若干政策和集聚发展集成电路、人工智能、生物医药和航空航天四大重点产业的若干支持措施（简称“1+4”产业政策），打造以关键核心技术为突破口的世界级前沿产业集群。在此次发布的集成电路、人工智能、生物医药和航空航天的若干措施中，临港新片区聚焦产业链核心环节、企业面临诉求痛点，以及“国内空白”和“卡脖子”技术，以促进产业发展、科技创新为核心，设计制定政策。

政策支持关键核心技术与产品突破，具体包括：支持关键核心技术研发项目、重大技术装备或核心部件首台（套、批）突破和与之相关的区内企业之间研发、制造的产品及服务的采购等方面，原则上重大技术攻关项目支持金额不超过 5000 万元。

政策支持产业能力建设及提升，包括重点支持战略性新兴产业项目建设、技术改造、节能减排和特殊重大项目等。对于符合临港新片区产业导向、总投资超过 100 亿元等条件的特殊重大项目，按照一定比例给予支持，支持金额原则上不超过 10 亿元。对新片区重点发展的四大产业中符合国家战略需要、国际市场需求大、对开放度要求高但其他地区尚不具备实施条件的重大项目，采取“一事一议”“一企一策”等予以专项支持。

政策支持自主创新能力建设，包括“支持国内高新技术企业认定、科技‘小巨人’培育、支持企业主导或参与标准制定”等。在中国（浦东）知识产权保护中心设立新片区专窗，加快重点领域专利审查速度。

新片区在组织架构方面，在中国（上海）自由贸易试验区临港新片管理委员会领导下，下设 15 个机构。

1. 办公室（审计室）：负责管委会日常运转和保障；负责审计、法制、外宣、外事、接待、档案等工作。

2. 党群工作部（人力资源处）：负责干部人事、宣传统战、党建群团工作；负责人才开发与人才服务等工作，推进人员从业自由。

3. 发展改革处：负责战略规划、国民经济和社会发展计划编制、固定资产投资管理、政府建设财力统筹、产业发展促进、社会事业协调、统计以及牵头推进智慧城市建设等工作。

4. 制度创新和风险防范处：对照《总体方案》“6+2”内容，负责自贸制度创新、专项政策研究和政策法规制定工作；运用大数据统筹开放环境下全面风险管理，做好重点领域、特殊领域风险的精准检测、评估和预警等工作；负责审改工作。

5. 高新产业和科技创新处：负责以先进制造业和高新产业为主的第二产业总体规划、政策制定、招商引资等工作，建立以关键核心技术为突破口的前沿产业集群负责拟定科技、信息化发展规划,推动科技创新建设,推进科技成果转化,做好科技创新主体的培育和服务工作。

6. 金融贸易处:负责金融和国际国内贸易板块的产业规划、政策制定、招商引资;集聚金融机构,做好跨境金融服务和金融风险防范,推动金融开放;发展新型国际贸易、跨境数字贸易和跨境电商,推动服务贸易自由化等工作。

7. 商业和文体旅游处:负责文体旅作为现代服务业重要板块的产业规划、文体旅产业、政策制定、招商引资工作;做好区域商业布局和管理;推进作为公共服务功能的资源对接、功能完善、产城融合等工作。

8. 特殊综合保税区处(航运处):负责洋山特殊综合保税区的管理,推动货物贸易、高能级全球航运枢纽建设和航运产业、国际航运服务、国际航空业务发展,做好口岸监管单位的对接、协调与服务等工作,做好边界安全工作。

9. 财政处:负责财政预决算、财政收入、财务管理等工作,负责国资和集资中心业务指导。

10. 规划和自然资源处:负责区域内城乡规划、土地以及自然资源保护管理等工作。

11. 建设和交通管理处:负责建设、交通、住房保障和房屋管理、市政设施管理以及农民建房管理等工作。

12. 生态和市容管理处:负责水务、林业、绿化、市容环卫、垃圾分类、生态环境保护和督察、农业农村等工作。

13. 应急管理处:负责安全生产监督管理、消防管理、城市运行综合管理网络建设、自然灾害防治和救援、突发公共事件处置等各项应急事件管理工作。

14. 综合治理处:负责综治、社会维稳、司法、武装以及群众来信来访、社会面防控等工作。

15. 社会发展处:负责辖区教育、卫生的规划建设,协调做好相关管理工作,负责劳动保障、计划生育、民政、社区建设与管理、基层政权建设、文化体育事业等工作。

新片区对标国际上公认的竞争力最强的自由贸易园区,在适用自由贸易试验区各项开放创新措施的基础上,实施具有较强国际市场竞争力的开放政策和制度,加大开放型经济的风险压力测试,实现新片区与境外之间的投资经营便利、货物自由进出、资金流动便利、运输高度开放、人员自由执业、信息快捷联通。

二、产业定位

新片区产业发展将对标国际上公认的竞争力最强的自由贸易园区,选择国家战略需要、国际市场需求大、对开放度要求高但其他地区尚不具备实施条件的重点领域,聚焦发展三大功能:

1. 面向未来的前沿产业功能

以加快形成临港地区世界级智能制造产业中心为目标,重点发展集成电路、人工智能、生物医药、民用航空、新能源汽车、装备制造、绿色再制造 7 个领域为代表的前沿产业,促进新片区形成智能制造业的功能集聚。

2. 面向国际的高端服务功能

以打造新片区高端服务为核心,提升新片区新型国际贸易服务、高端金融服务、高端航运服务以及科技服务能力。一是发展新型国际贸易服务产业,加快做大离岸贸易、数字贸易和高端服务贸易。二是发展跨境金融服务产业,将新片区跨境金融服务与上海国际金融中心建设结合起来。三是发展高端航运服务产业,提升拓展全球枢纽港功能,提高对国际航线、货物资源的集聚和配置能力。四是发展科技服务产业。重点发展研究开发、技术转移、检验检测认证、创业孵化、知识产权、科技咨询、科技金融、科学技术普及等专业科技服务和综合科技服务,提升科技服务业对新片区科技创新和产业发展的支撑能力。

3. 面向全球的创新策源功能

发挥新片区的创新优势,增强新片区科技创新策源能力。一是用好全球创新资源。充分发挥新片区人员流动自由、互联网接入便利、设备离岸保税的特殊优势,引入全球创新资源和要素。二是推进区域创新联动。依托张江与临港“双区联动”打造浦东南北科技创新走廊。张江是科创中心核心承载区,而临港是科创中心主体承载区,通过积极发挥张江与临港之间的产业创新联动、区域开发联动、政策联动和利益联动,创造技术传播、创新及人才交流的机会。

三、合作交流

1. 24个智能网联新能源汽车重点项目签约临港新片区

2019年9月26日,中国(上海)自由贸易试验区临港新片区推动智能网联新能源汽车产业发展和重点项目签约仪式举行。包含制造、应用、服务和功能平台四大类型共24个智能网联新能源汽车重点项目签约,涉及总投资近80亿元。此次签约活动,标志着新片区智能网联新能源汽车产业链日趋完整,发展空间不断扩展,聚集效应愈加凸显。

新片区将依托汽车产业集聚优势,发挥政策引导作用,促进全球创新资源和临港产业资源的新融合,形成智能网联新能源汽车发展的新动能,推动临港成为世界智能网联新能源汽车产业的新高地。

上海市政府副秘书长、新片区管委会党组书记、常务副主任朱芝松指出,新片区自8月20日挂牌成立以来,得到了社会各界的广泛关注。注重产业发展是新片区的重要特征之一,智能网联新能源汽车产业在临港已形成产业集聚态势,产业生态良好。新片区将依托新能源汽车产业发展的良好态势,进一步强化区域辐射与经济带动作用,逐步打造世界级新能源汽车产业集群。新片区将从政策、资金等多个层面加强引导,更加聚焦“智能、互联、环保”等要素集成的未来汽车,选择最具科研技术实力和产业应用前景的创新项目,通过功能型平台来链接不同行业、产业,推动新能源和智能网联汽车产业发展。在新片区推动全方位、高水平对外开放之际,新片区管委会将携

上海临港新片区规划示意图

手各方，全力促进智能网联新能源汽车产业发展，将前沿科技融入现代生活，打造世界增长极、创造智慧新未来。

智能网联新能源汽车是新片区布局发展的重要产业。从 2007 年开始，上汽自主品牌整车和新能源整车项目、奔驰再制造、延锋百利得等行业领军企业纷至沓来，一大批上下游产业配套企业落地，构成了功能齐全的产业链，临港汽车产业的集群集聚态势初显。2018 年，上汽大通 EV31 项目整车下线，进一步丰富了临港新能源汽车的种类。同年，世界电动车产业巨头特斯拉落地临港产业区，是上海历史上最大的外资制造业项目，也是国内电动车外资股比开放以后第一个项目。2018 年，临港汽车整车及零部件产业实现工业总产值达 380 亿元。

同时，新片区的智能网联新能源汽车基础设施不断完善。汽车整车贸易物流基础设施方面，上海南港是国家一类开放口岸，2018 年整车装卸 40 万辆，排名全国前六。临港物流园区和洋山保税港区陆域部分，集聚了宝马、大众保时捷等知名车企亚太分拨中心，以及马士基等大批航运物流贸易服务企业。

智能网联汽车技术创新及产业化方面，已建成上海临港智能网联汽车综合测试示范区，无人智能网联汽车封闭测试和体验区总面积达 7 平方公里，已形成无人驾驶开放测试道路 1 期 26.1 公里，可全面模拟高速+城市+乡村+物流+仓储交通环境。依托无人驾驶综合示范区建设，已经集聚地平线、同温层、主线科技、图森未来等一大批知名高科技企业。

产金融合和“招投联动”方面，临创基金把智能网联汽车作为重点投资方向，已经推进车载芯片、激光雷达等领域一批重点项目投资。

政策配套方面，新片区是上海打造世界级汽车产业集群的重要阵地，新片区特殊政策“50 条”明确提出，支持新能源和智能网联汽车领域项目、平台优先布局、支持上市融资和股权投资等一系列有力举措。

新片区凭借扎实的产业基础、特殊的支持政策、良好的营商环境、高效的审批服务、完善的商业配套，吸引了一大批优质企业。特斯拉全球副总裁陶琳表示，新片区是特斯拉的“梦想之城”，随着新片区的成立，扶持智能网联汽车产业发展的政策红利将陆续释放，期待未来能在智能网联技术应用和新能源汽车推广领域与各方沟通交流，深化合作。

2. 阿里云创新中心上海临港基地开业揭幕

11 月 12 日，2019 年阿里巴巴诸神之战全球创客大赛暨“上海最具投资潜力 50 佳”创客中国上海赛区总决赛在新片区举行。与此同时，阿里云创新中心（上海临港）基地开业揭幕。

阿里云创新中心是阿里巴巴集团基于互联网、云计算、大数据的科技类“双创”孵化服务平台，旨在为创新创业企业有序导入阿里巴巴集团各类优质平台生态资源，并通过具备阿里特色的全方位赋能体系，帮助企业对接优势技术和服务、互联网流量资源、创业人才辅导与培养、媒体报道、风投资源等。

阿里云创新中心（上海临港）基地是新片区与阿里云展开战略合作和共同建设的旗舰孵化基地，旨在将阿里巴巴集团的资源引入临港，更好地赋能于临港的企业，助力新片区更快实现“更具国际市场影响力和竞争力的特殊经济功能区”和“开放创新、智慧生态、产城融合、宜业宜居的现代化新城”的建设目标。

新片区管理委员会党组副书记、专职副主任陈杰说，新片区与阿里巴巴正在不断深化合作。此次阿里云创新中心基地项目落户新片区，将有助于企业对接阿里巴巴七大业务板块资源的功能平台，实现创新与创业更好地结合、线上与线下服务更好地对接、科技孵化与金融投资更好地联动，同时也能更好地为新片区的互联网企业提供云端技术支持与资源共享。新片区拥有人工智能、集成电路等方面的坚实的产业基础与丰富的场景应用，对接阿里巴巴在云计算、金融电子商务等多方面的资

11 月 12 日，阿里云创新中心（上海临港）基地开业揭幕

源，将能全面推进新兴产业跨界融合与在新片区的集聚发展，加快提升企业创新能力，完善创新环境，也有助于新片区打造具有国际影响力的世界级创新集群。

本次创客大赛总决赛拟重点聚焦在先进制造、云计算大数据、海洋科技三大领域，近 20 个参赛团队参与。陈杰表示，希望通过这些大赛发现更多的瞪羚企业、独角兽企业，也欢迎这些企业选择新片区，与新片区共同发展。新片区管委会也将全力提供最好的政策支持，全力做好服务于企业的“金牌店小二”。

3. 新片区将设立北斗产业聚集区，助力北斗卫星导航系统从“国产化”向“全球化”演进

上海临港经济发展（集团）有限公司与交通运输通信信息集团有限公司签署中交临港（北斗）科创产业集聚区合作协议，双方明确项目产业方向：北斗海事搜救数据中心和备份中心、北斗导航芯片中心、北斗自动驾驶测试中心等，共同推进国家科技创新产业的自主研发的发展，增强园区产业带动效应，以新片区核心区为原点，辐射长三角，聚焦北斗卫星导航系统从“国产化”向“全球化”的演进。

交通运输通信信息集团有限公司隶属于交通运输部直属事业单位中国交通通信信息中心（CTTIC），受交通运输部委托拟订并组织实施交通运输行业通信、导航、无线电和信息化管理的技术政策、技术标准、规章制度，承担行业信息化网络的建设、运维、整合、保障，代表国家参与国际电信联盟（ITU）、国际海事组织（IMO）的有关活动，负责中国国际海事卫星、中国搜救卫星系统的建设、运维和管理，承担行业及国家、社会经济发展需要的通信、导航、无线电和信息化的技术研发、应用和咨询，承担中国民用卫星导航系统的相关工作，拥有广泛的交通运输信息及资源优势。

2019 年 7 月 25 日，交通运输部印发《数字交通发展规划纲要》。《纲要》提出，推动自动驾驶与车路协同技术研发，开展专用测试场地建设。到 2025 年，交通运输成为北斗导航的民用主行业，5G 等公网和新一代卫星通信系统初步实现行业应用。中国交通通信信息中心党委书记徐鹏展介绍，公司拟在入驻新片区后，计划第一批投资重点在车路协同方面，未来将在新片区以“北斗”为核心，打造交通强国的示范区域。

2019 年 10 月 31 日，中交临港（北斗）科创产业基地合作协议签约仪式

新片区挂牌后，交通发展也加快了步伐。9 月 29 日，S2 公路海港大道立交匝道新建工程举行开工仪式。工程将新建 T3 和 T6 两根匝道，计划建设工期 15 个月。10 月 28 日，S3 公路南延伸工程开工，预计 2021 年底建成通车，届时从市区开车前往新片区最快将缩短至 40 分钟。2019 年底前，新片区还将开工建设 S2 客货分离辅道工程，有利于进一步完善 S2 公路沿线出入口布局、缓解申港大道匝道交通压力、加强新片区主城区及其南部地区对外交通联系。新片区管委会专职副主任陈杰表示，未来新片区区域内的交通要进一步强化，一方面继续加强交通硬件设施，另一方面需要北斗这样软件方面的推进，未来在区域内的线路上做好智能交通的应用示范，推进智能交通信息产业发展。

签约仪式上，双方共同表示，临港集团与交信集团将以本次战略合作为契机，实现资源优势互补，围绕北斗和交通信息相关的科技创新领域进一步合作，以基金+基地+产业的合作开发模式设立全国首发的北斗产业聚集区；打造专业化产业基金投资平台，参与临港海洋科创平台建设，以智慧交通为核心推进智慧园区、智慧城市及临港综合示范区建设与发展；吸引前端研发和后端服务应用企业进驻，大力推动新一代智能交通信息产业发展。

4. 新片区洋山保税港区企业巴斯夫国际贸易参加上海市外资项目集中签约仪式

作为我国改革开放的前沿和窗口，上海继续成为外商投资首选地之一。为贯彻落实《外商投资法》，进一步营造上海扩大对外开放、积极吸引外资的良好氛围，提振投资者在沪投资兴业的信心，上海市人民政府于 2019 年 9 月 16 日举行了“上海市外资项目集中签约仪式”，上海市市长应勇出席，副市长许昆林致辞。

42 个外资项目集中签约，项目投资总额共约 77 亿美元（约 550 亿元）。其中超过 1 亿

新片区洋山保税港区企业巴斯夫国际贸易参加上海市外资项目集中签约仪式

美元的大项目就有15个，涉及智能制造、生物医药、化工、集成电路、新能源、新材料、商贸、金融等多个领域。

巴斯夫国际贸易代表临港新片区参加了外商投资项目集中签约仪式，巴斯夫大中华区营运与基地管理全球高级副总裁莫立森博士代表企业发言。他表示，上海一直是中国改革开放的火车头，引领中国的产业升级转型。上海吸引了来自世界各地的一流企业和人才，这座城市对于巴斯夫而言有着重要的战略意义：这里是巴斯夫的大中华区总部，更是巴斯夫集团重要的全球研发和创新枢纽。

德国巴斯夫集团是全球领先的化工企业及世界500强之一，集团在欧洲、亚洲、南北美洲的41个国家拥有超过160家全资子公司或者合资公司。作为中国化工领域重要的外商投资企业，巴斯夫决定在沪加大投资。《中国（上海）自由贸易试验区临港新片区总体方案》及《关于促进中国（上海）自由贸易试验区临港新片区高质量发展实施特殊支持政策的若干意见》的公布，为巴斯夫在上海的进一步发展提供了独特的契机。为此，巴斯夫在新片区洋山保税港区新设立巴斯夫国际贸易（上海）有限公司，计划开展进出口贸易、离岸贸易以及转口和转卖贸易。巴斯夫希望紧紧抓住临港新片区和洋山特殊综合保税区的重要机遇，更好地把握住极具活力的中国市场，进一步扩大对华贸易，实现自身发展。

签约仪式之后，巴斯夫全球高级副总裁莫立森博士接受了记者采访，他表示："巴斯夫会一如既往将国际思维、人才引入上海。上海是我们的研发基地，我们非常感谢这里提供的高素质人才和良好的环境。"

5. 临港新片区首批重点项目集中签约开工，总投资超过110亿元

2019年9月12日，中国（上海）自由贸易试验区临港新片区首批重点项目集中签约和开工，其中，签约项目23个，总投资超过110亿元。临港新片区管委会说，近期会同各开发公司正在接洽的项目近200余个。通过前期洽谈，已具备签约落地的储备项目有70余个，涉及总投资近1000亿元。接下来将按照"成熟一批，推出一批"的原则，不定期举办重点项目的集中签约，推动企业加快开工建设，持续掀起新片区开发建设的热潮。

本次集中签约的重点项目，主要聚焦临港新片区产业发展战略的三大功能，即重点发展集成电路、人工智能、生物医药、民用航空、新能源汽车、装备制造和绿色再制造等产业，打造面向未来的智能制造功能；集聚新型国际贸易服务、高端金融服务、高端航运服务及科技服务产业，打造面向国际的高端服务功能；同时，对标全球最高标准、最好水平，发挥新片区的创新优势，增强新片区科技创新策源能力。

新奥动力微型燃气轮机研制项目、高端制造产业园和新能源汽车部件产业园等项目的集中开工，充分体现了新片区产业投资加快推进的显示度。其中，新奥动力微型燃气轮机研制项目落地临港装备产业区，占地 30 亩，投资 4.5 亿元，将是新奥动力未来在国内最大的产业基地，该项目从摘得土地到取得建设用地批准书、建设用地规划许可证、建设工程规划许可证、建筑工程施工许可证，仅用了 5 天时间，审批服务跑出了新片区的加速度，深受企业赞许。企业负责人表示，他们受到新片区重大政策红利和高效审批服务的鼓舞，将借助新片区高端制造业集聚的独特优势，把发展重心移入新片区，加快项目建设投产。

同时开工的高端制造产业园和新能源汽车部件产业园均位于临港奉贤园区，园区内配有专为入驻企业职工提供的精装修公寓，以及食堂、超市、银行、便民医疗服务点等完善的商业配套。

6. “2019 世界顶尖科学家论坛”在新片区举办

8 月 24 日，“2019 世界顶尖科学家论坛新闻通气会”在上海举行。世界顶尖科学家协会主席、2006 年诺贝尔化学奖得主罗杰·科恩伯格以及中国（上海）自由贸易试验区临港新片区管理委员会、上海市科学技术协会、上海临港经济发展（集团）有限公司、世界顶尖科学家协会中国中心（筹）的相关领导及代表出席。

上海正在加快建设具有全球影响力的科技创新中心，致力于加快突破科技创新策源能力，成为全球学术新思想、科学新发现、技术新发明、产业新方向的重要策源地。举办世界顶尖科学家论坛，充分展示了上海以更加开放的态度，进一步融入全球科技创新体系，加强全方位国际合作的决心。

8 月 24 日，“2019 世界顶尖科学家论坛新闻通气会”在上海举行

2019 世界顶尖科学家论坛由世界顶尖科学家协会发起，上海市人民政府主办，中国（上海）自由贸易试验区临港新片区管理委员会、上海市科学技术协会、上海临港经济发展（集团）有限公司、世界顶尖科学家协会中国中心（筹）共同承办，于 10 月 29—31 日在新片区举行。论坛围绕“科技，为了人类共同命运”主题，将邀请来自不同研究领域的诺贝尔奖、沃尔夫奖、拉斯克奖、图灵奖、麦克阿瑟奖、菲尔兹奖等世界顶尖科学奖项得主，并聚集上百位中外院士科学家、青年科学家，以及全球知名科技企业家、金融家共同参与。与 2018 年相比，2019 年的世界顶尖科学家论坛参与规模更大、群体更多元，将带来更广科创辐射度、更大社会影响力。

聚焦科学家这一核心主体，立足上海科创中心建设要求与战略任务需要，2019 世界顶尖科学家论坛突出“莫比乌斯论坛”“国际大科学计划”战略对话、青年科学家论坛等三大特别论坛。论坛还将联合专业学会、高校、研究院所、创新企业、科技资本等各类机构组织，围绕人工智能与 5G、集成电路、基因与精准医疗、创新药研发与转化医学、癌症与肿瘤、医学影像技术、脑科学与认知、碳氢键与有机化学、新能源与可持续发展、科技金融等主题召开高峰会。

世界顶尖科学家论坛为上海自由贸易试验区临港新片区搭建集聚全球顶尖科技人才、打造全球高层次合作交流平台。WLA（World Laureates Association）科学社区将对标全球领先的科技高地和科学港，承担全球协作科技创新区和充满活力的创业区的新使命，打造全球领先的科技高地和科学港。WLA 科学社区规划方案的全球征选将于近期发布。

世界顶尖科学家论坛特别关注对全球青年科学家的帮助和支持，青年科学家关于人类命运的新发现和新思考，将推动人类科学事业发展。论坛面向全球近 50 所高校、院所发起遴选，征集百位具有活跃研究能力的青年科学家参与，为全球优秀的青年科学家提供一个世界级的科学交流平台，鼓励和支持更多年轻人，加入创新性教育和公众科学活动中，为科学创新发展注入新的动力。

世界顶尖科学家协会主席、2006 年诺贝尔化学奖得主罗杰 · 科恩伯格表示，世界顶尖科学家协会以汇聚人类最强大脑、共建人类科技命运共同体为使命，着力推动基础科学、倡导国际合作、致力青年成长，举办世界顶尖科学家论坛正是践行这一理念的重要体现，论坛对外传递最重要的信息是“科学是国际性、无国界的”。未来，协会还将以“世界顶尖科学共同事业”推动者的角色，重点发布包括世界顶尖科技共同体、WLA 国际智库、WLA 国家大科学协作计划、世界顶尖科学家研究院、WLA 国际联合实验室、WLA 世界青年科学家成长基金等重点计划项目。

中国（上海）自由贸易试验区临港新片区到 2025 年，建立比较成熟的投资贸易自由化便利化制度体系，打造一批更高开放度的功能型平台，集聚一批世界一流企业，区域创造力和竞争力显著增强，经济实力和经济总量大幅跃升。到 2035 年，建成具有较强国际市场影响力和竞争力的特殊经济功能区，形成更加成熟定型的制度成果，打造全球高端资源要素配置的核心功能，成为中国深度融入经济全球化的重要载体。

第三编

互联网(5G)+商贸

互联网(5G)+商贸

5G来了,你准备好了吗

2019年是5G的元年,随着5G SA标准的终结,5G应用即将呈现井喷之势。5G将深刻地影响到娱乐、制造、汽车、能源、医疗、交通、教育、养老等各个行业。目前,不少企业已经推出5G应用的雏形,构建5G应用生态。20个典型的5G应用,你准备好了吗。

一、5G新零售

无人商店场景

经过近年来的全速前行,传统电商基于互联网和移动互联网规模普及所带来的流量红利逐渐萎缩,增长瓶颈开始显现。在这种背景下,在新一轮技术浪潮的推动下,新零售概念被提出。新零售,企业通过线上+线下的营销解决方案,构建端到端的数字化核心应用平台,实现业务增长,重塑商业价值。5G的各种技术优势将使得企业布局新零售更加游刃有余。

二、5G自动驾驶

5G自动驾驶

自谷歌2012年5月获得美国首个自动驾驶车辆许可证,自动驾驶迅速风靡全世界,传统车企、互联网巨头相继布局。然而,自动驾驶的发展过程始终伴随着“安全风险大”的诟病,特别是不久之前Uber的无人驾驶车辆事故,更让人对其产生了几多担忧。而5G通信技术具备庞大的带宽容量和接近零时延的特性,正在让自动驾驶照进现实。因此,自动驾驶也被认为是最具前景的5G应用。根据ABI Research预测,到2025年5G连接的汽车将达到5030万辆。当前,已有不少企业推出5G自动驾驶应用方案。

三、5G 远程驾驶

5G 远程驾驶

和 5G 自动驾驶不同，远程驾驶场景中，并没有驾驶员或者其他人在车内，而是用 5G 网络远程对车辆执行驾驶操作，适用于乘客不能自己驾车或远程车辆处于危险环境中等特殊场景。在 3GPP 发布的一份技术报告中，提出了四大类的 5G 车联网应用场景，其中有一大类就是“远程驾驶”。此前，华为和沃达丰完成了 5G 远程驾驶测试，在基于预标准 5G 网络中，汽车位于 50 公里以外、以每小时 20 公里左右的速度行驶，远程遥控汽车的制动响应误差仅为 6 厘米。

四、5G 智能电网

5G 智能电网

建设智能电网已经是大势所趋。但是，通过传统专网建设智能配电网，存在成本高、灵活性低的问题；而利用传统电信公网又存在业务隔离性差，安全保障和通信时延很难满足业务的要求。用 5G 网络切片来承载电网业务是一种新的尝试，将运营商的网络资源以相互隔离的逻辑网络切片，按需提供给电网公司使用，满足电网不同业务对通信网络能力的差异化需求；同时兼顾高性能、高可靠、隔离和低成本，成为智能配电网的有效解决方案。越来越多的企业推出基于 5G 网络切片的智能电网应用方案，包括华为、爱立信等。

五、5G 智能工厂

5G 智能工厂

智能工厂已成为 5G 的典型应用。在国际移动通信大会现场，智能工厂的展示便受到大家的青睐。华为的柔性制造演示中，9 台 WAVE 机器人，通过无线网络分工协作，快速地根据需求组装 3 种不同的圆珠笔；而爱立信的智能工厂演示中，参与者模拟工人的身份，通过触摸屏训练机器人手臂来实时组装远程射频装置（RRU），包括外壳、印刷电路板和机盖。越来越多的制造企业期望通过 5G 技术来交付超低延迟、高带宽和可靠的通信，从而将自己打造成智能工厂。可以预计，在 MWCS 现场，智能工厂的展示依旧引领 5G 应用热潮。

六、5G 无人机物流

5G 无人机物流

业界将 5G 和无人机看作是最好的“搭档”。在没有遇见 5G 之前，无人机还只是以个人娱乐应用为主,还经常饱受安全诟病。而5G的无处不在联网、更高的速率、更低的时延使得无人机的应用范围不断拓展。5G物流无人机便被认为是一种非常有前景的5G用例。事实上,早在一年前,亚马逊、谷歌等公司就在测试无人机送货的服务。有了5G,5G物流无人机应用将迅速推广开来,进一步提升快递速度和可靠性。目前,杭州市计划建立覆盖杭州的5G无人机城域网络,为智慧物流提供基于网联无人机E2E解决方案。你能想象,有一天,无人机直接将快递送到你的家门口吗?

七、5G无人机高清视频传输

5G无人机高清视频传输

除了将无人机运用到物流业,5G无人机还可以实现高清视频的传输,也非常具有应用前景。在不久之前,中国电信就与华为合作,在深圳完成5G无人机首飞试验及巡检业务演示。这是国内第一个基于端到端5G网络的专业无人机测试飞行,成功实现了无人机360度全景4K高清视频的实时5G网络传输。远端操控人员获得第一视角VR体验,通过毫秒级低时延5G网络,进行无人机远程敏捷控制,完成巡检任务。

八、5G远程医疗

随着网络的发展,远程医疗渐渐步入人们视野。尽管城市地区有着良好的网络体验,然而,乡村地区往往距离遥远,很难构建一个良好的数字网络生态,这使得远程医疗的实用大打折扣。随着5G时代到来,基于5G网络的远程医疗,将对农村的医疗现状产生深远变革。目前,5G网络在美国远程医疗中的应用

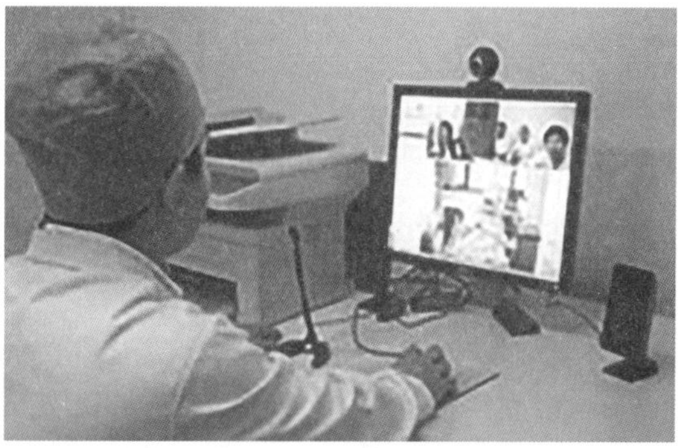

5G远程医疗

已经初现端倪。以堪萨斯儿童医院为例,该院47名儿科医生中,已有26名通过网络,连接至堪萨斯城的儿童。

九、5G虚拟现实

5G虚拟现实

尽管VR被资本市场看好,但是市场上绝大部分VR设备的眩晕感问题一直没有得到解决。这是因为,4G网络的网络时延高,无法满足VR图像传播和处理需求。而5G的高速率、低时延特性将打破VR技术壁垒,给VR带来更好的体验。赛迪顾问预测,2021年5G网络大规模商用后,VR/AR设备的出货量将达到千万台级别。

十、5G增强现实

和VR相似,对于增强现实来说,AR与5G的结合,同样可以提升AR的用户体验。而且更重要的是,5G将成为AR渗透更多使用场景的敲门砖,例如通讯与协作,用AR的方式定义通讯的未来。目前,爱立信在Telia于瑞典斯德哥尔摩举行的活动中,与合作伙伴们一起,展示了如何将5G AR相结合,实现创新的实时应用和服务。除游戏、导航和教育等大众市场应用外,基于真实世界对象添加AR

5G 增强现实

可以碰撞出的创新，还包括增强型汇编指令和所谓的“X 射线视觉”等。

十一、5G VR 全景直播

5G VR 全景直播

用 5G 来进行赛事直播已经成为一种潮流，这得益于5G 的高带宽和低时延。在本届俄罗斯世界杯上，世界杯的官方合作伙伴已经尝试利用 5G 进行赛事直播。而在 2 月结束的平昌冬奥会上，英特尔和韩国 KT 在多个场合引入 5G、VR 等技术，让冬奥会变得更有科技感和趣味感。未来，2020 年奥运会、2020 年欧洲杯、2022 冬奥会都将用 5G VR 全景直播给观众更好的体验。

十二、5G 安防

5G 安防

根据爱立信的调查数据显示，安防将是最可能受到 5G 技术影响的八大产业之一。公共安全机构期待借助 5G 技术与物联网更好地保障大众安全，并尽可能降低费用。有了 5G，可以轻松实现远程监控并实时响应，从而最大程度地提升安防质量和效率。

十三、5G 儿童安全

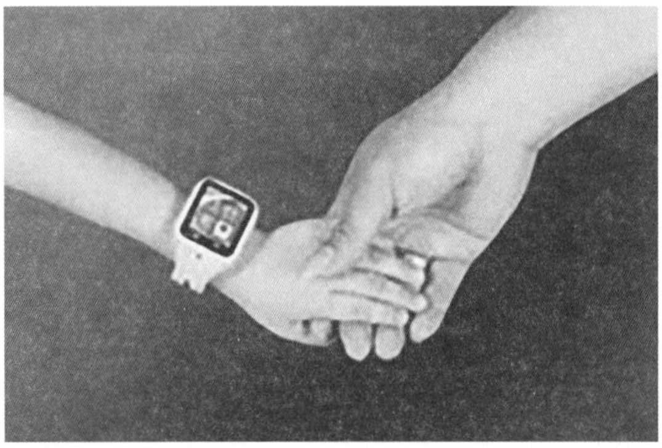

5G 儿童安全

有了 5G，儿童安全也得到了进一步保障。日前，上海诺基亚贝尔提出了一种增强型的儿童安全解决方案。该方案提出基于 5G 的无感儿童穿戴终端，通过低功耗蓝牙技术的 iBEACON 定位站，云端的数据应用，以及政府、校园和家长接口。除支持日常儿童安全监控外，还能够进行紧急模式的触发和搜索，支持学校和政府的大数据分析等各种应用场景。

十四、5G 智慧园区

5G 智慧园区

智慧园区作为智慧城市的缩影，是未来智慧城市建设的基础。5G 将给智慧园区带来更好的解决方案。智慧办公需求，需要人带宽；

物联监控需求,需要大连接;工业控制和安全生产需求方面,需要高可靠低时延。而这些指标正是5G具备的,同时,可以深入挖掘5G核心网按需移动行进管理、网络切片、MEC、网络能力开放等技术架构特性,可以为园区提供一系列定制业务,从而打造一个真正的智慧园区。

十五、5G智慧农业

5G智慧农业

根据联合国粮食及农业组织的统计数据,为了养活日益增长的人口,全球农民在2050年将不得不多产出70%的粮食。这听起来像是一个几乎不可能完成的任务,因为环境在不断恶化。有了5G,一切可以迎刃可解。利用5G高速网络以及多种传感器,可以随时监控土壤的湿度、温度、肥度等各种影响农作物产量的因素,并做出实时处理,从而提高农作物的产量。更重要的是,还可以节约人力成本,减少体力劳动需求,提升农场运营效率。

十六、5G远程教育

5G远程教育

传统教育受时空限制存在着一些客观问题,如教育资源配置失衡、地域教育差距大、农村偏远地区教育薄弱等,使得优质教育资源成为一种稀缺资源。而借助信息技术优势力量,就能改变这种现状。5G+VR远程教育打破了时空的限制,哪怕是最偏远的地区,只要能上网,就能在线接受万里之外的网络教育,甚至是来自全球最好学校的课程。大唐电信联手iVReal,正在积极部署MR教室,实现MR一对一英语教学的商业化。可以预计,将会有越来越多的企业加入这一市场。

十七、5G养老助残

5G养老助残

有了5G,养老和助残难题也将得到很好地解决。例如,在某企业提供者的5G助残项目中,通过部署于MEC和核心数据中心的智能助残业务平台,借助智能助残终端,帮助视力残疾、行动不便及听说残疾等人士实现安全出行和顺畅交流。通过终端、人、物、车、云的智能联动,以创建一张动态环绕残疾人士的保护网,再"造"残疾人士的感官,实现科技助残。

十八、5G智慧家居

5G智慧家居

智慧家居被提及多年,但一直遭遇落地难问题。5G 能够彻底改变智能家居终端的部署与服务方式,它将解决一些消费者投诉的主要问题,如终端设置困难,设备不可靠,以及时延过长,从而让智慧家居真正照进现实。

十九、5G 气象系统

5G 气象系统

气象预报不准一直被广大居民所诟病,这种情况有望在 5G 时代被打破。利用 5G 进行气象系统部署,发出气候预警,在龙卷风、洪水等气候事件中为司机提供路线导航,避免极端气候对生命造成威胁。

二十、5G 超级救护车

5G 超级救护车

医学上把发生伤病后的头 4 分钟,称为急救“黄金时间”,在 4—6 分钟内不进行急救处置将导致神经系统不可逆损伤。如果超过 8 分钟,救护的成功率就将降低到 5%。挽救生命必须分秒必争,未来 5G 带来的毫秒级速度无疑是医疗救援的强心剂。搭载 5G 网络的系统将更好保证医院在患者到达前做好充分准备,从而快速投入抢救。未来,配备高清晰度视频通信的超级救护车将在 5G 时代成为现实。

5G 来临时的购物中心

5G 将帮助购物中心更加轻松、有效、精准获得“大数据”。在 4G 网络时代,购物中心虽然可以通过不同的途径(如人脸识别和微信手机端统计等)去获得一些数据,但无法做到精准,而且也无法深度利用所获得的数据去有效促进营销和销售。对于这一点而言,比 4G 网络速度快百倍的 5G 绝对是全能手。

在 5G 网络的助力下,各种各样有趣的虚拟场景将会孕育而生。这不但可以为年轻一代的消费者提供全新的消费场所体验,同时也有利于购物中心在有限的空间内玩出无限的可能。从这一点看,未来购物中心在体量方面将会回归理性,因为将来再也不需要纯粹依靠体量去打造体验,而是借力虚拟场景的科技。

5G 网络将会有效拉近消费者与心仪产品之间的距离。在过去,消费者只能通过主动寻找目标商场和门店去购买自己喜欢的产品和服务。电商的出现和兴起,无论是在产品的选择面、价格,还是消费时间成本方面都明显相对传统实体零售行业有绝对的优势,所以才会导致在过去几年“电商压倒实体零售”的一边倒现象。在未来,5G 网络的演绎将会实现让产品主动寻找消费者的反向效应,从这个角度看,在未来实体零售行业将会真正重新兴起。

2019 年 5 月 16 日,全球首个 5G+五星购物中心商用发布会亮相上海,并依据《购物中心等级评价标准》发布全球首批“5G+五星购物中心”:上海恒隆广场、上海陆家嘴中心、上海静安嘉里中心、上海兴业太古汇、上海长宁来福士广场、上海静安大悦城、上海月星环球港获此殊荣。

一、上海恒隆广场

恒隆广场位于静安区南京西路北侧1266号，并于2001年6月20日开始营业，楼面面积为5.5万平方米，近5.4万平方米的高端零售商场，云集了爱马仕、LV、香奈儿、迪奥和芬迪等100多个知名高端品牌，更是多个国际品牌开设旗舰店的地点，2006年被选为“上海第一购物商场”。

在过去近20年里，恒隆广场一直都是“顶级高端购物中心”的标杆和典范，也是香港恒隆地产集团在中国内地投资的核心项目之一。尽管现在南京西路汇集了兴业太古汇、嘉里中心和芮欧百货等高端商业，但恒隆广场一直占据地标和引领地位，也是商业地产和品牌代表考察和学习的重要一站。

二、上海陆家嘴中心

陆家嘴购物中心L+Mall是体量超过14万平方米的全业态购物综合体，地上十一层、地下一层，服务人群定位为精致卓越的精英人群及中高端家庭。室内设计、店铺入驻、服务质量等方面均体现对品质和创新的追求。此次发布会，陆家嘴购物中心L+Mall也分别在一楼和五楼的生活美学区开通了5G室内数字系统。

值得一提的是，法国高端百货“老佛爷”也已经和上海陆家嘴中心合作，并于2019年3月23日正式对外营业。这也是法国老佛爷百货继北京西单项目之后在中国开设的第二家门店。自从上海陆家嘴中心和老佛爷百货陆续先后开业以来，已经有成千上万的本地和外地商业人士慕名前来。作为中国首个5G网络示范商业项目，已经引起社会各界人士的高度关注和认可。

三、上的静安嘉里中心

置身南京路上的静安嘉里中心，顾客可以从多元化的娱乐节目及各式各样的餐饮选择中，捕捉大众潮流；更可以在一系列创新的时装品牌中，演绎自我风格，时尚氛围，时刻绽放。

静安嘉里中心每年都会优化业态比率和品牌组合。2018年更是加大了品牌调整升级力度，由此，GIADA取代BALLY与BURBER-

位于静安区南京西路的恒隆广场外景

上海陆家嘴中心夜景

南京路上的静安嘉里中心

RY 为邻，EMPORIO ARMANI、LITTLE B、T-B-H、SPACE NK、FILA、kidsland、chonps、TOMMY HILFIGER、喜茶、鹿角巷、松发肉骨茶、Peet's Coffee 等特色品牌纷纷进驻亮相。

难能可贵的是，2013 年，在东有“恒泰梅”(恒隆广场、中信泰富和梅龙镇广场的简称)坐镇，西有久光百货接应的南京西路上，上海静安嘉里中心凭借“高端白领消费”的精准定位在激烈的竞争中杀出一条“血路”，并在彼此的错位中实现共赢。这在国内的商业地产行业绝对可以作为一个“项目定位”的成功学习案例。

四、上海兴业太古汇

兴业太古汇是南京西路商圈中面积最大

上海兴业太古汇

的购物中心,地下4层,地上4层。商场顶层的透明天幕,华丽的旋转楼梯,并引进14家首次进入中国的品牌,还有12家首次进入上海的品牌,包括Space Cycle、Paris Blanc、SONOKO等,是购物爱好者们的打卡地。

这里还有10余个室外内活动场地,包括一个全天候开放式展览中心。在这里逛街的时候可能一不小心就参与了各种不同规模的展览、秀场、品牌发布、小型演出、艺术展等。

香港太古地产集团在国内众多商业地产开发企业之中,就算是和其他港资及外资地产企业相比,也都是一直处于领先的地位。在北京三里屯太古里、广州太古汇和成都大中里、太古里等几个项目的成功基础上,我们坚信上海兴业太古汇将来必定又是中国商业地产界的标杆项目之一,毕竟太古地产集团至今在中国内地的项目开发方面还没有"失手"过。

五、长宁来福士广场

长宁来福士广场是凯德集团历史上首例在同一座城市建造的第二座来福士项目。它建立在址圣玛利亚女中之文化地基,以上海长宁珍罕地段为坐标,且拥有与生俱来的强势品牌"来福士"。

项目地理优势尤为明显,位于中山公园商圈的长宁路、凯旋路交界处,长宁来福士广场占地逾6万平方米,作为一座集办公、购物、娱乐于一体的地标性综合体,长宁来福士广场将在历史余韵中,展露出属于其本身的独特都市情怀。

上海长宁来福士广场不但汲取了上海人民广场来福士项目的成功经验和精华,同时在物业设施设备方面也做到与时俱进,甚至和上海IFC和IAPM等顶级项目可以媲美。从某种意义上说,上海长宁来福士广场是新加坡凯德商业地产集团在内地开发的数十个商业项目中值得骄傲的一个。

六、上海静安大悦城

大悦城位于静安苏河湾核心区域,与南京东路商圈衔接。在不远的未来,城市轨交的完善必将为其引入大量的客流,除了来自南京东路商圈的客流之外,由于项目定位的鲜明个性,它将成为独具时尚魅力的商业地标。上海大悦城不仅将带动整个区域传统商圈,并将以它独特的个性魅力,引领上海商圈的整体升级。

长宁来福士广场外景

上海静安大悦城夜景

上海静安大悦城项目定位“年轻、时尚”，围绕18—35岁新兴中产阶层这一目标客群。自从项目开业以来，日均的客流量一直都保持在5万人次以上，已然是年轻时尚潮人的打卡圣地，在中国商业购物中心“分流”现象相对比较严重的今天，非常难能可贵。

七、上海环球港

上海“环球港”作为集“商业、旅游、文化”三大中心功能于一体的全业态城市中心商业综合体，总建筑面积达48万平方米，商业面积近32万平方米，高级办公楼12万平方米，五星级酒店面积约4万平方米，以特大型综合购物中心为主题，辅之以甲级办公、展览、娱乐、餐饮、休闲与健身等配套功能，立足上海，辐射长三角，连接全球市场。

在国内“巨型”商业项目行列中(商业体量30万平方米以上)，上海月星环球港应该算得上是佼佼者。在最近几年也凭借不断的努力和绝对的实力陆续引进了COACH和MICHAEL KORS等轻奢品牌，得到了中国商业地产行业众多业内人士的赞赏和高度认可。

这座全球中心城区最大的商业综合体呈现给人们的绝不仅仅是一处普通的消费购物场所，更将成为引领都市最新时尚文化生活概念的风向标。

在未来，购物中心将不会再以传统“购物”的形式存在，这是必然的；也将不会再走纯粹搞体验而忽略销售的老路，而是会把购物和体验做到灵魂层面的结合，有效提高商场的客流转换率和成交率，并真正做到购物于体验的一体化。

未来的购物中心将不再是购物中心，也不是体验中心，而是两者完美结合的“购物体验中心”。5G走入购物中心，更多的商业场景，在需要行业共同推动与创造。

上海环球港

黄浦区作为领军智慧城区，布局 5G

5G 是深刻影响全局的新一代基础设施。作为“中国领军智慧城区”，黄浦区正积极在 5G 商用上发力，抢占先机，进而扩大优势。2019 年 2 月，黄浦区启动 5G 商用建设，目前在南京东路、淮海中路、外滩、人民广场等重要区域已实现 5G 信号的覆盖，2019 年底将实现全区 5G 信号覆盖，一批智慧医疗、智慧直播等 5G 应用场景也已率先在黄浦区落地。

豫园九曲桥上人流过密，探头及时捕捉到这一画面传回了后台系统，系统对画面识别后发出预警，附近工作人员立即启动了人流控制预案；话剧《红白玫瑰》的剧中人物“走出”剧院，出现在上海音乐厅大草坪的前方，进行了一段精彩演出，带给路人全新的观演体验；医疗专家坐在上海的医院办公室，通过传输而来的高清手术画面，对远在云南的一场手术，做出了精准的指导……借助 5G 技术，这些场景未来在黄浦区实现不是梦。

上海最繁华街区开通 5G 信号。2019 年 5 月 18 日，上海最繁华的街区——南京路步行街正式开通 5G 信号。当天，在黄浦区支持下，上海移动将首场“友好客户招募活动”设在了南京路步行街上的世纪广场。“5G 是什么？有什么特点？有哪些应用场景？会如何改变我们的生活？”专业人员耐心回答市民、游客提出的问题，还引导他们现场“尝鲜”：使用 5G 样机网上冲浪，感受不一样的速度；戴上 AR 眼镜欣赏名画，细腻地勾勒在 5G 环境下看得真切；一些企业也派出团队，现场体验“5G 办公”带来的种种便捷。

5G 是深刻影响全局的新一代基础设施，从国家到地方，都在加快 5G 商用的步伐，抢占 5G 的发展红利。上海正在努力打造 5G 千兆、宽带千兆的“双千兆宽带城市”，为助力上海“五个中心”建设、服务长三角一体化发展国家战略作出更大贡献。黄浦区努力抓住 5G 机遇，抢占先机。2019 年 2 月以来，黄浦区协调移动、联通、电信、铁塔等运营商大力推进

南京东路步行街夜景

5G 等新一代信息基础设施在区域内布局。

除南京路步行街,目前外滩、人民广场、淮海路、豫园、黄浦区政府周边等室外区域,一大会址纪念馆、交通银行上海分行总部、置地广场、华狮广场商务楼宇等室内区域也已相继实现了5G 信号覆盖。截至7 月10 日,黄浦区已建成5G 宏基站159 个,预计年内将建成5G宏基站480 余个,基本实现全区5G 网络全覆盖,同时结合5G 场景应用,重点覆盖新世界商城、老介福大楼、淮海剧汇、世博最佳实践区等商务楼宇和园区。

黄浦区的信息基础设施建设并非“平地而起”。早在2015 年底,黄浦区就完成了淮海路、南京路总长4.7 公里的基础硬件设施、WiFi 建设,在淮海路、南京路实现了免费上网。2017 年,区科委和区规土局合作,编制完成《黄浦区信息基础设施建设专项规划》并获得市政府批复纳入上海城市规划体系,明确了区内通信机房、通信管线、通信基站、WLAN 等设施的总体布局和建设要求。2018 年以来,黄浦区完成了外滩地区通信杆与路灯杆、路牌杆合杆工作,提升基础网络承载能力,对全区126处公共场所的移动信号开展排查和优化,为5G商用在黄浦区的建设与开展创造了条件。

黄浦区对标最高标准、最高水平,打造以5G 为引领的“低时延、高可靠、广覆盖”高品质通信网络,加快全区高速光宽带网、无线通信网以及新一代物联感知网络的深度覆盖,率先建设“双千兆宽带城市”示范区,满足未来物联网、车联网等各种应用场景下的网络需求。

整区域都可作为5G 应用“试验场”。5G基础设施建设的重要目的之一,是为5G 应用场景的构建与创新提供支撑,从而实现5G 商用模式的有效探索。如今,在黄浦区构建的5G 基础设施之上,一些“5G+”的真实应用场景业已呈现,并展现出改变未来的端倪。

“今天这台手术,节省了至少10% ~20%的时间,由于图像更清晰且镜头有更好的景深与立体感,有助于手术者操作。”2019 年7 月,在上海交大附属瑞金医院,刚为一名63 岁女性患者实施腹腔镜右半结肠癌根治术的上海市微创外科临床医学中心主任郑民华这样说。当天,手术室外的会议室内,近20 名微创外科PLUS 精工坊的学员们或戴上VR 眼镜,或直接观看4K 超高清大屏幕,患者腹腔内的每一个细节都清晰地映入眼帘,医疗培训效果大幅提高。这是瑞金医院在国内首次实现5G+4K/8K+VR 的腹腔镜手术直播。“4G 改变生活,5G 改变社会。5G 时代来临以后,将从根本上改变生产环节,改变我们对整个人类社会的认识,甚至可以改变生产要素。”深圳信息通信研究院主任沈浩涛说。就拿瑞金医院的5G+4K/8K+VR 的腹腔镜手术直播来说,已构建出未来“5G 智慧医院”的雏形。

在这场直播开始前,中国电信股份有限公司上海南区电信局布设了3 个5G 微基站。在此基础上,借助4K 的VR 传输,手术医生获得了清晰的大画面、大视野;借助8K 的VR 传输,学员们更清晰地看到了主刀医生的所有操作。“未来,当5G 技术更好地铺开后,还可以通过裸眼‘3D+VR’技术替代大屏幕,节省更多手术时间;而通过成熟的5G 技术,专家无论身在何处,都能获取高清同步的实时画面,带来更精准的手术指导。”有专家说,5G 将给医疗领域带来革命性变化。

黄浦区作为上海中心城区的核心区,拥有丰富的应用场景、巨大的市场需求、海量的应用数据,这些都是5G 商用所需要的。黄浦区整区域都可作为5G 场景应用的“试验场”。

黄浦区正积极利用各种机会,推动5G 与各个领域深度结合。“连明星脸上的每一个毛孔都看得清!”2019 年6 月,第22 届上海国际电影节金爵盛典在上海大剧院举行,当晚,不少守在电视机前的观众观看直播时这样说。原来,中央广播电视总台4K 超高清频道对盛典进行了“5G+4K”现场直播,这是我国运用最前沿的媒体技术直播国际性大型文化活动的首个案例。高清晰的呈现、超流畅的速度、超逼真的现场,向观众展现了一个不一样的金

上海大剧院夜景

爵盛典。

南京路步行街东端，上海最繁华的街口，华为全球旗舰店确定落址这里，已完成方案设计，未来这里将建设成华为全球领先的5G和人工智能新品发布、互动体验展厅，打造成为上海市5G应用的一张靓丽名片。

黄浦区探索5G应用场景、基于5G技术的创新应用，将重点聚焦经济发展、城区治理、民生服务等重点领域，让用户全方位地体验到快速、优质、便捷的5G网络，为区内金融、医疗、教育、商业、商务等机构和企业，提供更加丰富的5G终端产品，不断提升公众的获得感和满意度，努力把黄浦区打造成为国际一流的5G技术创新应用示范区。

近期，由国家工信部、上海市政府举办的“首届全国新型信息消费大赛”（NICER）决赛与数字经济峰会将在黄浦区拉开帷幕。“届时，将会涌现出更多消费信息领域的5G技术创新应用。”

从5G商用建设中寻找发展机遇。像再惠科技一样，有不少在黄浦区发展的创新企业，正从黄浦区推进的5G商用建设中寻找新的发展机遇。其负责人这样说：“我们正在探索‘无人厨房’的全新商业模式。在人工智能和机器人的帮助下，将食材烹饪成美味佳肴，减少人力操作，也给消费者带来全新的消费体验。如果能有5G技术作为支撑，‘无人厨房’背后的智能硬件、软件系统肯定会‘跑’得更快，流程监控更及时，体验更顺畅。”再惠科技是落户黄浦区的一家创新型企业。

黄浦区要服务好企业，要紧紧抓住优化营商环境这一核心，让黄浦区成为最适宜创新企业发展的热土。“5G技术能为企业提供更加高效、经济的信息技术支撑，通过企业推动5G技术与实体经济的深度融合，从而加快区域产业、经济与民生的全面升级。”

黄浦区在全力打造一流营商环境方面下足了功夫，逐渐形成了如“一网通办”“窗口服务”“包容创新”等可复制可推广的经验与亮点。目前，黄浦区达到“最多跑一次”标准的网上审批事项占比100%，全程网上办理事项数量位列全市第一；针对金融服务、科技创新、

再惠(上海)网络科技有限公司前台

食品餐饮等14个领域187个行业,跨部门、跨领域"打包"整合相关经营许可,打造"政务店小二"主题式服务。在全市率先设立"出口食品备案企业综合服务"专窗、"马德里商标国际注册受理"以及"商标品牌指导"专窗,解决了一批企业难题;承载着"一网通办"等业务功能的"智能店小二2.0"进驻了商圈、楼宇,让企业办事不用出楼宇。探索包容审慎监管,首个共享餐厅、机器人主题咖啡店、24H智慧便利店落户黄浦区,为新产业、新业态、新模式提供充分、有序的发展空间。

黄浦区正在大力推进新型智慧城区建设,这将为5G技术与实体经济的深度融合提供更多应用场景,也为创新型企业提供更多展现的舞台。

在新型智慧城区建设方面,黄浦区一直走在全国前列。2018年,黄浦区出台了《关于加强新型智慧城区顶层设计的实施意见》,提出了"两网一云、一中心、五平台、N个项目"的总体框架,从基础层、资源层、平台层、应用层明确了城市光网、无线城市、政务云、大数据中心,以及城区运行管理等重点跨部门协同平台的建设任务；2018 年 7 月，黄浦区发布《关于面向全球面向未来提升黄浦城区能级和核心竞争力的实施意见》，明确了黄浦区下一步改革发展的方向，提出要打造智能普惠的智慧城市标杆示范区，构建“物联、数联、智联”三位一体的智慧黄浦城区大脑，实现基础支撑全球领先、政务服务高效协同、城市管理智慧精细、信息惠民普惠高效、兴业服务创新融合；2018 年 11 月，黄浦区被国家信息中心授予“2018 中国领军智慧城区”称号，全国仅上海黄浦区与深圳龙岗区两家获此殊荣。

黄浦区将进一步营造最优的创新服务生态，加强政策引导、产业扶持、聚合产业力量，促进消费升级、双创升级、产业升级，支持更多创新型企业在黄浦区集聚与发展，让发展新动能不断迸发。有了坚实的 5G 基础设施，一系列智慧城区的场景将在黄浦区徐徐展现。接下来，黄浦区将结合智慧商圈、智慧展馆、智慧教育、智能制造展示、智能城市公共安全等领域，探索推动更多 5G+应用场景落地。

在南京东路、淮海中路等黄浦区重要商圈，覆盖 5G 信号后，市民、游客上网速度会更快，街头与商场内将出现更多能给市民游客带来感知交互体验的设施；每年迎来 4500 万人次大客流的豫园景区，将开展 5G 智慧升级等项目，项目集成客流预警、消防预警、人脸识别等功能，实现应急处置的控制、协调与判断。

在文化演出场馆，5G 商用建设中也是受益者。在中共一大会址智慧展馆项目建设中，通过 5G 泛感知及智能化平台监控管理，可实时监测展馆柜台内温湿度，文物保护及展览监控将更加高效科学；在以人民广场区域为核心的“演艺大世界”内，演出精彩纷呈，试想运用全息虚拟影像技术，中国大戏院上演的话剧《红白玫瑰》、上海大剧院上演的歌剧《永不消逝的电波》，出现在上海音乐厅的大草坪前……5G 技术让演出呈现有了更多想象空间。

在 5G 环境下，课堂教育还可以换一种“玩法”。2019 年 8 月中旬，在黄浦区将举办基于“5G+MR”技术的上海、北京、成都、青岛四地远程直播教学活动。身在黄浦区的学生，在教师引导下佩戴“MR 眼镜”共同学习公共课程，体验全息 3D 教学内容并展开讨论，通过生动立体的画面展示，学生可以快速理解抽象的课程内容；远在其他三地的教师，因为有了 5G 技术，可以无延时地观看授课全过程。

5G 可以改变生产环节、完善生产过程。在未来自动化生产线上，将布满各种机械手臂，因为在 5G 的环境下，后台系统对机械手臂的操控会非常流畅……在黄浦区将会看到这样的场景。位于北京东路的“科技京城”将建设工业机器人展示贸易厅和体验基地，重点展示 5G 网络零时延控制机器人、虚拟现实 VR 实时远程操控工厂等应用场。

5G 技术还将对公共安全、城市管理等领域产生深远影响。在外滩、人民广场、南京东路等重要区域，因为有 5G 技术，不仅数据非常庞大的城市公共设施可以连接到网络上，前后端大数据测算、分析、研判等将更为便捷，这意味着探头可以更大、更清晰，交通信号灯可以更智能，城市精细化、智能化管理水平得到进一步提升。

上海首个 5G 智慧商业场景落户徐家汇

上海首个 5G 智慧商业场景将落户徐家汇。该场景所在地“城开 YOYO”购物中心，前身为徐家汇历史悠久的老百货汇民商厦。建成后的 7 层空间将是一座复合型的智慧商业体验场景。世界顶尖的录音棚与一墙之隔的全息数字演播室连通，在展演空间现场演奏的电影原声、乐队演出、交响乐等都能当场完成录制和制作。展演空间本身可作为秀场、T 台、剧场舞台或是直播室，不仅提供全息互动设备为“二次元”虚拟偶像演出创造了条件，还能通过5G技术实现无延迟的现场直播。

来到徐家汇商圈的天钥桥路辛耕路，一幢全新的玻璃幕墙建筑格外引人注目。大楼1—4层业态为餐饮和潮流购物，5—6层为联合办公区域，7楼是中国联通5G信号全覆盖的文化信息产业基地，面积约1500平方米。从6层联合办公空间拾级而上进入7楼，现场正在进行最后的设备搭建，已经可以看到健身IP超级猩猩、笑果文化等品牌进驻。

“城开YOYO”购物中心建成后是一座复合型的智慧商业体验场景。其中，歌舞影视厂牌MCC娱乐将与GH5舞蹈工作室在这里制作可视化的音乐与舞蹈节目，通过抖音、小红书、爱奇艺、腾讯等互联网影视社交平台进行传播。出品了《吐槽大会》《脱口秀大会》《周六夜现场》等综艺节目的笑果文化则开设了起首家线下概念店，试验脱口秀、喜剧节等文化消费业态。

紧邻笑果文化的“创作工坊”，是由格莱美制作人克里斯·奎克尔、国内音乐人郑钧以及上海戏剧学院音乐表演人才培养计划等联合发起的音乐人才培养空间，现场不仅提供词曲创作室、demo(录音样带)录制，还能为青年创作人搭建演出排练、线上传播、版权、发行乃至品牌合作等服务。

场地方还引入了目前世界顶尖的Karma录音棚，与一墙之隔的全息数字演播室连通，在展演空间现场演奏的电影原声、乐队演出、交响乐等都能当场完成录制和制作。展演空间本身可作为秀场、T台、剧场舞台或是直播室，不仅提供全息互动设备为“二次元”虚拟偶像演出创造了条件，通过5G技术还能实现无延迟的现场直播。

5G信号和技术的接入能为传统消费场景带来哪些“升级”？黄维介绍，5G最显著的特点是能够帮助文化场景实现无延时直

图中二层阁楼为创作工坊的词曲创作室

5G 带来的不仅是网速，更是前所未有的消费和文化娱乐体验

播，大大方便视频传播和相关内容的研发。其次，在 5G 信号支持下商业体能够采集大量瞬时消费数据，包括演出者与观众的动态捕捉、演出的影响力、观众群、二次消费流以及线上讨论度都能实时采集，“5G 时代数据都在飞速‘裸奔’，谁注水一目了然，也会被快速淘汰”。

在内容创作方面，基于 5G 技术的用户动态捕捉和数据精准抓取，可以帮助创作者计算出剧本产生高潮、进入尾声的最优时间点，展演空间观众的情绪反馈则是这份大数据的分析来源，这些数据也将帮助智慧空间运营方进行更好地分析决策。所以，5G 为商业体带来的绝不仅仅只是更快的网速，更是前所未有的消费和文化娱乐体验。

THE BOXX 2019 年在徐汇注册，选择将首个 5G 商业场景落地徐家汇，除了看中这里文化与科技的产业基础，商圈本身的成熟度和对年轻消费客群的吸引力也至关重要。目前商业品牌面临的同质化问题愈发显著，不同的商场里却都是同样的餐厅、商户，传统的商业体“四件套”——超市、百货、电影院、大餐饮，已经无法一力承担召集人流、彰显品牌的“引擎”作用，需要有新的内容满足和刺激消费者。传统商场是先装修再招商，新的消费场景是先设定需求招商，再装配空间。

在寸土寸金的徐家汇，会有超过 1000 平方米的场地被用来炮制各种新型文化体验。同一空间内网罗了文化创作、制作、表演、录制、传播、发行以及观演、体验、参与等各种行为元素，会碰撞出何种化学反应，无疑让商业体运营方和消费者都感到期待。

而在 5G 技术的加持下，文化产品的生产与传播速度变得更快，人们的反馈也更加真切。这也为各类运营方、出品方们提出了新要求：科技让真实数据无所遁形，概念再新颖、炫酷，唯有最终的产品过硬，才会产生最真实的影响力。

雅戈尔携手宁波移动推出5G+智慧门店

2019年7月31日，雅戈尔集团股份有限公司与中国移动宁波分公司就5G网络服务与创新试点签订战略合作协议，双方共同推进5G智能工厂、智慧门店等合作项目的落地。雅戈尔集团股份有限公司常务副总经理胡纲高，宁波移动总经理助理方如利在签约仪式上分别发表致辞，并代表双方签署了战略合作协议。

双方将秉承长期稳定的战略合作关系，整合优势资源，依托5G+技术，开展5G网络优先覆盖、5G网络优质服务、5G创新试点等方面合作，共同打造基于5G的AR沉浸式购物、个性化购物、敏捷供应链等5G+智慧商贸，基于5G的工业机器人精准控制、制衣车间5G直播、远程排障等5G+智能工厂等应用，打造领先的高速5G网络、智慧销售场景、客户关怀服务等一系列合作典范，加速5G+技术赋能智慧中台、智慧工厂、智慧销售建设。

在发展工业互联网平台方面，雅戈尔践行"三位一体"模式(即智能制造、智慧营销和生态科技)，以产业互联网思维推动企业数字化转型；宁波移动不断加强5G+工业互联网基础设施建设规划与布局，使得宁波工业互联网发展"如虎添翼"。两家企业一直保持密切友好的合作关系，目前已联合推出5G+AR试衣镜和5G+智能导购机器人两项应用。5G+AR试衣换装镜通过红外深度摄像头，识别人体姿态，为顾客穿上虚拟的服饰，辅以5G低延迟、

7月31日下午，雅戈尔集团股份有限公司与中国移动宁波分公司就5G网络服务与创新试点签订战略合作协议

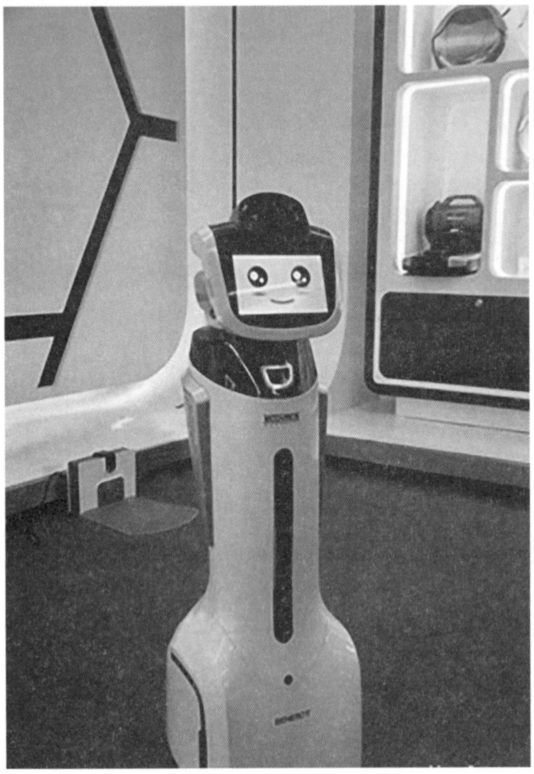

5G+智能导购机器人

高带宽的特性,以快速、有趣、充满科技感的方式,完成换装。5G+智能导购机器人基于5G+物联网技术,通过店内智能硬件建立与消费者之间的联系,增强用户体验,实现门店数字化、消费需求场景化实现客流智能分析、远程智能管控、要客智能管理。

宁波移动大力实施"5G+领航行动",围绕5G+AICDE、+10县区、+246产业集群,赋能经济社会和产业发展布局。时尚纺织服装产业作为宁波"246"产业集群中千亿元级产业之一,宁波移动高度重视推进5G+时尚纺织服装产业建设,本次合作是5G在时尚纺织服装领域的又一重大成果落地。据悉,在即将开幕的2019宁波时尚节暨第23届宁波国际服装节中,宁波移动将携手雅戈尔推出全国首家5G+智慧门店——宁波雅戈尔时尚体验馆,打造新一代信息技术与传统制造零售深度融合典型案例,为智慧营销、智能制造、生态科技的推进带来全新的变革。

第四编 企业

一、内贸企业

二、外贸企业

三、外资、外经企业

四、展览企业

五、上海老字号企业

六、知名企业

一、内资企业

上海豫园(集团)有限公司

上海豫园(集团)有限公司成立于1997年,并于2002年5月与西门集团合并重组,是黄浦区区属国有商业企业集团。集团主要从事投资和国内外贸易,经营项目涉及小额贷款、典当拍卖、餐饮宾馆、黄金珠宝交易、进出口贸易、南北货、服饰、纺织品、紧固件等。经过20多年来持续不断的发展,目前,集团拥有下属企业36家,其中有大富贵、全泰、老同盛、宝大祥、协大祥、信大祥和五华7个中华老字号品牌和南市螺丝、海鲸、银星3个上海老字

2019年1月28日,上海豫园(集团)有限公司召开年度工作会议

号品牌。2019 年集团完成营业收入 10 亿元，实现利润 1.06 亿元，上缴落地税收 4412 万元。

集团坚持把推进主营业务的发展作为集团发展工作的基点，按照区属竞争类企业的发展要求和产业定位，积极拓展主业发展新动能、新优势、新亮点，明确目标举措，着力组织推进。

一是核心主业稳步发展。打造大富贵高质量门店发展模式，在快速拓展连锁门店的同时更加注重门店经营效益。稳步推进门店标准化建设，对门店装修风格重新定位，主打老上海怀旧亲民风格，实现装修风格统一标准，并将逐步延伸至产品设计、销售产品的标准化建设。继续加强与新零售品牌合作，入驻进博会“上海特色小吃馆”，打造“馆内就餐+网上订餐”模式，通过引入时尚和潮流元素，吸引更多年轻消费群体。大富贵全年完成主营业务收入 4 亿元，门店数达到 40 家。新金融服务业强控风险，上海黄浦豫园小额贷款股份有限公司和天成典当行严控业务风险，强化管理和服务，加强专业技术人才引进，对接各类社会平台，积极拓展新业务。国泰拍卖行创新拍卖新领域，房屋租赁权首拍成功，被中国拍卖行业协会评为“2019 中国拍卖行业年度企业创新奖”。司法辅助拍卖工作在第二、第三季度连续获得上海法院网络司法拍卖辅助工作量化考评标准暨“拍辅通”考评第一。

二是平台建设有序推进。南市螺丝紧固件平台坚持以非标紧固件专业特色为核心，依托全国紧固件行业协会会长单位的优势，紧紧围绕国家发展战略和产业规划的实施布局，扩大与上海振华重工等重点单位合作，拓展了欧盟、以色列等国际非标件业务，提升国际声誉。推进紧固件交易平台建设，加强与“好工品”网络平台的战略合作，联手创建紧固件“上海战略仓”，有效提升平台建设水平，紧固件交

上海豫园(集团)有限公司旗下的老字号品牌——大富贵酒楼

上海豫园(集团)有限公司旗下的
老字号品牌——全泰服饰

易平台有了实质性启动和突破。黄金珠宝藏品中心坚持以贵金属业务发展为核心,主打黄金租赁业务,推进白银原料批发,开拓银行授信业务渠道,为行业内中小企业经营运作提供优质服务。豫园银楼坚持以银饰品为核心卖点,探索专柜模式可持续发展道路。

三是老字号品牌创新转型发展。集团7家中华老字号和3家上海老字号品牌,充分挖掘品牌价值,勇于改革创新,激发品牌发展活力,创新商业模式,应用互联网和现代信息技术发展电子商务,促进老字号持续提升、健康发展。集团所属其他传统企业十六铺、综贸、外贸、包机、苏州商厦、豫新、永联等在坚持创新转型中稳步向前发展。

豫园集团在区委区政府的领导下,增强“四个意识”,坚定“四个自信”,做到“两个维护”,不忘初心,牢记使命。立足新起点,把握新期待,紧紧依靠全体干部职工,重抓落实,善作善成,在创新驱动推进高质量发展的征程上迈出新的有力步伐,全力以赴完成全年各项目标任务,奋力谱写新时代发展新篇章。

上海外联发商务咨询有限公司

上海外联发商务咨询有限公司(UDC)坐落于中国(上海)自由贸易试验区核心区域——外高桥保税区,为中国(上海)自由贸易试验区管委会指定服务外包供应商,是上海自贸试验区的招商主力团队。公司拥有丰富的外商直接投资、土地开发、房地产经营管理、境外投资服务经验,为区内企业提供海关、税务、外汇、工商、境外投资等全程指导商务咨询服务,同时为国内外项目提供融资顾问服务。

公司拥有80多人的强大专业咨询团队,精通英、日、德等多国语言,拥有丰富咨询经验和实务能力。公司商务咨询涉及跨国投资设立、企业营运顾问、财税策划、境外投资、关务支持、代理记账等10多个专业领域,20多项专业服务,100多类细分咨询服务产品。公司在日本设有代表处,全球合作伙伴遍及美、日、德、意等18个国家,招商业绩显著。

1990年,当中国第一家保税区——外高桥保税区成立之际,上海外联发商务咨询有限公司的前身——上海外高桥保税区联合发展有限公司咨询团队也随之为第一批注册落户的跨国公司提供投资咨询和营运咨询服务。团队成功引进中国保税区第一家外资控股公司、中国保税区第一家商贸型企业。

2003年,当外高桥保税区投资企业即将突破1万家之际,上海外联发商务咨询公司正

上海外联发商务咨询有限公司(UDC)参加2019(第五届)
"一带一路"中国企业全球化论坛暨海外投资峰会

式成立，从事招商引资、投资咨询、企业营运咨询及相关商务支持服务。公司成功申请了中国保税区第一家营运中心、中国保税区第一家分拨中心。

2009 年，当上海市政府成立上海综合保税区，整合三港三区（上海外高桥保税区、洋山保税港区和浦东机场综合保税区）之际，外联发商务咨询积极扩展业务区域，设立日本东京办事处、江苏启东办事处等。公司参与政府多项课题研究，并申请成为中国保税区第一家国际贸易结算中心。

2013 年，当中国（上海）自由贸易试验区揭开面纱之际，外联发商务咨询再次走入政策研究和投资咨询的前沿，对自由贸易中多领域投资开放进行了价值分析，形成咨询报告。咨询团队全力迎接物流运输、银行金融、商业零售、文化娱乐等多个开放领域的第一批落户项目，也助力众多国内企业进行海外投资，帮助中国资本通过自贸区走向国外。

如今，随着中国（上海）自由贸易试验区境外投资服务平台（www. shftz. cn）、上海自贸区境外投资服务联盟、全球并购网（www. globalma. com. cn）等相继成立，结合自贸区丰富的合作伙伴资源，UDC 将为国内投资者提供境外投资全生命流程服务，并为全球范围内的注册会员提供集信息、交易、服务、社交为一体的 O2O 项目资本对接平台。

上汽大通汽车有限公司

上汽大通汽车有限公司(简称上汽大通),是上海汽车集团股份有限公司全资子公司。公司成立于2011年3月21日,总部位于上海市杨浦区军工路2500号,注册资本58.2亿元。

上汽大通下设无锡分公司、南京分公司、上海临港分公司、上汽大通房车科技有限公司、无锡申联专用汽车有限公司及上汽大通汽车销售服务有限公司,设有两个智能研发中心、两个海外制造基地、四个国内智能制造基地。

目前,上汽大通主要业务包括"MAXUS"品牌的MPV、SUV、宽体轻客、皮卡、智能房车等乘商并举的产品组合及各类改装车的研发、生产和销售,正积极推进新能源汽车、互联网汽车的商业化,并开展智能驾驶等技术研究和产业化探索。

作为上汽集团旗下的国际汽车品牌,上汽大通销量持续快速增长,产品以"国宾车"品质,多次服务于APEC峰会、G20峰会、上合组织峰会、青奥会、博鳌亚洲论坛、金砖五国等国际级高规格会议。海外市场方面,上汽大通全球经销网络初步建立,形成了五大重点核心市场,产品覆盖全球45个国家和地区,澳大利亚、新西兰、英国、爱尔兰等发达国家成为海外销量主要国家,上汽大通正成为走向世界的中国品牌。

上汽大通坚持"科技、信赖、进取"的品牌核心价值,在汽车行业中首创了C2B业务模式,与用户在整条价值链上进行实时、在线的透明互联,开展个性化产品定制、智能化制造等,通过业务模式和商业模式创新变革,致力于成为"用户驱动、提供具有全球竞争力的汽车产品和生活服务,为用户创造价值"。

上汽大通 MPV G50

上海柯渡医学科技股份有限公司

一、一家专业的医疗设备服务企业

上海柯渡医学科技股份有限公司（简称柯渡医学）是一家生在普陀、长在普陀的医学装备管理服务高科技企业，是该行业的领军企业。公司服务内容覆盖医疗器械管理、学科建设管理和供应链管理，产品线覆盖医院全科室，服务网络覆盖全中国。

柯渡医学成立于2006年，经过10多年的发展建设，已经培养了一支超过1600人的工程师、市场销售及运营团队，探索出行业领先的三大体系：工程师培养管理考核体系、运营体系以及客户服务体系。柯渡医学目前管理医院资产近500亿元，客户医院近3000家，整体打包医院设备近300家，部分打包医院设备近3000家，2018年销售收入超过15亿元，预计今后三年的复合年增长率达45%。

二、高端医疗服务的先进代表

柯渡医学是高端医疗服务的典型代表，早在2017年，就获得上海市颁发的“上海名牌”证书。

过去，在上海的医疗设备服务行业中，无论是服务能力，还是服务规模，都远远跟不上医疗设备的增长。2015年，柯渡医学率先在市场上推出“医院医疗设备资产整体管理服务”，改变了这一行业“散、乱、小”格局，医疗设备资产管理走上整体化、数字化、智能化的发展道路。

柯渡医学率先推出整体服务模式，也在业内称为“柯渡模式”。2018年，被中国社科院出版的《中国医疗设备蓝皮书》正式冠以“柯渡模式”的称号。

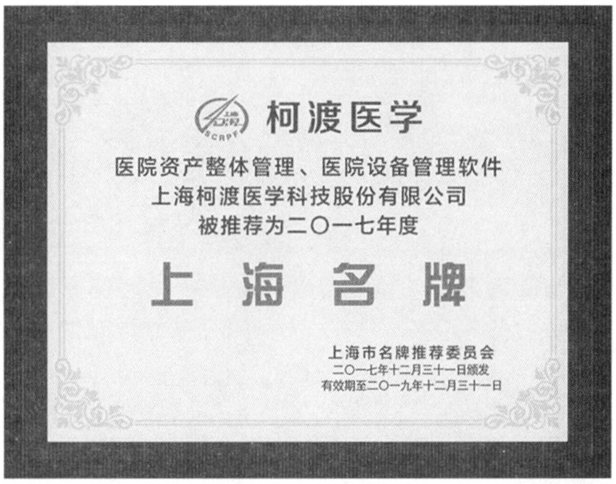

“柯渡模式”创新的核心在于改变了过去粗放式的临床医疗设备管理，真正实践了医疗设备全生命周期管理，且借鉴互联网、物联网的技术成就，真正实现了医疗设备信息化管理，并为医疗设备的智能化管理提供了有力的数据支撑。

柯渡模式一经推出，就得到了市场的热烈响应。柯渡医学在2016年开始商业实践，到2020年初，已经实现整体托管252家医院、部分托管2500家医院。业务规模也年年以50%的速度递增，截至2020年初，作为一家服务类企业，年营收规模达到20亿元左右，每年集团及其下属公司上缴税收上亿元，员工人数也达到1600人左右。

三、一切为了战疫情

2020年春，武汉疫情突然爆发，作为一家专业医疗设备服务公司，柯渡医学积极响应国家号召，紧急向湖北各地捐赠了350万元紧缺医疗设备。捐赠地涉及武汉、荆州、荆门、恩施等地的9家医院。

这些医院都是当地政府明确的新冠肺炎收治医院。医疗设备主要是当时医院急需的输液泵、注射泵及其配套多通道工作站，对于不断新开特需诊区的医院，这些设备无疑是雪中送炭。

需要指出的，柯渡医学有 1200 多名医疗

上海柯渡医学科技股份有限公司向湖北各地捐赠了 350 万元紧缺医疗设备

设备工程师，分布在数百城市，入驻在医院管理医疗设备。疫情发生后，先后有数百名工程师放弃假期，舍弃家小，与逆行的医护工作人员一起，紧急奔赴一线，保障近60万台设备的正常运转。

在抗疫的2个多月，柯渡医学也涌现了很多感人的事迹：有的工程师连续“战备值班”30多天，工装一天都没脱下；有的工程师家就在医院隔壁，连续2个月没有回家；有的工程师一个人值守高原医院，第一次品尝了春节的孤寂，也第一次体会了责任在肩的感觉。

在近一个月的抗疫战争中，柯渡医药管理层尤其重视。从大年三十开始，集团就建立抗疫协调中心，由董事长指挥柯渡医药协调了数百名工程师支援当地医院设备保障；也在疫情最严重的时候，派员参加雷神山医院设备的紧急装机。

一切为了战疫，为了战役的一切。柯渡人是医疗设备的工程师，更是白衣战士的守护神。1200名工程师把每台设备都当成一段防线，他们始终站立，把守护变成了一面旗帜。

四、在疫情中争创“上海服务”品牌

举国抗疫，全民有责。柯渡医学力量有限，绵薄之力，微不足道。但让人感动的是，普陀区、街道等各级政府领导十分关注柯渡医药的抗疫工作，帮助支持柯渡摆脱抗疫困难期，多位领导到访柯渡上海总部，并通过各个途径表示了慰问，柯渡上下备感鼓舞。

让柯渡更觉珍贵的是，来自战友的鼓励。抗疫期间，柯渡一共收到近60多家医院或医疗机构的表扬信、锦旗。国家卫健委在发来的感谢信中说：柯渡医学科技“讲政治、顾大局，主动投入到卫生健康系统疫情防控医用物资供保工作中，以‘战时状态’，迅速反应、快速支援，不讲条件、不打折扣，克服一切困难，用尽千方百计，给予大力支持，为疫情防控形势向好发展作出重要贡献”。

疫情期间，柯渡医学和各方面医疗机构积极合作，积极投身抗疫战斗中。这个过程中，也收到了各方面的感谢和称赞。华润医疗在

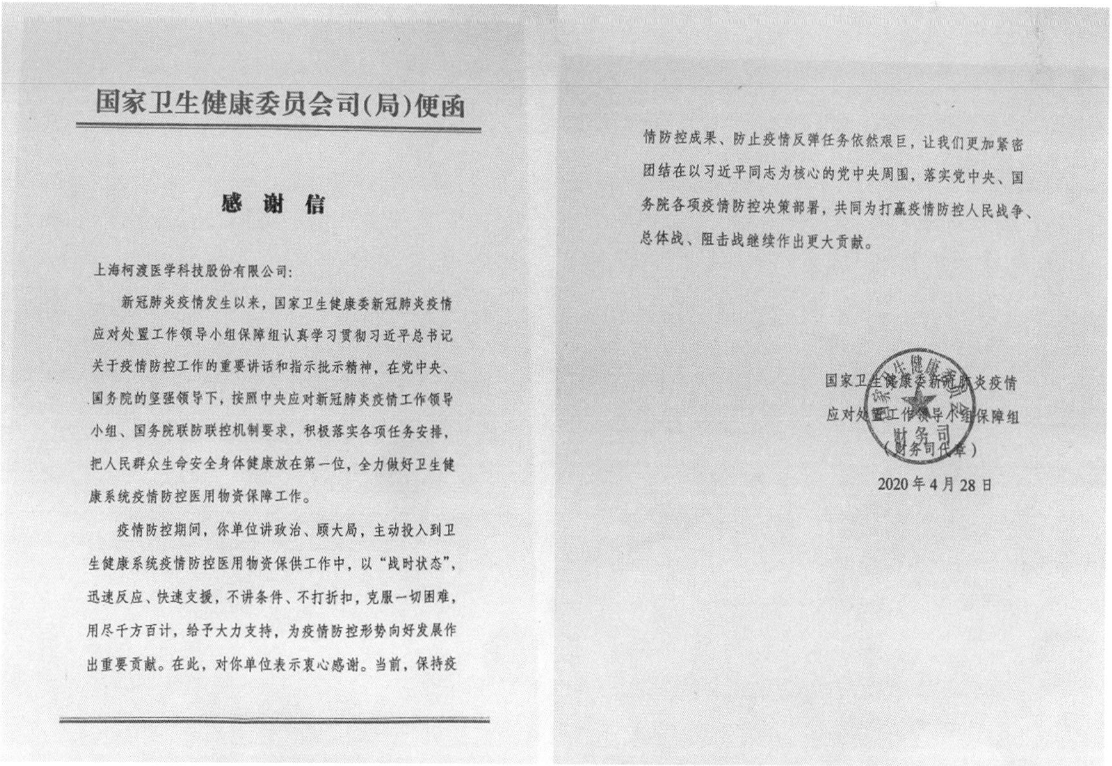

国家卫生健康委员会司(局)便函

感 谢 信

上海柯渡医学科技股份有限公司：

新冠肺炎疫情发生以来，国家卫生健康委新冠肺炎疫情应对处置工作领导小组保障组认真学习贯彻习近平总书记关于疫情防控工作的重要讲话和指示批示精神，在党中央、国务院的坚强领导下，按照中央应对新冠肺炎疫情工作领导小组、国务院联防联控机制要求，积极落实各项任务安排，把人民群众生命安全身体健康放在第一位，全力做好卫生健康系统疫情防控医用物资保障工作。

疫情防控期间，你单位讲政治、顾大局，主动投入到卫生健康系统疫情防控医用物资保供工作中，以“战时状态”，迅速反应、快速支援，不讲条件、不打折扣，克服一切困难，用尽千方百计，给予大力支持，为疫情防控形势向好发展作出重要贡献。在此，对你单位表示衷心感谢。当前，保持疫情防控成果、防止疫情反弹任务依然艰巨，让我们更加紧密团结在以习近平同志为核心的党中央周围，落实党中央、国务院各项疫情防控决策部署，共同为打赢疫情防控人民战争、总体战、阻击战继续作出更大贡献。

国家卫生健康委新冠肺炎疫情
应对处置工作领导小组保障组
（财务司代章）
2020年4月28日

写给柯渡医学的感谢信中表示:“柯渡医学的善良和义举让我们和逆行中的医护人员多了几份温暖,多了几份保障,多了几份力量!”

柯渡医学有 1200 名工程师战斗医院一线,他们分散在全国上百个大大小小城市的近 300 家医院里,从西藏高原到东北三省,从天涯海角的三亚到内蒙的大草原。他们肩负着 60 多万台医疗设备的安全运转。从大年三十开始,他们一直在一线,与逆行的医护工作人员一起,铸成了一道守护医疗设备的钢铁长城。

广西北海人民医院的感谢信说:“柯渡医学工程师任劳任怨、敢于奉献的精神,深深感动并激励着我们。”祁阳县人民医院说:“感谢柯渡员工不计个人得失和安危,表现出良好的职业操守和崇高品质,他们不愧为最可爱的人,为他们点赞。”哈密中心医院设备科王科长说:“这次柯渡的弟兄们真的超级棒,为你们感到高兴、自豪。也真诚地说一句:弟兄们辛苦了!”

来自上级领导机构以及同一战壕的战友的鼓励,格外让柯渡人觉得温暖。同时,也让柯渡医学更加认识到医疗设备服务的重要性。当然每一个柯渡人也正如爱惜自己生命一样,爱惜柯渡在过去的 10 多年的实践中积累起来的“服务品质”,并争创“上海服务”的品牌与口碑。

二、外贸企业

上海丝绸集团股份有限公司

董事长　徐伟民

一、概述

2019年全球经济增长放缓，各类风险挑战明显上升，尤其中美贸易摩擦的不确定性，零售市场的持续低迷等对内外贸都产生了较大的影响。

面对纷繁复杂的国内外环境，公司上下齐心协力，迎难而上，积极做好应对各种困难局面的准备，加快推进业务转型升级，着力形成发展新动能，总体仍然保持平稳的发展态势。2019年公司实现主营业务收入415588万元，减幅4.36%，归属于母公司净利润7526万元，减幅6.03%。

二、2019年对外贸易

（一）出口贸易

出口32766万美元，同比减少2925万美元，减幅8.20%。出口的产品主要有棉、麻、

2019年公司出口贸易方式情况表

（单位：万美元）

贸易方式	出口额		占比（%）		比上年（±%）
	2019年	2018年	2019年	2018年	
合　计	32766	35691	100	100	-8.20
一般贸易	31014	33622	94.70	94.20	-7.76
来料加工	174	194	0.50	0.54	-10.31
进料加工	1578	1875	4.80	5.25	-15.84

2020 年 4 月 16 日，上海市副市长许昆林到公司参加调研，
市政府副秘书长尚玉英、市商务委和虹口区相关负责人陪同调研

丝、毛、化纤等各类梭织、针织服装，以及丝绸、人棉、家纺等各类纺织品。主要销往北美、欧盟和非洲等 80 多个国家和地区。

2019 年公司主要出口商品情况表

（单位：万美元）

商品名称	出口额		占比(%)		比上年(±%)
	2019 年	2018 年	2019 年	2018 年	
合　计	32766	35691	100	100	-8.20
服装服饰	24237	25012	74.00	70.08	-3.10
纺织品	7839	9683	23.90	27.13	-19.04
其　他	690	996	2.10	2.79	-30.72

2019 年公司出口商品主要输往地情况表

（单位：万美元）

出口地区	出口额	占比(%)	比上年(±%)
合　计	32766	100	-8.20
北　美	9442	28.82	-15.84
欧　盟	6629	20.23	-12.15
中南美	4366	13.32	4.00

（续表）

出口地区	出口额	占比(%)	比上年(±%)
大洋洲	3271	9.98	9.11
中　东	2764	8.44	30.56
非　洲	2506	7.65	-34.10
日　本	1898	5.79	-19.54
东　盟	625	1.91	-17.98
港澳台	468	1.43	212.00
韩　国	222	0.68	155.17
俄罗斯	35	0.11	-2.78
其他地区	539	1.64	29.57

（二）进口贸易

2019 年，公司进口规模达到 5303 万元，同比增长 11.60%。

2019 年，公司进口商品主要有服装面料、辅料等产品。公司进口商品主要来自中国台湾、韩国、日本和意大利等近 10 个国家和地区，比上年有所增加。

（三）货源基地

2019 年，公司向供应商采购金额达到 27.86 亿元，同比上年增加了 7.10%。合格供应商近 1400 家，构建了稳定庞大的供应商网络。

2019 年，公司自有生产基地江镇厂通过进一步提升内部管理和进行技术改造等措施，尽量缓解中美贸易摩擦造成的重大影响，同时为巩固发展美国、南美等客户做出了积极贡献。宣城厂作为 LILY 的重要生产基地，通过持续改进优化生产和管理等方面，满足品牌快速反应需求，在快单生产方面发挥了积极作用。

三、品牌运营

1. LILY 品牌。2019 年以来，国内服装零售市场持续低迷，LILY 的发展也面临较大压力和挑战，但品牌销售规模在上年大幅增长的基础上仍实现了相对平稳的增长，并且完成了新的品牌升级。

（1）各销售渠道增长乏力。2019 年电商业务仍保持了持续的增长，但也面临后续增长以及各品牌间价格竞争等诸多挑战。代理业务基本持平，但基于对今后经济形势的预期，代理商对未来拓展开店持保守观望态度，这对后续工作增加了难度和挑战。受到线上业务和消费升级的挑战，线下店铺首次出现负增长。海外业务也再次呈现下降势态，新客户的拓展势在必行。

（2）完成品牌升级及标杆店铺升级。为应对消费升级，已基本完成了 LILY6.0 形象的升级和初次呈现。新形象更加与商务气息相贴切，体现了品牌的简约、干练，同时又兼具创新、多元融合。同时，南京东路旗舰店的重装和升级，新店铺以 1000+平方米的超大双层空间以充满现代的美学和创意性的空间布局惊喜亮相。

（3）进行产品分线开发。为了保持产品的时尚度及应市性，2019 年 LILY 针对不同年龄层女性人群进行不同系列的开发，更大限度地满足各类女性对商务场合的着装的需求，为多元角色的职场女性提供更多的着装选择。

（4）推进品牌推广和传播。推出中国新女性的全新概念，通过纽约时装周和上海时装周不仅向顾客展示了迭代更新的 2020 春夏的时尚新品，更通过走秀，向外界传达了中国新女性的个性、独立、干练的最强音。同时继续在北京、上海和深圳地铁投放广告，并通过与更多明星款的合作，利用明星的流量优势，带来销售的驱动。

2. 海上丝韵。经过 7 年的培育发展，海上丝韵在上海及业内已具有一定的影响力，已多次参与国礼和国宴用品及进博会、工博会等大型会务礼品的制作，并参与国家和市政府组织的重大展示活动及高端产品展示会。2019 年在品牌定制营销等方面也取得了积极进展：为第二届中国进口博览会提供礼仪场合使用品和政府采购礼品；与上海民族乐团达成战略合作，为民族乐团年度系列演出中制作衍生品和演出服装，首次实现跨界战略合作；在市旅游局和市文创办的指导下，配合上海文旅规划，围绕上海旅游地标和文化元素，研发了一系列以丝绸为载体的“上海礼物”。

四、2020 年发展趋向

2020 年是公司“十三五”发展规划的收官之年。在世界经济增长持续放缓，全球动荡源和风险点显著增多，国内经济下行压力加大的大背景下，公司业务发展将面临更多的挑战和困难。公司将保持战略定力，因势利导，化危为机，既要充分发挥传统优势，更要善于在困难挑战中把握机遇，积极应变，创新突破，在新形势下赢得主动，赢得优势，赢得未来。

面对 2020 年的新形势、新挑战，公司将树立创新、协调、绿色、开放、共享的发展理念，在公司“十三五”发展规划指导下，继续坚持稳中求进的总基调，补足发展短板，升级业务模式，积聚发展新动能，充分发挥内外贸并举的竞争优势，防范化解风险挑战，实现公司更高质量的发展。

东方国际集团上海利泰进出口有限公司

党委书记、总经理 赵晓东

一、概述

2019年，国际市场复苏乏力，中美贸易摩擦加剧，国际贸易环境不确定因素增加，订单向东南亚国家转移趋势加剧，原材料、劳动力、环保标准等要素成本不断提高，优质供应商持续短缺。在这样的情况下，东方国际集团上海利泰进出口有限公司(以下简称公司)，虽然进出口业务规模同比小幅增加，但主营业务利润有一定下降。面对外贸发展面临的新形势和新要求，公司始终坚持“凝心聚力、提质增效、协同发展、转型突破”的指导思想，认真贯彻落实“稳增长、调结构”的决策部署，独特创新“四轮驱动”(海外布局产业驱动、国内资源集成驱动、设计研发智力驱动、零售市场品牌驱动)发展模式，积极融入全球价值链和供应链，努力提高服务水平，推动创新发展，较好完成了年初确定的经营目标。

(一) 树信心，多措并举稳外贸主业

虽然欧盟、美国和日本三大传统市场出口规模占比小幅回升，其中对美国和欧盟出口保持了小幅增长态势，但是公司还是面临各类成本居高不下、订单持续转移等不利因素，整体经营面临诸多挑战。因此公司积极采取措施，把扭转外贸主业下滑趋势作为2019年的重要工作目标，取得初步成效。

1. 树立战胜困难的信心和决心。内外部环境的变化使公司原有的一些优势在弱化，新的优势还在培育之中。在这种转换过程中，公司面临较大的经营压力，尤其中美贸易摩擦逐渐升级，给员工带来了一些畏难情绪。为此，公司领导班子加强了与公司员工特别是管理和业务骨干的沟通，通过各种方式为员工加油鼓劲。通过召开全体员工工作会议和民主意见征询会，充分了解员工思想动态，组织具有针对性的研讨会，客观分析公司的现状及面临的问题，让员工全面了解国际贸易形势、集团战略规划和公司发展前景，探讨面对当今局势应采取的应对措施，并提供一些解决办法。使员工看到公司的业务资源和人才优势，坚定了面对困难，树立信心，保持了奋发有为的精神状态，创造了新的良好发展氛围，凝聚了发展共识，做到了稳中求进，努力培育新优势，共同为迎来新的发展周期做好思想准备。

2. 采取有效措施鼓励、支持业务开拓。通过各种渠道，收集各类境内外优质展会信息和补贴信息，鼓励积极参展，开拓业务；鼓励自营业务员更加积极地走出去，加大出访力度，加强与客户的沟通，了解一手市场信息；对于积极开拓新的业务机会的外销员，公司予以一定的费用补贴；鼓励业务员借助中国国际进口博览会的契机，积极开拓进口业务，促进公司转型升级。想方设法加大业务开拓力度，在变化的环境中及时发现和把握贸易机会，拓展生存空间。

3. 努力减少中美贸易摩擦带来的影响。美国市场是公司三大传统市场之一，对美出口业务占公司出口额超过20%，且近年来呈逐渐上升趋势。针对贸易摩擦对业务带来的冲击，公司随时关注相关形势变化，特别是在对美主要出口商品被列入即将加征关税的范围

上海利泰进出口有限公司第 126 届广交会展位

后，及时采取相应的应对措施，通过提前安排生产、提前出运、谨慎接新订单、与客户沟通分担可能增加的税费等，努力将影响降到最低。尽管受到贸易摩擦的影响，公司全年对美出口仍然实现小幅增长。

（二）推转型，积极寻找多元化发展路径

1. 加大自有品牌商品在港、澳地区的拓展力度。为充分利用公司自有品牌“雪花”在港、澳地区传统的品牌效应，扭转近年来自有品牌商品在港、澳地区销售下滑的趋势，公司领导小组和工作小组召开了专题会议，安排布置全年的相关工作。2019 年 4 月底，小组成员赴港参加“雪花”品牌年度订货会，拓宽销售渠道，并会见代理商和经销商洽谈品牌的下一步合作计划，力争年内更进一步。同时，小组还实地走访了部分商业区、商场和门店，探讨在居民社区开设实体专卖店的可能性。等条件成熟后，再适时考虑以此形式进入香港社区市场。

2. 利用中国国际进口博览会契机开展进口业务。第一届进博会后，公司大力开展进口业务，努力挖掘潜在客户。根据第一届进博会的参展成果，公司成立了珠宝进口工作小组，一方面推进与国外供应商签订代销和排他代理协议，一方面与国内著名珠宝企业商洽合作，迈出了开拓自营进口业务的关键一步。为此，公司拟用于进口珠宝的“雅芮达”商标注册申请已被受理。除珠宝业务外，公司还积极推进与进博会上签约的其他商品和品牌进一步合作计划。此外，通过专业化服务，公司还为进博会参展商和国内进口商之间搭建桥梁，使二者有了实质性的业务往来。同时，公司进博会工作小组根据集团的要求，继续认真统筹和宣传第二届中国国际进口博览会，做好与展商对接沟通、反馈信息等各项工作，成功引进了 3 家海外企业。

3. 设计研发功能，助工厂拓展业务，减少亏损。2018 年，公司下属 3 家生产型企业调

“雪花”品牌宣传海报

公司党委书记、执行董事、总经理赵晓东在第二届进博会上与进口展商在展位前的合影

整整合工作完成,明确了工厂技术设计中心和小批量生产企业的定位,充实和壮大工厂打样试样设计研发功能。技术设计中心与东华大学服装与艺术设计学院的羊毛衫专业设计师团队进行了初步接触并达成合作意愿,相关设计团队已在展会布展,公司及下属工厂也成为东华针织基地建设及设计研发校外重点教学实践基地。此外,设计中心还组织开展原料供

应商座谈会,由供应商对新产品进行推介,帮助业务员了解相关情况,与原料供应商建立合作关系。

(三) 抓项目,做大做强毛衫业务

充分利用联合重组带来的挑战和机遇,积极探索与兄弟公司合作模式,推进毛衫板块业务资源共享。

1. 继续帮助孟加拉毛衫厂解决经营管理中遇到的各种困难,工厂产能进一步扩大。自开业以来,在各方的配合下,经营状况日趋好转。通过加强业务团队建设和产品开发,深化与客户合作,进一步挖掘生产潜能,工厂订单数量同比不断增长。但是,毛衫厂存在的资金、客户、管理团队及产能等方面的问题仍旧存在。为此,公司继续充分利用相关政策,尽力帮助工厂解决实际困难。一方面通过暂缓支付借款利息等方式缓解工厂的资金压力;另一方面继续加强与孟加拉工厂的业务协作,充分利用成本优势吸引各方,成功开发南美客户,减轻工厂淡季压力。为尽快突破订单稳步提升后的产能瓶颈,在集团和公司的支持下,工厂完成了设备添置工作,进一步扩大了产能,对完成年内新增订单生产任务发挥了重要作用。同时,为提升毛衫厂现代化管理水平,推动管理精细化和信息化,弥补管理漏洞,毛衫厂于2019年9月开始引进I-work生产流程监管系统,该系统的引进将明显改善工厂生产管理流程,杜绝人工操作产生的各种误差,提高生产效率。

2. 领泰公司毛衫业务取得新突破。领泰公司2018年成立后,实现了当年出口过百万美元和当年盈利的预定目标。2019年,领泰公司在股东的共同支持下,提出了新的工作目标。经过努力,领泰在打造毛衫产业供应链平台和业务开拓方面都取得了不错的业绩。毛衫产业供应链平台已初具形态,集聚一批供应链上下游优质供应商,涵盖了纱线生产、打样试样、成衣生产制造等主要环节,为业务开拓打下了坚实基础。自营毛衫业务开拓取得新突破,在客户、产品和市场开发方面取得新进展,不仅稳定了既有大客户,而且为开拓新的大客户创造了条件。自营毛衫出口业务持续扩大,实现了跨越式发展。

3. 积极寻找国内外低成本生产基地。根据集团"全球布局、跨国经营"的战略部署,也为了应对一年来中美贸易摩擦带来的产业链调整需求,加强供应链建设,公司一直在积极寻找国内外低成本生产基地。除继续推进与国内低成本毛衫生产基地和原材料供应商合作外,还在与一些优质供应商探讨战略合作。为此,公司派出相关人员前往滇西和缅甸,了解当地情况,探讨进一步布局东南亚生产基地的可能性。考察后公司便着手向集团提出了相关设想和建议,拟在批准后开始推进实施。

(四) 防风险,持续完善经营管理制度

1. 完成公司改制工作,为转型升级跨越式发展铺平道路。为进一步深化改革,贯彻落实集团发展战略,本着有利于公司长远发展的原则,完成了自然人退出及股权变更,从而为公司的转型升级和跨越式发展打下基础。

2. 坚持不懈抓风险控制,严密防范经营风险。在业务经营难度越来越大的情况下,公司经理室一贯坚持在风险可控的情况下开展业务,在各种会议上强调提高防范风险的意识。针对新开发的业务、预付款业务、融资业务,公司经理室仔细论证,反复探讨,分析可能存在的问题和风险,提出防范措施,帮助业务人员尽可能在风险可控的情况下开拓业务。为充分发挥信保支持业务拓展的作用,公司继续采取统保的方式,使公司所有出口业务都纳入信保范围。为使员工进一步了解集团和公司风控要求,公司组织风控知识竞赛、参加集团"业务零风险、服务零差错"主题劳动竞赛,组织学习集团编写的《企业风险管理案例分析》一书,极大地提高了业务人员的风险防范意识和能力。为进一步完善管理制度,公司成立规章制度修订完善领导小组和工作小组,着手全面梳理、修订现有规章制度,不断提高经营管理水平。

3. 完成集团信息化系统上线工作。根据集团的相关要求，从年初开始公司以积极认真的态度推进集团 ERP 系统上线工作。公司领导高度重视，成立了由主要负责人牵头的领导小组和分管领导负责的工作小组，倾全公司之力投入新系统上线项目，按照相关时间节点完成了培训、数据整理导入、专线安装、上线运行等工作。新系统的上线对公司防范业务风险，完善业务财务管理有着积极意义。针对系统运行中发现的问题，公司也积极与汉得公司和集团相关部门沟通，做了相应的汇总报告，为系统的进一步完善做出相应的贡献。

4. 通过 ISO9001:2015 质量管理体系审核。经过各部门的努力，公司在 4 月初通过了中国认证检验集团上海公司（CQC）的换版后的第二次监督审核。对提高公司精细化管理水平与国际管理模式接轨创造了良好条件。

5. 坚持做好财务管理。协调各方加强资金筹措，提供资金使用效益和效率，加强对运营项目的财务分析，加强对汇率波动的研究，确保公司主业和转型资金需求。切实加强费用管理，努力降低各类费用。

6. 认真做好安全工作。结合人员变化，公司适时调整安委会组成人员和分工，进一步细化安委会各项工作要求。组织员工观看安全警示片，参加公司和大厦组织的消防安全演练，不断提高员工安全意识及相关技能。公司安委办多次对各部门及子公司安全生产情况进行监督检查，确保一方平安。10 月，经过精心准备，以高分通过了安全标准化二级企业复审。

（五）优组合，不断完善激励机制

1. 对部分部门和人员进行适当调整。为更好地开展公司的各项工作，公司根据需求，完成内部人力资源整合，继续加强经营管理所需人才的引进和培养，进一步加强转型业务和进口业务人才配备；继续帮助孟加拉工厂缓解关键岗位人才短缺的矛盾；鼓励业务部门用人，加强业务人才储备，调整部分分摊办法。

2. 切实加强员工的培训工作。公司联合上海时尚教育中心开展新型纺织面料专业培训，强化专业型人才培养，公司员工 36 人参加了为期两天的培训，取得了较好的培训效果。积极组织员工参加集团领导力培训、新入公司员工培训和财务继续教育培训。

二、对外贸易

（一）出口贸易

2019 年，公司进出口总额 215195.71 万元，同比增长 5.53%。其中纺织类商品为公司的主营业务，占进出口总额的 86%，非纺织类商品占进出口总额的 14%。

2019 年主要商品出口情况表

商品名称	出口额（万元）		占比（%）		比上年（±%）
	2019 年	2018 年	2019 年	2018 年	
年出口总额	215195.71	203922.29	100	100	5.53
针织及钩编服装	114719.30	104981.20	53.31	51.48	9.28
非针织及非钩编服装	31235.98	31252.72	14.52	15.33	-0.05
鞋　帽	11857.84	9923.42	5.51	4.87	19.49
化学纤维短纤	12789.01	11374.35	5.94	5.58	12.44
机电设备	9168.25	10130.93	4.26	4.97	-9.50

（续表）

商品名称	出口额（万元）		占比（%）		比上年（±%）
	2019 年	2018 年	2019 年	2018 年	
棉　花	7500.39	5867.95	3.49	2.88	27.82
化学纤维长丝	2754.24	4328.54	1.28	2.12	-36.37
其他纺织制品	4213.76	3883.27	1.96	1.90	8.51
金属制品	1894.07	2340.60	0.88	1.15	-19.08
箱　包	746.46	1084.29	0.35	0.53	-31.16
特种机织物	1636.87	1147.46	0.76	0.56	42.65
其　他	16679.54	17607.56	7.75	8.63	-5.27

2019 年公司出口商品主要销往欧盟、美国、日本等 89 个国家或地区，比上年减少 12 个。

2019 年出口商品主要输往地情况表

国别（地区）	出口额（万元）	占比（%）	比上年（±%）
年出口总额	215195.71	100.00	5.53
欧　盟	54427.00	25.29	-4.03
美　国	71337.51	33.15	23.32
日　本	12854.67	5.97	-5.61
大洋洲	11259.76	5.23	-16.84
俄罗斯	1162.04	0.54	-65.07
瑞　士	661.44	0.31	16.43
加拿大	7198.53	3.35	-14.32
非　洲	13971.79	6.49	8.95
拉丁美洲	11759.51	5.46	-28.67
东　盟	7105.02	3.30	-4.62
中　东	4111.00	1.91	33.36
挪　威	1652.36	0.77	-22.13
其　他	17695.08	8.22	122.74

2019 年公司出口贸易方式以一般贸易为主，占出口总额的 99.96%；来料和进料加工贸易为辅，占总额的 0.04%。

（二）进口贸易

2019 年，公司进口总额为人民币 3117.96 万元，比上年增加 1.65%。进口商品结构与上年基本相仿，主要为纺织原料及纺织制品、箱包等。

2019 年主要进口商品情况表

商品名称	进口额(万元)	占比(%)	比上年(±%)
年进口总额	3117.96	100	1.65
纺织原料及纺织制品	1169.38	37.50	-0.85
箱 包	839.98	26.94	52.29
医疗设备	1.5	0.05	-90.54
贱金属及其制品	145.91	4.68	-52.37
其 他	961.19	30.83	-5.23

2019 年公司进口商品主要来自欧盟、日本、韩国、拉丁美洲等 36 个国家或地区，比上年增加 9 个。

2019 年进口商品主要来源地情况表

国别(地区)	进口额(万元)	占比(%)	比上年(±%)
年进口总额	3117.96	100.00	1.65
日 本	215.87	6.92	21.53
欧 盟	2141.47	68.68	13.26
拉丁美洲	4.09	0.13	14.57
韩 国	106.32	3.14	1.10
东 盟	21.27	0.68	-92.04
其 他	628.94	20.17	0.97

(三) 货源基地和国内营销

在持续高成本压力下，公司多方努力改善供应商现状，积极支持业务部门和业务人员加强与内地工厂的合作，挖掘新的优质供应商，降低成本，增加产能，增强竞争力。

在各类要素成本持续上升和订单不断转移的情况下，经营压力和困难日益凸显，下属工厂经过整合，进一步推动相关生产和人员等资源共享，明确功能定位，降低工厂成本，减少企业亏损，减轻公司整体经营压力。

公司境外生产基地孟加拉毛衫厂也在经历并克服了流动资金缺乏、订单不确定、运营团队人手不足和经营管理头绪多等诸多困难后，基本实现国外接单—国内组织—国外加工成品—国内出口原料的新的运营模式，生产和贸易环节都渐渐进入佳境。

上海大博文鞋业有限公司

上海大博文鞋业有限公司成立于1993年12月，是由上海兰生股份有限公司和上海大孚橡胶总厂（前称上海胶鞋一厂）组建的。隶属上海国资委下属企业。

大博文鞋业有限公司的前身可追溯到1931年的大孚橡胶厂，新中国成立后成为地方国营工厂，既生产轮胎又生产解放鞋。该厂1959年飞跃民用解放鞋年产量161.1万双，1964年被评为全国同类产品第一名。而后，大孚橡胶厂成立上海胶鞋一厂，继续生产飞跃鞋。1997年，大孚橡胶厂投资成立上海大博文鞋业有限公司，上海胶鞋一厂一并归入。同年，大博文鞋业转入上海兰生股份公司名下。

上海大博文鞋业有限公司传承了上海大孚橡胶总厂近百年胶鞋生产经验，拥有一支集研发、品管、生产、管理的胶鞋人才队伍，拥有先进的胶鞋生产设备及检测设备，主要生产橡胶布面、皮面运动鞋，休闲鞋。公司拥有经国家商标总局批准注册的“大博文”“TOP ONE”和“飞跃牌”商标使用权。同时公司承接外贸、匡威、Levi’s等国际品牌的研发和生产制造。公司生产的橡胶布面鞋、皮面运动鞋、休闲鞋产品获上海市名牌产品称号。

上海大博文鞋业有限公司是飞跃品牌的唯一传承和发展者，飞跃这个牌子，在国产品牌里属于老牌运动鞋品牌了。1958年，根据解放鞋研制出一种民用运动鞋“飞跃”诞生了。因为又轻又软、经久耐穿，受到人们的普遍欢迎，而白底红蓝条纹的配色，让飞跃鞋成为20世纪七八十年代大众追捧的“时尚品”。最高峰时，飞跃鞋一年的销量曾达到1000多万双。由于其舒适性而成名，特别是练习武术的需要。它还受到从国家足球队员到各个社会阶层的喜爱。飞鞋跃外形更柔和，颜色多变，还有高帮款式，并取了些中国特色小名，诸如“少林”（Shaolin）、“二当家”（Er Dang Jia）等。同时，公司生产的“大博文”“TOP ONE”牌田径鞋、乒乓鞋、马拉松鞋、足球鞋等运动、休闲鞋也在国内、国外享有较高知名度，深受广大消费者喜爱。

上海大博文鞋业有限公司秉承：体育运动是民生健康之本，大博文是民生健康之理念，努力塑造时尚、健身、运动新形象，传承Feiyue品质，提升TOP ONE，大博文工匠精神，是新时代赋予我们的责任。

三、外资、外经企业

上海建工集团股份有限公司

党委书记、董事长
徐　征

上海建工集团股份有限公司（简称建工集团）2019年营业总收入2055亿元，全年新签合同额3608亿元，在全球250家最大承包商中名列第九位。

一、对外工程承包

2019年，上海建工在境外共有59个在建项目，分布在亚洲（36）、非洲（7）、美洲（13）、大洋洲（3）四大洲共23个国家和地区，全年对外工程承包完成营业额66361万美元，新签合同额137716万美元。

（一）工程建设进展顺利，生产总体受控

全年新开工11个项目，包括柬埔寨金边三环、援东帝汶粮食加工和仓储设施项目、援缅甸国家体育场维修项目、瓦努阿图趸船及仓库项目、援马尔代夫外交部办公楼维修改造项目、乌兹别克斯坦3幢银行大楼、香港上水粉岭新房屋发展供水计划水管铺设工程以及澳门新监狱工程第三期等。

在建的项目中，津巴布韦议会大厦是建工集团有史以来最大的援外项目，目前已进入主体结构基础施工阶段，该项目通过属地化用工采购，有利于促进当地就业与产业发展和加强项目成本控制。乌兹别克斯坦3幢银行总部大楼项目2019年8月开工，项目部在对当地施工环境不断适应和与业主的磨合中不断推进，目前处于桩基和临设施工阶段，临设基本建成。澳门银河娱乐度假中心（三期）正处于上部结构施工阶段，总体进展较顺利。

竣工项目共6个，包括科摩罗体育场、多哥政府办公楼、援萨摩亚南太运动会体育馆修缮工程、蒙古129公路、援柬埔寨乡村道路（一期）工程项目以及香港莲塘/香园围口岸土地平整及基础建设工程。

萨摩亚总理出席援萨摩亚南太运动会体育馆修缮工程竣工仪式，对上海建工集团承建

的工程项目给予充分肯定。科摩罗总统就职典礼在新竣工的科摩罗莫罗尼体育场举行，科总理称赞该项目是中方送给科摩罗人民的“一件杰作”。多哥总统参加政府办公楼项目竣工仪式，并对上海建工给予高度评价。蒙古交通运输发展部部长出席蒙古巴彦洪格尔至巴伊扎戈桥129公里道路项目通车仪式，蒙古国家电视台等当地权威媒体隆重报道。

（二）子集团协调联动，海外业务贡献度增加

一建集团、五建集团、市政总院、园林集团成为子集团中海外业务的重点单位。建工集团澳门公司继续展现强劲的可持续发展能力，当前在建项目2个，分别是澳门银河娱乐度假酒店（三期）和新建监狱工程。五建集团与海外部合作乌兹别克斯坦3幢银行大楼总部项目。

市政总院（肯尼亚）东非办事处挂牌一年来，经营、收费成果显著。预计2019年创历史新高。正在实施的赞比亚供水项目设计与设备集成安装，肯尼亚、喀麦隆、安哥拉供水项目设计，坦桑尼亚立交桥等项目顺利推进。园林集团比利时天堂公园系列，包括2019年新签的温室综合园EPC项目持续推进。机施集团建工钢构中标卡塔尔体育场项目钢结构分包工程，实现第一个加工制作带现场安装的海外钢结构项目。

（三）“一带一路”沿线占比提升，传统市场发展稳定

2019年“一带一路”沿线新签合同占总额的六成。中亚市场继2018年实现零的突破以来，哈萨克斯坦又新签了合同金额逾4亿元的道路项目。新签乌兹别克斯坦3幢银行总部大楼项目是当地最高的标志性建筑，根据地市场建设雏形初现。新中标的援缅甸国家体育馆维修改造项目，是建工集团在缅甸市场的新突破。

根据地市场建设继续稳固发展，中标援东

2019年11月29日，建工集团副总裁、总经济师薛永申（左二）接待马尔代夫外交部副部长阿卜杜勒·胡迈德（左一）

帝汶粮食加工和仓储设施项目、瓦努阿图中瓦渔业合作项目、香港汀角路污水泵房及污水收集系统改善工程以及上水粉岭新房屋发展供水计划水管铺设工程。2019年5月签约的西班牙港综合医院项目是特立尼达与多巴哥共和国现任政府执政以来授标最大的工程。建工集团下属外经集团顺利完成厄特公路路线设计优化及施工设备采购，于11月举行了开工仪式；厄特电站继续为业主提供优质技术服务，保障当地电力稳定供应，提供项目全生命周期服务。

援外项目中标率不断提升。先后在东帝汶、缅甸、马尔代夫、莱索托等中标援外项目。目前在建的援外项目6个，连同两优项目，占海外在建项目合同金额总的30%，整体上降低了海外项目的资金风险。

（四）对接优质平台，强化品牌影响力

2019年4月，第二届"一带一路"国际合作高峰论坛在北京举行，集团受邀出席论坛首届企业家大会，并在会上与比利时天坛公园项目业主签署温室综合园项目的合作意向协议。

5月，第十届国际基础设施投资与建设高峰论坛在澳门举行，建工集团副总裁薛永申代表集团出席论坛，并与前来参会的东帝汶、柬埔寨多国部长举行会谈，推进集团在两国的跟踪项目。建工集团获颁"论坛十周年突出贡献奖"。

6月，首届中非经贸博览会在长沙举行，建工集团参展并出席博览会的有关活动。此外，建工集团还接待了萨瓦尔多访华媒体团、中国银行"中亚五国金融培训班"学员、特多西班牙港市长以及马尔代夫外交部人员，以及朝鲜基础设施建设交流访问团等。

7月，建工集团组团赴菲律宾参加承包商会组织的中国工程技术展，获得了当地政府的关注，为后续在该国的市场拓展打下了基础。

2019年对外工程承包主要市场情况表

国家或地区		新签合同额		完成营业额	
		金额(万美元)	占比例(%)	金额(万美元)	占比例(%)
合 计		137716	100	66361	100
亚 洲	柬埔寨	2452	0.018	9624	0.145
	中国香港	11964	0.087	1179	0.018
	越 南	460	0.003	730	0.011
	中国澳门	56256	0.408	34865	0.525
	马尔代夫	603	0.004	147	0.002
	东帝汶	1765	0.013	1172	0.018
	蒙 古	—	—	801	0.012
	尼泊尔	—	—	403	0.006
	马来西亚	41	0	343	0.005
	哈萨克斯坦	6333	0.046	1661	0.025
	乌兹别克斯坦	36482	0.265	3238	0.049
	缅 甸	3000	0.022	455	0.007

（续表）

国家或地区		新签合同额		完成营业额	
		金额（万美元）	占比例（%）	金额（万美元）	占比例（%）
非　洲	科摩罗	—	—	3	0
	津巴布韦	—	—	3106	0.047
	坦桑尼亚	—	—	129	0.002
	几内亚	36	0	119	0.002
	肯尼亚	—	—	81	0.001
	尼日利亚	—	—	400	0.006
北美洲	美　国	—	—	3847	0.058
	加拿大	1246	0.009	1625	0.024
	特立尼达和多巴哥	15904	0.115	583	0.009
大洋洲	瓦努阿图	316	0.002	216	0.003
	东萨摩亚	858	0.006	1634	0.025

二、对外投资

厄特科卡金矿项目运营平稳，黄金产销稳步推进。2019 年金矿累计冶炼金锭 134 块，产合质金 2.23 吨（平均纯度 92.38%），处理矿石 67.79 万吨，实现销售收入超 9 千万美元。地下开采、矿脉勘探取得新突破，进一步延长采矿生命周期。

三、援外培训

全年共举办两期“‘一带一路’基础设施建设国际人才研修班”，来自菲律宾、东帝汶、津巴布韦、萨摩亚、特多等 15 个国家 70 名学员在华进行为期约 10 日的培训，研修班呈现出“国别范围广、学员层次高、课程内容新、反馈反响强烈”几大特点。

四、对外劳务合作

外经商务公司加快转型升级，继续为集团海外工程项目提供优质配套贸易服务，通过“优选供应商、提升物流效率、谋求新的支付手段”等方式，多措并举实现“降本增效”。德国劳务、七建集团人力资源服务、韩国签证等业务稳固发展，形成优质品牌。

德高集团(中国)公司

德高集团(JCDecaux Group)创立于1964年,是全球领先的户外媒体公司,并在巴黎Euronext上市。2019年公司收入38.90亿欧元,业务遍布全球超过80个国家,运营1061630个广告位。

作为唯一一家专注于户外广告的世界级媒体公司,德高集团在街道设施、广告大牌及交通媒体的三大业务范围内努力不懈地提供最佳服务。

世界领先的街道设施运营商。50多年来,德高集团在68个国家的2110个城市中致力提供结合大都会发展及公共服务设施的解决方案。

欧洲领先的广告大牌运营商。德高集团在56个国家运营约136750个媒体,包括2775个城市的楼顶射灯广告、单立柱大牌、霓虹灯及广告路牌等,保证达到城区人口的最大覆盖。

世界领先的交通媒体运营商。德高集团交通媒体出现在巴黎、伦敦、纽约、香港、上海等全球各城市270个交通运输网系统和160个机场中运营广告业务。

随着中国户外广告市场的高速成长,德高集团在中国的表现已成为集团在全球市场中的一个亮点。从2005年进入中国市场以来,德高集团(中国)公司的业务已覆盖到中国(含香港及澳门)的12座城市。交通媒体(地铁媒体、巴士车身媒体、机场媒体)以及街道设施媒体(巴士候车亭媒体)已成为公司的主营业务。

(一)德高中国地铁媒体——中国领先的地铁媒体网络

德高集团(中国)公司在中国地铁媒体市场中占主导地位,其业务覆盖中国8个经济快速发展的城市:北京、上海、广州、天津、南京、重庆、苏州和香港,运营1166个地铁站的广告空间,93728个广告位,近20个种类的媒体形式。

2008年,德高集团(中国)公司在上海地铁率先推出了十幅联动103英寸PDP电子屏媒体,在人流最密集的人民广场站打造了最大的PDP电子屏联动空间效果。随后几年,德高先后在中国地铁推出65英寸DP双屏,32英寸DEC电子梯牌等电子媒体,并将机场中常见的48封超级灯箱引进到地铁中,提升机场服务的钟表实物也出现在地铁里。2012年,德高又在高档购物商场汇聚的上海地铁黄陂南路站推出亚洲首个电子站,6种大型电子媒体尽收其中,通过灵活配合满足各类品牌需求。

同年,上海地铁徐家汇站推出了史上最长的地铁投影画廊,在换乘通道两侧各建造了长23米、高2米的悬挂式屏幕,通过18台大型投影无缝拼接出高清绚丽画面。德高在为客户提供创新媒体选择的同时,也为地铁乘客创造了充满活力的空间体验。

(二)德高中国巴士媒体——中国领先的巴士车身媒体网络

巴士是中国使用最频繁、最受欢迎的大众交通工具之一。每天穿梭于城市的各个角落,是接触广大市区人群最有效的媒体之一。德高巴士媒体网络覆盖全国包括南京、成都、武汉、深圳、重庆及香港6个经济活跃城市,德高中国是目前唯一提供全国巴士车身媒体网络的运营商。

大幅广告画面和高移动性的特点,使巴士车身媒体摇身成为品牌推广的大牌,实现户外广告媒体中最广泛的覆盖。全车、横幅、双层

德高集团(中国)公司推出的地铁投影画廊

品牌车等多样化的媒体形式,符合客户不同的预算需求;德高推出的 R&F 户外受众评测调研则量化了巴士媒体效果和收益,让媒介策划有据可依:针对不同的地点和不同的目标受众,配合不同的广告目的与需求,从全国性套装,到单一城市投放,再到线路的选择,德高的媒体产品都能为客户提供针对不同的目标对象的弹性设计。

德高运用新材料在巴士车身媒体上,如冷光源、反光材料等,为客户的广告创造了创新的话题。不仅技术的创新,德高中国在运用专业的服务能力和强大的执行能力,创造了“巴士百变”产品,实现了百部巴士一夜间就有新的突破,“巴士百变”管理创新案例更获得了集团的“高效率”奖项。

(三)德高中国机场媒体——国际领先标准的机场媒体

德高与全球知名建筑师及设计师的多年合作,加之德高在全球 160 座机场的运作经验,使德高成为机场媒体设计的专家。公司高品质的媒体产品与机场的设计完美融合,极富冲击力的媒体效果,以及国际客户的广泛引入,为德高在中国机场媒体的运作,打下了坚实的基础。目前,德高中国(集团)公司已成功搭建了涵盖北京首都国际机场、北京大兴国际机场(该机场已于 2019 年 9 月 25 日开航)、上海浦东国际机场、上海虹桥国际机场、广州白云国际机场、成都双流国际机场、重庆江北国际机场、香港国际机场和澳门国际机场的媒体发布网络,2019 年覆盖了超过 3.76 亿人次机场旅客。

中国机场媒体受众主要为高端消费群体、商务人士,并且旅客机场停留时间长。针对此特点,德高中国打造了一个优雅与国际化的机场媒体平台,帮助客户塑造品牌与产品的高品质形象,为其带来最有效的媒体解决方案。德高在上海虹桥国际机场打造了奢侈品广告区域,特别设计了大型竖幅高品质灯箱,加之高精度的印刷为客户打造了巨幅高端杂志画面效果,并突出了奢侈品独享空间的广告环境设置。德高的努力获得了众多国内外知名品牌的认可，其选择与德高合作，在中国机场媒体平台中推出一系列极富冲击力的广告投放，包括巨幅灯箱、墙贴、互动展台等不同形式。

（四）德高中国巴士候车亭媒体——高品质的巴士候车亭媒体

1964年，德高创始人让·克劳德·德高开创街道设施理念，并在里昂建立了第一个巴士候车亭媒体。

目前，德高在香港、澳门运营街道设施媒体，如巴士候车亭、城市信息牌媒体等，为城市打造了一流的、高品质的巴士候车亭媒体。

（五）德高中国在力求为客户提供优质和服务同时，积极投身公益事业

在力求为客户提供最优质的媒体平台和服务的同时，德高中国也始终努力承担相应的社会责任，几年来德高中国相继成为世界自然基金会（WWF）“地球一小时”活动在中国的第一家合作企业，气候组织“百万森林”项目的推广合作伙伴，壹基金的推广合作伙伴，中国妇女发展基金会的媒体合作伙伴以及国际爱护动物基金会（IFAW）的推广合作伙伴等。2014年正值中法建交50周年，也恰逢德高集团成立50周年。作为一家法国企业，又是法国领事馆的“战略广告媒体合作伙伴”，德高中国利用自身的地铁，机场以及候车亭媒体资源为“中法建交50周年”项目提供宣传推广支持。

上海飞牛集达电子商务有限公司

一、公司概况

上海飞牛集达电子商务有限公司(简称公司),是2013年6月7日经上海市政府商务委批准,并于2013年6月18日经上海市工商局注册成立的外资企业;公司注册资本155000万元;公司注册地:上海市静安区江场西路255号6F。

2019年公司平台交易额达6916875667元。

二、经营模式

公司开设电子商务网站平台,开展B2C和B2B业务。

B2C主营业务为"大润发优鲜"APP。"大润发优鲜"是一款年轻、时尚、便捷、精致的互联网生鲜超市APP,为顾客提供18000+支商品,经营品类涵盖生鲜、快消、进口、日用百货等。依托大润发全国400多家门店资源,以店为仓,顾客通过"大润发优鲜"APP线上下单,1小时内可送货到家。"大润发优鲜"以APP为载体实现了线上线下有机结合的新零售模式,为顾客提供优质商品,贴近顾客,满足顾客随时随地随意的购物需求。

B2B主营业务为"大润发e路发""飞牛便利"品牌合作计划、"社区团购"。"大润发e路发"是针对中小型零售商及各类快消品用户开发的全品类B2B订货平台,经营品类涵盖:酒水冲饮、休闲零食、乳品/低温、粮油干货、蔬菜水果、个护保健、日用百货、文体办公、鞋纺箱包、肉禽蛋品、海鲜水产、面点熟食、精

大润发旗下新零售业态"飞牛优鲜"正式更名为"大润发优鲜"

致烘焙、母婴用品等，拥有 20000 多个 SKU。“大润发 e 路发”采用自营模式，平台商品由大润发进行采购、销售，依托大润发全国 400 多家门店，以店为仓，业务辐射全国 200 个城市。借助大润发强大供应链优势，将优质、低价的商品输送到三四线城市，为各品牌渠道下沉搭建桥梁，帮助小店精准高效进货，协助小店升级转型。目前拥有 60 万用户。

“飞牛便利”品牌合作计划，依托于大润发千亿供应链优势，输出“飞牛便利”和“大润发 e 路发合作伙伴”双品牌授权，商户通过大润发 e 路发 APP 进行订货，由“大润发 e 路发”为零售店提供货源、配送等一系列服务，飞牛便利商户每月可享受专享优惠商品，更多积分返利，进货越多返利越多。

“社区团购”项目目前打造中，以实体门店作为销售点和供货点，通过招募团长与菜鸟驿站合作两种方式深入社区，满足消费者多渠道多元化的消费需求。

三、经营特色

推动线上线下结合（即传统商业与电子商务融合）。

1. 利用电子商务促进商业模式变更和供应链的优化，即客户、供应商、生产商、物流企业等结合成一个整体，线上与线下有机结合给消费者带来更好的购物体验，提高效率的同时提升总体效益。

2. 成本开展 B2C 业务，逐步开展 B2B 业务。通过 B2C 电子商务平台全面展示产品与服务，增加销售通路，实现“水泥+鼠标”的完美结合，创造新的销售通道。逐步开展 B2B 网上批发等大宗交易的全面发展。

3. 充分利用在线报价和询价系统拓展商机。通过后台持续报价，给所有报价客户一定的优惠，使买卖双方快速对接和掌握准确有效的信息，获得持续高效的网上交易。

4. 能的促销方式。系统提供快捷的入口，将线下经营中常见的限时折扣、特价促销、积分促销、包邮、团购、优惠券等一系列促销手段应用至线上。

5. 善的积分运营。将积分运营完美地结合到线上销售，为企业提供真正实现线下线上统一运营的高效渠道。

6. 全的支付功能。支持支付宝、财付通、网银、货到付款等各种支付方式。

养乐多(中国)投资有限公司

一、养乐多本社

1930 年创始人代田稔医学博士强化培育出以他名字命名的“干酪乳杆菌代田株”。1955 年养乐多集团成立,作为世界知名活菌型乳酸菌乳饮品制造商之一,1935 年开始在日本生产“养乐多活菌型乳酸菌乳饮品”,至今已有 80 多年的历史。自 1964 年进入中国台湾地区以来,养乐多的足迹已经遍布全球 39 个国家和地区,日销量达 4000 万瓶。

自创业以来,养乐多一直专注于生命科学领域的研究与探索。位于日本东京的养乐多中央研究所拥有数百名专业科研人员,致力于肠内菌群分析、未知肠道细菌探索、免疫调节分析、癌症预防研究以及临床应用的研究,始终走在益生菌领域研究最前沿,并不断将这些研究成果应用到益生菌产品中。为借助欧洲先进的益生菌科研理念,大力发展世界最前沿的肠内菌群解析技术。2005 年,养乐多于比利时根特市设立了养乐多欧洲研究所,为养乐多海外工厂提供技术支持、产品安全性评价等服务。

二、养乐多(中国)集团成立及高标准产品

养乐多(中国)集团于 2002 年首先在广

顾客在超市选购养乐多产品

东省广州市开始了活菌型乳酸菌乳饮品的推广事业,为中国大陆的消费者提供乳酸菌饮品,并传播养乐多的健康理念。随后于2003年进入上海市场,为了植根中国,更加稳健有力地统筹和发展中国大陆事业,2005年4月,养乐多(中国)投资有限公司在上海成立。作为一家专业生产活菌型乳酸菌乳饮品的企业,养乐多始终将产品品质作为企业命脉,始终坚持当地生产、当地销售的原则。分布全球的38家养乐多工厂,都严格按照全球统一的标准进行建造和管理,遵循国际标准的质量管理体系。从原料进口、菌种培养、调和、容器成型、充填、出库到流通的每个环节,都遵循严格的品质管理标准,确保品质卓越。目前养乐多(中国)集团拥有广州、上海、天津、无锡等6家生产基地和46家分(子)公司,并在广东、上海、北京、天津、厦门和福州开展了家庭配送服务。

随着大众健康意识的提升和对热量以及糖分控制的需求,养乐多在2016年1月起在中国大陆市场推出新产品——养乐多低糖。此款产品的亮点在于保留原味产品的口味,含糖量则减少了70%,热量降低约40%;其次增加了钙和维生素D,更好地为身体补充钙质,强健骨骼。上市以来,养乐多低糖"小蓝瓶"已成为众多消费者的"新宠",深受消费者的喜爱。

17年来,养乐多一直秉承最高的生产标准,凭借严格的品质管控、前沿的技术研发和健康理念,获得口碑与销量的双丰收。数据显示,养乐多刚进入中国大陆时,日均销售量约为6万瓶,截至目前,这一数字已达到750万瓶。也就是说,现在中国大陆地区每天约有750万人正在饮用养乐多。据上海市饮品行业协会官方统计,"养乐多活菌型乳酸菌乳饮品"连续10多年高居上海地区乳酸菌饮料销售额市场占有率的榜首。

与此同时,养乐多也与中国本土的科研机构合作,2015年养乐多与江南大学成立"校外共建基地",并已经和中国农业大学、苏州市立医院等高校及临床机构开展共同研究,围绕干酪乳杆菌代田株的肠内存活性和对人体健康的益处展开研究。养乐多坚持用尖端科技为人类肠道健康保驾护航。

三、养乐多(中国)集团积极投身公益事业

在社会公益方面,养乐多坚持以一种有利于社会的方式进行经营和管理,肩负起属于自己的社会责任,积极投身于公益事业。持续和全国各大高校联合开展养乐多"肠乐会"活动,向各大高校师生普及肠道健康的重要性及益生菌的健康理念;通过与上海科普教育发展基金会合作设立"养乐多健康教育专项基金";与第一财经合作参与"1份早餐""双城日记""树的等待"等公益活动,长期、稳步地推动公众对自身肠道健康重要性的认知,为国民健康知识普及贡献一己之力。除此以外,在每年5月29日,养乐多会结合"世界肠道健康日"这一概念,广泛开展形式多样的活动,坚持不懈地普及肠道知识,连续13年赞助由中国食品科学技术学会主办的"益生菌与健康国际研讨会",与专家探讨益生菌领域的最新科研发展,并围绕益生菌健康知识对消费者开展一些列的肠道健康教育普及活动。在食品安全方面,也获得了权威性的认可,作为乳酸菌乳饮品制造企业,通过严格的第三方综合评审,连续7年获得中国食品健康七星奖,荣获"七星企业"称号。

养乐多将对产品品质、食品安全、健康理念的坚守凝结在每一个养乐多的小瓶子里,牢记着自己作为食品生产企业的责任,未来养乐多会继续努力下去,做好守护食品安全和消费者肠道健康的卫士。

统一超商(上海)便利有限公司

1927 年创立于美国德州达拉斯的 7-ELEVEN,起初名字为南方公司(The Southland Corporation),主要业务是零售冰品、牛奶、鸡蛋。到了 1946 年,推出了当时便利服务的创举,将营业时间延长为早上 7 时到晚上 11 时,自此 7-ELEVEN 传奇性的名字从此诞生。目前 7-ELEVEN 是全球最大的连锁便利通路和全球最大的便利连锁店。

全球 24 个国家及地区都有 7-ELEVEN,总店数超过 60000 家以上,全世界每天发生 5000 万笔交易,超过 8.8 亿元营业额。

一、上海 7-ELEVEN 便利店

上海 7-ELEVEN 成立于 2009 年,目前在上海地区共计有 120 家门市,其中直营店 118 家、加盟店 2 家。

上海 7-ELEVEN 致力于开发具有差异化且符合本地消费者习惯的商品,引领消费潮流,未来坚持以顾客为本,提供更多、更新、更优质的服务,追求并实现消费者的便利生活。公司本着“客户第一、诚信至上”的原则,以实力和质量获得业界的高度认可。

二、上海 7-ELEVEN 经营优势

1. 优质的服务。7-ELEVEN 邀请年轻有活力的伙伴来服务消费者,他们都接受过超过 200 小时的专业训练,都呈现出亲切、主动、富有朝气、洋溢快乐的热情。他们会把优质的商品、连同真挚的快乐一并送到消费者手中。

2. 舒适的购物体验。宽敞而明亮的购物空间,坚持齐全的商品结构,打造主题式购物门店,给予消费者舒适的购物体验。

3. 团队核心优势。高效率的物流体系、全面的展店能力、完善的经营制度、不断创新的商品与服务、灵活的营销策略、完备的系统架构,是上海 7-ELEVEN 的优势。

4. 食品安全管理。

(1) 以《食品安全法》为基础,始终秉承“食安零容忍”的原则。

(2) 与统一企业食安中心和国际知名审核检测机构(SGS、PONY)合作,共同确保商品安全和质量。

(3) 具备完善的品保管理团队,人员具有丰富的专业知识和经验,取得合格的食品安全管理人员证书。

(4) 对供应商进行辅导和培训,从源头确保食品安全,提升质量水平。

(5) 建立了完善的食品安全管理制度,从生产、采购、验收、储存、运输到销售进行全流程质量管理。

(6) 利用先进的温度监测系统,确保冷链物流。

三、上海 7-ELEVEN 特色

1. 采用 7-ELEVEN 独家进口咖啡机,严选阿拉比卡咖啡豆及明治优质鲜奶,呈现咖啡最佳风味及口感。

2. 2016 年荣获上海“最受欢迎自有品牌奖”第一名,深受上海广大的消费者喜爱。

3. 高质量进口商品的引进

(1) 精选国际良品,帮消费者一挑再挑。

(2) 同步 7-ELEVEN 家族的采购力,让上海市民平价轻松享受国际化。

4. 7-ELEVEN 自有商品:善用每天 10 万笔 POS 情报,找出消费者的深层需求,开发高

上海 7-ELEVEN 便利店

价值商品。

5. 好炖

（1）鲣鱼、昆布精心熬炖，原汁原味。

（2）全球食材整合，体现 7-ELEVEN 集团力量。

（3）超过 40% 的蔬菜制品——LOHAS 轻食化，美味无负担。

6. 7-ELEVEN 特色便利店

根据不同的商圈需求，设立特色主题门市以吸引消费者，营造更优的购物氛围。

格朗吉斯铝业(上海)有限公司

格朗吉斯铝业(上海)有限公司于1996年9月成立,是瑞典格朗吉斯集团的独资企业,是一家全球领先的专门生产钎焊铝热交换器轧制铝材的供应商。公司开发、生产并销售高端的铝材,这些铝材既可以提高客户制造过程的生产经济性,同时也能够提高最终产品钎焊热交换器的性能。世界上有很多轧制铝材生产厂商,但能够轧制钎焊热交换器专用铝材的却很有限。只有一家全球化的公司在该领域做到了全面的专业化——Gränges。

正是因为专注,才使得Gränges在这一领域成为全世界的领头企业。这一地位的形成,基于公司对价值链中所有环节的深入理解。公司同热交换器制造商密切合作,而他们正是公司的直接客户。公司正在携手共进,以解决汽车行业的终端客户正面临的挑战。

全球汽车的数量正在不断增加,技术也正变得越来越先进。如今在一辆汽车里,可以发现多达10种不同的热交换器应用。同时,可持续性的要求也正变得日益严格。为了降低油耗并减少排放,必须采用更加轻量化和更高效的设计。

这些要求正是Gränges的核心竞争力所在,也正是公司提供的创新型产品的基础。公司的愿景有着清晰的表述:帮助客户创造更小、更轻和更具定制性的热交换器,以提高经济效率并减少对环境的影响。

格朗吉斯铝业(上海)有限公司

三菱电机自动化(中国)有限公司

三菱电机自动化(中国)有限公司负责三菱电机工业自动化(FA)业务,致力于为中国客户降低成本、节能增效。自20世纪60年代进入中国以来,三菱电机的自动化产品已广泛应用于汽车、纺织、包装印刷、食品饮料、电子半导体、机床、新能源等领域;同时也为楼宇、电力、水处理、轨道交通等社会基础设施建设提供有力支持。

三菱电机自动化拥有贯通制造全层级和覆盖制造全链条的FA产品群,包括:可编程控制器,人机界面、变频器、AV伺服系统、工业机器人等实现工厂自动化的控制和驱动设备,放电加工机、激光加工机、打孔机等超高速和高精度加工的机电一体化产品和CNC数控系统,助力能效管理的电磁开关、能源监测等配电控制产品。在工业和制造业领域,三菱电机基于近百年的制造经验积累和完整的自动化产品体系,形成涵盖制造全周期的e-F@ctory智能制造解决方案,融合FA-IT技术将生产现场与信息系统无缝连接,真正实现"人、机器与IT协同"的智能制造,不断导入IIoT工业物联网技术、边缘计算技术、AI人工智能技术、TSN时间同步技术等先进科技,通过感知理解、分析预测、决策优化等应用,构建可视化、可分析、可改善的制造系统,削减工程链、供应链的综合成本,帮助客户实现制造经营的最优化,进一步提升核心竞争力,实现面向未来的先进制造。

三菱电机自动化践行TVOE(TotalValue

三菱电机自动化(中国)有限公司大楼外景

of Ownership Engineering）理念，不断深化本地化进程，为客户提供整合价值方案。2020 年，上海“三菱电机智能制造科创中心”和常熟“三菱电机智能装备应用中心”同时落成启用，打造集学习、交流、体验和验证功能于一体的智能制造服务平台，进一步提升客户价值体验。目前，三菱电机自动化已建立 19 个分公司与办事处，并不断建设和完善售后服务中心和授权维修站（Service Shop）、培训中心和授权技术培训站（Technical Training Shop），形成了包括售后服务、网络支持、系统开发工程、在线学习、培训中心、代理商网络、现场展示的综合服务体系。

未来，三菱电机自动化将不断强化面向智能制造的关联技术、产品、应用和解决方案，为提升客户企业价值，实现产业链协同创新，解决社会课题，推动智能制造目标实现做出积极贡献。

香港太古地产有限公司

香港太古地产有限公司(简称太古地产)是中国香港及内地领先的综合项目发展商、业主和营运商。公司尤其专注发展商业项目,在透过活化市区环境以创造长远价值方面拥有卓越的成绩。太古地产于1972年在中国香港成立,现已在香港联合交易所上市,包括旗下附属公司在内聘任员工总数超过5000人。

公司业务涵盖三大主要范畴:(1)物业投资,即发展、租赁及管理商业、零售及少数住宅物业。(2)物业买卖,即发展及兴建物业项目,其中大部分为供出售的优质住宅项目。(3)投资及营运酒店。

公司主要竞争优势在于能从构思、设计、发展以至管理具规模及影响力的商业项目,并活化社区环境,累积超过40年实力和经验。

一、香港投资物业组合

太古地产的投资物业组合主要包括办公楼、零售物业、服务式住宅、酒店及优质住宅项目。公司在香港应占投资物业组合总楼面面积逾130万平方米(约1450万平方英尺),主要物业包括太古坊、太古城及太古广场,三者皆能尽显太古地产建设社区的优势。

1. 太古坊

太古坊的总楼面面积超过55.7万平方米,已成为香港主要非核心商业区。太古坊的办公楼设计优越,时尚的建筑、灵活的空间设计和完备的设施配套,满足企业的业务所需。办公楼亦采用高能源效率和可持续发展的环保设计,由公司全资拥有的甲级办公楼均获建筑环境评估法(BEAM)评为“白金”级别。

太古坊亦配备国际化的商务及休闲设施,包括东隅服务式住宅、多用途场地ArtisTree、共享工作空间Blueprint、露天广场太古公园及多间餐厅和咖啡店。位于太古坊的糖厂街是不同类型的文化娱乐节目、街头表演及慈善活动的理想露天场地,为这个商业社区注入多姿多采的文娱艺术元素。

2. 太古城

太古城包括港岛区总楼面面积最大且提供多元化零售餐饮选择的商场太古城中心、3座甲级办公楼,总楼面面积约16.1万平方米。太古城中心毗邻港铁太古站,确保办公楼与商场租户、顾客,以及附近屋苑住客,均享有交通上的便捷。此外,休闲式商务酒店东隅于2010年开幕,为整个社区提供更多餐饮选择及住宿服务。

3. 太古广场

太古广场位处香港中央商业区,为尊贵的综合发展项目,汇聚1个购物商场、3座甲级办公楼、服务式住宅及4间高级酒店。太古广场购物商场楼面面积逾6.6万平方米,是香港主要的购物及消闲地点。商场拥有约140间的零售商店及食肆,包括国际知名的高级品牌。商场连接四间高级酒店、服务式住宅,以及提供楼面面积逾20.3万平方米的3座甲级办公楼,形成一个优质商业社区。高尚酒店奕居由太古酒店管理,开业以来屡获殊荣。太古广场亦接驳港铁站,交通便利。

4. 东荟城

东荟城位于大屿山东涌,毗邻香港国际机场。东荟城综合物业的核心为东荟城名店仓,总楼面面积约4.3万平方米,是一座楼高6层的名牌折扣店,商铺大部分销售服饰及运动服装。余下部分包括楼高9层的办公楼(东荟城一座),总楼面面积约1.5万平方米,以及提供440间客房的香港诺富特东荟城酒店,是一家由诺富特管理的商务酒店。太古地产管理并拥有东荟城的 20% 权益。

二、香港物业买卖组合

多年来,太古地产在香港港岛及九龙区多个地段致力发展及出售优质住宅物业,包括甘道三号、5 Star Street、殷然、瑆然、瀚然、蔚然、DUNBAR PLACE、MOUNT PARKER RESIDENCES、海峰园、港运城、港涛轩、鲤景湾、逸涛湾、傲璇、维景湾畔、柏蕙苑、雍景台、蕙逸居、太古城、雅宾利、逸意居、逸桦园、东堤湾畔及海堤湾畔、星域轩、WHITESANDS 及又一村花园。

三、香港以外业务业务

除了中国香港,太古地产业务遍及中国内地、新加坡及美国。

1. 中国内地

太古地产于中国内地应占的物业项目总楼面面积逾 87 万平方米,包括五个分别位于北京、广州、成都和上海已落成的综合发展项目,另外正在发展一个位于上海前滩的零售项目。

北京三里屯太古里坐落北京朝阳区,三里屯太古里为公司在中国内地首个零售物业发展项目。三里屯太古里为开放式、低密度发展项目,包括两个邻近的零售区域及一间由太古酒店管理的豪华酒店瑜舍。整个发展项目的总楼面面积逾 13.6 万平方米。三里屯太古里网罗约 250 间商店和餐厅,包括旗舰店、休闲品牌专门店,以及提供地区及国际美食的餐厅。

北京颐堤港,位于北京市朝阳区,是以零售为主导的综合发展项目,总楼面面积约 17.6 万平方米,拥有 1 座购物商场、一幢甲级办公楼颐堤港 1 座和 1 家提供 369 间客房的休闲式商务酒店北京东隅,与北京地铁 14 号线相连。项目于 2012 年开幕。

广州太古汇位于广州商业中心天河区的太古汇,为总楼面面积约 35.7 万平方米的综合发展项目。项目坐落于广州交通枢纽,并与广州地铁直接相连。太古汇设有 1 座优质购物商场、2 幢甲级办公楼、1 间附有服务式住宅单位的文华东方酒店,以及 1 座由第三方拥有的文化中心。太古汇的商场和办公楼于 2011 年开业,而文华东方酒店亦于 2013 年进驻。

成都远洋太古里坐落于成都市锦江区,毗邻春熙路购物区,是一个以零售为主导的大型发展项目。项目包括一个开放式、低密度的街区形态购物中心、一间提供 100 间客房及 42 个服务式住宅单位的精品酒店“博舍”,总楼面面积超过 15 万平方米。项目内包括 1 座甲级办公楼“睿东中心”。项目与成都轨道交通 2 号及 3 号线交汇站直接连通,尽享便利交通。购物中心于 2014 年开业,公司持有此项目 50% 权益。

上海兴业太古汇是一个以零售为主导的大型综合发展项目,位于上海南京西路商圈。项目的位置优越,交通便捷,总楼面面积逾 32.2 万平方米,包括 1 座购物商场、2 座办公楼、2 家酒店及 1 座服务式住宅大厦。上海兴业太古汇购物商场于 2017 年 11 月正式开业,而项目内由太古酒店管理的镛舍,则于 2018 年开业。

2. 美国

Swire Properties Inc. 在 1979 年于迈阿密成立,为南佛罗里达州具领先地位的国际发展商之一,发展办工楼、酒店及住宅物业。公司以耗资 10 亿美元、位于佛罗里达州迈阿密的碧琪箕发展项目最广为人知。这个综合发展小区小岛包括两座办公楼、零售商业物业、八幢住宅大厦以及迈阿密文华东方酒店。

迈阿密 Brickell City Centre 是位于佛罗里达州迈阿密 Brickell 金融区的城市综合发展项目。项目第一期包括 1 座购物中心、2 座中高层办公楼、2 座公寓式住宅大厦,以及太古酒店在美国开设的首间酒店迈阿密东隅。自 2016 年开业以来,Brickell City Centre 已成为广受欢迎的大型综合新地标。项目第二期，楼高 80 层，为集零售、办公楼、酒店及住宅于一座大楼的综合发展项目，名为 One Brickell City Centre。项目第二期计划于 2018 年开始施工。两期合共的总楼面面积为约 31.6 万平方米。

3. 新加坡

太古地产于新加坡发展首个顶级豪华住宅项目 EDEN。该项目位于德雷葛园 2 号，提供 20 个单位。

四、酒店投资组合

太古酒店的业务始于 2008 年，专责建设及管理旗下于中国香港、中国内地及美国的酒店。House Collective 品牌酒店包括奕居、瑜舍、博舍及镛舍，为顾客提供高度个人化服务。每间酒店意象独特，由才华横溢的建筑师和设计师设计建造。

东隅酒店品牌同样发展迅速，香港东隅于 2010 年启用，设有 345 间客房，其天台酒吧 Sugar 深受欢迎，并渐成热门的消遣地标。另外，颐堤港项目中的北京东隅亦于 2012 年启用，而位于美国迈阿密 Brickell City Centre 的东隅则已于 2016 年开幕。

太古酒店拥有及管理多间位于香港的餐厅，包括于鲗鱼涌及太古广场均设有分店的法式小餐馆 Plat du Jour、位于港岛东中心的餐厅 PUBLIC、于港岛东中心及北角设有分店的咖啡店 Ground PUBLIC、坐落于太古广场的全天候华丽咖啡馆 The Continental 以及位于鲗鱼涌的国际美食餐厅 Mr & Mrs Fox。

巴斯夫催化剂(上海)有限公司

巴斯夫催化剂全球业务部是全球环境技术和工艺催化剂业务的领导者,旗下机动车排放催化剂全球业务部作为业内全球领导者,拥有卓越的专业知识、开发创新的机动车排放控制技术,广泛地应用于汽油车、柴油车以及摩托车,以保护人类呼吸的空气,实现更健康、更可持续发展的未来。

巴斯夫机动车排放催化剂全球业务部于1976 年推出重要创新——现代的三元转化催化剂,应用于现代汽车,可消除汽油发动机产生的90% 以上的碳氢化合物(HC)、一氧化碳(CO)和氮氧化物(NOx)。凭借这一研发创新,巴斯夫获得了美国国家科技奖章以及联合国十年贡献奖,这款催化转化产品已经成为全世界大多数汽车至关重要的组件之一。

城市的空气污染防治在中国已受到高度重视。据环境保护部最近的一项污染源分析报告显示,机动车尾气排放是北京、杭州、广州和深圳等城市的主要污染源。因此,汽车排放受到全世界排放法规制定者越来越多的关注。随着排放法规越来越严格,除了对碳氢化合物(HC)、一氧化碳(CO)和氮氧化物(NOx)有限值要求外,对颗粒物(PM)控制也提出了更严格的要求。巴斯夫创新的 EMPRO™ 系列技术解决方案能钐满足更严格的排放法规,同时去除汽油车或柴油车排放中的 4 种污染物,为汽车制造商、公共交通服务商和私家车主提供了一系列解决方案,以降低排放并提高燃油经济性。

巴斯夫研发创新的 EMPRO FWC™(四元转化催化技术)结合了传统的三元催化剂以及颗粒物捕集器的功能,只需一个催化单元就能够去除汽油车排放的 4 种污染物,其优点包括:

① 灵巧的解决方案以降低背压的影响;

② 可减少封装体积;

③ 确保颗粒物排放低于严格的法规限值;

④ 降低系统复杂性以及整体系统成本。

在柴油车排放领域,巴斯夫也提供多种柴油机排放控制技术,通过添加不同的组件组合成系统,同时降低 CO、HC、NOx 以及 PM 等污染物,满足日益严格的排放控制法规。柴油发动机排放控制解决方案包括:

① DOC(柴油氧化催化剂);

② CSF(催化颗粒捕集器);

③ SCR(选择性催化还原催化剂);

④ AMX(氨氧化催化剂);

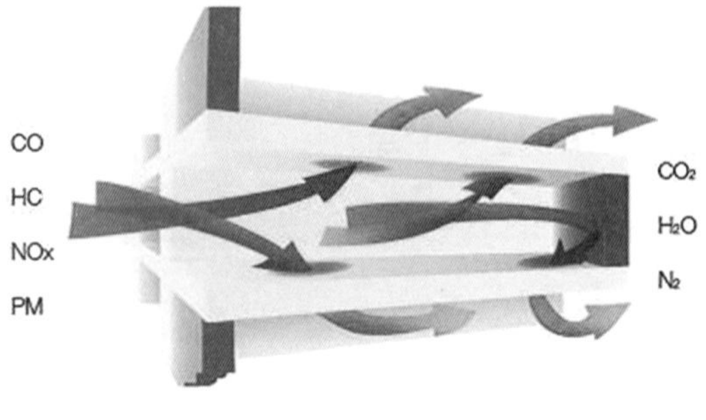

四元转化催化剂工作原理,同时去除汽油车排放中的 4 种污染物

机动车排放催化剂生产基地内的自动化仓库

⑤ LNT(稀燃氮氧化物捕集器);

⑥ SCR.2F(带 SCR 的颗粒捕集器)。

巴斯夫催化剂(上海)有限公司是一个集研发、生产、物流、销售于一身的公司。同时,也是巴斯夫汽车尾气催化剂亚太总部所在地。公司建有一个先进的自动化仓储系统。自动化仓储系统采用最先进的 ERP 管理,与传统意义上的仓储系统相比,所有物料进出由机器根据最大分布的原则,自动进行分配,确保100%的准确度。仓库内无须铲车操作,最大程度地提高了仓库效率,充分利用了空间。

巴斯夫催化剂进入中国 10 余年来,是中国汽车事业迅速发展,以及汽车尾气排放法规的推进和落实的主要见证者。公司在中国不断地追加生产以及研发投资,服务于国内外著名的汽车厂商。公司始终如一,致力为汽车行业提供洁净排放的解决方案,并推动中国汽车行业可持续发展的方针。

上海悦荟广场

——集荟商业管理(上海)有限公司

上海悦荟广场位处上海最繁华的南京东路步行街中央地段,在黄浦区南京东路353号,紧邻三个地铁出入口,轨道交通2号线和10号线地铁穿行而过。该项目建筑面积约40270平米,整个营业区域分为7层,涵盖购物、餐饮、时尚和娱乐等多元业态,是南京路上最新潮、最娱乐化的购物中心代表之一。

上海悦荟以年轻、潮流群体为主要目标客户,紧扣"潮玩"主题,是上海最吸引当地年轻人与游客的理想地标之一。与国际旅游景点运营巨头默林娱乐集团合作,带来亚洲首家惊魂密境;联手百年运动时尚品牌FILA,打造大中华区旗舰店;国际著名牛仔裤"鼻祖"品牌Levi's的亚太区旗舰店在2020年夏盛大开业。在餐饮方面,上海悦荟广场聚集了众多潮流餐饮品牌以提供丰富的用餐体验:星巴克、喜茶、牛New寿喜烧、凑凑火锅、溪雨观、煲宫、角屋、小肥羊和东盛等。H&M、FILA、鬼塚虎、Levi's等时尚零售品牌的入驻,满足了更多年轻消费者的潮流购物需求。

上海悦荟是Pradera Retail Asia在中国管理的四家零售地产项目之一,其他三个项目分别位于重庆、青岛和西安。Pradera Retail Asia成立于2016年9月,由两家全球顶尖的行业巨头合资成立,凭借其全球零售资产管理经验,致力于在亚洲范围内提供整合、优质的资产管理服务。

上海悦荟广场外景

四、展览企业

上海市国际展览有限公司

总裁　王　蕾

一、概况

2019年迎来了祖国70周年华诞,也恰逢上海市国际展览有限公司(简称国展公司)成立35周年。在这一里程碑式的新起点上,在上海新一轮改革开放的实践中,在上海市国际贸易促进委员会(简称贸促会)的领导下,国展公司结合"不忘初心、牢记使命"主题教育,认真贯彻党的十九届四中全会精神,坚定信心,保持定力,锐意进取,开拓创新,在国内国际经济发展复杂多变的大背景下,圆满完成第二届进博会及国家综合展延展的服务保障工作;成功举办2019上海车展,规模和影响力继续领跑世界A级车、婚纱、儿童、摄影、染料、模具等展会持续取得新突破;"一带一路"名品展快速增长,圆满完成贸促会和公司董事会年初下达的任务。

二、主要工作

2019年,国展公司共举办展览项目13个,展览面积102万平方米(含进博会),观众150万人(次)。

(一)圆满完成第二届进博会及延展工作

按照习近平总书记"中国国际进口博览会不仅要年年办下去,而且要办出水平、办出成效、越办越好"的指示精神,国展公司在贸促会的领导下,全员参与第二届进博会,积极主动完成了上级交办的各项任务,荣获上海市总工会第二届"凝心聚力进博会、建功立业创一流"立功竞赛先进集体称号。

1. *承办汽车展区招展及自动驾驶体验区*

汽车展区签约面积14061平方米,较上届增长400余平方米,超额完成目标。16个国家和地区的56家企业参展,特装比例高达99.3%,为展商提供高效、便捷的参展服务。1.6万平方米的"汽车创新技术及自动驾驶体验区"成为一大亮点,12辆新能源、无人驾驶车辆展示，让观众近距离感受人工智能与汽车交融的驾驶体验。

2. 承办国家综合展延展

第二届进博会国家综合展延展规模3万平方米，8天共接待近28万人次观众。贸促会作为延展的主服务商，国展公司负责落实具体工作。完成网上预约系统开发，40万张参观券一周内全部预约完毕。由于超60%以上观众在50周岁以上，现场运营压力极大，配合城保小组采取了科学有效的措施，包括确定动线图、交通、门禁、安检、证件、通信、志愿者、儿童接待等，牢牢守住安全底线，有序、平稳、圆满地完成了任务。

3. 做好信息、网络建设

在商务部、公安部和上海市公安局网络安全总队的指导下，国展公司继续承建进博会综合门户及招展系统、招商系统、展务系统、媒体管理系统、网上展厅、官方APP等10个业务系统开发及运营维护工作，在进博会召开期间，团队驻场值班维护，全力保障系统稳定运行。

4. 做好市贸促会进博会领导协调小组秘书处工作

国展公司作为贸促会进博会领导协调小组秘书处，承担着多项重要工作，包括对接城市保障领导小组工作；牵头组织超150家企业、1000名专业观众参加上海交易团；牵头贸促会证件申领工作；撰写各类方案、会议纪要等，有效保证了各项工作高效、平稳、推进。

（二）用科技引领新时代上海车展

2019年，上海车展面临的国际国内形势不乐观，加之展馆改建工程及场租优惠幅度大幅减少等不利因素交织在一起，给本届车展带来不小的挑战。上海车展作为贸促会的第一品牌展会，在贸促会领导指挥指导下，各方齐抓共管保规模、增效益、求突破，吸引20个国家和地区的1000余家知名汽车展商倾情参与，国内外各大主流汽车品牌也高规格参展。2019年，在国家会展中心少一个馆的情况下，国展公司合理布展，展览总面积超过36万平

2019年上海车展现场

方米，展出整车近1500辆，展示汽车工业电动化、智能化、网联化、共享化、品牌化的理念，产品和技术及新造车势力集中发力，智能网联技术跨界融合未来出行等全新亮点，体现汽车与信息通信、互联网、大数据、人工智能的深度融合。各大车企共举行136场新闻发布会，来自38个国家和地区的11600名中外记者竞相报道。展期内共接待海内外观众99.3万人(次)，同期共举办30余场论坛、峰会。首次启用电子门票、电子门禁和人脸识别无感化体验，以高技术手段应对大客流，倡导绿色低碳新理念，人性化服务为观众提供了优质的观展体验。期间接待了包括上海市委书记李强，全国政协副主席万钢，时任上海市委副书记、市长应勇，市政协主席董云虎等50多名中外贵宾和团组，展示了一届精新纷呈的车展。

亮点一：汽车技术“新四化”扑面而来。随着汽车电动化、智能化、网联化、共享化由概念逐步转入实际应用，越来越多汽车厂商及跨界机构大举投资，纷纷将其视为未来汽车产业发展的根本方向。本届车展上，许多汽车品牌均展出了大量具有“新四化”概念的车型，其中不乏概念车。站在汽车高质量发展的新起点，以中国的自主品牌宣布将全面加速新能源化和智能网联化的“双轮驱动”布局，为2019上海车展注入汽车“新四化”的理念、产品和技术。

亮点二：新造车势力集中发力。以蔚来、小鹏、威马为代表的已经量产交付的新造车势力也成为关注焦点，还有天际、车和家、博郡汽车、格罗夫、合众、国机智骏、新特汽车、KARMA、G-tech等17家全新面孔亮相车展。新造车势力在上海车展中的集体刷屏，也从另一个侧面反映出新能源汽车的浪潮非但没有退却，还都在稳步发展中。

亮点三：智能网联技术跨界融合未来出行。2019年上海车展首次设立未来出行展区，打造了一个集5G、无人驾驶、未来出行、车联网等细分领域的前沿科技和产品，吸引越来越多的跨界企业重磅亮相。以华为、阿里、中国移动、科大讯飞等为代表的通信和互联网企业集体走进车展，展示以智能网联技术为首的新兴汽车技术。作为汽车与通信、互联网产业的融合载体，智能网联技术在车展上备受关注。可以预见，在未来汽车市场环境中，这将成为汽车产业中的重要力量。

亮点四：以绿色低碳理念创新办展。2019上海车展秉承“以人为本，不断创新”的办展理念，首次启用电子门票、电子门禁和人脸识别无感化服务，高效、便捷、环保的理念不断提升车展服务的含金量。

亮点五：以人性化服务提高观展体验。450名来自各大高校的车展志愿者分布在展馆的各个区域，为观众提供热情周到的服务；在中央广场创新开辟未来出行体验区，向观众普及和倡导未来出行的新理念和新体验；馆内还设立了休息室、医务室等人性化便利服务，并提供丰富多样的餐饮场所供观众选择。此外，本届车展还接待了2万余名儿童参观，多样化的互动体验活动成为亲子娱乐的最佳场所。中外媒体也对本届车展的舒适观展环境和高效人性化服务纷纷点赞。

（三）创新转型双管齐下，婚纱、儿童摄影展攀高峰

婚纱摄影近年来饱受行业持续低迷的困扰，展会不断在创新和转型上下苦功。春秋两季婚纱、儿童、摄影展总面积27万平方米，吸引近2000家厂商齐聚申城，14万海内外买家到场。2019年展会还推出婚礼产业采购大会作为全新延展。同期共举办配套活动110场，以“展+会+秀”立体展现全产业。首次与东华大学合作举办大学生婚纱礼服设计大赛，增强校企联动，为企业储备设计人才。摄影展上，行业领军企业悉数到场，均以大面积参展，进行新品首发。儿童摄影展亦表现出快速增长走势。

婚纱礼服、彩妆造型及时尚配饰展展示来自中国、美国、法国、土耳其、黎巴嫩、以色列、意大利、波兰、乌克兰、中国香港、中国台湾等国家地区的知名婚纱礼服和配饰品牌。三天

2019 年春季婚纱展现场

领略十余个国家和地区的婚纱流行前沿趋势，促进中国婚纱礼服产业升级发展。

相册相框、耗材及后期制作展以工艺精湛的相框成品、充满艺术美感的个性化相册，以及轻奢复古风、简约新中式相册相框依然引领潮流，尽显美轮美奂。主题摄影、旅拍及样片展汇集众多行业知名样片研发机构及摄片大师，用镜头创造美，诠释美，传播美；旅拍、目的地婚礼是时下年轻人追捧的新趋势，异地打造绚烂大片、童话婚礼体验式消费成为热门打卡点。

2019 年上海婚纱摄影展推出婚礼产业采购大会作为全新延展。大会现场以“新、活、全”的核心特色，以“新品展示+推介洽谈+论坛分享”三位一体的模式呈现一场婚礼产业的盛会，行业大咖讲师深度解读行业转型的方向、分享经验。

作为产教融合的先锋试验基地，2019 年上海婚纱摄影展还首次与东华大学合作举办东华 · 国展杯创意集成婚纱礼服设计大赛，进一步强化以校企抱团发展、加强服装设计、生产企业与院校通力合作和横向联合的发展模式，以产教融合的方式激发学生的创造力与设计力，为婚纱礼服行业时尚化、品牌化发展打好地基。

（四）沉着应对危机，染料展逆势增长

在国家环保监管趋势趋严、上下游行业堪忧的情况下，加之展会前发生在响水化工厂的爆炸等，使得染料行业更是雪上加霜。项目团队顶住重重压力，及时调整展位，拓宽展品范围，展商数、观众数和展会规模不降反增，超额完成指标。针对涉事企业，项目团队沉着应对，主动劝退，并积极补缺展位。本届染料展首次做到世博馆 1、2 两个全馆，4.2 万平方米，吸引 17 个国家和地区的 650 余家企业踊跃参展，59 个国家和地区的 2 万余名专业观众到场参观。

（五）克服硬件困难，模具展创当年展新高

2019 年国内基础制造业发展乏力，模具行业内生动力受到牵连，加之展馆告知原先租用的部分场地无法使用。项目团队争分夺秒与各展商协调,圆满落实新展位。首次将单年展的展期延至5天,打造高端精密金属加工制造平台的品牌战略,同期举办多场高端论坛和国际会议,开发贸易配对功能,实现以模具制造为中心的上下游的全产业链展出,吸引100个参观团到场参观。展会面积7万平方米,共有16个国家和地区760余家参展企业参展,再次巩固了国际国内模具制造业第一大展的地位。

(六)携手共筑丝路梦,名品展发展势头良好

“2019‘一带一路’名品展·上海”共吸引41个国家和地区的260多家企业参展,展览规模近15000平方米,共计1.6万观众到场参观,进行了149场贸易配对、40余场推介会。“2019‘一带一路’名品展·重庆”吸引近40个国家和地区的逾150家企业参展,规模12000平方米,现场共举行126场贸易配对、28场推介会,接待观众近1.6万人次。展商纷纷表示自“一带一路”倡议提出以来,他们在中国的营商环境不断改善,来中国售卖商品和服务更为便利,展会形式越来越丰富,对展会效果较为满意。

(七)探索国际市场,染料展再启印度巡展

为加快我国染料行业转变发展方式、实施“走出去”发展战略,“第九届亚洲染料展”在印度艾哈迈达巴德成功举办,规模5000平方米,近百家国际知名企业参展。此次巡展在印度当地反响热烈,展会盛况第一时间登上了印度头条新闻。

(八)展现前沿技术,涂料和表处展、纺机展助推产业发展

涂料展和表面处理展规模11.5万平方米,来自30多个国家和地区的1554家企业参展。纺机展规模10万平方米,近20个国家和地区的1200余家企业参展。展会同期,举办“纺织智能制造高峰论坛”并设立展示专区,联合相关院校和企业进行实体展示。

上海现代国际展览有限公司

董事、总经理　张定国

一、概况

上海现代国际展览有限公司(简称公司)成立于1993年,是上海东浩兰生会展(集团)有限公司(简称集团)下属专业展览企业,全国首家通过ISO9000国际质量体系认证的展览主办企业,上海市会展行业协会副会长单位。公司拥有中国展览馆协会展示工程一级资质、上海市会展行业展示工程企业一级资质,并于2004年加入UFI(国际展览业协会)成为其正式会员。

公司的主营业务为展览主承办和展示策划设计。

自1993年成立以来已培育了多个行业品牌大展,是中国上海展览行业组展规模排行名列前茅的优质企业。主办的品牌展会——上海国际广告印刷包装纸业展(简称上海广印展)、上海国际绿色建筑建材博览会(简称绿色建博会)、上海国际照明技术设备展(简称照明展),均获得国际展览业协会(UFI)认证。其中上海广印展、绿色建博会还连续多年荣获"上海国际品牌展"称号。

近年来,公司在国家"一带一路"战略引领下,不断拓展APPPEXPO品牌外延,实践全国布局战略,开启"广印展联动"新时代。

在上海广印展蓬勃发展的同时,"上海国际广告节"因势而生,由一届商业展览会衍生到集论坛、评奖、展览为一体的一年一度的国际节事活动。2018年,上海市委市政府将"上海国际广告节"作为"上海重要的功能平台与载体项目",与"中国国际进口博览会"等一道写入了"打响上海四大品牌"的三年行动计划,上海广印展的品牌形象与地位提升到了新的高度。

此外,公司在展览展示领域独树一帜,为各级政府部门、社会组织主办的展览展示活动提供专业策划、设计和制作"一站式"服务。曾先后参与过上海世博会申博工作和历届世博会项目,担任上海世博会系列巡展的展览总包企业,并入选上海世博会推荐服务供应商,承担多项展览总包工程。

作为第一届和第二届中国国际进口博览会(以下简称进博会)国家展与企业展的指定搭建服务商,公司在两届的进博会中承担过尼泊尔、波兰、约旦、联合国ITC世贸组织4个国家展馆;中国中央电视台演播室和新华社演播室;44个企业展馆的设计和搭建任务。以及6.2品质生活馆2万平方米主场搭建和运营工作,均圆满完成。

二、经营情况

2019年,公司再次以进博会国家馆与企业馆指定搭建服务商的身份全面参与了第二届进博会的服务工作。在主办展方面,全年顺利举办8场自办展,其中在上海举办的有3场,在外省市举办的有4场,在境外举办1场。APPPEXPO上海广印展品牌已拓展至北京、沈阳、广州、成都市场和泰国市场。此外,2019年继续得到上海市委宣传部和市场监督管理局的支持指导,顺利举办2019上海国际广告节，无论从办节的国际化程度还是专业性，都得到了全面提升。

（一）聚焦核心，进一步夯实主业

1. 上海国际广告节提质增利，国际化程度提升显著

在上海市委宣传部和上海市工商局的支持下，2019 年 3 月 5—8 日，2019 上海国际广告节、第二十七届上海国际广印展在国家会展中心洲际酒店及会展中心顺利举办。包括上海市副市长许昆林、国家工商行政管理总局广告监督管理司司长刘敏、集团总裁曹炜等在内的中外领导、嘉宾参加了开幕式。

2019 上海国际广告节与英国广告从业者协会（IPA）、英国广告协会实施战略合作。通过上海国际广告节的平台，开启了中英双方在品牌及广告行业的一系列交流与合作。

上海国际广告节设置了展览、论坛、评奖和颁奖等内容。其中，展览版块增设“中国广告 40 周年特展”，以纪念中国改革开放 40 周年及中国广告的 40 年发展历程。

论坛部分由一个开幕论坛和五个联合坛构成，有约 100 位嘉宾发表现场演讲，其中国际讲师 25 位，均较首届有了成倍的增长；现场观众约 3000 人次，线上参与总人次超 300 万，较 2018 年增长约 50%。

评奖部分，共收到来自海内外 362 家公司报送的 1609 件作品，除邀请英、美、意等国际评委外，吸纳了宝洁、可口可乐、谷歌、中国银联、上汽集团等各国内外知名品牌评委。共评出金奖作品 25 个、银奖 27 个、铜奖 45 个、精英奖 15 个、全场大奖 1 个。专业媒体深度报道广告节活动盛况。

2. 上海广印展迎接挑战，确保行业龙头地位

2019 年，上海广印展遭遇了竞争对手的严峻挑战，在阻力之下，公司领导班子充分调动项目团队的能动性和战斗力，主动迎难而上，凭借细致深入的沟通和服务以及展会自身的品牌影响力，化危机为动力，确保了展会圆满成功。在全体员工的努力下，2019 年上海广印展在巩固广告技术设备展规模的基础上，朝着纺织品数字喷墨印花、数字印刷、数字标识、数字展示及照明领域全力出击，六大主题展出面积达到 20 万平方米，荟集 30 多个国家和地区的逾 2000 余家参展企业，其中境外展商比例超过 10%，云集 126 个国家和地区的 209665 人次专业观众，均较往届有所增长，继续在展会规模和专业观众数量上保持行业领先。

3. 深化区域合作战略，多展联动实现共赢

为响应集团对标一流，提升核心竞争力的工作要求，以及更好地助力集团经营工作要点的落地，现代国际在近年来致力于推广 APPPEXPO 上海广印展品牌进入京津冀、中西部、南方、东北市场，深化实施区域合作。上半年，除上海广印展外，北京、沈阳、成都、广州等地的区域性广告展也相继开幕，通过深入合作，无论是展会规模、参展商的层次还是专业观众的参与均有所提升，形成广泛联动，对稳固并且进一步提升上海广印展在行业内的品牌影响力具有积极的推动作用。

未来，公司将通过加大对外投资和外延式发展，布局全国，进一步整合资源，实现增量，真正做到了危中争机，再谋发展。

4. 借力“一带一路”影响力，提升海外知名度

2019 年的上海广印展泰国展于 11 月 14—17 日在曼谷顺利举行，2019 年是公司和泰国广告展主办方合作办展的第三年。共组织了国内 24 家参展企业、近百人赴泰参展参观。通过二年的品牌输出，提高了上海广印展在泰国乃至东盟地区知名度，对 3 月上海展的观众数量和质量的也起到提升作用。

5. 服务“四大品牌”，升级上海国际城市与建筑博览会品质

2019 年 6 月，市领导就世界城市日工作批阅同意“上海国际城市与建筑博览会”（简称城博会）作为配套展览展示内容。城博会是由联合国人居署以及上海市住房和城乡建

设管理委员会共同主办，上海市绿色建筑协会承办的政府展示项目，2019 城博会于 11 月 21—23 日在国家会展中心（上海）顺利举办，展览规模达 8 万平方米，汇聚了来自国内外行业的众多领军企业。城博会的举办被定义为是与上海建设成为具有世界影响力的社会主义现代化国际大都市目标全面对接，与围绕打响“上海服务、上海制造、上海购物、上海文化”品牌全面对接的重要项目。

现代国际作为执行单位之一，已是第三年参与该项目。2019 年，公司承担了世界城市日主题馆、智慧城市建设展示馆、建设安全与施工技术展示馆、生态环保建设展示馆、城市生命线展示馆、绿色建筑建材展示馆的招展、运营工作，规模占整个展会的近一半，圆满完成了此次任务。

6. 办好绿色建博会，打造节能建筑领域第一展

2019 上海国际绿色建筑建材博览会于 7 月 17—19 日在新国际博览中心顺利举行。本届展会设建筑节能、装配式建筑及部品件、内外墙系统、室内装饰等多个专题板块。为期 3 天的展会吸引了 1000 多家国内外品牌企业参展，展示规模达到 7 万平方米。在展会现场还举办了“绿色建筑建材发展与高峰系列论坛”等 20 余场活动。

（二）以服务进博会为抓手，促展览展示业务转型

1. 全面参与对接服务第二届中国国际进口博览会

第二届中国国际进口博览会于 2019 年 11 月 5—10 日在国家会展中心（上海）举办。继参与服务首届进博会后，2019 年公司再次以指定搭建服务商的身份，全面参与对接服务进博会。在总结首届参与经验的基础上，公司坚持深化认识、提升质量、完善服务，扎实有序地做好各项前期准备工作，全力以赴完成进博会任务。在本次进博会中，共完成 3000 余平方米的特装搭建。包括：约旦（主宾国）、尼泊尔、联合国 ITC 世贸组织 3 个国家馆设计与搭建，外加中央电视台、新华社的演播室。以及包括金融类：渣打银行；机械类：DISCO、爱克

第二十八届上海国际广告技术设备展览会现场

发；智能智造：Primetals Technologies Austria GmbH；百货家具类：福维克、PASAYA、远急、joseph；医药器械类：美国强生、贝朗医药、波士顿科学公司；食品类：Colombia pavilion、土耳其 EIJ、正大集团、诺瑞沃、乐活、日本（恒麦）Forestlee 等世界 500 强等龙头企业在内的 18 家企业馆的设计与搭建。

公司还参与了由 200 余家展商参展的 6.2 品质生活馆，近 2 万平方米的主场搭建工作，完成了 250 多组标摊搭建与运营工作。展商涉及 LV、COACH、雅诗兰黛、凯撒至尊、D&G 等高端消费品、奢侈品企业以及钻石与宝石精品馆的知名参展企业。

公司在集团大力支持和推进下，克服重重困难，在整个搭建过程中组织 700 余名施工人员，90 余名维护人员的服务团队来保障搭建期、运营期、撤展期的各项工作按时保质完成。

2. 第二届中国国际进口博览会装备展区展商对接会

第二届中国国际进口博览会装备展区展商对接会作为现代国际参与服务第二届进博会的先期项目，于 2019 年 8 月 8 日在国家会展中心 4.2 号馆 D 馆举办。公司作为此次项目落地实施服务单位，为本项目提供平面设计、结构制作、环境布置、会务活动服务等相关服务内容，受到了委托方及进博局领导的一致好评，又一次顺利圆满地完成异地操作项目。

3. 华交会“东浩兰生”集团联合展位

2019 华交会于 3 月 1—5 日在上海新国际博览中心举行。公司负责东浩兰生集团联合展团的设计搭建任务。集团董事长王强在开展后亲临现场，视察了东浩兰生集团参展的展位。

4. 2019 世界人工智能大会

2019 世界人工智能大会在 8 月 31 日圆满落幕，公司作为本次大会展览部分的主场搭建，负责世博展览馆、世博中心的外环境搭建、标准展位搭建、特装展位搭建、餐饮区搭建；在展示区域负责大会两大重点展示的“智能上海 · AI 应用场景”及“AI 企业芯片集锦”的设计及搭建工作。在集团各兄弟公司、部门的协作下，参与项目各个环节，圆满完成了本次大会的筹展、布展、撤展工作。

5. 2019 全国大众创业万众创新活动周上海会场展览搭建

由东浩兰生集团承办的“2019 全国大众创业万众创新活动周”上海会场于 6 月 19 日圆满落幕。本次活动周场地仍为杨浦区的互联宝地，公司在吸收 2018 年经验的基础上，优化了参观动线。展示的面积和服务的参展企业数也较 2018 年有所增加。公司团队以专业的服务态度，圆满完成了上级交予的任务。

6. 2019 首届“一带一路”艺术上海博览会

2019 首届“一带一路”艺术上海博览会于 10 月落下帷幕。现代国际作为主场搭建主要负责全木结构标准展板的布展工作、整体外环境设计与搭建工作、主场搭建管理，以及“东浩兰生之夜酒会”的设计与搭建工作。这是公司首次涉足艺术类临展项目的主场搭建工作，经验不足，在搭建现场出现了一些问题，幸得会展集团方方面面的支持与帮助，确保项目如期完工并顺利举办。公司将总结项目的得失经验，改进提升，争取再一次服务的机会。

7. 第三届“平复帖”杯国际书法篆刻大赛项目

第三届“平复帖”杯国际书法篆刻大赛于 12 月底在中华艺术宫举办，此次大赛为松江区政府时隔十年后举办的又一次国际性书法篆刻大赛。公司作为此次项目委托方上海市松江区文化和旅游局会展服务单位，为本项目提供作品征集服务、媒体宣传、评审工作服务、展览设计搭建、展览运营、保险运输、作品装裱等相关服务内容。

8. 杨浦滨江“皂梦空间”展示工程项目

该项目位于原先的上海制皂厂区域，面积近 1000 平方米，改造后将成为以制皂为主题的景观与体验中心，打造一个集博物展览、手工互动和特色咖啡于一体的特色空间。项目于 2019 年初启动，由公司团队提供整体策划、展陈施工服务，于 7 月最终敲定策划设计方案，并命名“皂梦空间”。项目于 2019 年 9 月底进场施工，整个项目年底完工。

2020 年伊始，新型冠状病毒疫情肆虐全国，从春节后的停工、停产、停学到逐渐复工、复产，公司在集团的领导下，在党政班子的带领下，积极组织开展防疫和复工工作。积极应对、协调、处理因新冠肺炎疫情造成的展会延期；在确保复工安全的状况下，追赶展示策划经营工作拉下的进度；努力将受疫情的影响降至最低，确保公司总体的经营情况维持稳定。与此同时，公司大力宣传复工期间的防疫注意事项以及社会和身边涌现的先进事迹，尽全力保障全体员工复工安全，鼓励员工以先进为榜样，勇于担当，攻艰克难，为圆满完成 2020 年度既定的各项经济工作目标和任务而不懈努力。

东浩兰生会展集团
上海外经贸商务展览有限公司

党委书记、执行董事
周 巍

一、概述

上海外经贸商务展览有限公司成立于1993年7月，现隶属于上海东浩兰生会展（集团）有限公司，注册资本2000万元。

公司以展会为主业，经过二十多年的发展，形成了以承办大型政府项目和境内外展会为核心主业的架构。公司每年承办多个具有国内外知名度的品牌展会，包括：中国华东进出口商品交易会、中国（上海）国际技术进出口交易会、中国自主品牌博览会、上海国际宠博会、印尼中国技术设备和商品展、广交会上海展团、中国-东盟博览会上海展团等20余个展会等。2018年取得了由国际燃气联盟（IGU）、美国燃气技术研究院（GTI）和国际制冷学会（IIR）授权的三年一度的行业盛会——第十九届国际液化天然气会议的承办权。

公司拥有展览主承办一级资质、展览展示工程一级资质，自2000年成功通过ISO9001：2000质量体系认证（2017年升级至ISO9001：2015），连续多年被评为“上海市重合同守信用企业”“上海市文明单位”，2017年荣获“上海市侨务工作先进集体”称号，2019年被市总工会授予“上海市五一劳动奖状”荣誉称号。2019年共计完成展览项目16个，其中政府展8个，国际展2个，出国展6个，展览面积达42.8万平方米。

二、主要展会情况

（一）高效服务第二届中国国际进口博览会

第二届中国国际进口博览会于2019年11月5—10日在国家会展中心（上海）成功举办，商展公司积极响应上海市政府和集团要求，出色完成了以弘扬江南文化、海派文化、红色文化的上海非遗和老字号展区700多平方米展示、20场非遗演出和其他相关配套活动，公司所属子公司鸿达展览公司连续两年被遴选为主场搭建商，整体完成10万余平方米搭建管理和日常维修保养工作；所属子公司上海依佩克运输公司连续两年被遴选为主场运输供应商，承担展会60%左右的展品运输、报关等专业服务，此外，公司还派出骨干力量参与大会统计、上海交易团国资分团招商组织工作。公司突出表现被上海市总工会授予“上海市五一劳动奖状”荣誉称号。

（二）第十九届国际液化天然气会议（LNG2019）

2019年4月1—5日，LNG行业的奥林匹克盛会——第十九届国际液化天然气会议（简称LNG2019）于上海世博展览馆隆重举行。作为全球顶级行业会展项目，LNG X系列会议首次进入中国，备受国内外业界关注。7万平方米整体规模是迄今为止在中国举办的最大规模的国际液化天然气会议，总体呈现出规格高、亮点多、影响广的特点，展期现场共计接待专业客商和产业链企业代表44331人（次）。

公司代表东浩兰生集团作为 LNG2019 会议及展览承办单位之一，在项目周期长、服务地域广、论坛会议多、国际化程度高的情况下，模块化、精细化地为展商、代表及会议主办单位提供精准服务，得到了国家组委会及大会国际授权组织的充分肯定。大会高规格、高水平呈现，刷新了多个第一：专业展览规模 4.3 万平方米，达历届之最；2000 多位国际行业大佬和重要客商赴会共商新能源发展大计；4 天共举办 500 多场多边及双边活动；世博场馆首次尝试全馆改造服务功能。大会闭幕式上，LNG2019 指导委员会主席 Ron Snedic、LNG2019 议程委员会主席 Nirmal Chatterjee 以及 LNG2019 国家组委会执行主席王者洪都对承办单位的辛勤付出与长期努力表示大力赞赏和高度肯定。大会最终成功举办，得到国际一流顶尖行业协会充分认可，并给予认证函。大会堪称值得载入史册的行业盛会，也为上海建设“国际会展之都”贡献一份力量。

（三）2019 年中国品牌日活动

2019 年 5 月 10—12 日，由国家发展改革委、中宣部、工信部、农业农村部、商务部、国家市场监督管理总局、国家知识产权局、上海市人民政府共同主办，16 家国家级行业协会和公司联合承办的 2019 年中国品牌日活动在上海展览中心成功举行。本次活动主题为“中国品牌，世界共享；加快品牌建设，引领高质量发展；聚焦国货精品，感受品牌魅力”，活动期间举办中国品牌发展国际论坛，包括 1 场主论坛和 7 场分论坛，同期设置 13 个自主品牌消费品体验区、50 个特色主题互动体验场景，汇聚约 200 家知名自主品牌企业的国货精品，集中展现自主品牌魅力。三天累计吸引观众近 6 万人次，共计 135 家主流媒体和行业媒体对活动进行了实地采访，新华社、人民日报、经济日报等多家主流媒体对活动进行了全方位、多角度、深层次的宣传报道，行业媒体、自媒体等以不同形式对活动盛况进行报道，引起广泛社会关注。

LNG2019 会议，在上海世博展览馆隆重举行

2019 年中国品牌日活动

（四）中国（上海）国际技术进出口交易会（上交会）

第七届上交会于 2019 年 4 月 18—20 日在上海世博展览馆成功举办，展览面积 3.5 万平方米，共吸引 916 家境内外知名科技企业和交易服务机构参展，现场境内外观众达 5.82 万人（次），较上届增长 5.1%，其中专业观众 81.5%。2019 年主要亮点：一是用好主宾城机制，本届邀请英国利物浦市、德国萨尔州担任境外主宾城，我国福建省担任境内主宾城。二是全力打造 7000 平方米人工智能服务机器人专区。三是多路径拓展境外资源，境外参展面积 2600 平方米，同比增长 30%，吸引了美国和加拿大等国家技术企业首次组团参展。四是壮大上交会国际最新技术发布平台功能，展会期间共举办各类发布活动 70 余场。此外，紧紧围绕“一带一路”倡议和“走出去”战略，2019 年 9 月在土耳其伊兹密尔成功举办上交会第四届海外展，共组织本市 35 家人工智能、信息技术等相关企业赴海外参展。

（五）中国华东进出口商品交易会（华交会）

第二十九届华交会于 2019 年 3 月 1—4 日在新国际博览中心举办，本届展会总面积 12.65 万平方米，较上届增加 2900 平方米，到会境外客商 22757 人（次），较上届增长 2%。主要亮点：公司自营面积扩大至 4.5 万平方米；继续培育跨境电商展区，规模达 180 个展位；采用“组合推广+精准招商+定向邀请”方式加大招商力度；论坛及活动更趋专业化、国际化，新增“一带一路”买家专场对接会；加大宣传力度，展会期间百余家媒体共发布稿件 600 多篇；优化创新奖评选，提升奖项含金量，鼓励企业踊跃参与。

（六）上海国际宠博会（宠博会）

第八届宠博会于 2019 年 4 月 30 至 5 月 3 日在上海世博展览馆举办，本届展会规模扩大至 2.5 万平方米，吸引来自 11 个国家的近百家参展商和国际知名品牌集中亮相，现场观众达 34000 人（次）。主要亮点：联合 CKU 同期举办最大规模、最具含金量著称的“犬界奥林匹克”——世界杯犬展（WORLD DOG SHOW）；携手北京雄鹰国际展览有限公司举办首届上海国际宠物用品展；首次与上海跨采中心合作邀约20家海外采购商举行现场配对活动；现场共举办10多场针对年轻群体的宠物嘉年华活动，吸引大量观众参与互动；深化与轻工商会合作，扩大国际合作新空间。

（七）印尼中国技术设备和商品展（印尼展）

作为本市开拓东南亚市场的重要项目，公司高度重视，团队精心策划。第十八届印尼展于2019年7月11—13日在印尼雅加达国际展览中心成功举办，总展出面积2000余平方米。本届印尼展除上海、宁波展商之外新增加了安徽省展团，为提高展会实际效果，邀请印尼中华总商会高管莅临指导，利用当地专业媒体提前宣传报道，举办五金行业专场对接活动等，增强企业参展积极性。

（八）第十三届上海金融服务实体经济洽谈会暨论坛（金洽会）

由上海金融监管局主办，公司首次加盟联合承办，第十三届金洽会于2019年12月12—14日在世博展览馆举行，面积8500平方米。展会围绕增设上海自贸试验区临港新片区、在上海证交所设立科创板并试点注册制、长三角一体化发展上升为国家战略契机，以金融服务实体经济为宗旨，通过展示G60科创走廊、长三角一体化发展、金融科技及装备、金融文化、金融人才等，为上海打响“四大品牌”和建设“五个中心”搭建交流合作大平台。

此外，公司还顺利完成春秋两届广交会、第十六届东盟博览会，IP创新大会、跨国采购大会等项目，出色完成第二十届工博会主场运营、商务接待、观众组织、安全保卫等相关配套保障工作，“一带一路”沿线的俄罗斯家庭用品展、捷克布拉格国际家庭用品展以及美国纽约食品展、德国科隆食品展等出展项目也按计划完成。

三、发展趋势

2020年是全面建成小康社会之年，是“十三五”规划收官之年，也是新三年规划启动之年。新的一年，商展公司将紧紧围绕“一带一路”倡议和“长江经济带发展”“长三角区域一体化发展”等国家战略，积极投入上海建设“五个中心”、打响“四大品牌”和争创国际会展之都的进程中，全方面参与中国国际进口博览会。紧密结合集团要求和公司发展实际，坚持创新引领，夯实发展基础，着力面向市场，注重队伍培养，在改革发展浪潮中创造商展新辉煌。

五、上海老字号企业

上海豫园绿波廊

上海豫园绿波廊，位于豫园九曲桥旁，是沪上著名的百年老店，曾接待过不少外国领导人。绿波廊系三层仿明清建筑，青瓦朱栏、古色古香，与湖心亭相映成辉，宾客倚窗就座，九曲桥尽收眼底，碧波绿水，令人心旷神怡，平添了不少饮食情趣。

上海豫园的绿波廊是一家百年老店，在明末清初的豫园，此处是西园阁轩厅，后在1924年改作乐圃阆茶楼，直到1979年才改建成酒楼，并根据谐音取了个绿波廊的店名。茶楼转身酒楼，是出于一个偶然。1973年，西哈努克亲王来到上海，要到城隍庙来看看，并在豫园内吃一顿饭。于是，豫园内的各路精英汇集一起，整出了一套别具风味的点心，共有14道：鸡鸭血汤、八宝饭、面筋百叶、蟹壳黄、宁波汤团、鲜肉烧卖、三丝春卷、香菇菜包、金腿小粽子、桂花糖粥、眉毛酥、鸽蛋圆子、酒酿小圆子、枣泥酥饼。1979年，王光美、廖承志、章含之等一批名人来到豫园，听说西哈努克的故事后，指名要尝尝这14道美点。后来，在廖承志建议下，豫园商场开了这家绿波廊。绿波廊诞生以来的近30年里，先后成功接待了英国女王伊丽莎白、日本首相竹下登、阿根廷总统梅内姆、古巴主席卡斯特罗、美国总统克林顿等40多批外国元首级嘉宾。

上海豫园绿波廊

“一点宴天下，一品绿波廊”说的正是上海豫园九曲桥畔的国家特级酒家“绿波廊”。为更好地服务市民、游客、弘扬海派餐饮文化，经过为期半年的全面升级，推出了一系列脍炙人口的名品佳肴：蟹粉豆腐、松鼠桂鱼、春卷、清炒虾仁、八宝辣酱、东坡肉、虾仁、萝卜丝饼、熏鱼、蟹粉狮子头、葫芦酥、精致眉毛酥、香茜虾仁春卷、椒盐葫芦酥、松仁肉松蛋黄酥、芦笋鲜莲炒蟹柳、河虾仁蟹粉小笼、上汤松茸浸时蔬、乳汁扣肉、小笼包、八宝鸭、椒盐酥、响油鳝丝、桂花糕、桂花拉糕、酱鸭舌、枣泥酥、蟹黄小笼、两面黄、三丝眉毛酥、清炒蟹粉包饼、虾子大乌参、蟹粉菜心、水晶虾仁、拆骨八宝鸭、油爆虾、五粮液拉糕等。2014年亚信峰会时为各国第一夫人定制的“夫人套点”，2018年进博会欢迎晚宴上为迎接各国元首特制的“荷韵套点”等现在都已经进入了新菜单而且价格亲民。首届进博会欢迎晚宴上初次亮相即博得满堂彩的“荷韵套点”——三味莲藕酥，一口一味道与灵动的锦鲤鱼饺组成了一盘舌尖上的荷塘月色，切实感受到海派菜海纳百川的魅力。

重装一新的绿波廊除了堂吃，还增设了外卖档口。人们走过路过，就能透过玻璃橱窗，看到点心师傅当场制作刺猬包、眉毛酥，忍不住就要买些带回家。

老字号的传承与创新，既能打造靓丽的上海城市旅游文化名片的同时，也能形成区域消费新热点。

上海永久自行车公司

上海永久股份有限公司前身为上海永久自行车公司，始建于 1940 年，名为昌和制作所，是中国最早开办的自行车整车制造厂之一。1993 年改级成立上海永久自行车公司。该公司现拥有各类生产设备 3170 余台。改制前注册资金 2 亿元。该公司是全国轻工行业重点骨干企业，主要制造和经销永久牌自行车、助力车，年产自行车 330 万辆，助力车 5 万辆。现有七大系列五大类别(载重车、轻便车、变速车、新潮精品车、助力车)280 多种产品。自 1949 年开始专业生产“永久”牌自行车，并在同行业中享有“敢为天下先”的美誉。至今累计生产自行车 6000 万辆，为目前全国自行车市场占有量的 1/8，居全国同行业之首，累计上缴利税 28 亿元，为全国自行车行业最高的企业之一。

永久牌自行车享誉中国近半年世纪，荣获国家级、部级、市级优质产品等称号 125 项次，优质产品产值占总产值 85%。自 1990—1992 年的自行车年产量分别为 337.7 万辆、332.2 万辆和 334.2 万辆，产品行销 100 多个国家和地区，1990—1992 年产品外销分别达到 13.1%、20.5% 和 18.4%。永久牌自行车是国内同行业中最早获得国家银质奖的名牌产品。1984 年在首次全国轻工行业出口产品评选活动中，获“出口创汇先进金龙腾飞奖”和“优秀出口产品金质奖”，1991 年获中国十大驰名商标称号。

目前该公司主营业务：自行车、童车、踏板车、健身车、机动两轮车、摩托车、助动自行车及零件，保龄球设备及相关附件等康体娱乐产品，保龄设备、棋牌设备、聚氨酯材料、手动轮椅车、电动轮椅车产品制造和销售。

永久牌自行车几十年来先后获得：“中华人民共和国国家银质奖”“第一批十个驰名商标之一”“中国自行车行业十大知名品牌”“国家重点新产品”“上海市著名商标”“中国国家自行车队指定产品”“国家免检产品”“上海市名牌产品”“中国名牌产品”“最具市场竞争力品牌”“保护消费者杯”等无数荣誉。

2019 年 5 月 6—9 日，上海永久精彩亮相第二十九届中国国际自行车展览会。此次永久参展目的主要以招商合作、品牌展示为主，通过与前来参观的客户和经销商进行交流、沟通，进一步了解行业领先资讯，全方位展现企业优势。上海永久展位展出多达 50 多款产品，吸引眼球，亮点多多。

上海新长发栗子食品有限公司

上海新长发栗子食品有限公司(简称新长发)创始于1938年,初只是一家经营“糖炒栗子”单一产品的前店后工场作坊式的老店,从开始小铺小作坊发展到如今成规模的自营连锁专卖店15家、80多个连锁专柜已入驻上海各大著名卖场和超市,在对手林立的炒货业内,独占鳌头。新长发始终重视加强自身品牌的建设,早在20世纪90年代初,新长发就在市场经济的“浪潮”中“翻滚”出品牌休闲食品的新理念;严格的产品质量监督和优质的人性化服务。多年来,新长发与河北迁西县栗园种植场的结盟,更保证了原料的新鲜与品质;新长发还不惜重金,建立了大型低温冷藏库和加工厂,一整套质检和化验系统,实实在在地为优等炒栗品质而努力运作。全新的销售理念、统一的企业形象柜、统一的员工着装等,又为这个著名的老字号品牌赋予了新的内涵。

在这70多年的经营过程中,公司不断地开拓进取,开发了一些以栗子为主的系列休闲食品,口味独特,受到广大消费者的欢迎和厚爱。公司以“发挥品牌作用,开发新产品,扩大销售市场”为发展战略,除了采用先进的“直营、连锁、专卖”的发展模式,还对产品品质的要求十分严格,所有的供应商均必须通过QS的认证,同时也逐步建立和完善了一整套的产品质量保证体系。

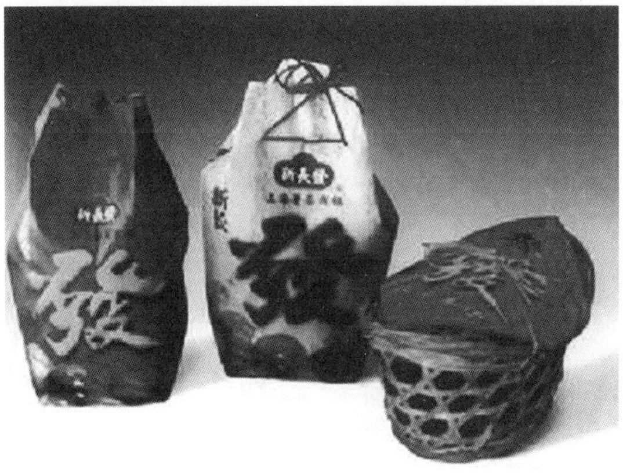

上海新长发栗子

栗子有补肾健脾、强身壮骨、益胃平肝等功效。中医认为,栗子中淀粉和碳水化合物也很丰富,又有比其他干果油脂低的特点,更是时尚人群青睐的绿色、营养食品。要吃上等栗子,产地很有讲究。沪人口碑相传的“新长发栗子”,产于河北燕山山脉一带的迁西县,其地土质温润,气候适宜,环境无污染,是中国优质栗子的核心产地,久而久之,形成了以良乡为主的交易集散地,人们俗称为“良乡栗子”。加之新长发的郭总是个操持了20多年的炒栗能手,已被炒货行业公认为“专家级老总”。他珍惜品牌声誉来之不易,经常深入产地踏访,了解栗子的质量,辅以精细的加工技术管理,使“糯香金黄”的糖炒栗子口味上乘,糖香与桂香交融,令人情不自禁地馋涎欲滴。

“走出上海,面向全国”是新长发的发展目标。要实现这个目标就需要开发新的产品,开拓市场领域。公司急需要与生产炒货食品和蜜饯食品的企业合作来开发新产品,公司有了新的产品,也要有好的人才来推广到市场。只要有了丰富的产品和卓越的人才,公司才会不断地发展,才会实现自己的发展目标。

上海新长发栗子食品有限公司,是“中华老字号”企业、上海名特商店、上海市著名商标。新长发以糖炒栗子为主打产品,发挥品牌效应,并致力于以栗子为龙头的系列新品开发,将传统的厨房食品转化为时尚的休闲食品,丰富人们的物质生活。公司先后推出桂花甘栗真空小包装,深化了传统的炒制工艺,使该产品四季飘香;栗子肉枣、栗子鸡翅、栗子牛筋等真空小包装,它们口味鲜美,且营养搭配科学,深受消费者青睐;还推出独具风味的香辣鸭肫肝、天津甘栗、栗蓉精肉脯、速冻栗子、糖水栗子及炒货、蜜饯等系列,市场反响颇佳。新长发充分利用著名商标优势,将产品打入各知名商店、超市、卖场,扩大了市场份额,中华老字号品牌被赋予了新的活力。

上海金枫酒业股份有限公司

上海金枫酒业股份有限公司前身系上海市第一食品股份有限公司，公司于 1992 年向社会公开募集股份并在上海证券交易所上市。上市以来，公司始终坚持围绕食品主业，走价值成长道路，资产规模、经营业绩、运营质量等诸多方面得到显著增强。2008 年，公司实施重大资产重组，将所拥有的零售业、品牌代理业以及其他批发零售相关资产及负债与控股股东上海市糖业烟酒（集团）有限公司持有的上海冠生园华光酿酒药业有限公司 100% 的股权进行置换。2008 年 10 月 8 日，更名为上海金枫酒业股份有限公司，至此，公司成为以黄酒为主业的上市公司。

公司拥有上海金枫酿酒有限公司、上海华光酿酒药业有限公司两家全资子公司，“石库门”与“和”酒两个中国名牌，20 多个产品系列，60 多种产品。产销量、销售收入、利润等多项指标均为行业第一。公司以“合力成金，平和致远”的企业文化理念，坚持走差异化、高品质发展道路，实施“石库门”“和”酒双品牌发展战略，进一步培育和做优做强产品品牌与企业品牌、提升行业影响力；坚持资本经营与产业发展相结合、积极整合各类社会资源，促进黄酒产业持久稳定，又快又好地发展；坚持以黄酒产业经营为核心，进一步推进科技、生产、品牌、网络、市场推广“五位一体”的商业模式转型，不断增强核心竞争力。通过专业化发展，将公司打造成为研发能力最强、市场销量最大、工艺装备最优、经济效益最好、资源配置最佳的黄酒行业最具影响力、领导力的龙头企业，引领中国黄酒创新发展。

2008 年 10 月 8 日，更名为上海金枫酒业股份有限公司，至此，公司成为以黄酒为主业的上市公司。公司注重品牌资源的积累，以“石库门”“金色年华”“和”为核心品牌，分别定位高端、时尚、大众，在上海核心市场绝对优势的基础上，金枫酒业通过营销渗透和收购兼并同步推进向浙江、江苏等其他省市扩张，“惠泉”品牌在江苏无锡、宜兴市场占有率始终保持领先，并积极向周边区域扩张，不断扩大行业影响力。“金枫”品牌为中华老字号，取得了上海市黄酒生产首张 QS 证书。上海石库门酿酒有限公司为公司全资子公司，主要生产金枫、依好、石库门、和酒等品牌，“石库门”在上海的销量占到该品牌总销量的 80% 左右。

金枫酒业在上海和江苏核心市场拥有优良的渠道资源，为新产品推广和老产品维护奠定基础，依托光明食品集团和上海糖酒集团根植上海、辐射全国的优质网络。光明食品集团旗下拥有包括农工商、好德、伍缘、可的、光明、捷强、良友、第一食品商店、易购 365 和 96858 电子商务网络等连锁门店近 3300 家，业务网络覆盖全国，通过整合营销资源、完善主要原料的集中采购及产品物流配送渠道，不断巩固公司的行业领先地位。

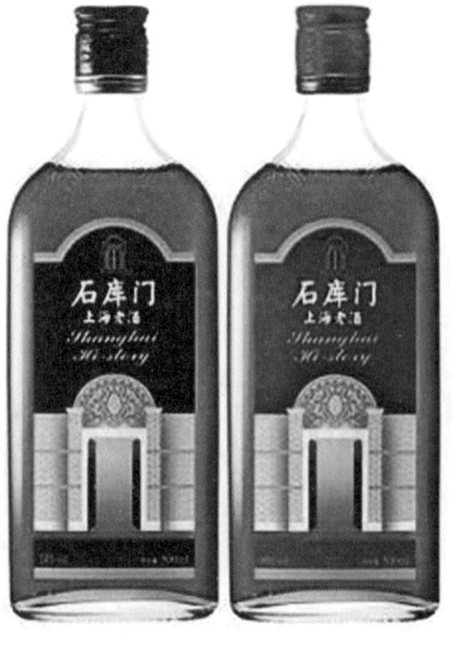

上海金枫酿酒有限公司“石库门”品牌黄酒

上海三枪集团有限公司

上海三枪集团有限公司（简称三枪集团），是以生产三枪内衣著称的针织九厂自我发展、优势扩张形成的品牌集团，20 世纪 90 年代开始，三枪集团抓住建立和发展社会主义市场经济体制的机遇，组织实施三枪品牌发展战略，立足主业，振兴针织，以优势产品竞争市场，以资产重组扩大规模，6 年成功兼并 7 家亏损企业，使三枪的资产运行规模扩大 10 倍，销售收入增长 12 倍，经济效益提高 100 倍。1998 年 6 月，纺织资产重组，三枪集团以 2.18 亿元优质资产整体进入龙头股份有限公司。三枪集团现有固定资产 3.5 亿元，注册资金 2.3 亿元，职工 5000 人，并有 16 个海内外中外合资的控股子公司和参投公司。三枪集团拥有自主经营进出口业务权，主要生产三枪牌高档内衣系列产品，形成以棉、麻、丝、毛、混纺、化纤等为主要原料的织造、染整、服装加工一条龙配套生产体系。从 1994 年以来在国内市场年销售量及市场占有率连续 5 年名列全国针织行业第一，产品远销世界 70 多个国家和地区。

20 世纪 90 年代初，世界名牌抢滩登陆，舶来品长驱直入，使相当一部分国有针织企业面临生存与发展的严重危机。1990 年，上海市政府决定组建上海针织内衣集团公司，旨在依托针织九厂的企业优势，实行一体化经营，扩大三枪内衣生产，形成规模效应。以“兼并出效益”为主旨，巩固兼并成效。中央和上海的党政领导对针织九厂兼并亏损企业、发展三枪品牌的做法给予充分肯定和高度评价。在连续兼并 7 家亏损企业以后，三枪集团在 1996 年 7 月适时提出了“发展中巩固，巩固中发展”的方针，进一步挖掘内部资源，进行积极的调整，提高三枪的整体素质和水平，努力使三枪内衣向“适应男女老少，满足春夏秋冬，风行东南西北”方向拓展。

中国驰名商标

三枪

经过多年努力，三枪集团已形成以市场为导向的新产品开发和技术创新机制，建立了市级的三枪技术中心。瞄准世界先进水平，开发领导潮流的三枪内衣，并且每年在众多的新产品中，推出一种引起社会轰动的新产品：柔暖棉毛衫裤系列、全棉凉爽麻纱内衣系列、薄型羊毛内衣系列、牛奶丝内衣系列、少儿内衣系列、三枪 T 恤系列、柔棉莱卡内衣系列等。1998 年，三枪同国际著名的美国道康宁公司、美国杜邦公司强强合作，引进国际最新科技成果，结合三枪精致的制衣工艺生产三枪保而爽、柔棉莱卡抗菌卫生功能性键美内衣系列，为三枪内衣进入高科技领域注入了新的活力。

据国内贸易部商业信息中心公布的资料，三枪国内市场占有率保持在 25% 左右，已连续 6 年高居全国同行业之首。与此同时，积极拓展海外市场，产品远销日本、中国香港、美国、东南亚等全球 70 多个国家和地区，年创汇超过 3300 万美元。1999 年，三枪被国家工商局商标局认定为驰名商标。在国内同业中属于首家。

上海回力鞋业

上海回力鞋业有限公司(简称回力鞋业)创建于1927年,距今已有90年的历史。“回力”商标最早注册于1935年,至今已有半个多世纪的历史。回力商标1997年8月由上海市工商局认定为上海著名商标。回力产品荣获国家质量银质奖、在西班牙荣获第二十一届国际质量奖以及部优、市优,连续五届获上海市产品称号以及出口产品免检证书等奖誉,所属生产厂家通过了ISO9002质量保证体系的认证。企业在积极扩大WB-1型篮球鞋、WK-79型网球鞋等支柱产品生产规模的同时,专业排球鞋、网球鞋、羽毛球鞋、足球鞋、乒乓球鞋、田径鞋、高档皮质运动鞋、时装鞋、休闲鞋、甲板鞋、男士鞋、女士鞋、芭蕾鞋、牛仔鞋、童鞋、学生鞋、工矿靴、黑轻便靴、彩色女靴、彩色童靴、健身鞋、特种功能鞋等系列新产品也不断推陈出新。最近,企业按照建立现代企业制度的要求,进行了资产重组,使老企业焕发出新的活力。回力人满怀信心只争朝夕,以不懈的努力使回力产品成为国货精品,使回力牌成为中国鞋类品牌,使上海回力鞋业有限公司成为中国著名的老字号企业。

回力鞋业立足“以人为本、崇尚运动、促进健康”的产品开发理念,以技术创新为核心,在积极开发普及型、大众化运动休闲鞋系列产品的同时,还着力研发具有较高技术含量的冷粘专业体育用鞋、户外健身运动鞋,努力为提高我国竞技体育及全民健身运动作贡献;还以品牌运作、技术管理的方式拓展了各种轻便注塑休闲鞋、雨鞋、凉鞋等系列产品。

回力鞋

近几年来,回力鞋业积极创新思路,在坚持回力体育品牌总定位的基础上,围绕“经典、时尚、专业”的品牌内涵主题,确立了“时尚运动、健康运动、专业运动”(分别针对青年、中老年和专业消费群体)的产品结构定位方向,不断开发出广受时尚青年和各类消费群体欢迎的中、高端回力产品。回力鞋业紧紧抓住2008年北京奥运会、2010年上海世博会等百年难得的历史机遇,大力弘扬民族品牌新的时尚风采;以转型求突破,以创新谋发展,在政府大力推进品牌战略的大背景下,回力鞋业的发展广受社会各界的关注和支持,回力品牌在市场上的影响力,达到了历史上最好水平。2010年公司销售额、利润总额同比分别增长50%、30%;2011年销售额、利润总额同比分别增长49%、66%,2012年销售额、利润总额同比分别增长70%、44%,连续三年取得历史性、突破性发展,实现“十二五”开门红。

上海大富贵酒楼

大富贵酒楼创建于清光绪七年(1881),由邵运家等安徽老乡合伙,在中华路肇州路(今之复兴东路)转角处的“丹凤楼茶园”开出“徽州丹凤楼”,成为当时在上海营生的徽商聚集场所,主营普通的徽菜和点心。后来随着上海商市的发展,酒楼逐步扩大经营各种特色

上海大富贵酒楼

徽菜,成为名副其实的百年老店。

随着上海逐渐发展,“徽州丹凤楼”也逐渐扩大业务,开始经营各色徽菜,现在已是沪上历史最悠久、名气最大的徽帮菜馆,而且在上海有几十家连锁店,遍布上海七大区。

当时的“徽州丹凤楼”是怎么到今天的“大富贵酒楼”呢?这是一段心酸的历史,在20世纪20—30年代,“徽州丹凤楼”发展很顺利,在抗日战争爆发之后,因为战火的影响,酒楼一度停业,1940年又迁至左邻的中华路1465号恢复营业,并改名“大富贵酒楼”。

此时,酒楼不仅经营徽帮菜,同时还很多融合了上海的地方文化,主要经营大众化的小吃,同时做出了很多新的尝试,为了寓意吉祥如意,荣华富贵,这就有了“大富贵酒楼”名称。

20世纪80年代改革开放以后,大富贵几经改建,旧貌换新颜。到了2000年,随着复兴路的动迁改造,大富贵迁至中华路1409号继续运营。这就是大富贵的总店。

现在的大富贵酒楼,馄饨和包子是很多人爱吃的早点,很多老顾客都是踩着点来到大富贵就餐,几十年如一吃着老字号的美味,只需10来元就能吃到价廉物美的传统老字号小吃。

大富贵酒楼分为点心部和饭店部。

点心部中有上海的特色小吃:小笼、生煎、小馄饨、锅贴、排骨年糕、炸猪排,还有多种口味的面食,如葱油拌面、雪菜面、辣酱面、红烧大排面、红烧小排面等。

饭店部主要经营各式特色徽菜,有一百多个品种,主要名菜有金银蹄鸡、绩溪臭鳜鱼、粉蒸肉、刀板香、干锅炖、文蒸山笋、徽州鳝糊等。其中有道名菜——金银蹄鸡,主要用金华火腿、猪蹄和母鸡烹制而成,因火腿为“金蹄”,猪蹄为“银蹄”,所以取名“金银蹄鸡”。这道菜以砂锅炖制,原汁原味,汤浓味鲜,是冬令季节的上佳食品。

2005年以来,在经营徽帮菜点的同时,大富贵创制了一批新的时尚菜点,这些菜品也都各个经典,如徽式“三鲜小馄饨”“面筋百叶”“鲜肉大包”“鲜肉粽子”等,荣获“上海名点”“名小吃”称号;2007年“焖蹄”“酱鸭”“清炒鳝糊”“蟹粉鱼翅”等,又荣获“上海名菜”称号。

现今大富贵烹制的菜肴,既保持了正宗徽菜的传统特色,又融合了各地方菜肴的长处,并根据上海消费者的需求不断改进、创新和发展,如改进重油重色、注意口味的适应性等,以形成新的风味。

上海功德林素食有限公司

上海功德林素食有限公司(简称功德林)创始于1922年,是一家具有80多年历史的著名老字号品牌企业,享有素食鼻祖之称。总部设在上海。其著名的菜肴有黄油素蟹粉、素鸡、素鸭、素火腿等两百余种。功德林旗舰店餐厅建筑面积达1000平方米;功德林食品有限公司拥有建筑面积8200平方米的绿色食品生产基地。功德林已成为国内外宾客最喜爱的素菜馆。欧美、日本及东南亚等国家的宾客在品尝素菜后都称赞其口味鲜美、形态逼真,是色、香、味俱佳的美味佳肴,勘称素食一绝、美食极品。

功德林旗舰店

功德林是在上海乃至全国都享有盛誉的特色餐饮企业，也是上海首批全国绿色餐饮企业之一。近百年来，功德林坚持提倡素食创新、食素健康，以服务全体消费者为宗旨，以至善、至诚、至信、至德的经营理念努力提高素食餐饮质量，全心全意服务消费者，为中华饮食文化的发展和国际餐饮交流做出了贡献，深受国内外宾客青睐。

功德林旗舰店有 3 层楼面、6 间包房、330 位餐座，延续了古色古香、清静幽雅、禅味浓郁的风格，深受品位阶层和文化、宗教、艺术人士的喜爱。时任佛教协会会长一诚法师专程到功德林，并当场重书“百年诚信功德无量”，道尽企业文化之真髓。

功德林菜肴注重选料，烹饪过程少油、少盐、少糖，尽可能保留原料营养，出品时则讲究菜肴的摆盘，让每一道菜在“适口”的同时，还成为极具视觉享受的艺术品。近年来，功德林还独创性地推出了国宴级素菜，整套宴席准备耗费 1 天时间，仅一道“富贵鱼”，其渔网经厨师加工制作后，拉开来有一个圆桌面转盘那么大，让人无法不惊叹大厨手艺之高超。

功德林美食从餐厅走向百姓人家，素鸡、素鸭、素火腿、五香烤麸、素菜包等新鲜即食产品不但丰富了大众的餐桌，还进入铁路、航空、展馆等领域，给了人们更多的方便、更多的舌尖选择。

公司荣誉：功德林素食制作技艺，非物质文化遗产（国务院）；中华老字号（商务部）；全国绿色餐饮企业（中国烹饪协会）；中华餐饮名店（中国烹饪协会）；功德林净素月饼“中国名饼”（中国食品工业协会）；功德林苏式净素月饼“国饼十佳”（中国食品工业协会）；素火腿“中华名小吃”（中国烹饪协会）；素鸭大王（上海市烹饪协会）。

上海泰康食品有限公司

上海市泰康食品有限公司，是沪上知名老牌国有、区属企业。旗下拥有数家“中华老字号”“上海老字号”品牌企业。公司主要经营炒货、糖、糕点、茶叶、南北货、名烟名酒等传统食品，其中万年青饼干、泰康鲜肉月饼等食品家喻户晓。

“泰康食品”品牌创建于清朝咸丰年间（1914 年），是家以南北百货起家，罐头及饼干发家的百年名店。1998 年泰康食品改制组建了现上海市泰康食品有限公司，属于国资控股的有限责任制公司。

泰康食品有限公司旗下拥有多个老字号品牌商标，如真老大房鲜肉月饼、稻香村鸭肫肝、元利潮式老婆饼、汪怡记茶叶、星火日夜服务商店等。这些品牌与商标相得益彰，积淀着丰厚的品牌文化内涵，百年来一直声名远扬，历久弥新。

上海泰康食品有限公司 1993 年被中华人

上海市泰康食品有限公司门店

民共和国国内贸易部首批命名为“中华老字号”,2006年上海市经济委员会组织的“老商标见证城市经济发展”的调查活动中,“泰康”仍位居全国消费者广泛公认的100只最具影响力的老牌子。

上海市泰康食品有限公司主要经营范围在黄浦区南京路步行街沿线,从业人员350余人,2017年销售额达3.3亿元,利润总额达2100万元。公司旗下拥有南京路泰康、真老大房鲜肉月饼、星火日夜(全国第一家24小时营业百货店)、稻香村鸭肫肝、汪怡记茶叶、元利潮式老婆饼、集成名烟名酒专卖等老字号著名企业。公司遵循传承品牌、诚信经营、融入时尚元素、打造地标品牌的发展理念,通过不断调整商场布局、改进商品结构、更新营销理念,扩大经营范围,在上海有较高的声誉和一定的影响力。今后公司将以科学发展观为指导,发挥企业自主创新能力,围绕品牌战略和既定的发展目标,努力实现公司经济的持续发展,使企业的核心竞争力和经济规模跃上一个新的高度。

近年来泰康食品通过尝试跨行业经营、开创自主品牌、严守食品安全、打造拳头产品、新辟加工基地、覆盖电子商务、创造连锁经营,不断为品牌注入新时代内涵,创新拓展老字号发展之路,为实现品牌战略目标、续写百年辉煌篇章而不懈努力。

六、知名企业

和通汽车投资有限公司

和通汽车投资有限公司于 2010 年 7 月成立，由中国台湾和泰汽车集团 100% 投资，注册资本为 12804.5 万美元，设立于中国上海，为集团地区总部。和通汽车旗下拥有四大汽车品牌（雷克萨斯、一汽丰田、广汽丰田与丰田叉车），共 18 家汽车 4S 店，分布于上海、重庆、唐山、南昌、临沂、枣庄、北京、天津、晋中与泰州等城市。

中国台湾和泰集团在台湾地区以代理销售日本丰田小轿车及日野大型客货车起家，自 2002 年起，连续多年蝉联台湾地区车市第一名，顾客满意度也一直名列前茅。

中国台湾和泰集团进入中国大陆后，在上海的布局是以高标准软硬件的作业与高素质人才的结合，从事整车销售与维修服务，并设立上海和凌（雷克萨斯）店，坐落普陀区祁连山南路 456 号；上海和裕（一汽丰田）店，坐落闵行区沪青平公路 999 号；上海和展（广汽丰田）店，坐落闵行区莲花南路 2058 号；上海杨浦和凌（雷克萨斯）店，坐落杨浦区市光路 401 号；上海和乾（丰田叉车）坐落松江区新桥镇曹农路 515 号。

昌硕科技（上海）有限公司

昌硕科技（上海）有限公司本着培育、珍惜、关怀员工，让同仁尽情地发挥最高潜力的人才理念，坚守诚信、勤俭、崇本、务实的正道，无止境地追求世界第一的品质、速度、服务、创新、成本，跻身世界级的高科技领导群。

昌硕科技（上海）有限公司以研究设计引导制造生产，拥有坚强的研究设计团队，投入新产品的发展。公司投资 2 亿元建设的研发大楼已于 2009 年 1 月启用，最多可容纳 2000 名科研人员办公，成为和联科技集团的“全球制造与研发网络”中心之一。

公司为客户提供从最初期的设计概念、产品发展、投入量产，到新产品上市后的售后服务等流程，在各个环节与客户间紧密结合，透过信息系统使客户能完整而有效地掌握产品的生产进度，同时兼顾有效的成本控制及优异的质量水平，进而取得产品优势，凭借着快速的供应物流体系，让客户能在最短时间内取得产品，使客户能全心全力致力于产品的推广及营销活动，以获取最大利益。

昌硕科技（上海）有限公司成立于 2004 年 9 月。注册资本 3.08 亿美元，投资总额

6.19 亿美元。占地 34 万平方米。主要从事笔记本电脑、平板电脑、手机等电子信息产品的生产。目前为和联集团华东区域生产的重要基地。随着业务的不断扩大，产值逐年上升，在全国 200 强出口企业中名列前茅。2012—2014 年期间产值排名连续三年在全国排名第四，在浦东新区已稳居第一。2014 年全年产值达 869 亿元，出口额达到 138 亿美元。

2009 年度获上海市外商投资双优企业称号；2010 年度列上海制造业 50 强第七位。2009—2010 年连续两年列上海市进出口额百强前 20 位。2012 年列上海市进出口总额排行榜第二位，全市进出口增量第一位；2013—2014 年，均进入上海市外商投资先进企业行列，列吸收就业人数和进出口总额百强前 10 位。

安利捷(中国)投资有限公司

安利捷集团(Abdul Latif Jameel Group)是一家总部在沙特阿拉伯的跨国企业，是日本丰田汽车和雷克萨斯汽车在沙特、阿尔及利亚、摩洛哥和土耳其等多个国家的总代理商，以及埃及、英、德、日本、中国等国家的经销商。集团经营网络遍布全球，年均销售丰田汽车 40 多万辆。如今，安利捷集团是一家专注于汽车业务、金融服务、媒体业务以及售后服务的综合集团企业。

集团的主要成就：全球最大丰田代理商；与丰田汽车公司超过 55 年的稳定合作关系；中东最大的汽车融资租赁公司；安利捷被盖洛普公司评为“从世界上最有归属感和最卓有成效的组织之一”。

安利捷(中国)投资有限公司是安利捷集团的中国总部，目标是在全国范围内建立丰田和雷克萨斯汽车销售服务网络，目前已在成都、青岛、武汉、银川及乐山等多个城市设立 9 家全资子公司，拥有近 800 名员工。截至 2017 年底，公司在中国的累计新车销量已突破 9 万台，但这个数字并不能完全概括安利捷在中国市场的 20 年峥嵘。

安利捷集团在沙特阿拉伯地区(包括中东、北非、土耳其和欧洲地区)60 余年的经营发展，安利捷将“顾客为先”的承诺，和丰田公司数十载精心培育的改善活动相结合，力求最完美的客户体验。安利捷中国曾获得丰田金牌店及银牌店奖项，均为丰田公司基于总体表现颁发给一汽丰田经销店的最高荣誉。

安利捷集团总裁穆罕默德·阿卜杜尔·拉提夫·贾米尔说：“我们很荣幸可以成为在中国境内知名的丰田和雷克萨斯的经销商。我们的承诺是创造价值，积累产业经验，深深扎根于当地的长足发展已经让我们成为值得信赖的汽车合作伙伴。从全球来看，我们是丰田最优秀的独立经销商之一，60 余年来已经成为深得丰田信赖的战略合作伙伴。我们关注消费者，将客户优先的理念与不断地改善活动相结合，这已经成为我们与丰田公司坚固而长久的合作的基础，并且将刻骨铭心，如影随形。我们热衷于在我们的祖国——沙特阿拉伯,分享这样的经验,也愿意看到在未来能够用这样的理念服务于中国的客户。”

宝理工程塑料贸易(上海)有限公司

宝理塑料株式会社是由日本大赛璐化学工业株式会社和美国Ticona公司于1964年创立的日美合资公司,总部设在日本东京。其核心业务为生产和销售以“夺钢”为代表的高品质工程塑料。

宝理塑料于1993年进入中国。迄今为止,在中国的上海、香港、广州、重庆建立了海外分公司。此外,宝理塑料与Ticona公司、三菱瓦斯联手,以满足中国市场对工程塑料的不断上升的需求。

上海新凤翔废旧物资处理有限公司

上海新凤翔废旧物资处理有限公司位于上海市崇明县长兴岛凤西路1158号,交通便利。

上海新凤翔废旧物资处理有限公司主要经营:生产性废旧金属收购(以上涉及行政许可的凭许可证经营)。公司自成立至今,不断吸取和借鉴国内外先进的经营和管理理念,努力实现公司业务、管理等方面自我超越。

过去的一年,是精彩的一年,也是收获的一年。上海新凤翔废旧物资处理有限公司向曾经支持和关心的广大客户表示最诚挚的谢意。公司将一如既往地向客户提供优质的服务。

三菱电机(上海)机电电梯有限公司

三菱电机(上海)机电电梯有限公司(简称MESE),位于上海市闵行区,成立于2002年8月19日,注册资本5300万美元,资本构成:三菱电机株式会社40%,上海机电股份有限公司40%,三菱电机大楼技术服务株式会社20%。占地面积187800平方米,建筑面积78891平方米。公司位于上海市闵行区中春路1211号。

MESE是中日合资日方控股的企业。成立初期主要生产世界最先进永磁同步无齿轮曳引机,2007年开始生产日本三菱商标的MAX-IEZ系列电梯。公司充分利用三菱电机在高端电梯方面的技术优势和品牌优势,做大做强三菱电梯的市场占有率,同时公司与上海三菱电梯有限公司强强联手,依托SMEC及其全国各地71家分公司的销售维保网络,让中国的广大客户使用到世界级先进技术产品、感受到三菱的优秀品质、享受到更人性化的服务。

浙江民泰商业银行上海分行

浙江民泰商业银行上海分行成立于2010年12月30日,坐落于上海市闵行区吴中路桂林路口。目前,上海分行网点服务已覆盖上海市闵行、嘉定、杨浦、浦东、奉贤、闸北、松江、青浦、普陀、金山、宝山(筹)等行政区域,并已形成一支370余人的年轻化、专业化、特色化的小微金融服务队伍。自开业以来,民泰银行上海分行始终秉持着“用温暖的金融助推中国的小微企业繁荣”的企业使命,充分利用上海国际金融中心建设的有利机遇，切实按照“金融服务实体经济”的要求，不断探索和总结有效开展小微企业金融服务的精细化模式和商业可持续模式，致力于打造成为长三角地区小微企业金融服务的领军银行。

上海电气风电集团股份有限公司

上海电气风电集团股份有限公司（简称上海电气风电集团）成立于2006年，经营业务涉及风电机组智能设计制造、风场智能运维、风资源评估、数字化风场投资开发、风电场资产智能管理、智慧能源等。目前风机产品实现2MW-8MW+风电机组全覆盖。

上海电气风电集团依托上海、北京、丹麦等六大研发中心构建起全球技术研发体系，技术引进吸收与自主研发相结合，引领着中国风电行业创新发展；依托福建莆田、广东汕头、山东海阳、内蒙古锡盟、甘肃金昌等12个制造生产基地和11大区域服务中心，为客户打造极致的交付体验与服务保障；基于物联网、云计算、人工智能、大数据等先进理念打造的Iwind数据中心可以为风资源评估、风电场智能诊断运维、风场资产智能管理等提供强有力的平台支撑，借力数字化、智能化为客户实现降本增益。

上海电气风电集团以“致力于创造有未来的能源”为使命，以“至臻至诚　行远不殆”为企业核心价值观，努力实现“全球领先的风电全生命周期服务商”的宏伟愿景。

玉川卫生用品（上海）有限公司

玉川卫生用品（上海）有限公司，是由日本玉川卫材柱式会社于2004年7月15日投资建立的外商独资企业，公司坐落于上海市金山工业区林慧路666号，主要生产经营一次性医用外科口罩等系列产品。

公司在15年持续、稳定的发展过程中，始终保持着良好的经营状态，为金山工业区的经济建设和社会发展做出了一定的贡献。玉川公司尊崇“踏实、创新、责任”的企业精神，以“诚信、共赢、发展”为经营理念，专注科技创新和追求品质卓越，重视品牌建设和企业形象的塑造，在行业中具有良好的声誉和地位，在社会上有较大的影响力。

公司以“全新的管理模式，完善的技术工艺，卓越的品质和周到的服务”为宗旨，积极履行企业社会责任，注重企业发展与社会环境和谐共处。在关注社会公益、公共健康、回报社会、积极创新企业公益模式等方面表现突出，带动了社会的正能量。

公司在今后长期的发展过程中，将继续坚守“依法办事、守法经营、照章纳税”的方针，积极建立和弘扬“员工热爱、股东满意、客户首选、社会信赖”的企业文化和精神，不断创造出更好的社会效益及经济效益。

上海长泰商业经营管理有限公司

长泰广场位于张江高科技园区核心地段，地铁2号线金科路地铁站上盖，总建筑面积32万平方米。长泰广场是张江高科技园区的核心商业项目，也是浦东超大型的国际性商业综合体。周边囊括张江、金桥碧云、联洋国际社区、东郊别墅区、花木大型居住社区，具有超强的消费能力，也给张江高科技园区与迪士尼乐园带来人气。

长泰广场是上海首座引入散步道概念探索性生态广场。广场分为主力店区（传统百货、专业卖场),零售专卖店区(服饰旗舰店),办公楼区,超市区(生活类卖场),娱乐休闲区,电影院区,餐饮、酒吧区(美食广场)。其中长泰广场写字楼是张江地区首座10万平方米的5A写字楼,是浦东核心地区的办公地标。

无印良品(上海)商业有限公司

1980年无印良品诞生于日本,主推服装、生活杂货、食品等各类优质商品,作为日本最大的生活形态提案店。无印良品在坚持原材料的选择、工序的改善、包装的简化这三个视点的基础上,不断生产以实质为本位的商品,并且发展成为拥有约7000种商品的品牌。

无印良品(上海)商业有限公司作为株式社会良品计划的全资子公司,自2005年登陆中国市场,始终向消费者传达着优质生活的理念,始终带着遇见未来地球规模消费的视点,探索最合适的素材、制法和态度,保持着诞生之初的核心理念,如指北针继续指向生活的"基本"和"普遍"。

截至2018年末,无印良品的足迹已遍布全国多座大中城市,开设门店256家,在上海、北京、南京、苏州、杭州、宁波、青岛、天津、沈阳、大连、成都、深圳、厦门、重庆等多座大中城市开设品牌专卖店,商品种类也遍及服装、生活杂货、食品、书籍乃至家居领域,成为良品计划在海外最具活力的子公司。

近年来,为有助于地区民众的生活,无印良品以各店铺为中心开展与生产者的交流,或是与当地居民共同举办活动等,努力推动店铺的"本土化"。同时,无印良品推出了智能手机应用软件"MUJI passport",以此作为无印良品与消费者之间的纽带,由各家店铺向消费者提供各种信息,努力加强与消费者的沟通。

虹桥南丰城

虹桥南丰城隶属于中国香港南丰集团,坐落于长宁区以遵义路为主轴的新虹桥国际商圈。项目总建筑面积达27.7万平方米。是一个集大型购物中心、商务办公楼于一体的国际化城市综合体。虹桥南丰城购物中心部分建筑面积约11万平方米,写字楼建筑面积超11万平方米,同时配备1000余个停车位。

虹桥南丰城购物中心的品牌涵盖了国际快时尚、美食餐吧、精品超市、电影院、儿童乐园、美容健身和水疗等在内的200余家国内外知名品牌,同时开放商场顶层的丰尚小农庄。自2015年开业以来,虹桥南丰城已成为深受白领和家庭喜爱的体验式购物中心及浦西亲子地标项目。

飞翱集团

飞翱集团1979年成立于中国香港。该集团专为世界500强及国内外知名企业提供专业客服、大数据等外包服务和电子商务解决方案。总部位于上海,集团员工超过4000人。

飞翱集团旗下拥有多个运营中心,包括上海(上海华泛信息服务有限公司)、昆山(昆山华泛信息服务有限公司)、中国香港(飞翱香港有限公司)以及中国台北(飞翱网讯股份有限公司),同时为客户提供多语种服务,如普通话、粤语、闽南语、上海话、英语、日语及韩语。历年处理2亿多通电话,8千万多条微信或在线即时聊天业务。

在产品及服务方面，集团作为亚太地区领先的呼叫中心及电子商务专家，不断地关注和评估先进技术和商业应用方法的新趋势，从而配合客户的需要，提供多语种服务和整套量身设计的服务。

在呼叫中心顾问服务方面，集团针对客户所需功能而设计的呼叫中心解决方案、项目可行性研究、呼叫中心管理、呼叫中心作业流程重组，以及有关硬体或CM软件整合的服务。

在员工培训服务，集团在训练员工和运营呼叫中心方面，积累了丰富的经验和专门的技术，能有效地训练员工的待客技巧和现场管理技巧，成为服务顾客的优秀员工。

集团两家子公司被认定为国家级“高新技术企业”，拥有55个软件著作权。集团通过ISO 27001数据安全认证及ISO 9001流程控制认证，并实施精益六西格玛方法及5S管理。

三井化学(中国)管理有限公司

三井化学(中国)管理有限公司(简称MCCN)成立于1998年12月15日，是日本三井化学株式会社(简称MCI)100%在华投资的公司，也是上海市商务委员会认定的地区总部公司。注册资本960万美元，员工总数为90人，2019年实现营业总收入34.4亿元。三井化学集团在中国的23家企业的2019年销售额合计达到87.2亿元。

MCI以“移动产品”“医疗保健”“食品&包装”三大领域为增长对象，致力于在相关市场扩大销售高附加值产品。目前MCI在中国拥有24处机构，以肩负统括职能和销售职能的MCCN为首，在华开展苯酚类基础原材料、无纺布、齿科材料、锂电池电解液等范围广泛的产品的生产和销售。

中国汽车市场正在稳步增长，移动产品领域方面，热塑性弹性体“Milastomer”和黏合性聚烯烃“Admer”的销售情况坚挺，已有的生产线的运行率也大幅提升。

在医疗保健领域，受人们收入水平和健康意识提高的影响，眼镜镜片的原料聚合物上，公司将投放市场防紫外线(UV)、偏光、调光等高性能产品。卫生材料市场也在持续扩大，无纺布将加速转向地产地销。

食品&包装方面，面向在不断进行设备投资的液晶、半导体制造的市场，公司对超净防护带“ICROS”和显示器用密封材料“STRUCTBOND”的性能进行推广、扩大销售。

除此之外，基础原材料方面，对茂金属聚合物“Evolue”的销售支援也是重要任务。公司也将构建苯酚丙酮的满负荷生产、销售的业务体制。

随着市场扩大，销售量也稳步增长，但存在供需松弛、收益态势严峻的现实。MCI今后将强化管理职能，大力培育本土员工，扎根中国，为中国经济的发展添砖加瓦。

第五编

自贸试验区、开发区

一、中国（上海）自由贸易试验区

二、开发区、工业区

一、自贸试验区

中国(上海)自由贸易试验区保税区域

一、概况

建设中国(上海)自由贸易试验区(简称自贸试验区)是党中央、国务院在新形势下全面深化改革和扩大开放的一项战略举措,也是上海当好新时代全国改革开放排头兵、创新发展先行者的重点抓手。在市委市政府的正确领导下,在国家有关部委以及市、新区各有关部门、驻区各职能部门和各大开发公司的大力

中国(上海)自由贸易试验区

支持下，自贸试验区自2013年9月29日正式挂牌运作以来，积极落实国家战略，以“大胆闯、大胆试、自主改”“探索不停步、深耕试验区”精神推进深化改革，围绕“三区一堡”建设和“三个联动”，加快构建开放型经济新体制，在新一轮改革开放中发挥着引领示范作用。2015年4月，中国（上海）自由贸易试验区正式从28.78平方公里扩展到120.72平方公里，中国（上海）自由贸易试验区保税区域（简称保税区域）发展进入新征程。

2019年，面对国内外风险挑战明显上升的复杂局面，保税区域坚持稳中求进工作总基调，坚持新发展理念，把制度创新作为核心任务，把防控风险作为重要底线，着力打造更加开放高效便捷的营商环境，扎实推进产业转型升级和新动能培育，区域高质量发展成效不断显现，经济运行呈现“稳中有进、结构优化、进中提质、贡献扩大”的良好发展态势。据统计，2019年保税区域投资企业完成经营总收入23168.40亿元，比上年增长5.5%，净增1209.05亿元。其中以国际贸易、航运物流、金融服务、专业服务等为主体的第三产业完成经营收入22484.07亿元，增长6.1%，占97.0%，所占比重比上年提高0.5个百分点；以高端制造业为主体的第二产业完成经营收入684.33亿元，占3.0%。这些投资企业完成进出口总额10627.25亿元，增长8.3%；实现利润总额993.36亿元，增长0.2%；税务部门税收797.31亿元，增长0.5%；投资企业年末从业人员33.26万人，增长1.1%。

二、开发建设

保税区域所含外高桥保税区、外高桥保税物流园区、洋山保税港区、浦东机场综合保税区等园区均已完成大规模的土地开发和园区建设，固定资产投资已度过了高峰时期。2019年保税区域不断完善投资协调促进机制，努力优化项目投资服务，扎实推动重点项目和新兴项目建设，促使固定资产投资额平稳增长。全年保税区域完成固定资产投资额45.51亿元，比上年增长4.6%。

截至2019年底，保税区域已累计完成固定资产投资额1008亿元（包括洋山深水港建设1～3期），其中外高桥663亿元，洋山261亿元，机场84亿元，持续不断的建设投入为区域经济持续发展提供了坚实保障。

（一）外高桥投资规模最大、洋山建设增速最快

分区域情况来看，外高桥保税区着力推进基建投资和新兴项目建设，2019年完成固定资产投资额30.01亿元，比上年增长10.9%，占保税区域65.9%；洋山保税港区加快洋山贸易便利化营运基地建设，完成投资额8.52亿元，比上年增长62.9%；机场综保区在国际品牌现代仓储基地项目建设（日上）支撑下，完成投资额6.98亿元。

（二）施工、竣工房屋建筑面积均有减少

2019年在保税区域开展投资建设的企业单位有28家。施工项目38个，其中新开工项目7个、竣工项目17个。

全年施工房屋建筑面积141.02万平方米，比上年下降26.7%，其中新开工面积3.69万平方米。施工面积超过1万平方米的项目有15个，占施工项目39.5%。

三、国际贸易

保税区域作为上海国际贸易中心建设的重要载体，国际贸易是保税区域经济发展的核心功能，也是制度创新、功能拓展的重要平台。在世界经济增长持续放缓，不稳定不确定因素增多，外部经济环境发生较大变化的背景下，保税区域积极落实促进外贸各项政策举措，努力发挥贸易便利化改革成效，不断优化进出口贸易结构，确保了进出口实现了量的增长和质的提升。据统计，2019年保税区域投资企业合计完成进出口总额10627.25亿元，比上年增长8.3%，占全市比重从上年的28.9%提升到31.2%。其中进口额7711.86亿元，增长

8.6%,占全市37.9%;出口额2915.39亿元,增长7.4%,占全市21.2%。进出口逆差额保持较大规模,2019年保税区域所形成的进出口贸易逆差达到4796.47亿元,是上海市进出口贸易保持逆差的主要方面。

2019年保税区域外贸进出口结构进一步优化调整。在贸易便利化水平提升以及亚太分拨中心供应链优势凸显下,保税物流货物进出口取得较快增长,完成7020.29亿元,增长12.2%,占保税区域进出口额66.1%,比上年提升2.4个百分点。一般贸易进出口额完成2902.43亿元,增长5.2%,占27.3%。加工贸易进出口额完成609.48亿元,下降16.3%,占5.7%。外资企业进口设备物品和保税仓库进出境货物合计进出口额71.34亿元,增长36.9%,占0.7%。此外,2019年保税区域物流货物进出口额占全市保税物流业务95.8%,占全国保税物流业务30.2%。

2019年保税区域的投资企业与223个国家和地区发生了进出口业务往来,比上年增加6个,在与传统贸易伙伴巩固经贸关系的同时,也进一步加强了与新兴市场国家的经贸往来。特别是与"一带一路"沿线国家的进出口额达到2038.89亿元,增长10.6%,占保税区域进出口额20.8%,所占比重比上年提高2个百分点。

从洲际区域来看,亚洲、欧洲和北美洲占据主体地位。与亚洲国家和地区完成进出口额5670.98亿元,增长15.3%,占保税区域进出口额53.4%,所占比重提高3.3个百分点;与欧洲完成进出口额2586.53亿元,增长5.8%,占24.3%;与北美洲完成1187.62亿元,下降9.4%,占11.2%。与拉丁美洲、大洋洲、非洲国家和地区合计完成进出口额1180.0亿元,增长3.5%,占11.1%。

从国家和地区来看,与29个国家和地区进出口额均超过50亿元,合计进出口额9581.67亿元,增长8.6%,占保税区域进出口额90.2%。共有14个国家和地区进出口额超过200亿元,合计进出口额占74.2%,其中与日本和美国进出口额超过1000亿元,分别完成1202.43亿元和1086.49亿元,分别增长7.9%和下降11.7%,与中国台湾、中国香港、德国和韩国进出口额均超过500亿元。此外,与澳大利亚、法国和越南的进出口额较快增长,分别完成442.44亿元、326.79亿元和325.27亿元,分别增长26.0%、31.2%和69.6%。对"一带一路"国家进出口额2038.89亿元,增长10.6%,其中对越南、印尼、伊朗进出口额分别为325.27亿元、100.68亿元和51.03亿元,增长69.6%、15.2%和1.4倍。

根据海关商品的HS分类标准,在保税区域的进出口商品结构中,机电产品和高新技术产品涉及企业较多,价值总额较高,占据保税区域进出口额主要比重。2019年保税区域机电产品进出口额完成6309.02亿元,比上年增长8.0%,占保税区域进出口额59.4%;高新技术产品进出口额5468.87亿元,增长15.8%,占51.5%。

四、产业发展

(一)贸易业

贸易业是保税区域经济发展的支柱产业,对经济总量和税收产出的贡献突出。2019年保税区域贸易企业克服中美经贸摩擦和国内经济下行压力的不利影响,依托自由贸易试验区改革创新和各级政府出台的稳商惠商政策的叠加优势,不断强化贸易功能、优化商业模式、拓宽销售渠道,促进贸易业商品销售额稳步增长。全年保税区域完成商品销售额20058.12亿元,比上年增长5.6%。其中,外高桥保税区集聚众多优质企业和优势行业稳健发展,完成商品销售额17519.16亿元,比上年增长4.1%,占87.3%;洋山保税港区大宗商品企业较快发展,完成商品销售额2461.23亿元,增长14.1%,占12.3%;机场综保区虽然贸易企业数量不多,但贸易业务迅猛扩大,经营规模成倍增长,完成商品销售额77.73亿元，增长6.0倍。

重点贸易企业依托自贸试验区贸易便利化的先发优势，积极优化资源配置、拓宽销售市场、创新营销模式，促进商品销售额持续增长，是推动保税区域贸易业稳步发展的主力军。据统计，2019年保税区域销售额超过100亿元的贸易企业有35家，比上年增加4家，合计销售额9664.66亿元，比上年增长8.4%，占保税区域商品销售总额48.2%，所占比重比上年提高7.6个百分点。

保税区域贸易业涉及9个行业大类、48个行业小类，其中前四大贸易行业的销售额占92.5%。在重点行业大类中：机械设备、五金交电及电子产品行业9305.23亿元，比上年下降3.8%，占保税区域46.4%；矿产品、建材及化工产品行业6244.74亿元，增长8.6%，占31.1%；医药及医疗器材行业1873.75亿元，增长19.1%，占9.3%；纺织、服装及日用品行业1125.35亿元，增长21.0%，占5.6%。此外，食品饮料行业、文化体育用品器材行业以及农畜产品行业销售规模均超过200亿元。

（二）航运物流产业

保税区域是上海建设国际航运中心的重要载体，不仅具有国际贸易、保税物流、保税加工的功能优势，而且坐拥临近海港、空港的区位优势，口岸物流服务功能优势突出。2019年保税区域继续深化推进国际航运综合试验区建设，充分发挥国际航运枢纽和功能创新的叠加优势，大力加速国际采购与分拨配送等功能发展，物流运作效率进一步提高，航运服务专业化水平持续提升，促进航运物流产业稳步发展。据统计，2019年保税区域完成航运物流服务收入1741.58亿元，比上年增长7.0%。

1. 港口运输业

2019年保税区域港口运输业完成收入1093.63亿元，比上年增长9.0%，占保税区域航运物流服务收入62.8%。其中，洋山26家从事水上运输业务的船运企业完成收入924.00亿元，增长6.8%；88家港口内陆运输企业完成收入169.62亿元，增长22.7%。

2. 航运服务业

2019年保税区域航运服务产业完成收入638.62亿元，比上年增长3.8%，占保税区域航运物流服务收入36.7%。其中，包括码头公司、仓储企业在内的港口经营与管理业完成收入280.83亿元。以专业货物运输、代理等业务为主的航运专业服务业完成收入295.85亿元，增长3.8%。以航运设备租赁为主的航运金融服务业完成收入53.69亿元，增长49.4%。包括培训、航运机械设备检测服务等业务在内的航运教育与科技业完成收入8.24亿元。

3. 航运基础业

2019年保税区域航运基础产业完成收入9.34亿元，比上年增长6.4%，由8家航运设备制造与维修企业所完成。

（三）加工制造业

保税区域加工制造企业积极化解工业品需求减少、生产综合成本上升、中美经贸摩擦升级等影响，加快产品换代升级和生产技术改造，确保工业产值保持稳定规模。2019年保税区域113家规模以上工业企业完成工业产值（在地口径）458.70亿元，比上年下降3.3%。

在国家鼓励优先发展的十大高技术产业化重点领域中，保税区域涉及信息技术和高端设备制造等产业。2019年保税区域高技术产业完成工业产值222.08亿元，占工业总产值48.4%，是推动加工制造业高质量发展的主力军。

2019年保税区域工业涉及20个行业大类。增长行业有8个，其中运输设备制造业、设备修理业、热力供应业、家具制造业、专用设备制造业、仪器仪表制造业等行业分别增长34.4%、18.3%、11.8%、7.9%、4.9%和4.6%。

五、功能培育

（一）总部经济

截至2019年底，保税区域培育涵盖跨国

公司地区总部、营运总部、大企业总部、区域性总部、贸易型总部等类型在内的总部企业达到270家。这些总部经济企业依托政策和服务综合优势，积极整合订单销售、贸易结算、供应链集成、人力资源、资金统筹等经营管理职能，充分利用自贸试验区改革创新试点措施，不断拓展业务统筹范围的广度和深度，迅速提升自身在跨国公司集团内部的地位和作用，发展成为集团在中国区乃至亚太地区的区域性管理平台，促进了保税区域产业链条延伸和产业生态优化，也为区域经济发展带来了可观的经济贡献效应、产业聚集效应和产业关联效应。据统计，2019年保税区域总部经济企业完成经营收入12021.62亿元，占保税区域企业经营总收入51.9%；完成税务部门税收340.13亿元，占保税区域税务部门税收42.7%；完成进出口额3026.19亿元，增长4.0%，占保税区域进出口额28.5%。

（二）平台经济

平台经济是保税区域政策创新、功能推进和产业培育的重要抓手。经过多年的培育和探索，保税区域打造的以贸易专业服务平台和国别（地区）商品中心为核心的平台经济服务体系日趋完善。其中贸易专业服务平台依托进出口代理、物流供应链、保税展示、高端咨询等服务功能，在提升进出口贸易便利化、提高稳商安商服务水平、拓展贸易功能创新、推动产业转型升级等方面发挥了重要作用，已经形成汽车、钟表、医疗器械、医药、酒类、机床、化妆品、文化服务等重点专业平台。国别（地区）商品中心以保税区域保税展示、完税交易为主要依托，通过对接各使领馆及国际（地区）商会等方面资源，对外积极宣传自贸试验区各项便利政策，对内则通过搭建各个国家（地区）的商品贸易展示平台，对中国与各国（地区）在经济、文化、教育项目及产品等领域的交流合作发挥着重要的推动作用，已有澳大利亚、中东欧16国、智利、中国台湾（地区）、捷克、希腊、东帝汶、南太平洋岛国等国别（地区）中心项目落户，开馆运营的国别（地区）中心为10家，且均已通过线上线下运营。

六、发展效益

企业从业人员平稳增长。保税区域加强人才政策创新，不断完善人才公共服务体系，提升人才服务能级和水平，帮助企业引入大批高学历、专业型人才前来就业，为经济发展奠定了坚实的人力资源基础。据统计，2019年末保税区域投资企业从业人员33.26万人，比上年增长1.1%。从业人员中，中方人员32.42万人，增长1.4%，占保税区域从业人员97.5%；外籍人员0.84万人，下降9.7%，占2.5%。

投资企业利润总额保持在高位水平。2019年保税区域投资企业克服外部市场变化影响，依托改革创新红利和减税降费举措，积极优化商品结构、扩大销售规模、提升盈利能力，企业利润总额保持在历史高位水平，合计完成利润总额993.36亿元，比上年增长0.2%。

税务部门税收取得增长。虽然受到全球宏观经济下行压力加大和国内税改政策减税降费因素增多的影响，但保税区域坚持新发展理念，扎实推进产业转型升级和新动能培育，推动区域经济高质量发展，税务部门税收仍然保持稳定。据统计，2019年保税区域完成税务部门税收797.31亿元，比上年增长0.5%，占浦东新区税收21.2%，占上海市税收5.8%。

外高桥保税区

一、概述

2019 年外高桥保税区认真贯彻落实自贸试验区改革创新举措，着力营造国际化、法治化、便利化的营商环境，不断完善企业服务工作体系和招商稳商机制，积极推动总部经济和新兴服务业规模化发展，加快推进产业转型升级和新旧动能转换，区域经济运行保持稳步增长，对保税区域经济健康发展发挥着“稳定器”作用。据统计，2019 年外高桥保税区投资企业完成经营总收入 19011.40 亿元，比上年增长 4.0%；实现利润总额 768.05 亿元，增长 2.0%；缴纳各类税收 1289.83 亿元，投资企业年末从业人员 27.85 万人。

二、开发建设

外高桥保税区经过近 30 年的开发建设，前期的土地开发已经基本结束，园区建设较为成熟，市政配套设施建设基本完善，产业布局相对合理。2019 年，外高桥保税区继续完善综合投资环境，积极推进产业用地转型和“腾笼换鸟”盘活资源，着力推进重点工程项目和“三新”项目建设，促进固定资产投资额较快增长。全年外高桥保税区完成固定资产投资额 30.01 亿元，比上年增长 10.9%。

截至 2019 年底，外高桥保税区已累计完成固定资产投资额 663 亿元，持续不断地建设投入为外高桥保税区经济的健康发展奠定了良好的基础。

三、国际贸易

国际贸易是外高桥保税区经济发展的核心功能，也是外高桥保税区政策优势和产业融合联动发展的突出表现。一年来，在全球经济发展持续放缓的背景下，外高桥保税区加快推进区域转型升级，积极发挥总部企业集聚和贸易便利化改革成效，巩固强化了外高桥对外窗口和对内辐射的作用，进出口额增长良好。据统计，2019 年外高桥保税区投资企业完成进出口总额 9043.80 亿元，比上年增长 7.3%。其中进口额 6766.21 亿元，增长 8.1%；出口额 2277.58 亿元，增长 4.8%。

随着贸易便利化改革和功能拓展的深化，外高桥进一步发挥贸易功能和物流功能的优势，加快业务模式创新，促进了进出口贸易方式的结构优化。外高桥保税区物流货物进出口额保持主体地位，完成 5719.89 亿元，比上年增长 12.5%，占外高桥保税区进出口额 63.2%，所占比重比上年提升 1.9 个百分点；一般贸易进出口额平稳增长，完成 2676.51 亿元，增长 4.2%，占 29.6%；加工贸易进出口额完成 594.59 亿元，下降 17.4%，占 6.6%。

据统计，2019 年外高桥保税区与 221 个国家和地区发生了进出口业务往来，比上年增加 6 个国家和地区。

从洲际区域来看，亚洲、欧洲和北美洲占据主体地位。与亚洲国家和地区进出口额完成 5057.14 亿元，比上年增长 14.8%，占外高桥保税区进出口额 55.9%；与欧洲进出口额完成 2146.64 亿元，增长 2.7%，占 23.7%；与北美洲进出口额完成 964.21 亿元，下降 13.8%，占 10.7%。与拉丁美洲、大洋洲、非洲国家和地区合计完成进出口额 873.70 亿元，增长 7.3%，占 9.7%。

从国家和地区来看，全年与外高桥保税区进出口业务往来超过 100 亿元的国家和地区达到19个，这些国家和地区合计完成进出口额7595.78亿元，比上年增长7.7%，占外高桥保税区进出口总额84.0%。共有9个国家和地区进出口额超过300亿元，比上年净增1个国家和地区，居前5位的分别是日本1114.40亿元、中国台湾946.92亿元、美国870.56亿元、德国657.72亿元和韩国589.04亿元。此外，外高桥保税区与澳大利亚、越南、新加坡、法国、瑞士和墨西哥等国家和地区进出口额均超过100亿元，而且增幅均超过10%。与"一带一路"沿线国家和地区进出口额1696.31元，增长10.9%，占18.8%。

四、产业发展

（一）贸易业

贸易业是外高桥保税区经济的核心产业，是外高桥保税区经济总量和税收贡献的主要来源。2019年外高桥保税区贸易企业紧抓国内市场消费需求升级带来的商机，依托贸易便利化和功能拓展创新优势，不断增强企业贸易功能，不断扩大品牌效应、规模效应和辐射作用，促使贸易业商品销售额稳步增长，完成17519.16亿元，比上年增长4.1%，占外高桥保税区域商品销售总额87.3%。

外高桥保税区重点贸易企业不断巩固自身营销模式优势，持续优化商品结构和提升服务质量，继续做大做强销售规模，促进商品销售额平稳增长。据统计，2019年外高桥保税区销售额超过100亿元的贸易企业有26家，合计销售额8020.86亿元，比上年增长3.3%，占外高桥保税区商品销售额45.8%；销售额超过10亿元的贸易企业有281家，比上年增加12家，合计销售额15162.45亿元，增长3.7%，占外高桥保税区商品销售额86.5%。

（二）航运物流业

航运物流产业是外高桥保税区基础产业之一。2019年外高桥保税区深入贯彻落实航运物流创新举措，继续完善航运物流配套建设，着力提升航运物流运作效率和联动发展水平，促使航运物流服务收入稳步增长。据统计，全年外高桥保税区完成航运物流服务收入280.48亿元，比上年增长4.0%。

2019年外高桥保税区航运服务产业完成收入259.95亿元，比上年增长3.9%，占外高

上海外高桥保税区的汽车滚装码头

桥保税区航运物流服务收入92.7%。其中包括专业货物运输代理等业务在内的航运专业服务业稳步增长,完成收入169.89亿元,增长1.5%;包括仓储业务在内的港口经营与管理业快速增长,完成收入67.47亿元,下降7.6%;包括培训、航运机械设备检测服务等业务在内的航运教育与科技业收入基础稳定,完成7.40亿元,下降2.9%。

(三) 加工制造业

2019年,外高桥保税区加工制造企业积极应对外部经济环境变化,加快推进技术改造和新产品开发,持续提升产研融合发展能力,不断优化产品结构,加工制造业产值保持一定规模。全年外高桥保税区112家规模以上工业企业完成工业产值455.47亿元。

在国家鼓励优先发展的十大高技术产业化重点领域中,外高桥保税区涉及信息技术和高端设备制造等产业。全年外高桥保税区高技术产业完成工业产值222.08亿元,占外高桥保税区工业总产值48.8%,是推动加工制造业发展的主要方面。

五、功能培育

(一) 总部经济

大力推动总部经济规模化发展是外高桥保税区巩固和提升核心竞争力的战略举措。截至2019年底,外高桥保税区培育涵盖跨国公司地区总部、营运总部、大企业总部、区域性总部、贸易型总部等类型在内的各类总部企业达到254家。这些总部经济企业依托政策先行和精准服务的综合优势,充分利用自贸试验区改革创新试点措施,不断强化整合订单销售、贸易结算、供应链集成、人力资源、资金统筹等经营管理职能,加强拓展业务统筹范围的广度和深度,持续提升自身在跨国公司集团内部的地位和作用,发展成为集团在中国区乃至亚太地区的区域性管理平台,促进了外高桥保税区产业能级提升和产业生态优化,为外高桥保税区经济发展带来了经济贡献效应、产业聚集效应和产业联动效应。据统计,2019年外高桥保税区总部经济企业完成经营收入11028.46亿元,占外高桥保税区企业经营收入58.0%;完成税务部门税收304.71亿元,占外高桥保税区税务部门税收46.8%;完成进出口额2679.27亿元,增长2.5%,占外高桥保税区进出口额29.6%。

(二) 创新创业平台

创新创业平台是外高桥保税区推动创新驱动发展的重要切入点,是区域提升科技创新能力、优化营商环境、增强高质量发展的重要抓手。2019年,外高桥保税区域着力推进"外高桥复旦科技园创新中心""上海自贸区国际生物医药科创中心""自贸壹号生命科技产业园"加快发展,不断优化区域创新孵化环境,一批有实力、有前景的创新创业类企业纷纷入驻运营,创新创业平台建设初见成效。

(三) 港口功能

2019年外高桥港区依托区位优势和口岸功能创新优势,努力提升航运服务质量,不断提高智能化管理水平,继续巩固和优化航线资源,进一步强化对长江、内河流域的辐射作用,确保港区货物吞吐量和集装箱吞吐量在洋山四期开港后远洋航线资源有所调整的情况下保持基本稳定。目前,外高桥港区1—6期共拥有泊位24个,已配备桥吊80台,码头总长度达到5959米,陆域面积达到581万平方米。2019年外高桥港区停靠各类船舶45796艘次,比上年增长14.7%,其中外籍货轮达到9625艘次,增长0.6%,占外港停靠船舶数量21.0%;完成货物吞吐量1.72亿吨,占上海港23.9%;集装箱吞吐量1926.6万标箱,占上海港44.5%。

六、发展效益

随着外高桥产业体系的不断完善和产业能级的持续攀升,对高学历、专业型人才的需求不断增加,从业人员综合素质不断提升,投资企业从业人员基本稳定。据统计,2019年末外高桥投资企业从业人员为 27.85 万人。从业人员中，中方人员 27.03 万人，占外高桥从业人员 97.1%；外籍人员 0.82 万人，占 2.9%。

外高桥投资企业依托制度创新和贸易便利化改革红利，不断优化商品结构，加快拓展销售市场，充分发挥规模效应和集聚作用，促进利润总额保持平稳增长。据统计，2019 年外高桥投资企业共实现利润总额 768.05 亿元，比上年增长 2.0%。

在国内关税税率下调、税务部门减税降费各项税改政策的影响下，外高桥保税区各类税收收入小幅下滑。据统计，2019 年外高桥保税区共完成各类税收收入 1289.83 亿元，比上年下降 2.4%，其中税务部门税收 650.72 亿元，海关税收 639.11 亿元。

洋山保税港区

一、概述

2019 年洋山保税港区深入推进国际航运发展综合试验区建设，对标国际最高标准、最好水平，重点推进国际采购与分拨配送、中转集拼、大宗商品、生鲜冷链、跨境电商、保税维修等新型服务功能发展，着力提高口岸设施集约利用和码头智能化水平，不断加快高端要素集聚，促进区域经济总量保持较快增长，为上海国际航运中心建设发挥着积极作用。据统计，2019 年洋山保税港区投资企业完成经营总收入 3887.79 亿元，比上年增长 11.3%；税务部门税收 120.72 亿元，增长 7.2%；进出口总额 866.04 亿元，增长 1.2%；年末企业从业人员 5.01 万人，增长 9.0%。

二、国际贸易

根据我国海关的进出口贸易统计体系的规定，洋山保税港区的进出口总额是指注册在洋山保税港区的投资企业(海关代码31166 开头)在全国各地的海关口岸所直接完成的进、出国境的货物总额。2019 年洋山保税港区进一步推进海关、检验检疫等部门改革试点措施的落地范围，加快亚太出口分拨功能的发展，努力克服大宗商品波动带来的影响，促使进出口总额实现增长。据统计，2019 年洋山保税港区投资企业完成进出口总额 866.04 亿元，比上年增长 1.2%。

从贸易方式看，一般贸易增长较快，完成 219.57 亿元，增长 17.9%，所占比重从上年的 21.8%提升到 25.4%；物流货物进出口额规模较大，完成 598.29 亿元，下降 8.2%，占 69.1%。

2019 年洋山保税港区投资企业共与世界各地的 178 个国家和地区发生进出口业务往来，比上年净增 20 个国家和地区。

从洲际区域来看，亚洲、欧洲和拉丁美洲仍是主要进出口业务往来区域。其中与亚洲进出口额完成 263.28 亿元，比上年增长 18.4%，占洋山保税港区进出口额 30.4%，比上年提升 4.3 个百分点；与欧洲进出口额 223.89 亿元，增长 0.3%，占 25.9%；与拉丁美洲进出口额 190.98 亿元，下降 8.9%，占 22.1%。三者合计完成进出口额 678.15 亿元，增长 3.5%，占 78.3%。

从国家和地区来看，与 26 个国家和地区进出口额均超过 10 亿元，比上年净增 5 个国家和地区，合计进出口额 740.79 亿元，比上年增长 0.6%，占洋山保税港区进出口额 85.5%。进出口额位居前 5 位的国家和地区分别为：智利 93.05 亿元，下降 30.6%；美国 82.12 亿元，下降 7.6%；俄罗斯 75.59 亿元，下降 1.2%；澳大利亚 60.45 亿元，下降 5.1%；巴西 46.44 亿元，增长 54.7%。这 5 个国家合计进出口额 357.65 亿元，占 41.3%。与“一带一路”国家和地区进出口 259.98 亿元，增长 11.7%，占 30.0%。

三、产业经济

洋山保税港区依托优越的地理位置和功能创新先行优势，不断优化区域营商环境，持续强化国际采购及物流分拨配送中心功能，着力提升现代航运物流服务效率，在大宗商品产业和航运物流产业双轮驱动下，区域经济保持较快增长。据统计，2019 年洋山保税港区投资企业完成经营总收入3887.79亿元，比上年增长11.3%。

洋山保税港区凭借独有的口岸和航线资源优势，不断巩固和强化大宗商品集散功能，通过“期货保税交割”“洋山铜溢价”“大宗商品现货市场”等功能培育，吸引了众多大宗商品交易商纷纷入驻经营，成为我国重要的大宗商品进出口物流中转集散地和贸易中心之一。2019年洋山保税港区贸易企业完成商品销售额2461.23亿元，比上年增长14.1%，占洋山经营总收入63.3%。

航运物流业是洋山保税港区的传统优势产业。2019年洋山保税港区充分发挥航运核心枢纽和贸易便利化创新的叠加优势，不断强化物流分拨配送中心功能，进一步提升物流运作效率，加快航运资源高度集聚，促进航运物流服务收入稳步增长。2019年洋山保税港区完成航运物流服务收入1388.14亿元，比上年增长7.5%，占洋山经营总收入35.7%。其中，港口运输业务收入完成1078.69亿元，比上年增长8.9%，占洋山航运物流服务收入77.7%。航运服务产业完成收入309.45亿元，比上年增长2.8%，占洋山航运物流服务收入22.3%。

四、口岸功能

洋山深水港依托特有的区位、功能创新以及区港一体化等叠加优势，着力提升口岸服务能级和服务环境，不断强化水水中转、国际中转的口岸枢纽作用，促进集装箱吞吐量稳步增长。据统计，2019年洋山保税港区完成集装箱吞吐量1980.8万标准箱，比上年增长7.5%，占上海港集装箱量45.7%。其中，体现对国内经济腹地辐射服务作用的“水水中转”集装箱量1018.9万标准箱，增长12.1%，占洋山港箱量51.4%；体现对国际市场中转功能的“国际中转”集装箱量293.8万标准

上海洋山保税港区内的集装箱货柜摆放密集

箱，增长26.2%，占洋山港箱量比重从上年的12.6%提升到14.8%。完成货物吞吐量17484.6万吨，增长6.3%，占上海港货物吞吐量24.3%。此外，全年洋山港国际干线集装箱进出港7847艘次，增长1.7%；国内航行船舶68534艘次，增长29.5%，其中内支线集装箱船12190艘次，增长21.9%。

洋山港积极贯彻落实上海国际贸易“单一窗口”“一次申报、一次查验、一次放行”等口岸监管创新试点举措，不断健全智慧高效便捷口岸建设体系，推动货物通行效率持续提升，促进口岸外贸进出口货值平稳增长。据统计，2019年全国各地的投资企业通过洋山外贸口岸完成进出口货值22009.8亿元，比上年增长1.2%，占上海口岸外贸进出口货物总值26.1%。其中口岸外贸出口货值15402.5亿元，增长2.0%，占上海口岸外贸出口货物总值31.6%；口岸外贸进口货值6607.3亿元，下降0.7%，占上海口岸外贸进口货物总值18.6%。

五、发展效益

洋山保税港区经济总量持续扩大，对社会各类人才需求不断增加，吸引了众多从业人员到园区注册企业就业。据统计，2019年末洋山保税港区投资企业吸引从业人员5.01万人，比上年增长9.0%。从业人员超过500人的企业有16家，这些企业从业人员合计3.21万人，占洋山投资企业从业人员64.1%。

洋山保税港区企业在外部环境的影响下，关税成本、汇兑损益等经营成本明显提高，削弱了部分企业盈利能力，导致投资企业利润总额出现波动。据统计，2019年洋山保税港区投资企业实现利润总额182.96亿元，比上年下降10.3%。

洋山保税港区在航运物流企业的拉动下，全年税收实现稳步增长。据统计，2019年洋山保税港区完成税务部门税收120.72亿元，比上年增长7.2%。

浦东机场综合保税区

一、概述

2019年，浦东机场综合保税区深入推进改革创新成果常态化运作，继续加强融资租赁功能拓展和物流监管创新，进一步强化产业功能和优化配套服务，着力将创新优势转化为发展效能，区域经济实现高速增长。据统计，2019年浦东机场综合保税区新设企业36家；投资企业完成经营总收入269.21亿元，比上年增长49.6%；进出口总额717.42亿元，增长35.1%；税务部门税收25.85亿元。

二、国际贸易

根据我国海关的进出口贸易统计体系的规定，浦东机场综合保税区的进出口总额是指注册在浦东机场综合保税区的投资企业在全国各地的海关口岸所直接完成进、出国境的货物总额。2019年浦东机场综合保税区不断优化区域制度环境和营商环境，稳定现有功能，扩大产业规模，进一步凸显上海国际航运中心综合枢纽的优势。据统计，2019年浦东机场综合保税区投资企业完成进出口总额717.42亿元，比上年增长35.1%。

从贸易方式看，浦东机场综合保税区物流货物进出口额完成702.11亿元，比上年增长35.4%，占浦东机场综合保税区进出口额97.9%；加工贸易和一般贸易分别完成进出口额8.51亿元和6.36亿元，合计占2.1%。

从洲际区域看，与亚洲进出口额348.97亿元，增长20.2%，占浦东机场综保区进出口

上海浦东机场综合保税区

额48.6%；与欧洲进出口额215.99亿元，增长62.8%，占30.1%；与北美洲进出口额135.12亿元，增长43.3%，占18.8%。与这三大洲进出口额合计达到700.08亿元，增长35.3%，占浦东机场综合保税区进出口额97.6%。

从国家和地区看，2019年浦东机场综合保税区投资企业共与世界各地的136个国家和地区发生进出口贸易往来，比上年净增16个国家和地区。其中，与13个国家和地区进出口额均超过10亿元，合计627.12亿元，增长38.9%，占浦东机场综合保税区进出口额87.4%。位居前3位的分别是中国香港170.22亿元、美国133.80亿元和法国95.36亿元，分别增长30.6%、44.0%和71.0%。此外，与日本、意大利和德国进出口额也均超过20亿元，分别增长25.8%、1.3倍和42.3%。

三、产业经济

浦东机场综合保税区积极营造高效便捷的营商环境，着力推进创新试点举措有效落实，吸引了越来越多的企业聚集发展，推动了租赁服务、航运物流、现代商贸等新兴经济加快发展，浦东机场综合保税区企业经营收入实现高速增长。据统计，2019年浦东机场综合保税区投资企业完成经营总收入269.21亿元，比上年增长49.6%。

浦东机场综合保税区深入推进经营性租赁收取外币租金常态化运作，加快落实飞机融资租赁异地委托监管政策，促进租赁服务收入较快增长。全年租赁类企业完成服务收入138.88亿元，比上年增长16.6%，占浦东机场综合保税区经营总收入51.6%。

浦东机场综合保税区强化货物状态分类监管等创新试点，不断提升空港服务平台能级，着力提高航运物流监管效能，促进航运物流业务稳步发展。全年航运物流企业完成服务收入72.95元，比上年增长9.0%，占浦东机场综合保税区经营总收入27.1%。

四、发展效益

2019年末，浦东机场综合保税区期末企业从业人员3982人，比上年增长13.8%。

浦东机场综合保税区投资企业经营规模攀升，推动了企业经营效益不断提升，促进企业利润总额快速增长。据统计，2019年浦东机场综合保税区投资企业实现利润总额42.34亿元，比上年增长23.8%。

在国内减税降费的背景下，浦东机场综合保税区租赁产业集聚及多元业态的发展，支撑税收产出效益规模保持基本稳定。据统计，2019年浦东机场综合保税区完成税务部门税收25.85亿元，其中租赁产业贡献税收占80.0%。

二、开发区、工业区

上海化学工业区

一、区域开发与建设

2019 年，上海化学工业区（以下简称园区）克服石化行业下游需求不振、产品价格持续下跌、部分企业大检修的重重困难，企业产品产量稳中有升，经济运行保持平稳。园区完成工业总产值 1239.46 亿元，原口径规上工业企业产值可比价同比增长 11.3%，拉动全市化工行业增长 3%；园区全年批准项目投资 18.99 亿美元，完成全年目标的 301.4%；实现利润总额 169.16 亿元，上缴税金 117.92 亿元。

（一）抓当前、谋长远，在创新引领上持续用力，经济运行稳中有进。

1. 重点项目落地提速。成立保进稳增工作领导小组，下设维稳、项目、环评、保障等四个工作组，共同推进重大项目开工、投产：巴斯夫化工公司年产 4.2 万吨全新世界级抗氧化剂装置于 1 月正式投产，是巴斯夫全球首套使用“模块化”制造方式建成的生产装置；科思创一体化基地迪肯二期项目开工、华谊新材料丙烯酸及酯二期项目投产；太阳化学研发中心项目举行开工奠基仪式，启动建设代表国际领先水平的先进电子应用材料中国研究中心及生产基地；毕克助剂公司化学新基地正式投入运营；全球规模最大、等级最高加氢站在园区落成启用；戴马斯高性能特种化学品、神马工程塑料年产 6 万吨特品尼龙 66 切片、朴玛等离子体技术危废资源再生等项目落户。

2. 科创中心建设实质启动。上海国际化工新材料创新中心迈出实质性步伐，科创基地一期工程正式开工。完善科创中心工作机制，启动科创平台体系建设，发布《2019 年度上海化学工业区专项发展资金（科技创新和成果转化）项目指南》；优化完善科创基地“绿廊渗透、一带串四园”设计方案，科创中心 2200 平方千米用地控制性详规局部调整（实施深化）获批；与中国石油化工联合会、中国化工学会、华东理工大学等联合举办的 2019“SCIP+”绿色化学化工创新创业大赛取得圆满成功，遴选出一批在新材料、新能源、环境保护、智能制造、过程控制等领域的创新项目和初创团队；积极推进三井化学高端水性涂料实验室、东华大学钛系聚酯催化剂及聚酯改性材料制备中试、交大光学镀膜材料开发中试等研发和中试项目落户科创中心。

3．招商引资步伐加快。对接本市新产业发展需求，开展两批（次）十余个招商项目的评估，优化审批流程，严把项目准入关，强化项目管理；积极拓展招商引资渠道，针对高端客户，做好项目跟踪与协调，开展针对性的招商推介活动。引进支撑性化工产品项目，全年实到外资1.8亿美元，比2018年增长190%。推进配套公用工程企业增资扩产，努力补强、补齐园区产业链：聚焦英威达三期投资项目，主动跨前一步，加大协调力度，争取市领导及市有关部门、燃气集团支持，落实企业知识产权保护、天然气供应、消防站建设等相关事宜，为项目落地创造条件；积极开展B5/C5地块控详规调整（实施深化）报批，加大土地储备和供地工作，保障项目用地需求。

4．"十四五"规划体系确定。开展"十三五"规划中期评估，总结建设发展经验。开展"十四五"规划前期研究，明确了总体发展思路，确定了"1+10+6+4"的规划体系（即：1个总体规划、10个重点规划、6个专项规划、4个支撑规划）。对接金山、奉贤两区总体规划，形成《上海化学工业绿色发展示范区规划研究》和《上海化学工业区绿色发展示范区产业发展规划》；围绕招商新项目对烯烃原料的需求，完成《上海化学工业区烯烃供需调查报告》；开展"四个论英雄"产业项目准入评价指标体系及门槛标准研究，形成产业项目准入评价指标体系；推进大交通建设方案研究，多维度分析利用现有的浦东铁路、沪乍铁路等适合园区发展的市政配套大交通网络综合方案；完成"保持上海化学工业区在全国化工园区环境友好排头兵、绿色发展先行者地位的分析"；加强园区经济运行分析，研究行业发展趋势和产业发展方向。

（二）提能力、建机制，在防范风险上持续用力，安全环保总体可控。

1．风险防范化解能力有效提升。学习贯彻习近平总书记关于防范化解重大风险的重要论述，落实市委市政府开展重大风险排查工作的要求，分析研判园区重大风险隐患，编制重大风险防范化解举措和应对处置预案情况报告。发布《化工区特种设备专项应急预案》，制定《党政领导班子成员年度安全生产和消防工作职责清单与重点任务清单》。排摸重大消防安全风险情况，出台《关于进一步加强园区公共消防安全的工作意见》。发布《关于进一步加强上海化学工业区全封闭管理区域安全管理的通告》，将全封闭管理区域扩大到23400平方公里区域。做好国务院危化品安全专项巡查工作，督促完成对巡查发现问题的整改，进一步完善管理制度执行的力度。

2．安全应急管理水平显著提高。吸取江苏响水"3·21"特大事故教训，组织开展安全生产大检查，共巡检企业1400多家（次），发巡检意见书近1300份；制定新中国成立70周年和第二届进博会安全应急保障工作方案，从严从实从细落实社会防控、公共安全管理、危险物品及重点人员管控等各项安保措施；以国务院巡查为契机，进一步完善园区危化品安全分级管控工作和仓储精细化管理；督促企业按规定落实分级管控措施，完成35家危化品企业和3家工贸企业重大危险源登记备案；完善三区联动联控工作平台会审机制，实施三区联动联控项目审批新流程，完成项目安全审查事项11项；加强应急物资储备，开展应急物资第三方储备能力评估。启用直升机专用停机坪，完善园区一体化应急救援体系。

3．环境综合整治落地见效。推进金山地区环境综合整治行动，全面完成19项年度任务。持续推进园区挥发性有机物（VOCs）减排，对漏点比例高、修复不及时的重点企业进行约谈，截至年底，空气中VOCs浓度为67.9$\mu g/m^3$，同比下降27.5%；加大对园区公共区域及部分企业开展走航监测频度，利用走航监测的靶向性功能，开展错时检查；强化工业固废管理，利用无人机对公共区域开展巡航观测，排查环境状况；在世界环境日举办“蓝天保卫战，我是行动者”主题宣传活动；完成“环保负面清单”，进一步细化环保准入要求。落实第二轮中央环保督查工作要求，制定落实整改措施方案，园区荣获国家绿色示范园区、绿色化工园区，科思创公司荣获绿色示范工厂。

（三）减流程、提效率，在深化改革上持续用力，营商环境日益优化。

1. “放管服”改革不断深入。整合区内各管理单位（部门）行政审批和政务服务资源，梳理优化项目办事流程，编制形成园区投资项目办事指南初稿，初步确定六大类28个事项，涉及项目前期策划（核准）、安全环保节能、立项用地规划许可、工程建设许可、施工许可以及竣工验收等环节，为区内企业办事提供便利；成立化工区社会投资项目审批审查中心，确保工程建设项目严格按照“一表申请、一口受理、一网通办、一次发证、限时完成”要求快速落地。

2. “一网通办”功能不断升级。成立“一网通办”暨行政审批制度改革工作领导小组，下设办公室、政务服务创新工作组、工程建设项目审批制度改革工作组；对接市政府相关职能部门，搭建“一网通办”线上线下服务平台，开通“一网通办”化工区管委会频道，制定行政审批和政务服务事项清单；启用上海市网上办事评估系统，推进“一网通办”工作标准化建设；新政务服务中心投用，向园区所有企业和公众开放，基本实现人工窗口端、PC端、移动端、自助端“四端”办理，极大改善服务条件，提升办事人员的舒适度、便利度。

3. 企业运营成本不断降低。发挥财政资金的引导作用，为园区企业争取2000万元扶持资金，支持企业开展节能技改，提升能级。依托园区国际专家咨询委员会平台，深化园区天然气市场化采购方案研究，优化可行性和实施路径；开展园区能源利用规划研究，探索能源综合利用，降低企业用能成本；跟踪天然气、电力体制改革，搭建企业与市政府部门的沟通平台；召开业主大会，就封闭式管理措施、落实公用工程价格指导意见等进行沟通交流；落实电价和增值税下调政策对公用工程价格的正向传导，确保减税降费红利落到实处，天然气价格自2019年5月1日起每立方米下调0.02元，管输费自2019年4月1日起下调，全年直接降低天然气成本600万元，间接带动蒸汽、合成气等成本下降1800万元。

（四）破难点、补短板，在精细管理上持续用力，智慧赋能服务升级。

1. 智慧园区建设全面发力。成功创建“中国智慧化工园区试点示范单位”，大数据云计算中心建成投用，上海化学工业区—金山5G视频电话实现首通；引导和鼓励企业加大智慧项目建设投入，开展技术改造、智能化改造等，提升智能制造整体水平，管廊公司《基于数字双胞胎的化工园区公共管廊智慧服务系统》项目获得2019年度全国石油化工企业设备管理创新成果一等奖；信息基础设施规划编制通过专家评审；园区智慧铁塔项目打下第一桩；举办智慧工厂建设扶持政策辅导培训，宣讲园区智慧项目扶持专项政策；引导和鼓励企业加大投入，开展技术和智能化改造，进一步提升园区智能制造整体水平，科思创、漕泾热电、高桥石化等5家企业获得化工区专项资金扶持685.22万元；内保综合管理系统、“一标六实”警用三维地理信息系统、智慧交通、一标六实、智慧海关、大数据中心原型系统等一批智慧园区项目建成投用，基本实现了协同办公、环保监测等12个政务系统数据的汇聚和实时传输。

2. 精细化管理强力推进。建立精细化工作机制，启动公共区域网格化管理平台建设；完善基础设施配套建设，启动实施化工区海域锚地扩容项目，加快全封闭管理、防撞栏（二期）、道路大修（四期）、绿化提升改造工程、西区防护林提升项目建设，提高园区景观绿化水平，打造四季缤纷的“花”工区、景色宜人的“画”工区；推进户外广告规划编制，深化重点区域展示，构建特色广告和标识系统；加强对违法搭建、过期临时建筑、废弃建筑物治理，拆除公共区域废弃临建；加强园区交通管理，规范道路沿线、公共绿化区域违章停车；加强土地利用监管，保障项目用地。

3. 公共服务供给不断丰富。推进实施管理中心形象提升、会议中心改建、体育馆改造等项目。升级绿色共享通勤班车服务，解决部分线路相对拥挤状况，提升职工乘车体验。试点差旅电子凭证网上报销改革，全面推进园区第四次经济普查。结合专项研究成果，制定《上海化学工业区发展公司国资监管实施意见》，明确监管内容和方式，推动发展公司国资监管改革。化工区展示馆一楼建成启用并向社会公众开放。

4. 文化建设有声有色。贯彻市委打造"上海文化"品牌要求，制定园区文化建设发展规划，以文立园、兴园、强园、润园、乐园，着力打响以文化引领上海化工园区高质量发展的品牌；制定庆祝新中国成立 70 周年活动实施方案，先后组织开展了党建、展示、文化、体育等四大系列共 20 余项庆祝活动，组织拍摄《上海化工区建设者为祖国放歌》快闪视频在《学习强国》展播，激发园区干部职工爱国、爱党、爱园区、爱岗位的情怀。

（五）铭初心、践使命，在党建引领上持续用力，融合发展进程加快。

1. 主题教育工作落实落细。按照市委统一部署，围绕"守初心、担使命、找差距、抓落实"的总体要求，认真制定管委会党组主题教育实施方案，精心安排学习教育、调查研究、检视问题、整改落实各项环节，统筹抓好推进落实。以召开党组（党委）联组学习研讨会、党组中心组（扩大）集中学习交流会、庆祝建党 98 周年大会等形式，组织党员干部深入学习习近平新时代中国特色社会主义思想，谈体会、谈认识、明方向。将大调研工作与主题教育紧密结合，制定大调研工作长效、常态制度实施意见，围绕园区发展重点、难点问题，确定管委会领导班子成员重点推进的调研课题，坚持领导带头，深入调研，强化问题整改。

2. 党风廉政建设扎实推进。贯彻落实十一届市纪委三次全会精神，召开管委会系统党风廉政建设和反腐败工作会议。制订管委会党组《2019 年度构建从严治党"四责协同"机制责任清单》，召开 2019 年推进落实全面从严治党责任专题会，与基层党组织签订责任书；坚持预防为主、问题导向，开展管委会机关廉政风险点排查，编制岗位廉政风险清单；开展机关公务员职务与职级套转和首次晋升工作，激发干部干事创业激情；举办"陈云与党风廉政建设"主题展，加强党风廉政建设宣传教育、廉政文化建设；严肃工作纪律，规范各级干部因公（因私）外出管理，制定干部外出报告制度。

3. 基层党组织建设抓牢抓实。树立党的一切工作到支部的鲜明导向，把支部建设作为最重要的基本建设，从基本制度、基础工作抓起，不断增强各基层党组织创造力、凝聚力、战斗力。贯彻落实《中国共产党党支部工作条例（试行）》，坚持每月党建工作提示制度，规范"三会一课"、民主评议党员等工作。加强典型引路、支部品牌创建，注重理想信念教育，全面推行支部主题党日活动。以"进博党员先锋行动"为主题，继续深入推进党员岗位行动、志愿行动，持续推动落实党员、党组织"双报到、双报告"工作机制。发挥基层党组织坚强堡垒和党员先锋模范作用，树立培养一批在推动落实安全环保、科创中心、智慧园区、精细化管理等重大任务中的先进典型，有 1 名党员、1 名党务工作者、2 个基层党组织，获得市经信委系统表彰。

4. 一体化发展成效初显。推进长三角一体化方面，会同江苏、浙江、安徽等 16 家重点化工园区成立长三角化工园区一体化发展联盟，编制长三角地区石化产业一体化发展规划，举办第十届中国国际石化大会长三角石化产业一体化分论坛。推进金山、奉贤分区一体化管理方面，加强与市发改委沟通，优化完善一体化管理工作方案；积极跟进本市改革方案，不断完善深化方案关于安全、应急、环保、特种设备、职业卫生等工作内容；将金山、奉贤分区纳入化工区招商引资及科创建设平台，共享招商资源，互通招商信息，推动产业协同发展。

5. 责任关怀活动丰富多彩。探索园区社会治理创新模式，成立园区社区咨询委员会。深入开展“公众开放日”活动，先后接待周边居民及院校师生20批（次）、1300余人（次）；爱心助医惠及周边居民5259人（次），累计助医金额204.54万元；推进“综合帮扶”“好邻居·双结对”“结对共建”等活动，持续提升园区与周边社区的和谐关系，促进产城融合发展；推进园区科普读物编撰，编写完成科普读物系列第二册《衣饰中的化学》，形成第三册《文娱中的化学》初稿。

二、重大项目

▲1月14日，化工区科思创一体化基地举行迪肯Ⅱ期（氯化氢氧化）装置奠基仪式。管委会主任马静、副主任侯金花，综合办、经发处及发展公司相关负责人出席活动。科思创董事会成员、首席技术官萧枫博士，科思创聚氨酯事业部全球负责人布鲁默博士等分别致词。2008年11月，科思创一体化基地内破土建造了迪肯一期装置，于2011年年中开车，并于2017年1月达到历史总产量50万吨。随着科思创产能提升及对氯气原料的需求增大，该公司决定在上海一体化基地投资建造第二套使用迪肯工艺的工厂，并利用“智能复制”将迪肯一期装置运营经验纳入第二套装置的设计、建设和运营中，不断优化和采用创新工艺，从而实现安全、清洁、高效和可持续的生产。随着DEACON二期装置的竣工，科思创的现有氯气年产能将达到72万吨/年。这将帮助科思创进一步实现其对中国市场的承诺。

▲1月23日，巴斯夫全新抗氧化剂装置一期落成投产。管委会主任马静、副主任侯金花，发展公司总经理张淳以及巴斯夫欧洲公司执行董事成员凯礼博士、亚太区总裁柯迪文博士、特性化学品部全球总裁柯泰瑞等出席仪式。巴斯夫全新抗氧化剂装置一期工程包括粉末混合装置、液体抗氧化剂生产装置和颗粒形态生产装置，年产能42000吨，主要为塑料添加剂市场生产抗氧化剂及相应颗粒形态产品和混合物。该装置是巴斯夫全球首套使用模块化制造方式建成的化工装置。建造时，整套装置被分为10个模块，在异地独立的生产车间内，所有设备、管道、仪表、电线等都在钢结构的框架内进行预组装，完成后被运往施工现场，与公用设施对接拼装。通过高达90%的装置预制率，项目从巴斯夫董事会批复到竣工仅用10个月，且建造施工现场的粉尘几乎为零，施工噪声也明显降低。据悉，亚洲为世界上最大的抗氧化剂市场，中国占亚洲市场的65%。通过此项投资，巴斯夫将巩固其全球领先的抗氧化剂供应商地位。

▲2月20日，上海化工区与英威达公司举行己二腈项目生产基地合作备忘录签署仪式。上海市副市长吴清，市政府副秘书长、市经信委主任陈鸣波，化工区管委会主任马静、副主任侯金花、发展公司总经理张淳，市商务委副主任杨朝、生态环境局副局长苏国栋、应急管理局副局长花克勤、发改委副巡视员裘文进，英威达公司董事长兼首席执行官杰夫·金特里、全球公共事务总监乔迪·斯图茨曼、亚太区副总裁凯尔·雷丁格、加里·奈特等出席仪式。40万吨己二腈（ADN）生产基地的设计规划已经启动，计划于2020年开始建设，2022年投产。该工厂将是国内首个己二腈工厂，改变国内市场对己二腈原材料的进口依赖。英威达公司将采用全球最先进的技术，与其他技术相比，项目产生的温室气体排放量减少一半，单位产品能耗降低40%。副市长吴清肯定了英威达公司通过采用先进技术来减少温室气体排放、提升资源利用效率，满足人民对高质量产品需求的绿色发展战略，介绍了上海市在保护知识产权、提升审批效率等方面优化营商环境的举措，支持英威达公司项目在上海落户。近年来，上海化工区坚持“最高标准、

最严要求、最好水平”，严把项目准入关，强化安全环保，优化营商环境，进一步完善园区产业链与价值链，助推上海高端制造业发展，为打响“上海制造”品牌提供有力支撑。

▲ 3 月 21 日，太阳化学项目开工奠基仪式在化工区举行。管委会主任马静、发展公司总经理张淳，太阳化学首席运营官布莱恩·潘奇克、执行董事约翰·劳尔、欧洲和亚洲区先进材料运营总监安迪·穆雷出席仪式并为项目奠基。该项目是化工区与太阳化学的首次合作，采用“定制厂房租赁”的模式，总投资约 8000 万元，占地约 17000 平方米。项目将投资建设一个先进电子应用材料中国研究中心及生产基地，助力园区产业高端化发展。太阳化学项目属于高附加值的精细化工项目，是化工区正在积极引进的化工研发类项目，将有助于化工区科创研发体系的建设与完善。较之太阳化学之前的产品，新项目属于高技术产品，可更好地满足不同客户需求，并期待帮助太阳化学完成向更高价值、更高技术应用的转变。

▲ 4 月 9 日，毕克化学在化工区举行新基地开业仪式。管委会主任马静，阿尔塔那集团执行总裁巴比拉斯、董事局成员 Dr. Schlünken，毕克化学首席执行官格兰德博士、亚太区总裁朱迪恩、大中华区总裁福博士出席仪式。管委会主任马静在致辞中表示，作为全国综合排名第一的石化产业园区，上海化工区吸引了众多知名跨国公司和国内大型化工企业入驻，建成了一批全球领先的石化项目。在上海全面建设具有国际影响力的科创中心的大背景下，上海化工区正积极探索上海国际化工新材料创新中心建设。毕克化学上海化工区基地集研发、技术服务、物流仓储、生产和行政管理为一体，必将在上海化学工业区科创中心建设中留下浓墨重彩的一笔。毕克公司负责人在致辞中表达了对化工区及管理部门的感谢，希望本项目可以帮助毕克化学完成向更高价值、更高技术应用的转变。

▲ 6 月 5 日，全球最大加氢站“落沪”，清洁能源应用“提速”。化工区联合上汽集团举行氢燃料电池车全场景应用暨加氢站落成仪式，双方宣布，目前全球规模最大、等级最高的氢燃料电池车加氢站在化工区正式落成。市科委副主任干频，管委会副主任侯金花、发展公司副总经理张淳，上汽集团总裁陈志鑫、副总裁兰青松出席仪式。化工区加氢站占地约 8000 平方米，氢气日供应能力约 2 吨，具备 35MPa 和 70MPa 氢气商业化加注能力，具有氢气加注、鱼雷车充装、燃料电池汽车维护保养和充电功。下一步，化工区将鼓励相关单位共同推进加氢站和配套基础设施建设，促进园区企业在制氢、输氢、储氢、加氢、用氢等环节的科技创新和深度合作，推动清洁能源在园区的广泛应用。

▲ 7 月 16 日，华谊新材料公司 32 万吨/年丙烯酸及酯项目（二期工程）第二套 8 万吨丙烯酸装置出合格产品。二期工程自 2017 年 7 月开工建设，在一期工程基础上新增 16 万吨/年丙烯酸、16 万吨/年丙烯酸丁酯、6 万吨/年丙烯酸甲/乙酯、3 万吨/年 SAP 装置及配套的罐区、公辅设施等。二期装置全部采用公司自主研发丙烯酸生产技术及催化剂，该装置投料开车成功，标志公司丙烯酸及酯产业基础已全面超越迁入园区前的高桥基地鼎盛时期，创历史新高。

▲ 9 月 1 日，朗盛化学正式宣布中国一体化基地选址上海化工区。11 月 28 日，市委常委、副市长吴清会见朗盛董事会一行，市政府副秘书长陈鸣波、化工区管委会主任马静、发展公司总经理张淳陪同接待。2019 年 9 月，朗盛化学与化工区签订谅解备忘录，为建设一体化生产基地预留了 200000 平方米土地，作为在中国可持续发展的新基地。签约后，化工区将与朗盛拓展深化合作交流，携手助力朗盛在中国的业务发展，为上海化工产业转型升级和可持续发展贡献力量。

▲ 12 月 17 日，巴斯夫化工全新抗氧化剂装置二期在化工区落成投产。装置二期工程包括用以生产抗氧化剂 Irgafos 168 和 Irganox

1076 的合成装置。随着二期工程竣工，该装置的年产能将达到 42000 吨，主要服务中国客户。这是巴斯夫首次使用模块化概念建造装置，在短短 230 天内，巴斯夫在基地之外预制了 10 个装置模块，模块预制完成后经由东海和长江 24 小时航运到达基地，之后仅用 5 天便完成现场组装。与现有的抗氧化剂装置相比，新装置的工艺技术能耗强度较低。

▲ 12 月 18 日，化工区、上汽集团、苏伊士新创建举行合资签约仪式。管委会主任马静、发展公司总经理张淳、发展公司总会计师杨延辉出席仪式。三方将携手在化工区内投资建设运营危废处理项目的合资公司。马静对三方正式签约表示祝贺，希望齐聚各方合力，加快推进新危废项目的筹备、建设、投产和运营，充分运用高新技术和现代管理手段，进一步提升企业核心竞争力和综合实力，助力化工区世界级绿色化工园区建设，为推动中国环境第三方治理行业发展发挥积极作用。

▲ 12 月 30 日，上海国际化工新材料创新中心建设启动仪式举行。管委会主任马静、中石化联合会副会长傅向升、市经信委副主任吕鸣出席仪式并致辞，并与市科委总工程师陆敏、上海国际化工新材料创新联盟成员单位代表共同启动桩基按钮。马静表示，在社会各界的关心支持以及创新联盟成员单位的密切配合下，化工区科创中心建设取得显著进展。马静指出，化工区科创基地建设的比较优势突出，区域化工产业高度集聚、国际化水平高、配套设施齐全、管理服务团队专业、生态环境良好、科研院所资源丰富；下一步，化工区将按照“最高标准、最严要求、最好水平”要求，高起点谋划、高标准定位、高效率推进、高品质落地，为引进具有领先水平的化工科创项目夯实硬件基础，为吸引国内外一流化工科创人才营造优质环境，为集聚多方创新资源、凝聚国内外创新力量搭建最好平台。

上海国际化工新材料创新中心建设启动仪式

漕河泾新兴技术开发区

董事长　张黎明

2019 年，漕河泾新兴技术开发区（以下简称开发区）经济继续保持平稳，全年营业收入 3830 亿元，工业总产值 720 亿元、利润总额 266 亿元、税收总额 140 亿元、进出口总额 102 亿美元。

在 2019 年国家商务部公布的国家级经济技术开发区综合评价中，漕河泾开发区取得了综合排名第十，科技创新排名第七的好成绩。在上海市开发区 2019 年综合评价中，漕河泾开发区环境保护指数排名第一。

一、对接国家战略，对外拓展实现新突破

（一）重资产“走出去”态势强劲

漕河泾开发区赵巷分园区顺利完成一期项目抢封顶、二期项目出形象、三期项目促启动的既定目标。一期、二期项目约 7.6 万平方米产业载体实现结构封顶。顺利竞得三期研发用地和社会租赁住宅用地约 110000 平方米，首次打通园区平台认定—定向挂牌—定向出让的土地竞买路径。至此，已成功取得赵巷科技绿洲一、二、三期项目总计 280000 平方米的土地使用权。

海宁分区实现规上企业工业总产值 58.8 亿元，同比增长 47%；主营业务收入 48.9 亿元，同比增长 41%；利润总额 5.4 亿元，同比增长 25.6%；利税总额 6.4 亿元，同比增长 12.3%。成功引进世界 500 强企业——日本 JFE 商事株式会社，德企 50 强——艾森曼集团热工设备项目等。目前，海宁科技绿洲入驻企业 28 家，实现合同外资 1065 万美元，完成年度任务的 150%；实到市外内资 7.4 亿元，完成年度任务的 3600%。

北杨人工智能小镇年内顺利竞得土地总计 246666 平方米，未来项目地上可建面积达 74 万平方米，预计项目总投资达到 150 亿元，为园区二次创业打下坚实基础。

（二）轻资产“品牌输出”扎实推进

慈溪高新区、余姚工业区两个品牌输出项目顺利落地。在上海以外区域冠名“漕河泾”的分园区达到了 7 家，包括漕河泾海宁、慈溪、余姚、柳州、大同等。漕河泾品牌合作年度收入超过 0.2 亿元。

年内还推动了漕河泾颛桥光华园轻资产运营工作，有望在 2020 年一季度实现开园；完善《漕河泾高科技园区品牌服务输出标准》并梳理基础服务产品清单，从而进一步夯实了品牌输出服务内容。

园区本部新引进项目 81 家，包括奇安信、奥升德、诺力昂等行业龙头企业，递易智能、视源电子、仁童电子、和讯华谷、瑞数信息等一批人工智能、大数据、网络安全等前沿科技领域的新兴产业企业。新注册项目 175 家（含分园区），合计注册资本 12.84 亿元，其中外资注册资本 0.84 亿美元。

二、落实“三大任务”，科创服务取得新成效

（一）金融服务发力成就“上市大年”

上市服务方面，2019 年是多家园区企业的丰收之年，共 5 家企业上市挂牌。开发区孵化企业澜起科技顺利登陆科创板，扎根漕河泾 10 年的移远通信登陆 A 股主板，园区独角兽企业复宏汉霖登陆港交所，摩贝化学品登陆纳斯达克，均受到了资本市场的欢迎。目前开发区已有各类上市（挂牌）企业 137 家。

投融资方面，开发区 26 个项目总计获得风投金额近 19.8 亿元。漕河泾天使基金首投项目鸿研物流顺利完成 D 轮融资，预计 2020 年初启动股改，并筹备登陆科创板。年内首次尝试服务换期权，创业中心以多项增值服务换取诺优信息 0.2778% 的认股期权，对应诺优整体投后估值 1.8 亿元。

融资平台信息化一期系统完成并投入使用，贷款审批流程实现无纸化，将打造成为企业大数据智能信贷平台和投融资对接平台，助力企业获得多元化融资。融资平台自 2009 年启动以来对区域内 457 家次企业的累计授信额度已经达到 20.6 亿元。

（二）融通发展蓄势培育“原创经济”

协同创新方面，携手博世成立了其亚太首个创新孵化基地“Shanghai Connectory”，为开发区初创型、成长型企业提供专业知识与技术支持，促进物联网生态系统的创新和发展。与博世、科思创、拜耳、微软、标致雪铁龙、思科、强生等跨国公司创新负责人大企业共同举办开放创新沙龙。和华鑫园、聚科园以及贝岭园在科技政策服务、孵化器建设等方面紧密互动，将服务渗透“园中园”。

国际交流方面，“原创新动力”系列活动首次走进英国，带领近 20 位开发区创业企业代表参加伦敦科技周活动，湃道科技在路演活动中获得第四名；Connectory 联合孵化项目入选 2019 年度国际科技园协会（IASP）最佳创

上海漕河泾兴技术开发区全景

新解决方案征集大赛十佳项目；承办第一期意大利跨境加速项目，为来华意大利企业提供为期3个月的加速服务；连续第四年承办昆士兰大学暑期创业实习项目。

（三）对外拓展加速发挥“溢出效应”

牵头长江经济带经开区协同发展联盟，召开联盟第三次理事会议，成立联盟金融服务专委会及科技创新专委会，全年落地项目18个，落地投资额100.79亿元。组织“柳东漕河泾重点企业产业对接会”，举办“漕河泾大同创新驱动国际发展论坛”，为柳州项目举行首期漕河泾创新模式研讨班，为海口高新区定制三期系统化培训。

三、深化环境建设，规划建设展现新面貌

（一）攻坚克难，打造精品载体

2019年，园区规划建设项目16个，其中施工项目13个，总面积101.2万平方米，创近年新高；规划设计3个，总面积79.1万平方米。

商贸区项目取得中国绿色建筑协会颁发的“绿色建筑二星”奖牌，商贸区、科技绿洲四五六期、光启四期LEED金奖设计阶段已通过美国绿色建筑委员会初评。科技绿洲四期项目的两个标段获得“优质结构奖”和“市文明工地”荣誉。

（二）备战5G，完善网络基础设施

基本完成智慧园区网络二期建设，高速光纤主干基础网作为园区信息化主要基础，为各类服务应用提供强有力的网络基础支撑。历经两期的建设和运营，网络覆盖漕河泾开发区所辖包括赵巷在内的7个子分公司和29个子园区以及酒店会所等对外服务场所。项目共建设有线点位527个，无线AP点位587个。上线“充电管家”小程序，实现充电桩一期8个园区330个桩的智慧管控，打造园区配套业务的新亮点。

（三）坚守生态红线，保障园区绿色环境

完成开发区34台自有锅炉改造，118个雨污混接点改造，16个点位的土壤和地下水监测；探索搭建中小实验室危废处理协同平台，归集园区中小实验室危废处置需求；依托区区合作平台，协助安普泰科解决市政管网污水倒灌，瑞侃电子、先进半导体环评审批，3M重污染天气排放控制等问题；做好2018年国家生态工业示范园区建设评价24项指标收集、统计工作。

上海漕河泾兴技术开发区一角

四、传承高新文化，壮大品牌影响

科创文化方面，第四季漕河泾科创嘉年华以“一场探界科技与服务未来的园区特色品牌盛会”为概念，历时206天，围绕5G与人工智能、知识产权引领产业高质量发展、长三角科技金融协同与创新、工业物联网、科创领袖等主题开展了30场活动。开幕式上，漕河泾开发区“产业资本融通发展联盟”扬帆启航。

体育文化方面，承办“漕河泾杯”第三届上海市开发区运动会，吸引来自各开发区近1万名运动员参与角逐，开发区内企业职工超过10万人次参与，活动影响辐射各开发区近百万企业职工。举办C空间—白领戏剧节、第二届好声音大赛、海派书画交流展、室内音乐会、俱乐部沙龙等活动，并创新推出“企业艺术服务包”，有效提升园区文化“软实力”。

人文文化方面，“漕河泾大讲堂”立足名人名家、实时热点，先后邀请了郑强、余秋雨、王珮瑜、张兆安、阮宗泽、丁建华、吴孟超团队、黄奇帆、汤爱民、白岩松等莅临开发区，举办了10场高质量的专题讲座，5000余人前来听讲，讲座的社会影响力、知名度和美誉度日益提升；“漕河泾微课堂”立足实用性、技能型、兴趣性，全年开设了投资理财、子女教育、形象设计、珍宝鉴赏、摄影摄像等20期培训班，吸引1200多名听众前来听讲，成为艺术漕河泾、人文漕河泾的新亮点。

第六编

企业与品牌

企业与品牌

品牌核心价值是企业品牌资产的主体部分，它让消费者明确、清晰地识别并记住品牌的利益点与个性，是驱动消费者认同、喜欢乃至爱上一个品牌的主要力量。品牌也是消费者对一个企业及其产品、售后服务、文化价值的一种评价和认知，是一种信任。品牌已是一种商品综合品质的体现和代表。同时，一个品牌总会和时尚、文化、价值联想到一起，企业在创建品牌时不断地创造时尚，培育文化，随着企业的做强做大，不断从低附加值转向高附加值升级，向产品开发优势、产品质量优势、文化创新优势的高层次转变。

为此，自2020年起，"企业与品牌"栏目陆续刊登知名企业在创建品牌和企业发展过程中所创造的成绩。让企业创建的品牌起到向消费者传达核心价值或提示消费者联想到核心价值的作用，并成为品牌对消费者最有感染力的内涵。

到上汽大众工厂一探高品质的秘诀

2019年上半年，上汽大众首款大型豪华商务MPV Viloran威然上市，以宽适空间、尊荣氛围、精湛细节诠释了以诚待人、可靠与创新的"新商务"概念，吸引众多关注。

威然集空间、舒享、尊贵、远见于一身，演绎全新设计美学，打破商务车方正刻板的传统形象，用刚柔并济的设计理念演绎新商务风范，重新定义了豪华商务的典范。威然拥有同级领先的超大车身尺寸，车身长度5.346米，轴距3.18米，车宽1.976米，打造行政级会客厅般的舒适空间。新车采用2-2-3的座舱布局形式，并拥有Captain Chair行政级第二排礼宾座椅、智能双侧防夹电动门、L2级别智能驾驶黑科技、IQ Light智能LED大灯及皇家殿堂级丹拿音响等众多豪华配置，关怀每位乘客的优雅风范。

这款大气豪华的"移动行政会客厅"广受欢迎的背后，离不开上汽大众精湛制造工艺与数字化造车技术带来的品质保障。

威然"出生"在上汽大众宁波工厂，它是集合了大众汽车集团先进技术的标准化工厂。换言之，如果想要一览大众汽车集团前瞻、尖端的造车水平，无需远赴德国，只用到上汽大众宁波工厂一探究竟即可。除威然外，宁波工厂还生产途昂、凌渡、途岳、明锐、柯珞克等车型，是多款消费者喜爱的热门车型的摇篮。在

上汽大众首款大型豪华商务 MPV Viloran 威然

宁波工厂鸟瞰

工厂的各大车间，随处可见国内制造业的尖端技术，配合上汽大众工程师的匠心调控，最终成就了下线车辆每个细节的精湛品质。

在冲压车间，上汽大众配备了 6 工序

9100 吨高速伺服生产线，它不仅冲压效率高，且能更好地保障车身零件的精度，将零件公差可控制在±0.2 毫米以内。大众品牌高端车型途昂与威然超长的大尺寸车身零件、斯柯达品牌柯珞克如水晶切割般凌厉动感的飞箭式腰线，都有这条生产线的功劳。

柯珞克飞箭式凌厉腰线

途昂大尺寸车身

威然车身长达 8009 毫米的激光钎焊、途昂全车达 80% 的高强度钢使用比例、柯珞克占整车钢材比例 25% 的热成型钢投入则是车身车间的“大手笔”。热成型钢板的抗拉强度比普通钢板强化近 3～5 倍，每平方厘米可以承受 10 吨以上的压力。通过激光焊接技术，这些高强度钢板被紧密流畅地连接在一起，在美观度和安全性上都可圈可点，同时还可降低行驶过程中的车噪，提升驾乘舒适性。此外，车身车间还装配有近千台机器人，汽车车身的焊接、涂胶、滚折边工艺全部由机器人完成，不仅增加效率，且保证了生产过程的一致性，提高车身精度。

在油漆车间，焊接完毕的白车身将经历预处理电泳、PVC 密封、面漆、整理报交、空腔注腊等步骤，最终呈现出亮泽耐久的色彩。以威然为例，上汽大众采用 Ro-dip 技术完成电泳工艺，使车身均匀覆盖电泳层，360°全方位的油漆保护达到 12 年整车防腐的质量标准。其外饰油漆则采用全球领先的水性漆工艺，配备 7 轴全自动喷涂机器人，微米级雾化、高压静电喷涂使漆膜均匀，色彩亮丽如新。

每辆汽车几千个大大小小的零件组装与各种前瞻、便捷的功能装配都在总装车间完

威然高强度、高安全性车身架构

激光焊接

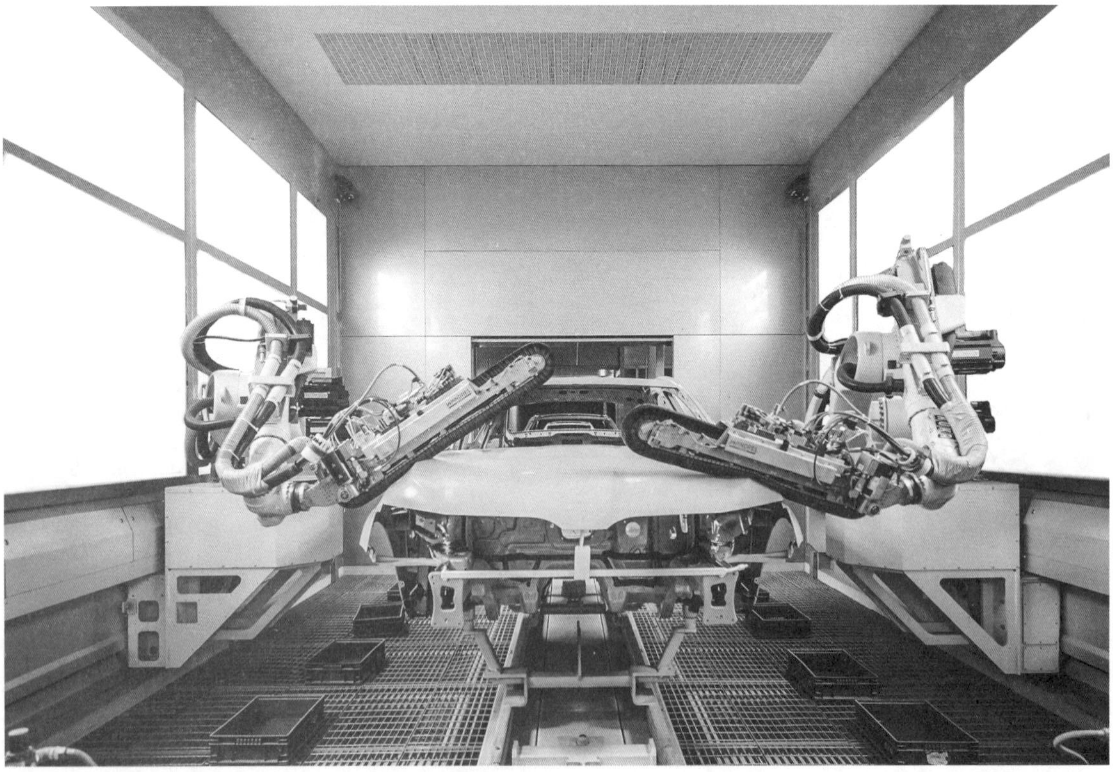

油漆车间剑型刷

成。上汽大众采用数字化技术，通过机器互联、大数据处理及自动化设备实现车辆的精准化智能生产。值得一提的是，每辆汽车都配备一张如同身份证般的 RFID 芯片，记录了颜

总装车间合装台

视觉定位系统

新能源汽车工厂外景

色、配置等信息。当车辆通过安装在设备上的RFID读码器时,设备就能自动识别出车辆的信息,然后调用不同的程序来工作,确保了车辆在装配过程中的准确性。

除了四大车间的生产流程,上汽大众还设立了高标准的线上监测和线下检测系统,确保在每一个工厂、每一条生产线下线的每一款产品都具有统一的数据精准、可追溯、高标准的质量。ISRA视觉定位系统、非接触式光学测量、激光在线测量、Audit检验体系下质量关键控制点、整车质量检测、抽样检测……一项项数字化科技、一道道工序,每一台下线车辆都承载着上汽大众的匠心与责任,让消费者享受高品质产品。

得益于高品质所铸就的口碑与信任,目前上汽大众累计产销已突破2200万辆,丰富的产品阵营充分满足消费者的购车需求。同时,公司也正向电动车领域不断开拓。

上汽大众新能源汽车工厂已于2018年11月落成并迎来首辆ID.车下线。它专为生产MEB平台纯电动汽车而建,在原有精湛生产技术的基础上再上一层楼,更智慧、更环保、更高效。上汽大众首款ID.纯电动车即将从这里驶出,绿色、智能的高品质出行未来,我们拭目以待。

康成投资(中国)有限公司

董事长　黄明瑞

一、公司概况

康成投资(中国)有限公司[英文名称:CONCORD INVESTMENT (CHINA) CO., LTD. 简称康成投资]是上海市外商投资企业协会副会长级会员单位。康成投资是2005年3月4日经商务部批准成立的外商投资性公司,2009年12月21日经上海市商务委员会认定为"跨国公司地区总部",是"大润发 RT-Mart"系列注册商标的所有权人,目前公司注册资本为24831.3183万美元。

"大润发"是源自中国台湾的会员制大型连锁综合超市,主要经营生鲜食品、各类副食品、日用杂品、家用纺织、文化体育用品和五金家电等,商品达3万多种。依靠开发自有商品、源头采购等降低商品售价的方法,成功在大陆拓展超市业务。"大润发"网罗优秀的经营管理人才,运用现代化营运系统,快速在国内展店,以最直接、最生活化的方式为消费者服务。

2017年11月20日,阿里巴巴与大润发母公司高鑫零售达成战略合作,阿里巴巴投入约224亿港元持有高鑫零售36.16%的股份。高鑫零售旗下有大润发和欧尚两大零售企业,根据凯度消费者指数提供的数据,自2016年至今高鑫零售占现代通路主要零售商的市场份额排名连续四年中国第一。作为全国最大的大卖场运营商与全国最大的电商平台,两者强强联手将从商业模式和资本结构双通道加快推动新零售进程。

在阿里巴巴的技术与流量加持之下,公司推动了新零售的一小时配送到家服务,除了公司自行开发的大润发优鲜APP,还有来自淘宝的淘鲜达、饿了么、天猫超市等入口,配送范围也从3公里扩大到5公里。另与天猫超市合作共享库存计划,为20公里商圈范围内顾客提供半日达配送服务。公司上下秉持精益求精的精神,在坚持不懈的努力下,配送到家业务已走通走顺,在已为公司带来提升业绩与利润的效益。

康成投资作为"大润发"大型综合连锁超市的投资母体,旨在依法在国家允许外商投资的领域进行投资,并对在中国境内所投资企业进行统一管理和协调,对资金、人才、物流、设备、技术和信息等资源做到物尽其用,实现企业各环节的统筹管理,提高整体经济效益。

二、企业文化及经营方针

企业定位:

专业、时尚、高性价比的新零售大卖场。

顾客在大润发超市购物

企业文化内涵：

企业架构在兄弟姐妹一家人的关系基础上，照顾同仁、服务顾客、精益求精；营造一个诚实、热忱、创新、健康、快乐的团队。

经营理念：

诚信务实、服务支援、顾客满意、参与管理、共同成长、利润分享。

商业策略：

把愈来愈多的优质商品，以愈来愈低的价格，销售给愈来愈多的顾客。

价格策略：

EDLP+满意保证（EDLP 即天天低价；EveryDay Low Price，商品价格天天是市场最低价格）。

经营方针：新鲜、便宜、舒适、便利。

三、经营状况

截至 2019 年 12 月 23 日，国内已开设 414 家“大润发”大卖场。门店遍布除新疆、西藏以外的全部省、自治区、直辖市，员工总数超过 15 万人，每天为 300 多万顾客提供服务。2019 年预估营业收入含税超过 950 亿元，已连续多年在中国外资商业连锁企业排名第一。

四、业内殊荣

2015—2018 年度上海外资纳税总额百强企业。

2015—2018 年度上海外资营业收入百强企业。

2014 年上海连锁经营协会的连锁经营 20 年“杰出创新奖”。

2013 年度闸北区区级税收“十强”企业。

2012 中国商业地产年度大奖，中国商业地产推荐品牌。

2011 年上海市外商投资先进企业“双优”“双百强企业之创利税前 20 名非生产型企业”。

2010—2016 年外资零售业销售额均位居全国第一；平均单店销售额全国第一（数据来

源联商网)。

2009 年至今,供应商满意度调查报告,大润发均排名第一(数据来源联商网)。

连续多年被评为上海市非生产型优秀企业。

摩登时尚和奢华元素融为一体的轻奢侈女装

地素时尚股份有限公司,2002 年创立于中国上海,注册资金 3.4 亿元,是一家多品牌运作的服饰时尚集团。截至 2016 年底,地素时尚旗下品牌的终端销售网络,已覆盖全国 30 多个省级行政区域,门店合计达 1000 余家。地素时尚在品牌的核心价值打造上,投入更多精力与资源,通过非凡个性的创意、充满艺术魅力的格调以及深切触动心灵的购物体验,筑造一个勇敢、创新、充满梦想的时尚乐园,为辛苦而脆弱的人生带来休憩与欢愉。

公司围绕中高端品牌女装的定位,为创造并引导个性化的生活方式,分别创立三个知名女装品牌——独立率性的专属高街品牌 DAZZLE,年轻奢华的半手工定制品牌 DIAMOND DAZZLE,以及奇幻复古的混搭潮流品牌 d'zzit。

2019 秋季 DAZZLE 款

一、品牌 DAZZLE WOMAN 自在练达,亦不缺乏个性。她以轻松随意的优雅,诠释具有当代精神的生活方式。因为内心力量强大,所以对世界包容热爱。因为态度积极乐观,所以对未来无所畏惧。

1. 矛盾冲突美学

DAZZLE WOMAN 重构了时尚语境中对于不同设计风格的分类,打破陈规与界限,故意将被认为是甜美的元素与硬朗的元素混合起来。出人意料的材质搭配和颠覆性设计在这里达到了微妙的平衡。

这种有些前卫甚至是顽皮的手法,是对 DAZZLE WOMAN 的致敬:她们角色多变、职责纷繁。她们是生活的冒险家,不可被轻易定义。

2. 新女性主义

DAZZLE WOMAN 挑战了传统观点对于女性角色该如何成长转化的预设,阐明了一种崭新的女性主义态度。她否认强加给女性气质的固定思维,以一种新的审美规范赋予其开放和自信的力量。她不再受女性必须柔弱或必须强势的限制,

DAZZLE WOMAN 是女性主义要表达的唯一宣言:女性能否自由地选择自己的生活,自由去爱,并被爱。

2019DIAMOND DAZZLE 冬季款

二、品牌 DIAMOND DAZZLE 强调手工、诚意和艺术,打造经得起时间检验的真我与臻品。

手工——以匠人精神来对待时尚,以手工细节为傲,精雕细琢打造每一件作品。

诚意——以收藏精神来甄选材料,精挑细选每一支纤维,悉心织就每一寸面料,创意发挥每一个图案。

艺术——对待时尚犹如对待艺术，打造自我犹如打造臻品。

DIAMOND DAZZLE 不停止时尚与艺术的对话。LOVE CREATES，迄今已牵手数位才华卓然的中外艺术家共同创造关于艺术、美丽和梦想的世界。

2019 春季 d'zzit 款

三、d'zzit 是 DAZZLE 的姐妹品牌，继成功打造耀眼夺目的 DAZZLE 与 DIAMOND DAZZLE 之后，地素时装集团旗下又一个新锐的潮流时尚品牌。d'zzit 来自欧陆设计大国荷兰，品牌设计师凭其跳跃的美学创意，打造出多样的时髦单品。d'zzit 敏锐的新潮设计直击全球时尚速度，带着灵活的极高识别度，新式混搭释放出意想不到的效果，时而闲适浪漫，时而帅气冷酷，时而风情妖娆，展现都市女性独特的个性魅力。d'zzit 是 Fashion Victims，d'zzit 是时尚地球村，d'zzit 是即使不贵也要 Hi-Fashion，d'zzit 是秒杀，d'zzit 是 Cool Hunter，d'zzit 是无法用一种风格归类。d'zzit 带来都会女孩美学和全球最新时尚，以坚强的时尚实力、多样的时髦单品、敏锐的新潮设计、跳跃的美学创意追击全球时尚速度和潮流零时差。

当下，地素时尚品牌定位清晰，研发设计团队走在引领时尚的前沿，现代化供应链、营销服务系统、智能网络管理模块等正 360°全方位推动各品牌的迅速成长与发展。

未来，地素时尚将在品牌的核心价值打造上，投入更多精力与资源，在国际化的时尚版图上开拓出不可或缺的一席之地。

第七编 专集

一、国内外有影响的展览会

第二十九届华东进出口商品交易会

2019 年 3 月 1—4 日，第二十九届华东进出口商品交易会（简称华交会）在上海新国际博览中心举办，由中华人民共和国商务部支持，上海市、江苏省、浙江省、安徽省、福建省、江西省、山东省、南京市、宁波市九省市联合主办，每年 3 月在上海举行。华交会是中国规模最大、客商最多、辐射面最广、成交额最高的区域性国际经贸盛会。

本届华交会，展会总规模 12.65 万平方米，较上届增加 2900 平方米，展位数共计

第二十九届中国华东进出口商品交易会外景

5868 个。累计成交 23 亿美元,与上届基本持平。成交额排名前 10 位的国家或地区依次为:日本、韩国、美国、英国、法国、中国香港、德国、意大利、加拿大和俄罗斯。到会境外客商 22757 人,来自 111 个国家和地区,比上届增 2%. 与会客商排名前 10 位的国家和地区依次为:日本、中国香港、韩国、中国台湾、美国、加拿大、俄罗斯、英国、印度和意大利。进馆与会人数近 8 万人次(含境内 1.6 万人次)。其中,家庭用品展的日用消费品展区(是华交会所设专业展区中的重要展区)展位数 1185 个,比上届 1109 个增加 76 个,增幅较明显。本届华交会参展企业、采购商数量和成交情况均好于预期。

本届华交会新增一场"一带一路"买家卖家对接会,两场"大数据人工智能帮你轻松成交全球买家"和"海外社媒+展会助力中国外贸卖向全球"主题论坛,以及"绿色搭建奖"评选活动。4 场对接会共有 139 家采购商和 287 家参展商参加,配对活动 976 场,取得了良好的成绩。

3 月 3 日,在本届华交会"创新奖"和"绿色搭建奖"颁奖仪式在上海新国际博览中心举行。商务部驻上海副特派员徐兴峰、商务部驻福州副特派员赵平、上海市商务委副巡视员赖晓宜以及各交易团负责人为江苏汇鸿国际、上海洪天景业、御神签工坊等 37 家获奖企业颁奖。

本届华交会"互联网+机遇"跨境电商创新发展高峰论坛开幕,市商务委副主任申卫华出席并致辞。本次跨境电商高峰论坛围绕当前经济形势研判、跨境电商的机遇与挑战等议题,邀请多位国际知名专家和行业领袖进行主题演讲。近几年华交会设置跨境电商专区,助力跨境电商企业结识了更多客户拓宽了业务范围,同时外贸企业通过与跨境电商合作,以更低成本建立销售渠道拓展市场。

华交会以进出口贸易为主,还安排加工贸易和合资、合作等多种贸易洽谈。华交会为了继续发挥华东地区最大的进出易平台作用,必然要求展区格局进一步贴近各领域的细分市场以及多层级的销售渠道和专业买家。

华交会分七大专业展区:①服装服饰展(时尚成衣展区、母婴及内衣展区、服装配件展区):E1-E3 馆(3 个馆);②纺织面料展(居室用纺织用品展区、餐厨卫浴用纺织品展区、面料辅料展区):E4-E5 馆(2 个馆);③家庭用品展(餐厨用品展区、个护清洁用品展区、家具家电展区):W1-W3 馆(3 个馆);④皮革制品展(箱包皮具手袋展区、鞋材成品鞋展区、皮革配件展区、帽类展区):W4-W5(2 个馆);⑤装饰礼品展(文体及户外用品展区、玩具及宠物用品展区、工艺礼品展区):W4 馆(1 个馆);⑥现代生活方式主题展(境外国家地区展区、跨境电子商务展区):W5 馆(1 个馆);⑦跨境电商展(主要汇集国内外物流供应商、金融服务商、数据服务商、平台支付商、跨境仓储等。同时包括营销指导、运营培训、商品培训、促销活动支持等平台运营服务;通关服务、海外仓储、国内仓储支持、国内物流等供应链整合服务):E6 馆(1 个馆)。

第二十一届中国国际工业博览会

由工业和信息化部、国家发展改革委、商务部、科技部、中国科学院、中国工程院、中国国际贸易促进委员会、联合国工业发展组织和上海市政府共同主办的第二十一届中国工博会,于 2019 年 9 月 17—21 日在国家会展中心(上海)举行。

以"智能、互联—赋能产业新发展"为主题的第二十一届中国国际工业博览会在国家会展中心(上海)圆满落幕。本届工博会从结构上看,兄弟省市企业参展展位 6697 个、占

第二十一届中国国际工业博览会现场

48.07%，全国有25个省、自治区、直辖市参展，5个计划单列市全部参展。其中，黑龙江、河北、陕西、安徽、广西、河南、四川等11个省区市组团参展。境外参展展位4043个、占29.02%，来自美国、德国、法国、以色列等27个国家和地区，其中日本、德国、俄罗斯、瑞士、土耳其等国组团参展。2610家展商参展，其中上海企业展位占比23%，外省市企业和境外企业展位分别占比48%和29%，同期精彩活动50余场，吸引境内外专业观众18.2万人次，较上年同期增长4.5%。

展会面积28万平方米，共设置九大展区，集中展示智能、互联驱动下的产业发展新成效，展示工业最新技术、产品和服务。展览涵盖了从制造业基础材料、关键零部件，到先进制造装备、整体解决方案的智能绿色制造全产业链；将系统展示数控机床、机器人、工业自动化、新一代信息技术（工业互联网）、节能环保、能源技术与设备、新能源智能网联汽车、新材料等重点领域的最新产品、服务与前沿创新成果。

工博会作为我国工业领域面向世界的一个重要窗口和经贸交流合作平台，不仅有力促进了中国工业与全球工业的交流交往交融，也已成为上海工业融入全球产业链的重要纽带。以新一轮科技革命和产业变革为契机，本届工博会紧跟新兴产业发展新趋势，聚焦制造业发展重点领域，坚持政府引导和市场机制相结合，充分展现现代信息技术赋能产业的重要作用，充分凸显促进创新成果转化的重要功能，充分释放中国制造、上海制造品牌效应；工博会所发挥的展示、交易、评奖、论坛等功能，丰富了上海制造内涵，支撑了城市能级提升，已成为上海靓丽的城市名片，为打响"上海制造"品牌、服务中国制造高质量发展发挥了重要作用。

一、第二十一届中国工博会的主要亮点

本届工博会把握产业发展新趋势新潮流，体现科技创新对产业创新发展的驱动作用，展示产业链、创新链和生产力布局链的深度融合，主要体现了五方面亮点：

1. 突出了技术创新前沿和创新产品。本

届工博会的科技创新展，汇聚科技创新引领示范的新成就，凸显了技术创新风向，加大了新技术产品首发首展力度。如协作机器人鼻祖丹麦的UR公司以及日本发那科、川崎、德国库卡等领先企业，都将现场首发最新协作机器人。上海微电子将展示填补国内空白的国内首台高分辨率6代小Mask投影曝光机。

2. 突出了产业链区域合作发展成就。特别是展示了长三角地区落实一体化发展国家战略中的产业链联动新进展。工博会多个专业展均聚焦长三角区域合作，如机器人展，呈现长三角上中下游产业链的集聚与互动；科技创新展，展示了上海集成电路产业向长三角辐射的成果成效，讲述上海企业积极融入长三角一体化发展、强化产业协同，形成"城市群"合力的故事。

3. 突出了新业态新模式的场景应用。围绕可感知、可体验和可应用，本届工博会加强了"5G+工业互联网""AI+制造"等场景应用设置。全新打造了工业互联网展区，通过场景应用展现了未来趋势性技术。英特尔、上海电气等多家国内外企业带来最新应用场景，电信、移动、联通等通信服务商将现场展示5G在工业领域的最新应用成果。

4. 突出了产业技术创新全流程协同。展区设置突出了构建完整的智能制造生产供应链，注重了开放式创新、产学研合作、创新技术产业化等内容展示。如技术交易展区广泛优选和集中展示具有代表性的技术转移服务模式、科技成果转移转化实施案例和先进创新技术成果，提供一个展示服务能力和技术实力、对接技术项目、寻求市场与研发合作的平台。

5. 突出了工博会会展品质的再提升。一方面，对标国际一流水平，提升评奖质量和论坛层次。评奖方面，除了控制奖项规模、提升奖项含金量外，还创新评奖模式，与国内外知名的行业协会加强合作，推荐国内外一流的新产品参与评奖。另一方面，进一步拓展国际影响力，加大国际推广，深化"双向开放"。本届工博会首次在境外社交媒体Facebook，开通了工博会英文站点，进一步拓展国际化推广渠道。

二、改革评奖机制，获奖展品凸显高质量发展成果

在展会开幕首日，同期揭晓了第二十一届"中国国际工业博览会大奖"（CIIF大奖）。上海联影医疗科技有限公司的全景动态PET-CT uEXPLORER、山崎马扎克（中国）公司的DDL激光管材加工中心、山西太钢不锈钢精密带钢有限公司的宽幅超薄精密不锈带钢——"手撕钢"等10家企业分获大奖。

上海联影公司的全景动态PET-CT uEXPLORER在全球首次实现全身多组织器官的4D高清动态成像，可实现1.94米长的轴向视野。2018年12月，它获得美国FDA批件，首台设备出口美国享受了美国海关零关税优惠。而山崎马扎克（中国）有限公司的DDL激光管材加工中心，则搭载了全球首款DDL（直接半导体激光）激光发生技术，能耗更低，光电转化效率更高，具有高度智能化功能，可以广泛应用于原材料、板材切割加工的各行各业。

纵观10家CIIF大奖获奖企业，它们涉及"全球第一""国际首创""达到世界先进水平"等，在工业领域关键环节取得了重大进展，打破了相关行业国外企业的垄断局势。

本届工博会评奖部在评奖模式、奖项设置等方面进行了改革创新和机制优化，修订了评奖管理办法，将奖项名称调整为"中国国际工业博览会大奖"，并规定每年度颁奖数量不超过10项（含10项）；拓展了参评渠道，将申报模式由"自主申报"变更为"自主申报+推荐制"相结合，加强与国内外行业协会及招展单位合作；组建"中国工博会评奖专家委员会"，严格把关评奖各环节，提升评审工作权威度和影响力。

三、大咖云集，论坛功能持续深化

本届工博会论坛按照"少而精、创品牌"的原则，优化主题策划，举办重要论坛活动13场，重点会议有创新与新兴产业发展国际会议（IEID）等。IEID会议汇集全球知名专家和产业界人士，围绕新兴产业发展的关键领域进行开放式交流,引导和促进全球重大科技创新和新兴产业发展,为我国乃至全球的创新与新兴产业的发展贡献力量。

此外,2019 世界智能网联汽车大会亮点较多,上海公布多项推进智能网联汽车发展的实质性创新举措,包括率先开启了人—车—路—云智能互联的 5G 智慧交通建设,首次实施了长三角智能网联汽车道路测试互认机制,率先突破了智能网联汽车载人测试示范应用,创新丰富了智能网联汽车道路测试场景等。2019 国际工业互联网大会以“智能融合,可持续发展”为主题,紧贴国家发展战略,立足“中国制造”,关注长三角三省一市协同发展,关注跨行业融合创新,举行了工业互联网系列成果发布仪式。第八届中国机器人高峰论坛暨第五届 CEO 圆桌峰会除了首次设立“CIIF 机器人奖”外,还首次进行跨界同台演绎,引进当下最热门的互联网概念与机器人行业碰撞火花。长三角开发区开放创新暨国际产业合作论坛以创新提升,共创未来作为主题,致力于搭建长三角开发区创新协同发展交流的平台。

工博会同期,还有 2019 工业设计创新论坛、第二届物联网标准化论坛、2019 第八届工业控制系统信息安全峰会暨 2019 第三届工业互联网系统解决方案高峰论坛、2019 工业品电商与数字化供应链高峰论坛等分论坛互动开启,精彩纷呈。

四、细化展会分类,精准凸显展品主题

此次工博会紧紧围绕创新,体现中国创造。各展区的设置也更加细化、专业化,凸显展品主题。

如位于 6. 2H 馆的工博会高校展区,包含 36 个高校独立展位,江苏高校、天津高校等多校联合展位,还设有项目路演区、洽谈区等。清华大学、北京大学、南京大学、武汉大学、复旦大学、上海交通大学等 74 所国内外高校展出了 758 项科技创新成果,在人工智能、先进制造、新材料、生物医药、环保新能源装备等各领域都有“看家”本领。高校展区围绕国家实施创新驱动发展战略,全面展示高校科技创新实力,积极促成产学研合作,并顺势推动国际化发展。此外,日本大阪市立大学、俄罗斯圣彼得堡彼得大帝理工大学、俄罗斯伊尔库斯科理工大学、芬兰拉普兰应用科学大学和泰国北清迈大学 5 所国外高校参展。

中国科学院展区围绕“区域创新,协同发展”的参展主题,共征集到 37 家院属单位的 113 项创新成果项目,其中沪外展商数占比 61%,实物参展 96 项,占比 85%,参展代表规模达 250 人,创中科院参展工博会以来历史新高。中国科学院各单位申请评奖 16 项,主要涵盖了智能制造、智能信息、新材料等领域。

而“创新科技馆”是由科技部负责的科技展区、市科委负责的“科技引领、打造创新策源地”主题展区、市科技创业中心负责的技术交易展区和上科院负责的上海科学院展区四大板块组成,围绕集成电路、人工智能、生物医药重点领域,多领域、综合性、全方位、多角度地展示上海的创新策源能力。已第二年设立中心活动舞台,举办了“解读国家科技计划成果”专场、“健康生活”专场、“城市治理”专场、机器人科普专场、高科技新品发布会、外资上海研发中心联合实验室揭牌、现场义诊等多场活动。

五、坚持创新导向,促进国内外合作交流

工博会为制造业企业提供了“发声”和展示的平台,不仅集中展示了中国制造业的高质量制造实力和创新能力,还集中展示了中国制造业企业的创新模式与方向,为我国制造业转型升级发挥了示范引领作用。一方面,大批中国新产品、新技术在工博会展示或首发,另一方面,很多境外企业也通过工博会展示新技术、新产品,寻求合作、开拓国际市场。同时,工博会从展示产品到展示技术,从展示创新到展示解决方案,进一步体现了产业融合化的发展趋势。

如本届工博会分展——新一代信息技术与应用展(信息展 ICTS)持续第四年聚焦“工业互联网”专题,联手工业互联网产业联盟,以及边缘计算、工控安全、物联网、通信制造等行业权威机构，通过前沿技术与应用展示、高规格系列发展论坛、目标买家采购、创新实验室（投融资路演、大企业面对面等）、产业技术沙龙、虚拟展厅（线上线下一体化）、新媒体访谈传播等形式，全方位打造国际化、品牌化、多元化、数字化的现代展览和会议交流平台，展现数字工业未来。

在本届工博会上，中外知名企业争相首发首推100余项最新技术与产品。制造技术与大数据、云计算、人工智能、虚拟现实等新一代信息通信技术持续深入融合，制造业生产方式、组织管理形式和发展模式将面临新的变革。AI、先进制造、量子信息科学和5G，已成为各大国抢占未来制高点的重点目标产业。

第十八届中国（上海）国际跨国采购会

第十八届中国（上海）国际跨国采购大会于2019年11月7—9日举办。

本届跨采大会由商务部和上海市人民政府联合主办，爱姆意云商作为特约支持单位，负责展前组织工业品牌商参展，展会期间组织主题论坛、合作签约、供需对接等系列活动。展会面积逾2万平方米，共计439个展位、246家设展企业，其中境外采购企业115家。

作为国内最大规模的逆向采购盛会，经过17年的积累探索，跨采大会已经成为中国与世界各国在贸易领域沟通交流、合作共赢的国际平台，成为上海建设国际贸易中心的有效载体。

上海跨国采购大会是国内最大规模国际工业零部件及工程建设逆向采购盛会，由于上海跨国采购大会有来自不同国家的采购商和供应商，让跨采大会成为一个国际性的平台，有利于各国的经验交流，采购商可以在展会上

第十八届中国（上海）国际跨国采购现场

寻找优质的供应商，并进行洽谈，提升供应商的采购效率，降低了采购商的寻货成本，可谓是一举两得。环球建联、上海建联作为上海国际智能建筑和绿色建材交易会的协办方，此次招募参展行业涉及沉重结构、装配式建筑、墙体及幕墙材料、建筑门窗、建筑附属构件、屋面及遮阳、装饰装修材料、地面材料、油漆及涂料、保温、吸声及隔震材料、防水材料、防火防腐材料、室外设施、建筑施工大型机械设备、电梯及停车设备、给水排水设备、管材管件、消防设施、水处理设备、供热、制冷设备、空调、通风及防排烟设备、燃气设备、电气设备、自动化监控及安防设施、网络与通讯系统照明材料等。此次上海国际智能建筑及绿色建材交易会致力于与材料供应商共同探讨当下国际绿色建筑的发展趋势，讨论顶尖建筑部品及材料的最新应用，同时孵化更多提升建筑品质飞跃的高水平建筑部品及材料在中国建筑的应用。

展会聚焦国际工业零部件、工业环保及工程建设等领域，参展范围包含工业零部件、工业设备、电控电工、仪器仪表、各类工具、化工品、仓储搬运、劳防清洁、商用车辆、照明以及智能建筑、工程材料、水环境处理、绿色环保材料等。作为国家级展会，本届跨采大会与进博会同期举办，两者在多方面得到了有效结合：

一是贸易双向：进口博览会推进口，跨采大会促出口，进出口并举推动全球自由贸易发展。

二是扩大境外采购商及国际组织在采购领域的合作，引入国际采购高端论坛，通过跨采平台打造高端采购经理人圈层。

三是跨采大会聚焦国际工业零部件及工业环保，与进博会汽车、高端装备多个展区形成产业配套，提升工业科技硬实力。

为适应全球工业品采购的互联网、数字化发展大趋势，在2018年爱姆意云商和上海跨采中心共同打造的“中国国际跨国采购在线平台”的线上平台基础上，2019年为进一步服务展商，服务观众，继续主动创新，求新求变，将一楼打造成了“工业品电商展区”，吸引了超过130家企业参展。

其中既有亚马逊中国、爱姆意云商、震坤行等工业品电商服务平台企业，也有上海机床厂、史丹利五金工具、脉链集团等制造业企业。大会还吸引了德国汉高、永恒力叉车、瓦德里希科堡（金牛座）等进博会工业品参展商积极参与。

二楼展区开辟为国际智能建筑及绿色建材展区，参展行业涉及沉重结构、装配式建筑、墙体及幕墙材料、建筑门窗、建筑附属构件、地面材料、油漆及涂料、保温、吸声及隔震材料、防水材料、防火防腐材料、室外设施、建筑施工大型机械设备、自动化监控及安防设施、网络与通讯系统照明材料等。

展会期间，上海市商务委副主任申卫华在上海市电子商务行业协会会长戴佩华的陪同下到展馆巡馆，并现场听取了爱姆意云商、震坤行、上海机床厂、脉链集团等企业的参展情况汇报，并与俄罗斯国际五金工具博览会进行了现场连线互动。

爱姆意云商作为特约支持单位，在展会期间组织了“工业品跨国采购数字化高峰论坛暨进博会工业品参展商对接会”“工业品跨国贸易创新研讨会 · 亚马逊专场”等交流对接活动。

申卫华在巡馆时评价：“本届跨采大会的展商和展品的组织，充分体现了本届跨采大会全新的平台采购、双向采购的特点，为本届跨采大会的成功转型，为下届跨采大会的成功举办奠定了坚实的基础。”

展会期间还促成了多场签约：

1. 爱姆意云商副总裁胡来武与上海智能制造系统创新中心总经理陈廷炯进行了工业品跨国采购数字化战略签约仪式。

2. 由进博会工业品代理商联盟牵线搭桥，圣戈班（中国）投资有限公司亚太区首席营销官兼首席数字官王焕与上海捷艾迪工业品集成有限公司董事长梅富华进行了销售代理及采购意向签约。

3. 由进博会工业品代理商联盟牵线搭

桥，德国瓦德里希·科堡首席代表刘中柏与上海爱姆意机床成套设备有限公司总经理冯轶进行了销售代理及采购意向签约。

4. 由进博会工业品代理商联盟牵线搭桥，易尔拓全国营销总监杨奥与脉链集团云事业部总经理昝帅东进行了销售代理及采购意向签约。

第七届中国(上海)国际技术进出口交易会

2019 年 4 月 21 日由商务部、科技部、国家知识产权局和上海市政府共同举办的第七届中国(上海)国际技术进出口交易会(简称上交会)在上海世博展览馆落下帷幕。为期三天的上交会是我国首个集技术展示和交易服务为一体的国家级、国际性、专业性展会。本届上交会主题是“汇聚全球科创新智慧，共谱技术贸易新华章”。观众达到 58223 人次，比上届增加 5.1%，其中专业观众 81.5%。

第七届上交会展览面积 3.5 万平方米，916 家境内外知名科技企业和交易服务机构参展，逐步成为技术荟萃、宾客云集的国家盛会，成为深化国际创新合作和技术贸易发展的重要窗口。一大批国内外领先的人工智能等高新技术项目悉数亮相，上海爱餐机器人(集团)有限公司“味霸”机器人厨师、上海歆玺信息科技有限公司“试领”智能货柜等获得本届“上交会十大人气项目奖”。其中，德国罗夫哈特公司的 MR500 最新款环保科技汽车项目高票当选本届上交会“镇馆之宝”。上海肇观电子科技有限公司——天使眼智能阅读器、深兰(上海)有限公司——熊猫智能公交车等荣获第七届上交会最受媒体关注的人工智能项目。同时，通过 7 年上交会的积累，境内外合作伙伴的队伍不断壮大，在本届上交会期间，“上交会 3+365 联盟”为首批境外 5 家成员单位授牌，并为展会举办给予大力支持的中国建设银行上海市分行颁发“特别鸣谢”奖项。

第七届中国(上海)国际技术进出口交易会现场

本届上交会邀请英国利物浦市、德国萨尔州、我国福建省担任境内外主宾城,各主宾城主题馆吸引了业内外人士的关注,取得了丰硕的成果。英国利物浦市贸易投资洽谈对接会中英双方共计超过60家企业,近120人莅临参与。英国利物浦约翰摩尔大学与上海工程技术大学签署共建智能运动服装中英联合实验室协议;奥尔赫儿童医院国民医疗服务基金会与上海市儿童医院、儿童基金会达成合作共识。以"AI赋能·开启创新驱动新时代"为主题的德国萨尔州人工智能主题论坛,共邀请500多位来自中国政府、企业、大学的代表参会。中德人工智能合作中心和中德人工智能加速孵化中心落户上海普陀。境内主宾福建省组织多家智能制造、信息技术类品牌企业参展,展示福建省技术贸易产业成果和实力。

本届上交会共举办了一场开幕论坛、三大主题日、60余场专业论坛和专题会议等多项活动。开幕论坛上新加坡南洋理工大学媒体创新学院院长、瑞士日内瓦大学米拉实验室主任、人工智能和社交机器人领域资深专家纳迪亚·玛格丽特·唐尔曼作主旨演讲;上海市人民政府与德意志联邦共和国萨尔州政府、上海交通大学与德国萨尔州人工智能领域签署了合作备忘录。联合国工发组织主题日举办了"技术,投资,创新——联合国工发组织全球投资促进网络对话长三角高质量发展"论坛,首发联合国工发组织创效投资线上课程和国际产业生态园实施框架两项成果。知识产权主题日围绕知识产权保护促进工作开展品牌经济论坛、上海市知识产权工作情况通报会等活动。冀中能源井陉矿业集团有限公司、欣诺冷弯型钢产业研究院(曹妃甸)有限公司和北京知舟专利事务所(专利实施法律保障团队)促成冷热复合成形尖角方矩钢管发明专利产业化,签署了七千多万元的合作协议。

本届"上交会发布"设置现场发布专区,为技术供需方对接打通"最后一公里",更为参展上交会的企业搭建寻找投资机会与合作伙伴,产业转型与项目落地的平台。共推出人工智能、长三角联动、境外技术项目、全国省市联合、上海区级园区等五大发布专场,来自人工智能、生命科学、机器人、智能制造等领域的67家和机构共发布77个项目。其中40%的项目来自沪苏浙皖四省市,20%来自境外。

第十三届中华老字号博览会

2019年9月20—23日,由商务部支持,上海市商务委、上海市经信委、黄浦区人民政府和中国商业联合会中华老字号工作委员会共同主办,黄浦区商务委、静安区商务委、老字号协会、商务发展研究中心和上海东艺会展服务有限公司共同承办的"2019第十三届中华老字号博览会"(简称博览会)在上海展览中心东一馆隆重举行。

本届博览会展出面积达8500平方米,120个上海老字号、71个外省市老字号(江苏、安徽、江西、广东、山东、福建、天津、重庆、云南、深圳、吉林、新疆等12个省区市)参展,光明、百联、新世界、豫园、九百、开开、梅陇镇等市民耳熟能详的老字号企业悉数参展。

本次活动旨在聚焦老字号的传承与创新,通过搭建老字号集中推广、集聚发展平台,整合社会多方资源,从而促进老字号改革创新发展,重振一批代表"上海购物"的老字号品牌。还在"百年匠心——寻迹老字号传承人"主题展区联合16家非遗老字号,展示30位老字号非遗技艺传承人的非凡技艺,深度挖掘老字号的文化传承与时代使命,再现老字号百年传奇,展现老字号匠人匠心匠品。

为提升"上海购物"品牌影响力和辐射力,博览会特设"老字号新品集中发布活动专区",包括开开、春竹、雷允上、老凤祥、上

第十三届中华老字号博览会在上海展览中心东一馆举行

海制皂、吴良材、第一食品7个老字号品牌在展会上进行新品发布，展现“老牌新品”的风采。

为顺应“互联网+”新趋势，增强消费体验，博览会与百联、百度、美团点评等互联网龙头企业开展深入合作。i百联于9月20日晚0点上线“中华老字号博览会”，消费者可以在手机上客户端实现购买。百度中华老字号博览会小程序9月20日正式上线，以“国潮”为主题，开展大规模老字号品牌线上宣传。美团点评在博览会现场发布《餐饮老字号数字化经营现状报告2018》，推动老字号进一步拥抱数字经济，运用互联网技术扩大营销网络，提升运营水平。

博览会还携手华东师范大学打造“老字号与新时尚——品牌研究与3D首饰创意设计展”，加速老字号品牌焕新。

此外，“老字号新活力”高峰论坛等多场同期活动也将助力老字号企业打开新的市场，找到新的价值，焕发新的活力。上海市就业促进中心、上海市老字号协会还举办了“新活力赋能老字号新发展”论坛，邀请画家李守白、朱见山(东家创始人)、张晓军(视辰科技创始人)等新设计、新传媒、新技术代表人与老字号现场交流，推动老字号博览会成为创新辅导、就业促进、创意设计和投资合作的功能平台。

往届博览会广受好评的“‘国家宝藏’——寻宝活动”以全新的面貌延续，升级为“国家宝藏3.0”。户外美食区经优化升级，进一步提升消费者现场美食分享体验和购物乐趣。

参加本次博览会的多家企业代表表示：上海作为国际大都市，多元文化在这里汇聚。协会搭台带领我们参展，让企业看到了更多潜在商机，很大程度上拓展了企业视野。而且，对企业建立促进品质消费长效机制，共同传承发扬老字号文化，挖掘拓展老字号品牌价值，起到了有力的推动作用。

第十八届上海国际汽车工业展

第十八届上海国际汽车工业展览会(简称上海车展)于2019年4月18—25日在国家会展中心(上海)举行。伴随着中国经济由高速增长阶段转向高质量发展阶段,汽车产业也开启全面建设汽车强国的新征程,2019上海车展将再次展现中国作为全球最为活跃、最具发展潜力的汽车市场之一的独特魅力。

作为全球规模最大、最具影响力的国际A级车展之一,以“共创·美好生活”为主题的2019上海车展吸引了来自20个国家和地区的1000余家知名汽车展商倾情参与,国内外各大主流汽车品牌以高规格参展。本届车展展览总面积超过36万平方米,展出整车近1500辆,其中全球首发车129辆、新能源车218辆、概念车76辆,集中展示世界汽车工业的创新发展成果,全面展现汽车与信息通信、互联网、大数据、人工智能的深度融合。车展共接待海内外观众99.3万人次。

2019年4月16日、17日两天媒体日,各大汽车厂商共举行了136场新闻发布会,来自38个国家和地区的11600名中外记者竞相报道了车展盛况,在世界汽车业和相关制造业、服务业界引起极大关注。展会同期共举办了30余场论坛、峰会、研讨会以及技术交流活动,聚焦汽车关键技术、智能制造、新能源技术、自动驾驶、未来汽车科技、5G场景应用、新材料、新工艺、产业投融资等热点话题,为全球汽车行业未来发展提供了卓有成效的高层次交流平台。

一、上海车展开启科技引领的车展新时代

亮点一:汽车技术“新四化”席卷而来。

第十八届上海国际汽车工业展示现场

随着汽车电动化、智能化、网联化、共享化由概念逐步转入实际应用,越来越多汽车厂商及跨界机构大举投资,纷纷将其视为未来汽车产业发展的根本方向。本届车展上,许多汽车品牌均展出了大量具有“新四化”概念的车型,其中不乏概念车。站在汽车高质量发展的新起点,以中国为代表的自主品牌也宣布将全面加速新能源化和智能网联化的“双轮驱动”布局,为2019 上海车展注入汽车“新四化”的理念、产品和技术。

亮点二:新造车势力集中发力。以蔚来、小鹏、威马为代表的已经量产交付的新造车势力也成为关注焦点,还有天际、车和家、博郡汽车、格罗夫、合众、国机智骏、新特汽车、KARMA、G-tech 等 17 家全新面孔亮相车展。新造车势力在上海车展中的集体刷屏,也从另一个侧面反映出新能源汽车的浪潮非但没有退却,还都在稳步发展中。

亮点三:智能网联技术跨界融合未来出行。2019 年上海车展首次设立未来出行展区,打造了一个集 5G、无人驾驶、未来出行、车联网等细分领域的前沿科技和产品,吸引到越来越多的跨界企业重磅亮相。以华为、阿里、中国移动、科大讯飞等为代表的通信和互联网企业集体走进车展,展示以智能网联技术为首的新兴汽车技术。作为汽车与通信、互联网产业的融合载体,智能网联技术在车展上备受关注。可以预见,在未来汽车市场环境中,这将成为汽车产业中的重要力量。

二、高质量服务保障为观众提供优质的参观体验

在各方的通力配合下,2019 上海车展保障及应急预案充分全面,实施到位,运营保障工作细致周密,展会现场观众的参观体验感良好。

特点一:以高技术手段应对大客流。主办方与交通管理部门利用各种媒体宣传及引导手段,倡导观众绿色出行、错峰参观;对部分热门展馆提前做出预判,在馆外设置排队区域;协调开辟了场馆及周边 19 个停车场和其他临时停车区域共计停车位 15000 余个;首次启用人工智能预警系统,实时监控馆内人流情况,高峰时段 1000 余名警力和 2000 余名保安驻场保障。

特点二:以绿色低碳理念创新办展。2019 上海车展秉承“以人为本,不断创新”的办展理念,首次启用电子门票、电子门禁和人脸识别无感化服务,高效、便捷、环保的理念不断提升着车展服务的含金量。

特点三:以人性化服务提高观展体验。450 名来自各大高校的车展志愿者分布在展馆的各个角落,为观众提供热情周到的服务;在中央广场创新开辟未来出行体验区,向观众普及和倡导未来出行的新理念和新体验;馆内还设立了休息室、医务室等人性化便利服务,并提供丰富多样的餐饮场所供观众选择。此外,本届车展还接待了 2 万余名儿童参观,多样化的互动体验活动成为亲子娱乐的最佳场所。中外媒体也对本届车展的舒适观展环境和高效人性化服务纷纷点赞。

第十八届上海国际汽车工业展览会开启了科技引领的车展新时代,成为车市的“晴雨表”,行业的风向标。上海车展将顺应汽车技术变革趋势,致力于引领行业发展潮流,以电动化、智能化、网联化、共享化、品牌化为发展方向,继续成为引领世界级车展的“标杆”。

第三十六届中国上海国际婚纱摄影器材展览会

2019 年 7 月 10 日,第三十六届中国上海国际婚纱摄影器材展览会于上海国家会展中心正式拉开帷幕。本次展会由中国人像摄影学会与上海国际贸易促进委员会联合主办、上海市国际展览有限公司承办、上海摄影业行业协会协办,总展出面积达 15 万平方米,百余家

第三十六届中国—上海国际婚纱现场展示

参展商参加展会。

本届婚纱摄影展拥有“上海国际婚纱礼服、彩妆造型及时尚配饰展览会”“上海国际主题摄影、旅拍及样片展览会”“上海国际相册相框、耗材及后期制作展览会”和“上海国际婚礼产业采购大会”四大支子展。展会已成为全球极具规模和影响力的行业盛会，见证了中国婚纱摄影行业及相关结婚产业的发展与壮大，引领全球婚尚产业“风向标”。

据主办方统计，展会吸引来自美国、俄罗斯、马来西亚、日本、韩国等国家和地区海内外600余家优质企业参展。整个展区分布包括：3号馆展品范围为婚纱、晚礼服、秀禾、男士礼服、妈妈装、伴娘服、婚鞋、婚庆配饰、主题服饰、彩妆美容美甲、化妆工具及培训学校、面料、配套包装等。4号馆内设相框相册、工艺品、后期耗材及设备、框条、摆台、相册皮料、相册、箱包、相框相册制作设备等。5号馆主要为主题样片、旅游婚纱旅拍加盟、摄影基地加盟、旅拍房车；橱窗设计与空间设计、家具道具、定制礼品；目的地婚礼、一站式会所、婚庆品牌加盟、婚庆布景、蜜月旅行、婚礼服务及设备租赁、婚车租赁、婚礼百货、花艺设计；划培训、摄影器材。

同期举行的儿童摄影展位于5.2号馆和6.2号馆，数码影像展位于5.1号馆，三展联动，旨在以专业打造全球婚尚婴童全产业链、摄影器材全产业链的一站式采购展示和商务贸易交流平台。

第二十三届上海国际食品饮料及餐饮设备展览会

2019年11月12—14日，第二十三届上海国际食品饮料及餐饮设备展览会（简称

第二十三届上海国际食品饮料及餐饮设备展览会展区

FHC)举行。FHC 作为优质全进口食品贸易盛会,所有参展商或来自国外企业或是国际品牌在华制造商或代理商。其中超过半数以上的买家来自上海阜外,FHC 是真正服务于中国市场的国际性展会。2019 年展会面积达 18 万平方米,12 万观众人数,48 个海外国家和地区,3500 名展商。

经过 23 年的发展,FHC 已经成为业内领先的贸易展览,是食品餐饮和酒店行业进驻中国食品饮料市场的平台。

本届展会一如既往的获得国家和地区展商的大力支持,分别是:奥地利、澳大利亚、比利时、保加利亚、加拿大、智利、中国台湾地区、塞浦路斯、丹麦、厄瓜多尔、法国、格林兰岛、印度、印度尼西亚、意大利、以色列、日本、韩国、吉尔吉斯斯坦、拉脱维亚、立陶宛、澳门特别行政区、马其顿、马来西亚、摩尔多瓦、荷兰、挪威、新西兰、秘鲁、波兰、葡萄牙、罗马尼亚、俄罗斯、沙特阿拉伯、新加坡、斯洛伐克、南非、西班牙、斯里兰卡、瑞典、瑞士、泰国、土耳其、乌克兰、英国、美国及越南。所有参展企业展示高品质的进口产品,包括:零食、坚果、香料、罐头、果蔬、咖啡豆和咖啡机、乳制品、饮料、糖果、果酱、意式面点、肉类和海鲜、冷冻食品、巧克力、烘焙产品、餐饮设备等。FHC 盛会无疑为全球食品制造商、进口商和经销商在为期三天的展期内提供了一个绝佳的交流平台。贸易买家和行业买手汇聚一堂,共同赏味高品质美食,并与食品专家会晤交流。

展会配置高端峰会、专业国际论坛、知名企业会议、烹饪艺术大赛和咖啡大赛等精彩现场活动,通过全方位、深层次的交流,为全球食品饮料企业的商务拓展等专业人士进行商贸配对,建立合作关系提供广阔平台。

展品范围:

1. 食品:休闲食品、进口食品、营养健康食品、食品原料和有机食品及儿童食品 巧克力、冰激凌、糖果、饼干、糕点、蜜饯、果脯、甜食、膨化食品、坚果、乳制品、烘焙类、面包糕点、罐装食品、冷藏食品、调味品及果酱、风干食品、冷冻食品、水果、蔬菜、美味食品、绿色及保健食品、橄榄油、意大利面制品等。

2. 农业和生鲜食材:火锅食材,蜂蜜农产品与果蔬、绿色农产品、有机农产品、观赏型农产品、粗加工农产品、鱼、蟹、贝壳、龙虾、三文鱼、牛肉、羊肉、猪肉、家禽、清真肉、内脏制品、加工肉制品、加工海洋制品等。

3. 酒咖啡饮品:乳制品、功能性饮品、碳酸饮料、茶叶及茶饮品、凉茶、植物蛋白饮料、矿泉水、果汁、软饮料、糖浆、白咖啡、速溶咖啡、咖啡豆、咖啡机、烘豆机、低温发酵啤酒、麦酒、黑啤酒 / 烈性黑啤酒、小麦啤酒、手工啤酒、葡萄酒、威士忌、白兰地、鸡尾酒、洋酒烈性酒、传统白酒、及其他含酒类精饮品和酒配套、酒包装、酒器皿等。

4. 餐饮供应链和冷链:水产、肉类、果蔬、清真食品、冷冻冷鲜食品、果蔬保鲜食品、半成品、即食方便食品、预制菜肴、调味品、可食用油、生鲜等其他餐饮供应链配送食品食材。食品添加剂 冷链仓储设施及装备设备、冷链运输技术及设备、冷链信息技术及设备、商用冷柜、保鲜技术及包装材料等。

5. 包装和设备:包装材料、专用标签产品、食品餐饮设备、比萨饼设备、餐具及配件、展示及储藏、冷冻和冷藏设备、咖啡及饮料服务设备、工业用面包及糖果设备、配料、防腐剂、香精、面包糕点及糖果制成品、零售用面包及糖果设备等。

第十六届上海世界旅游博览会

由上海市文化和旅游局指导、上海万耀华意展览有限公司和上海会展有限公司共同主办的第十六届上海世界旅游博览会(简称 SWTF)于 2019 年 4 月 21 日圆满落下帷幕。

2 天半博览会迎来近 300 位特邀买家到场,专业观众达 13310 人次,同比增长

第十六届上海世界旅游博览会开幕式

11.62%，普通公众42997人次，观众数量较去年基本持平。博览会现场销售金额约6447.12万元，同比增长26.6%。

2019年SWTF博览会，来自意大利、保加利亚、俄罗斯、斯里兰卡、日本、韩国、越南、突尼斯、秘鲁、古巴、阿根廷等53个国家和地区的750家联合参展商向参观者展现目的地旅游资源和特色服务。其中来自摩洛哥、委内瑞拉、玻利瓦尔、马达加斯加、加蓬、坦桑尼亚、土库曼斯坦、巴布亚新几内亚、肯尼亚等地的新兴海外目的地展商，正在全球旅游业发展中扮演更为重要的角色，吸引更多中国人前往旅游。

2019年是长三角一体化升级为国家战略的开始之年。在本届SWTF现场，由上海市文化和旅游局、江苏省文化和旅游厅、浙江省文化和旅游厅及安徽省文化和旅游厅共同联合打造的“长三角一体化联合展区”。

整个联合展区以绿水青山为主题，通过电子墨水和绿幕成像等科技手段来展示沪苏浙皖的文化和元素展现沪苏浙皖的文化和旅游元素，寓意“一脉相连，共同发展”。充分体现长三角一体化概念，进一步深化四地联动，共建世界级旅游目的地。温州带来的永嘉昆曲表演，让现场观众听得入了迷，纷纷表示想去楠溪江看看。

展会现场，国旅集团上海有限公司、春秋旅游、锦江旅游、上海中旅、众信旅游、安徽中旅、艳阳度假、途牛、上海青旅等众多品牌旅游大社共同在现场为推出的“锦旅研学”系列游学产品受到不少观众的关注。如针对暑期，推出了游学夏令营，可以在牛津、剑桥等知名学府上课，学习法学、经济学等课程。

春秋旅游为本次SWTF特别推出了千余条爆款线路，如法意瑞11日游仅为8999元起、缅甸6天5晚悠享游仅需2999元起、日本冲绳单次签证仅需9元。途牛不仅推出涵盖欧洲、三亚、美国、迪拜、东南亚、邮轮、CLUBMED等热门目的地的爆款产品，还精选了欧洲、美国、俄罗斯、迪拜、丽江等中老年用户喜爱的国内外热门目的地线路。上海青旅在现场不仅带来性价比超高的旅游线路，各类主题游及文旅项目别具一格，其中还包括整合了长三角知名旅游景点的“青春旅途”系列联票。众信旅游、国旅上海、安徽中旅、艳阳度假等也都推出了休闲度假旅游产品、邮轮旅游产品、蜜月产品、海岛产品、亲子产品、特种探险旅游产品、自由行产品等多样化的产品。

韩国旅游局在现场直接拿出来当地盛名的韩国拌饭和韩式面，供你品尝。古巴和阿根廷请现场观众品尝当地美酒，点燃了会场的气氛。

除此之外，还有长荣航空的“扭蛋机抽好礼”、众信旅游的“幸运大转盘”、春秋旅游的“观光巴士”以及长三角一体化联合展区、龙华烈士陵园等众多展商也为前来的观众准备了神秘打卡惊喜。

作为东道主，上海各区旅游局也在此次展会上尽显风采。作为海派文化发源地，徐汇区文化和旅游局精选区内文旅产业精品，分主题呈现。

历经16个年头，上海世界旅游博览会已经成功打造成为一个优质、专业、国际化的旅游年度盛会，是旅游及相关行业商务会谈与合作商机的诞生地，亦是旅游爱好者全方位体验旅游视听觉的年度优惠产品采购平台。同时，上海世界旅游博览会的成功举办，为进一步提升上海的国际影响力与美誉度、加快上海建设成为世界著名旅游城市起了添砖加瓦的作用。

二、上海创意产业园

中国·梦谷—南上海创意产业园

中国·梦谷—南上海创意产业园，由上海梦治投资有限公司投资设计改建，2013 年被上海市科委认定为“上海市科技企业孵化器”，定位于培育“文化科技融合”产业。园区坐落在上海市闵行区东南角，地处吴泾镇核心区域，占地面积 120 亩，现已成为闵行区重点推进项目。园区紧邻闵行大学城，与吴泾科技园、紫竹高新技术产业开发区等强势技术产业资源及诸多世界 500 强企业为邻。园区距闵行商业核心区域莘庄 10 公里，规划中的轨道交通 15 号线直通园区，虹梅南路高架也于 2015 年建成通车，方便出行的同时，也为园区带来海量客户资源及创新技术环境。

园区集电子商务、文化创意、艺术设计、汽

产业园外景

车改装、汽车影院、餐饮酒吧，健身休闲、办公、展示、仓储、配送、员工公寓、客户接待、地铁接驳班车、培训交流为一体，已吸引一大批企业进驻。为稳步推进园区建设，园区二期工程“集装箱创意办公”项目也陆续开工，届时，园区为企业定制专项服务平台，分别为企业注册、人力资源代理、管理咨询、市场拓展、融资规划、财税服务、法律咨询、专业服务、政策申报、创业导师十项服务，以解决企业在发展过程中的后顾之忧。

中国·梦谷—南上海创意产业园融合创意、创新、创业、创造的“梦经济”理念，打造成一座全新的“希望之城、理想之城、创新之城、圆梦之城”，成为上海南部的一张创意产业名片，为上海文化创意产业的发展做出更大贡献。

上海智慧桥创意产业园

上海智慧桥创意产业园，是上海市政府为进一步推动创意产业发展而确定的第二批18家创意产业集聚区之一，由上海科房投资有限公司与上海交大科技园有限公司联手共同开发

产业园外景

管理。本着为创意产业提供向市场转化的目标,智慧桥创意产业园将优势企业、政府政策、社区资源和高校资源共同融合,精心打造优雅的商务环境,庭院式的办公环境,舒适的洽谈休闲区域,创造一般写字楼、格子间不具备的创意元素,为入园企业提供齐全的配套设施,完善的后勤服务,提供优惠政策、管理咨询、风险投资、国际交流、科技顾问等功能,免除了创意企业的后顾之忧,充分发挥创意产业的集聚效应,相互沟通,相互影响,形成创意的良好氛围和创新活力,并以点带面,逐步推进广灵四路沿线创意产业带的形成。

为建设一流的创意产业园,园区引入上海交大科技园有限公司作为战略合作伙伴,共同建设上海交大科技园虹口分基地。园区产业定位是:以电脑动画、动漫设计、游戏开发、广告设计、工业设计、产品设计等为主的 IT 企业。

园区秉承“政府服务功能,企业市场化运作”的原则,以创新的思维和求实的精神,充分利用上海和虹口区的特点、优势,以现代化、网络化、集约化、花园化的良好环境,为设计创意企业及设计创意工作者提供高效、优质、专业的服务,用新的思路、新的服务为设计创意产业架起全面沟通的桥梁,搭建上海设计创意企业、研发机构及高校合作、交流和研究的重要平台,形成产学研一体化发展,提高设计创新能力和设计知识水平,推动设计创意产业的集聚。

上海 M50 创意产业园

M50,是莫干山路 50 号的简称,是原上海春明粗纺厂厂区,位于苏州河南岸半岛地带,占地面积 22967 平方米,拥有 20 世纪 30 年代以来各个历史时期的工业建筑 41000 平方米。为近代徽商代表人物之一周氏家庭企业——信和纱厂。解放后更名为信和棉纺厂、上海第 12 毛纺织厂、上海春明粗纺厂。

几年来,M50 吸引了包括英国、法国、意大利、瑞士、以色列、加拿大、挪威和中国香港在内的 17 个国家和地区及来自国内十多个省市的 130 余位艺术家创办画廊、平面设计、建筑师事务所、影视制作、环境艺术设计、艺术品(首饰)设计等。这些艺术家及创意设计机构的入驻,营造了苏州河沿岸浓厚的文化气息,众多的国内外游客慕名而来。

目前,M50 艺术产业园拥有香格纳、华府艺术、迈纳迈图文、吉品堂、上海大学 99 艺术中心、复旦大学美术学院、半度雨棚等优质客户。在入驻企业的选择上,M50 始终遵循园区定位,有针对性地引进在文化创意领域内有影响力的机构。这些机构的入驻营造了苏州河畔浓厚的艺术创意气息,吸引了众多国内外的收藏家、媒体、知名人士、艺术爱好者、市民和游客。

M50 创意园区已经陆续举办和参加了上海国际服装文化节、时装周、时尚之夜、上海苏州河文化创意产业论坛、“共享奥运情,一路卓越心”为奥运健儿加油喝彩、CREATIVEM50 年度创意新锐评选、M50 画廊联合开幕、宝马车展、ADICOLOR 明星慈善派对、欧莱雅产品推广等一系列时尚活动。由 M50 投资制作的话剧《浮生计》在 2008 年 10 月 1 日公开献演。M50 还参与“迎世博,学双语”“纺织企业文化子理念暨世博知识培训”。2016 年在创意园区内举办的活动有“洗牌”2016 青年艺术项目、“乐开花”长脸和赵牧阳转媒体艺术展、“桃花岛”吴晓申作品展、“支离地面五公分”仇世杰个展、“月星杯·苏州河旅游纪念品创意设计大赛”“M50 大学生创业市集”等。M50 艺术季立足于 M50 艺术产业园,其中共有 64 家画廊与艺术机构、117 位来自不同国家和地区的艺术家,将会在艺术季期间举办超

产业园外景

过137个展览。“M50新锐奖”是已经举办8年的“M50年度创意新锐评选”的改版升级，结合过去赛事经验，将关注视角从原来的在校学生，扩展到青年艺术家和设计师群体，把焦点投射在评选后的青年艺术家与设计师的未来发展。

华联创意广场

华联创意广场位于江苏北路125号，原为海鸥酿造五厂厂址。广场由上海联冠置业发展有限公司改建成为集商业、办公为一体的综合办公楼。项目总占地面积6676平方米，建筑面积约10000平方米，为适应不同的商办需要，设计有60～500平方米不等的办公环境，办公室内层挑高5米，可根据企业需求自行分层，进行个性化办公。

华联创意广场外景

位于中山公园商业圈辐射点的华联创意广场，以其特有的园区文化，加之华联发展集团成熟的管理模式和长宁区政府的大力支持，将打造成为一个集创意人才、IT 人才为主的产业基地。华联创意广场随着中山公园商圈辐射半径的扩大，以及周边多媒体产业不断拓展，未来形势也会得到更稳健的加强，为入驻企业提供良好的发展平台。

华联创意广场是上海市经济委员会批准的第三批创意产业集聚区，同时作为长宁区多媒体产业孵化基地，得到长宁区政府高度重视，凡入驻的企业，享受长宁区政府给予的优惠政策。

华联创意广场由 8 幢体量不等的建筑单体组成。A 幢、B 幢楼沿街且建筑体量较大，其余为零星建筑。园区内有机动车停车场、餐厅、咖啡厅，另有 2000 多平方米绿化广场，闲时可品尝园区内精致、优雅的绿化，让人备感轻松、愉悦。广场内物业华联发展大厦和新华世纪园物业管理，该管理团队有着丰富的管理经验和成熟的管理体系，可靠、高质的物业管理将为企业创造优美、舒适、现代化的办公环境。

绿地阳光园

绿地阳光园位于西江湾路 500 号，周围有明珠 3 号线虹口足球场站、6—9 条地面公交线的起讫点，服务于 3 条轨道交通（明珠线、M8 线、L2 线）及公交的地上、地下综合换乘设

绿地阳光园外景

施，机动车停车库（900 个泊位）、出租车扬招点、非机动车停车、人行步行道和过街通道。绿地阳光园系上海绿地建设（集团）有限公司投资开发和建设的创意产业园区。绿地阳光园占地面积 6000 多平方米，建筑面积 13000 平方米，由 4 幢工业用房与 1 幢大厦群楼合抱而成。绿地阳光园主要面向国内外各类创意产业企业，形成以设计创意为特色的重点领域。企业主要以室内装潢设计、建筑设计为主，另外还汇聚了一些广告设计、影视制作设计、环境艺术设计以及会展策划等企业单位。

绿地阳光园中间是庭院式景观休闲地带，园区由德国、美国的著名建筑师精心设计，建筑外观现代气派，楼宇功能设施齐全，风格时尚亮丽，是中心城区罕见的庭院式商务区域。其有四大特点，一是立面设计：充分体现建筑元素的时尚化，气派不凡。二是庭院设计：景观与休闲的有机结合，商业展示与文化气息的密切相触。三是功能设计：独有玻璃大堂、卫生间、公共部位的精装修、宽带、有线电视的接入。四是交通设计：东西贯通，人车分流，以庭院为核心有序流动。同时，园区还有三大特色：一是办公楼每层专设总经理套房，会客、办公、休息、卫生一应俱全。二是配套设施完善，会议中心、商务中心、健身中心、商业展示全方位服务。三是统一代办工商注册与税收一条龙服务，在绿地阳光园注册的公司，均享有“税收奖励”和“政府贴租”两大优惠政策。

98 创意园

因为地处延平路98 号，故园区命名为“98 创意园”，又名“蓝天绿地城市商务广场（Nature Plaza）”。创意园原址是上海电器厂厂区，始建于 1967 年，专门生产高低压成套电器

98 创意园外景

设备。企业转制搬迁后，上海电气酒店投资管理公司对原有厂房加固、改造，力图打造成工业设计、品牌设计创意园区。

98 创意园园区面积 14000 平方米，拥有 3 幢楼，目前一期的 6 层楼和二期的 5 层楼装修完毕之后陆续招商入住，三期已经确定客户正在改建装修中。上海电气酒店投资管理公司尊崇“以人为本、以客为尊、以质为先、以情为线”的经营理念，全情全心打造创意园。园区外立面鲜艳靓丽，内部构成现代时尚，围绕“设计、品牌、产业——撑起都市地标”这一主题，把现代工业设计成果、静安创意产业的特色优势、静安高端品牌中体现创意思想的内容集于一炉，立体展现区域最新产业成果。

98 创意园以其五彩靓丽外表、时尚内部结构，吸引了韩国 HMS 服装、搜友网、阳狮广告、法国赫利福模特经济公司等国际知名品牌公司入驻。自 2018 年 5 月园区开始大规模装修改造以来，目前一期和二期入驻率已达 60%，部分企业已开始正式办公。

98 创意园周边有久光百货、金鹰国际购物中心、上海商场、上海友谊商店静安寺店、新宁购物中心有限公司；有云峰大饭店、国际丽都公馆、上海宏安瑞士大酒店、波特曼丽思卡尔顿酒店、世纪时空酒店公寓；有华联超市、农工商超市、好德便利店、可的；有中国建设银行延平路支行、中国农业银行武定路支行、上海银行胶州路支行、招商银行静安寺支行；有厚味香辣馆、木村日本料理、必胜客、谷泰饭店、雅家咖啡馆、美味坊等。

优族 173 创意 & 科技园

优族 173 创意 & 科技园是上海市优族文化创意产业发展有限公司开发的集创意、办公、休闲、生活为一体的多功能创意产业园。园区于 2003 年在原上海电力建设修造厂厂址上投资 1.2 亿元打造，园区占地面积 28000 平方米，是上海市第三批虹口区首批的市级 87 家创意产业集聚区之一。园区坐落于上海虹口区邯郸路 173 号（复旦大学对面），地处邯郸路与松花江路交界处。西临松花江路，北接邯郸路，所处位置交通便利，临近内环高架。自 2006 年开园至今，园区已经集聚形成了以 IT 软件研发、通讯信息技术为主的多家科技类企业。2012 年作为虹口区唯一一家同时获得“上海市品牌建设优秀园区”“上海市知名品牌创意园区”“上海市文明单位”的荣誉称号的园区。

优族 173 创意 & 科技园为满足不同创意企业的商务需求，提供了多种类型的商务设施，配有先进的通信网络、视频系统，提供专业、周到、舒适的商务服务。为了能使客户在工作之余有舒适的休憩环境，另配备餐饮、酒吧、咖啡吧、商务酒店、自助银行、便利超市、时尚会馆等各项休闲设施，给客户在工作及商务活动中提供更好的配套服务。

优族 173 创意 & 科技园外景

优族173创意&科技园希望给客户带来一站式的创意办公新理念。上海优族文化创意产业发展有限公司通过创意产业集聚区的发展，努力为创意产业做出自己的贡献。园区将在产业资源整合和产业技术推动方面发挥积极作用，向各业内人事提供一个交流和互动的平台，充分展示上海创意产业活跃、健康的整体形象，并在园区推广中加强现代服务业的推进工作。

西岸创意园

西岸创意园位于徐虹中路20号，属徐家汇核心CBD的腹地。区域交通便捷，一直在城市产业链中扮演重要职能。西岸创意园西邻古宜路，与中山西路一路之隔，北邻吴中东路，东邻凯旋路及轨道交通3号、4号线，南邻徐虹中路，占地10649平方米，建筑面积18200平方米。

西岸创意园以时尚媒体为主导，以时尚、文化、现代为特征，构筑艺术设计与培训、时尚品牌发布、数码传媒、广告出版、网络媒体与互动休闲为基础的创意产业和与之相呼应的配套形态，形成功能互补、错落有致的主题性创意园区。

西岸创意园邀请意大利、澳大利亚、德国等5家设计单位进行规划设计招评标，最后经由专家组成的评议团，认定和选用邀请意大利TESKO马西姆公司负责概念方案设计，该公司在全球有非常丰富的工业老厂房改造的经验，公司负责人在意大利建筑设计界、时尚界颇具影响力。

西岸创意园外景

西岸创意园的规划方案设计时尚媒体创意产业为中心，集办公、展示及交易、文化等多功能于一体，融合休闲、娱乐、旅游等多元业态组合，旨在占领宜山路商务办公环境的制高点，打造上海乃至太平洋西岸时尚媒体产业发展中心。

第八编

专记

一、上海名牌

二、上海名店

三、上海名镇

四、上海名景

五、商贸法律、法规

一、上海名牌

太　太　乐

上海太太乐食品有限公司自1988年创立以来，始终将产品管理放在至关重要的位置，以产品质量作为第一诉求，坚持严格的质量标准，并通过整合国际先进质量管理体系，在整个物流链中建立一套完善的品质管理体系，包括：供应商品质保证、仓库储存运输管理、生产工艺控制、HACCP（危害关键控制点）管理、良好操作规范（GMP）贯彻、对与质量相关的所有环节制定质量监控计划（QMS），产品检验放行系统、产品追溯体系等。有了这样全方位的先进生产工艺和严格的质量管理保障体系，太太乐才有信心向消费者提出365天的质量承诺。

太太乐系列调味品共分为精类系列、味精系列、酱油系列、调味汁系列、酱类系列、油品系列、香辛料系列、VIP组合装系列等八大类几十个品种。公司主力产品太太乐鸡精，是国内同类产品市场占有率第一品牌，并于2005年9月1日，成为首批鸡精行业的“中国名牌”之一。

继太太乐鸡精之后，公司又向市场源源不断地输送了蘑菇精、高汤精、鲜贝露、蔬之鲜、浓缩火腿汁、浓缩鲜鸡汁等独创的特色鲜味料，在调味事业上屡创高峰。在世界领先的现代化生产规模及质量管理体系、强大的市场投入和优秀的营销团队的支持下，2008年，太太乐产品全年总销售金额超过21亿元，产品销售网络覆盖全国，并远销美国、加拿大、日本、中东等多个国家和地区，将“至味”的理念传播到世界各地。

太太乐鸡精被中央电视台《天天饮食》《满汉全席》栏目独家选用，还与具有全球影响力的凤凰卫视达成了合作，《美女私房菜》栏目业已开播，太太乐从境内的中央电视台到境外的全球华人传媒，已初步建立强大的覆盖网络，这种超前的经营思路完美地塑造了太太乐的品牌形象，向消费者全面传达了太太乐的主张，确立了太太乐在消费者心目中的领先地位。

俞 兆 林

1996 年 7 月 1 日，上海兆林实业有限公司正式成立。俞兆林继金属棉、太空棉、羽绒、羊毛绒等内衣原料之后，创造出了“导湿保暖复合绒”为主要原料的复合保暖内衣，俞兆林品牌至今依然被一些品牌咨询机构列为中国保暖内衣十大优势品牌之一。

2003 年公司进行战略改组，引进一批年富力强的归国留学生、学士硕士等新锐，组成决策管理层团队，率先在同行业推出护肤内衣。通过几年的探索和革新，护肤内衣逐渐走进人们视野，同时也预示俞兆林从保暖内衣向护肤内衣的第三次转型开始。

俞兆林发明的“导湿保暖复合绒”以仿生学原理，把棉的舒适、丝的轻柔及麻的强度、毛的保暖等性能融为一体，具有优异的保暖、透气、抗风、导湿性能。“俞兆林”牌保暖内衣与同类产品最大的区别就是其独特的抗风寒、保暖效果。因此，俞兆林发明的“俞兆林”保暖内衣，使人类告别了有史以来臃肿的冬装，实现了“既有风度，又有温度”。

在保暖内衣时尚、美体前提下，俞兆林公司还在内衣形体上做了改革，增加了薄型、中薄型，使保暖内衣的使用期由原来的 4 个月扩大到 8 个月，使原先只适合在冬季穿着的内衣，在春秋季也可以享受，并且“俞兆林”保暖内衣力求丰富多彩，时尚适用。近年，“俞兆林”保暖内衣面料又增添了印花、提花等花型，还增添了羽绒保暖内衣，增添了在膝、肩等关节部位护膝、护肩功能等。新一代“俞兆林”保暖内衣已经完全改变了传统保暖内衣颜色单一、格调单一、款式单一的老面孔。新一代“俞兆林”保暖内衣的花型、功能、款式、色彩等都开始向多元化延伸，消费群体从原来偏重于老年人，到现在的青年人、中年人、老年人都喜欢。

中 华 牙 膏

中华牙膏品牌创立于 1954 年，旗下拥有联合利华全球研发中心的支持，技术领先，品质优良，是国内唯一获 FDI(国际牙科联盟)认可的牙膏品牌。2011 年 6 月，中华全线产品新装上市，推出了全新的品牌形象，给消费者以年轻、自信的品牌理念。中华牙膏拥有美白、口气清新、全效、中草药、防蛀及抗敏等 6 个系列，十多个品种，覆盖了较全面的牙膏功效需求，形成较为完善的产品链。

20 世纪六七十年代，为振兴民族工业，生产优质牙膏，上海牙膏厂开展技术革新活动，中华牙膏的质量不断改进，产量也逐步增长，成为上海牙膏厂的拳头产品，市场占有率最高时约为 40%，在国内市场上享有很高的声誉。

80年代，中华牙膏名声大噪，屡获殊荣。1981年获“上海市优质产品”，1983年获“上海市名牌产品”，1986年在全国首届日用消费品评选活动中被评为“信得过产品”，1988年在全国牙膏行业第一个获“国家轻工业部优秀产品”称号。鼎盛时期，中华牙膏占据了全国牙膏产量的半壁江山，稳居中国牙膏市场销量第一位。

在中华牙膏几十年创业历程中，感情投入对于品牌维护有着不可或缺的贡献，新中国成立初期，上海诞生了一系列以“中华”为商标的产品，如“中华”香烟、“中华”铅笔、“中华”牙膏等。这些“中华”牌中，都包含了浓浓的中华情。在“中华”牙膏50年庆典时，一些老志愿军战士回忆：在战壕中看到中华品牌就充满力量。可见人们对“中华”牙膏的认同已不单单是一种商品，民族自豪感、对中国美好明天的向往都寄予其中。

晨光文具

晨光文具是一家整合创意价值与制造优势，专注于文具事业的综合文具集团。晨光以提供舒适、有趣的书写工具，让人们享受书写并激发创意为经营使命。同时，晨光将担负起企业作为世界公民的责任，努力使用环保材料和制造方式，为地球环保和建立循环经济的社会做出贡献。

晨光总有新创意是M&G晨光的核心价值，也是晨光得以保持优势，成为世界级品牌的关键因素。晨光的全球创意工作室拥有一支具备国际视野和世界水平的跨国设计师团队，从消费价值设计、产品工业设计、产品模具开发到品牌形象设计，建立了行业内独一无二的全程设计系统，使晨光迅速将创意转化为产品。

晨光文具的制造优势，体现为基于技术优势与成本优势的卓越制造能力，晨光集团追求充分满足消费需求前提下的高性价比，而不是以牺牲品质为代价的廉价。秉执品质就是生命的理念，晨光集团创建了150000平方米的高科技工业园，拥有4000多名熟练技术工人和高素质的管理团队，以及世界一流的生产工艺和品质管理流程，确保晨光能在大规模生产需要下保持优异品质。

晨光已在中国建立起强大的、高效率的营销网络，产品销售到中国的每一座城市；同时，和家乐福、沃尔玛、新华书店、罗森等大型卖场、超市、书店、便利店建立了长期合作关系。

在国际市场，晨光已建成一个包括东南亚、日本、欧洲、美国、中东在内的全球销售网络，并在迈向世界舞台的同时，不断将中华文化传播到世界各地。

晨光是全球品牌，晨光的品牌价值基于全球普世价值，并由世界级大师设计。晨光同时是一个中国品牌。全世界没有任何一个民族，像中华民族一样，将书写发展成为一门伟大的艺术——书法。晨光将继承中国源远流长的

M&G晨光文具

办公用品 学习用品 体育用品 玩具

书写文化，融入我们的品牌和产品，向世界传播，与世界分享。让我们的文化全球化，让我们的创意全球化，让我们的品牌全球化。

凯　泉

凯泉集团是国内集设计、生产、销售泵、给水设备及泵用控制设备于一体的大型综合泵业公司，是中国泵行业的龙头企业。总资产达18亿元，在上海、浙江、江苏、河北、辽宁、安徽等省市拥有9家企业，3个工业园区，总占地面积40万平方米，生产建筑面积20万平方米。凯泉集团获得了“上海市质量金奖”“上海市私营企业百强第4名”“上海市科技百强企业”“上海市工商免检企业”“上海市名牌产品”“上海市著名商标”“全国守合同重信用企业”“国家免检产品”“中国驰名商标”“全国企业文化建设先进单位”等光荣称号。

高起点、高投入、高品质是凯泉集团的技术发展战略，集团是上海市高新技术企业、上海市知识产权示范企业和上海市专利示范企业。上海市级的“企业技术中心”，每年以销售总额的5%，用于技术创新和新产品研发。引进了世界先进的CFD流体力学专业内流场分析、CAE有限元理论计算及CIMATRON三维CAD、CAM、CAE、FMS等研究设计、生产管理软件系统，实施ERP管理。与清华大学、江苏大学和建大流体力学研究院等近10所高等院校和研究所建立了长期的战略合作关系，形成了以自主知识产权为核心的技术体系。拥有专利近二百项(其中国家发明专利5项)，全国建设行业科技成果推广项目2项，国家科学技术进步奖二等奖一项。凯泉拥有激光成型仪、三座标测量机床、五轴连动加工中心、12M大型立式数控车床等计1200台/套先进的生产和检验设备，生产的产品涵盖建筑、市政、电力、石油、化工、矿山、核电数十个大类，近百个系列，年生产能力达30万台/套。

顾客满意就是集团的追求，2008年集团销售额20多亿元，连续多年名列全国泵行业销售额第一。2002年，顺利通过了ISO9001：2000新版换证工作，2003年初又获得了美国RAB多边国际认证。集团非常注重服务与技术、服务与业务的结合，实现增值服务，在全国各地设立了30个销售分公司、341个办事处，实施“蓝色舰队”服务和4小时快速反应机制。如今凯泉产品正高效地运行在诸如：毛主席纪念堂、首都国际机场、上海磁浮列车、杭州四堡污水处理厂、闽江防洪工程、达拉特电厂、吉林石油集团、仪征化纤、鞍钢和邯钢集团等全国重点工程项目和标志性建筑之上。

面向未来，上海凯泉集团制定了“中国泵业巨子”的发展战略，确立了以泵业为核心业务、以相关流体机械为辅业的业务体系，通过兼并扩张、同心多元化发展，全力振兴民族泵业，塑造一个民族品牌，力争进入世界泵业前十强。

蜂 花

十年的护发老品牌,价格非常便宜,一直在普通消费大众中享有极高的美誉,同时在护发产品分类越详细的今天,蜂花也逐渐分出了去屑,滋润,植物与非植物等不同产品,使得品牌更得以历久弥新,长盛不衰。

上海华银日用品有限公司成立于 1985 年,是一家集研制、生产为一体的洗发水、护发素专业制造商。公司拥有雄厚的技术力量和强大的生产规模,生产的“蜂花”牌洗发水、护发素是最早流行于中国市场的洗护发产品,曾多次荣获优质产品称号。为满足不同消费者的需要,公司在成功开发“蜂花”二合一去屑洗发露后,又向市场推出第三代“蜂花”植物精华洗发露、护发素。面向市场发展趋势,公司还积极创导全新的洗发护发概念,市场不断扩大。目前,“蜂花”护发素已发展成为多品种、多功能的系列产品,满足了广大消费者对护发的各种需求。

本着“拥有质量,拥有市场”的经营理念,上海华银日用品有限公司不断创新,生产一流的大众品牌。1999 年,公司通过 ISO9002:1994 质量保证体系认证;2002 年又通过 ISO9001:2000 质量体系认证。2001 年“蜂花”荣获上海市名牌产品称号,2003 年“蜂花”护发素又荣获中国名牌称号。

上海制皂(集团)有限公司是上海市人民政府重点扶持的 54 家大型企业集团之一。曾连续两届荣获“上海市最佳企业形象”单位,是上海市精神文明单位。

罗 莱 家 纺

罗莱公司于 1992 年创办,是一家专业经营纺织品的企业,集研发、设计、生产、销售于一体,是国内最早涉足家用纺织品行业,并形成自己独特风格的家纺企业。目前公司员工超过 2000 人。1998 年,罗莱在家纺行业率先导入特许连锁加盟经营模式,至今已建成遍布全国 31 个省份各大、中城市千余家专卖店的销售网络。同时,还成立了售后服务组,开设 800 条免费服务专线,接受消费者咨询投诉和建议。

罗莱在上海研发总部拥有 66 人的研发团队,涵盖花型设计,面料研发,生产工艺,配套产品等各个方面,具有开发多系列、多品牌的研发实力。是目前家纺行业最具有实力的研发团队之一。值得一提的是,罗莱集团在意大利的米兰设立研发工作室,负责为特定的品牌提供创意和策划。

“罗莱”品牌先后荣获“中国 500 最具价值品牌”“中国著名畅销品牌”“中国家纺协会床上用品知名品牌”;罗莱产品先后荣获“上

海名牌产品100强”“国家免检产品”“中国名牌”“中国纺织针织产品博览会金奖”等称号。2004年罗莱床上用品荣列同类产品市场销量第一位，2005年、2006年、2007年蝉联同类产品市场占有率第一位。2008年，罗莱公司被“福布斯”评为最有发展潜力的企业，这是给予罗莱极高的荣誉，也是罗莱多年经营成绩的印证，作为家纺巨头的罗莱，将一路领跑未来。

同时，罗莱集团积极开拓海外市场，目前已在美国、中国香港开设分公司，在新加坡、乌克兰等地开设专卖店，集团产品获得海外消费者的好评。

21世纪是品牌竞争的时代，品牌的背后是文化。罗莱将在传承“卓越、专注、伙伴”的文化基因的同时，不断创新，力争力争永立时代潮头，成为一家基业长青的公司。

福　临　门

上海福临门食品有限公司成立于2000年11月，是由东海粮油工业(张家港)有限公司、北海粮油工业(天津)有限公司、黄海粮油工业(山东)有限公司、东洲油脂工业(广州)有限公司四方共同斥资组建，主要负责中粮集团所属——北海粮油工业(天津)有限公司、黄海粮油工业(山东)有限公司、东海粮油工业(张家港)有限公司、东洲油脂工业(广州)有限公司、大海粮油工业(防城港)有限公司等五大粮油加工基地“福临门”“四海”等品牌中小包装食用油营销事务。目前，“福临门”食用油系列产品的销量位居行业前茅，该品牌已经成为国内食用油行业的顶尖品牌之一。

自“福临门”品牌1993年面市至今十余年间，不仅在销售上取得成功，“福临门”成为国内食用油的第二品牌，还积极开展新产品研发工作，连续推出营养油系列油种、VA系列油种和天然谷物调和油，积极引领着食用油行业的潮流，并一步步将健康的概念引入食用油。从初期的“健康口福代代传”，到今天天然谷物调和油所提倡的“为健康打基础”，“健康”的概念不仅引导着新产品研发推广工作，更具意义的是，在一定程度上改变了国人的食用油消费观念，使人们在认识食用油的同时，不仅想到美味，更增加了与健康的正面联想，真正使中国百姓的生活品质上了一个新的台阶。2000年开始，经过多次投资改造，福临门

生产基地年油料处理能力已突破430万吨，年精炼能力达到130万吨，拥有从榨油到精炼再到包装的完整的产业链，具备当前亚洲最大的油脂生产能力。

十余年来，福临门员工精诚努力、共同奋斗，“福临门”品牌日益得到市场的认可和消费者的青睐，多年来屡获殊荣，2004年荣获中国质量检验协会颁发的“全国质量放心安全健康食品”称号。与此同时，这支进取的队伍也在逐年扩大，目前，已在北京、上海、天津、西安、哈尔滨、青岛、杭州、南京、武汉、成都、广州、南宁等多个城市建立了区域管理机构，办事处、联络站等分支机构更是遍布全国各地。

相宜本草

中医强调的“标本兼治”理念，正是相宜本草养肤之道的来由。相宜本草与上海中医药大学基础医学院长期合作，创立本草护肤研究中心。通过研究大量养颜古方秘方，不断探索发现本草护肤养颜的独到功效。历经十年致力于本草护肤品的研究，独创“肌芯养肤科技”，将汉方本草和现代科技相结合，开发出一系列功效卓著、使用安全本草护肤品。以“内在力，外在美”为核心的本草养肤之道，正是由此诞生。“肌芯养肤科技”能让肌肤内在重获健康，不再依赖外在的修饰和维持，自然、主动、持久地筑起肌肤外在的美丽。

上海相宜本草研发中心秉承“本草护肤”的理念，汇集了优秀的中药学、药理学、分析学、化学工程学、应用化学、精细化工学和包装学等不同学科专业的科研人员。上海相宜本草研发中心拥有较为完整的化妆品研发实验室，囊括原料分析实验室、配方研发实验室、工艺研发实验室、功效评价实验室和包材研发实验室等。研发开展自始至终以严谨的本草护肤功效成份筛选、现代化生产工艺、科学的配方组成、皮肤生物学测试和包材测试等阶段，实现产品的安全、有效。

上海相宜本草与上海中医药大学合作，成立“上海中医大学相宜本草美容实验基地”，专责相宜产品皮肤工程学和化妆品的研发工作。对配方组成、生产工艺、质量监测等方面全方位监制。相宜本草研发中心依托于上海中医药大学雄厚的科研实力，分析实验室配备了高压液相色谱仪、可见光分光光度仪、生化培养箱等大型精密仪器进行科学分析检测，包材研发实验室配备了液晶数显式万能材料试验机、瓶盖扭矩测试仪、耐黄变试验机等精密仪器实现产品包装的测试评价，据此指导化妆品的配方研发，确保研发的可靠性、客观性与稳定性。

二、上海名店

华亭伊势丹

华亭伊势丹位于淮海中路闹市中心地段，是上海华亭（集团）公司、上海国际购物中心与日本伊势丹株式会社合作经营的大型零售百货公司。中心以国际流行的广场式商场布局，为人们展示了一个宽广舒畅的购物天地。

商店外景

一个个“精品屋”“名品屋”相映成趣。所有服装、礼品、小百货都是开架陈列，让您看着舒畅，买得方便。华亭伊势丹，坚持高品位的商品、合理定位的价格和优质的服务，开业至今，一直是时尚先锋的代言人。

上海华亭伊势丹是以女装为中心，以高度感、高质量、时髦为特色；以“日日为新，时尚的伊势丹”为口号，使之成为上海市民喜爱的一流百货店。营业面积5400平方米，共有4个楼层：一楼有化妆品、女鞋、女式包、杂货等；二楼以女装为主并设有美容室和咖啡馆；三楼有绅士服装、男鞋、杂货和高级文房用品；四楼有儿童服装、运动服装和文具用品。逛淮海路，有几家百货店是不能不逛的，华亭伊势丹就是其中之一。华亭伊势丹以时尚生活为基调，汇集了不少上海人喜欢的品牌，是一家档次比较高的百货公司，来来往往的白领一族往往按捺不住自己的脚步，想进去逛一圈，看看能不能搜罗到什么好东西。伊势丹里还设有咖啡厅和面包房，不光味道顶好，气氛也不错，典雅的装饰也有一定的品味，要是有雅兴的话，买完东西后在这里坐坐，聊天休闲都不错。同时，座落在伊势丹旁边的酒家和DISCO，每逢夜晚，便打亮灯光，使得耀眼绚烂的伊势丹又成了人群中的一道风景。

大上海时代广场

商店外景

大上海时代广场位于上海市商业核心淮海中路，毗邻淮海公园，总建筑面积10.9万平方米，地面30层，地下3层。商场连卡佛面积4.3万平方米，办公楼面积2.7万平方米，公寓楼面积1.7万平方米，地下停车场面积2.2万平方米。由香港九龙仓中国有限公司投资开发。大楼安装有光纤ISDN宽带网络工程DDN移动联通系统、楼宇设备自动系统、安保自动化系统、智能化消防系统。楼内垂直升降电梯20台，手扶电梯29台。大上海时代广场由宏伟夺目的大楼外型、别具现代经典特色的钟楼、瑰丽豪华的独立入口大堂以及配衬玻璃幕墙的优质花岗石材组成，均彰显时代建筑新风范。

大上海时代广场秉承“时尚生活中心”的核心理念。无论品牌格局、软硬件配套服务，推广活动，都时刻与国际最新潮流保持同步，被海内外时尚人士和媒体誉为淮海路东段的“时尚风标”。作为定位高端、品牌云集、功能全面、服务体贴的一站式时尚购物中心，大上海时代广场从衣、食、住、行、乐、礼等多个角度，为来自全世界的宾客，献上非同一般的“时尚购物体验”。高雅舒适的购物环境、多样化的品牌布局、最新的潮流资讯和卓越的商品品质，以及更具亲和力的服务理念，让消费者充分享受购物的乐趣。

商场成功推出“文化营销”的经营理念，在淮海路商圈乃至全市的商业经营中率先形成与国际接轨的商业风格。多次成功引进来自世界各地的高品质文化艺术活动，广受艺术家、媒体和海内外品位人士的好评，所倡导的“生活艺术化，艺术生活化”系列活动，每每成为城中文化活动的一大亮点，为推动国际间文化艺术的交流传播作出积极贡献。

太平洋百货

上海太平洋百货公司成立于1993年12月19日，目前在上海商圈有徐汇店、淮海店、不夜城店等，三店总建筑面积约11万平方米，主要经营各种名牌化妆品、钻石珠宝、名表、男女皮鞋、皮包、流行服饰、精品西服、衬衫、休闲服饰、运动用品、小家电、童装、玩具、寝具、食品、餐饮等。上海太平洋百货公司把“微笑、活泼、敏捷”作为全体员工的座右铭，全力提

商店外景

价格提供一流商品，一直以“顾客第一、服务第一”的宗旨，以舒适的购物环境、优质的服务、一流的商品、公道的价格满足顾客的需求。

太平洋百货是上海最著名的大型合资百货之一，集购物、休闲、餐饮、娱乐为一体，交通方便快捷，环境幽雅舒适，商品新潮流行，服务周到亲切，是淑女名媛、绅士名流、中外游客的理想都市商业，更是休闲、聚会、观光的绝佳去处。

太平洋中国百货集团秉持“改革、速度、挑战”的经营行动方针，以专业、系统的管理制度，不论在中国台湾还是中国大陆都创下了傲人业绩。为了迎合消费者多元、丰富的生活需求，正全力投资开拓百货事业连锁规模，未来将更积极地在全国各城市开拓新店，为广大消费者提供更广面、更充实、更优质的零售服务新聚点。

升每位员工的服务品质和亲和力，同时特别为前来购物的顾客提供贴心服务，有购物指引、活动说明、寻人广播、失物招领、外币兑换、修改室等，另外专门设有贵宾厅、售后服务中心等为顾客提供售后服务，使顾客充分享受购物的乐趣。不仅如此，上海太平洋百货公司引进先进的经营理念及著名品牌商品，以最适宜的

香港名店街

上海香港名店街位于上海的黄金地段人民广场一带，是上海最长的地下步行商业街。在人民大道的地下通道内，地理位置非常优越，交通极其便利，是一个综合型的地下购物中心，采用并排型的小商店形式结构，形成一条长长的走廊形状，环境比较宽敞，沿街开了几十家商店，形成了一个独特的购物环境。

商店外景

这里商品种类非常多，包括服装，首饰，玩具，礼

物，小饰品等，不但有各类品牌产品，比如VEROMODA、ONLY、BAXTON等；同时也是许多个体经营的小型商店，像烫画王、爱家家饰等，可谓包罗万象，在上海非常有名，价格也比较合理，很受消费者的喜爱。这儿一般以独立店铺为主，叫得上牌子的东西也不少，从美宝莲、露华浓、瑞美尔的化妆品到黛安芬、安莉芳内衣，从Lee、利达斯的牛仔服到班尼路、百世吉、百事的运动休闲装，从斯沃奇、卡西欧的手表到达芙妮鞋子，还有职业装、包袋等，价格都平易近人。

汇 金 百 货

商店外景

汇金百货共有8个营业楼层，营业面积达3万余平方米。公司以个性、认知性、流行性为选牌的主要依据，具备高档、舒适的购物环境；商品陈列、区域划分、顾客流动线路合理、清晰、便捷，相关配套设施齐全。在营销推广方面，公司积极探索经营与文化的有机结合，宣传品牌的文化内涵。利用商场内外的宽畅空间及地处徐家汇商圈中心位置优势，组织各种形式的文化营销活动，如先后组织了青铜器展、恐龙化石展、中国书画展、海洋生物展、宠物大赛，以及各种文艺晚会等，弘扬传统文化和现代生活理念，营造浓郁的商业文化气息，提升新老顾客的关注度与忠诚度。

汇金百货以高品位、高质量的商品为经营主体，充分展现品牌世界的独特魅力，不断探求错位经营的全新理念，将时尚元素融入现代生活之中，致力于营造独特的文化氛围，追求卓越的管理模式，满足消费者日益增长的个性需求。通过不断努力，汇金百货知名度和美誉度不断提高，成为沪上时尚消费的集聚地之一。几年来汇金百货的销售额稳居上海零售百货业十强之列，成为上海商界销售增长最快、经营最为活跃的百货商厦之一。

汇金百货地理优势优越，交通方便，是徐家汇乃至整个沪上商圈的黄金宝地。汇金百货本着“宏扬环球百货、真诚服务消费”的宗旨，“以人为本，以文兴商”，力求为消费者提供一流的环境、一流的商品、一流的管理，不断丰富徐家汇地区的商业服务功能，振兴和发展上海百货业，形成大市场、大流通、大商业的新型商业态势。广场以品牌为抓手，以“经营品牌、培育名牌、树立店牌”为经营目标，着力重树上海东方购物天堂的形象。

港汇广场

商店外景

港汇广场地处徐家汇商业城区的西北角，建筑面积达130000平方米，集购物、娱乐、休闲、餐饮、观光于一体，内有250个品牌商铺，包括33间特色餐饮及5000平方米的国际美食广场，15000平方米的“富安百货”，8500平方米的“桥外桥”主题乐园及6500平方米联华超市，另有3500平方米的名店运动城等。

港汇广场2011年3月23日正式宣布更名为“港汇恒隆广场”，随着标志性的广场LOGO会于近期撤换，其内部的业态变化也已悄然展开，包括Dunhill、Chlo、VivienneWestwood等8家国际一线品牌都会陆续入驻。有关专家认为，此举会填补徐家汇商圈奢侈品方面的空缺，同时会带动整个商圈高端业态的升级，有望成为继南京西路商圈之后的又一个真正意义上的“顶级商圈”。香港恒隆地产有限公司公开宣布，港汇广场正式更名为“港汇恒隆广场”。这个新名称也悄然预示着港汇广场的换代升级。

除了近期会陆续更换商场外的醒目广告LOGO和所有相关LOGO标识、指示标识之外，其内部的业态调整也在有序推进。来自英国高档男性服饰专营品牌Dunhill正在密锣紧鼓进行装修中，预计五一节前夕开门。7月，国际奢侈品牌Chlo会进场装修。另外，来自英国的领跑品牌之一的VivienneWestwood首家中国专营店，会设立在一楼虹桥路侧。另外，还有5家涉及珠宝、皮包行业的世界顶级品牌也会陆续进驻。还有几家已基本达成协议，且都是各领域的最顶级国际品牌。商场有关负责人强调说，这8个国际一线奢侈品牌都会进驻一楼，与现有的Burberry等一同出现，原先的一线二线品牌会为其让位，或撤离或挪至二楼，今后的一楼会是名牌荟萃。

面包新语

面包新语（BreadTalk），是一家新加坡的大型餐饮上市企业，也是新加坡最大的西饼连锁店，创立于2000年7月。售卖的品种有面包、蛋糕、小圆面包和糕点，在新加坡全岛有24家连锁店，并且在印度尼西亚、中国香港、中国内地、菲律宾、马来西亚、越南、阿曼、科威特、泰国、沙特阿拉伯、印度、韩国和巴林设有分部。

商店外景

过去，面包市场的消费主力军一直是家庭主妇，她们负责家里的一日三餐，习惯于接受“营养”“健康”之类的消费理念。年轻人则更多追求新鲜刺激，不喜欢循规蹈矩，BreadTalk 的产品及经营主题就是年轻人能够接受的带有些许另类气质的“反传统的时尚、好玩和有趣”。围绕着面向年轻人的定位，BreadTalk 从面包房的设计，以及为产品采用新奇好玩的名字等方式，为目标客户打造了一种不一样的顾客体验。

面包房以白色大理石、不锈钢和玻璃三种元素为主，赋予现代化的设计，都有着大玻璃透视的作业空间，可以让顾客清晰地看到面包出炉整个制作过程，使得整个购物体验多了些娱乐色彩；“上海侬好”“虾米袋子”这些糅合各地方言，还有联系各种时事的“太空 5 号”“大地震”等名字被安在了各种面包身上，也给年轻人耳目一新的感觉。

不仅仅是这样，BreadTalk 还为每个面包制作了美丽的品牌故事，并将之写在牌子上放在面包的旁边，例如“虾米袋子”会告诉你，源自南洋的虾米加上其特有的参巴酱，势必令你吃到烫舌头。这让顾客不仅会欣赏这些面包，还能“读”懂这些面包。Bread 就这样开始与顾客“Talk”起来了。

当然，面包店的成功与否，关键是口感的好坏。BreadTalk 的发酵技术都来自好的师傅，但好的原料和师傅肯定不是“独门秘笈”，要想吸引顾客，最重要的还是要创新，所以他们在面包的制作中也融入了大量的创意。比如辣松，把辣味加入肉松面包，而“大地震”，则把奶酪融合进面包，这些创意带来了好味道。

你能不为这样好味道又独特的面包店所吸引吗？很多顾客都不能。所以，开张仅仅 1 年后，这家以开设精品面包蛋糕连锁店的方式经营的门店，在新加坡的品牌认知度就超过了 80%，赢得了极好的人气和美誉度。而在此后一两年间，又陆续风靡了印尼、菲律宾、马来西亚、科威特等国家。

三、上海名镇

泗泾镇

泗泾镇是上海市松江区辖镇,位于上海市西南部,松江区东北部,距市中心约27公里,泗泾镇因地处通波泾、外波泾、洞泾、张泾四泾汇集地而得名。泗泾历史悠久,特别是小吃,品种很多,闻名遐迩。

阿六汤圆:选上等精白糯米,经水磨(挂粉);肉馅选用纯精腿肉,剁成细碎肉糜后再拌以麻油、生麻粉,并入预先用肉皮熬成的冻;手下功夫搓、揿、揉、捻、捏都恰到好处;火候掌握适中,煮熟的汤圆只只饱满剔透而皮不破,馅中肉皮冻经煮后正好融成一包汤汁。小吃虽小,但用料、做工、火候样样马虎不得,要制作得地道美味,其难度并不低。

泗泾镇人民政府

广利粽子:广利粽子呈长方形,用丝草紧紧结扎,每只重50克左右,有骨头粽和肉粽两种;粽内肉也特别,有红白两条,一肥一瘦,因而吃起来不生硬,酥松香气浓郁;煮粽子的汤是"老汁汤",不时加水但不换汤,如今广利粽子的传人已不在,但粽子配方和手艺却传了下来,泗泾镇上王佩华的广利粽子店,已成为众人眼中的一块招牌。而且另一家"张小妹粽子"也不容忽视,两家竞争相当激烈,记者采访时,两家店主还忙不迭"推销"自家粽子。当地居民说,其实口味差不多,说不清哪个正宗。

泗泾羊肉:泗泾羊肉香嫩入味,拌以甜面酱进食,上口鲜美,在夏季大伏天作为进补食品,也是馈赠亲朋好友的上佳礼品。

泗泾小笼:泗泾小笼造型精巧,鲚鱼口,荷色肚。

这种小笼包子外表白净光亮；内馅肉嫩而结团，汁多而不腻，一咬一口汤，味鲜纯真。泗泾小笼上市以来，深受广大城乡居民青睐。

20 世纪 80 年代，有个王姓师傅，携泗泾小笼去松江参加评选，引起一时轰动，他因此被挖去做了一家涉外宾馆的点心师，泗泾小笼走出了泗泾镇。

奉 城 镇

奉城镇隶属于上海市奉贤区，位于上海市郊南部奉贤区境内东部。由奉城、洪庙、塘外三个城镇型社区组成。镇域范围东西约 11.5 公里，南北约 8.5 公里，总面积 72.63 平方公里。奉城镇是奉贤东部地区经济、文化和居住中心。镇城境内地形平坦，土地资源丰富，河道纵横，水网完整。

奉城镇中心坐标为东经 121°39′30″，北纬 30°55′00″。距治南桥镇 17 公里，距上海市区 56.70 公里。奉城镇东邻洪庙镇的洪西村、洪南村、协新村、同心村；南以人民塘为界与燎原、五四农场相望；西南与塘外镇的胜利村、海民村、护海村连接；西以航塘公路为界与青村镇的唐家村毗邻；北与头桥镇的幸福村、红旗村、陆桥村接壤。

奉城镇境内地势呈浅碟状，滩涂向南不断延伸，海塘东西绵亘，形成了该镇主要地貌特征。古海塘——里护塘（现已辟为川南奉公路和奉柘公路）从镇西南的灯民村进入镇境，逶迤穿过南街、城东、东门、白衣聚，东入洪庙镇域。

奉城镇属中纬度地带海洋性气候。春季温凉多雨；夏季炎热湿润，多吹湿热的东南风和闷热的西南风，高温日历年仅 10 余天，但从 20 世纪 90 年代后期起略有增多；秋季先湿后旱；冬季寒冷干燥，常刮干冷的西北风，但严寒不长期。

奉城木雕：奉城木雕起源于清朝光绪年间，以上等的檀木、柚木、樟木、椴木作原料，进行精雕细作。产品在继承传统艺术的基础上，不论是题材、构图、线条、刀法及品种上都有不同程度的创新。有山水人物的屏风，历史题材的插牌，飞禽走兽的挂屏，百子闹春、吉祥如意的白木组雕，爱情故事的白木合雕，专门供寺庙、宾馆用的各类物件、饰具，中高档的嫁妆箱，各式仿古玩制品等。奉城木雕有立体雕刻和浮雕，一般以立体雕刻为主。先有图样、尺寸然后进行雕刻。

奉城刻纸：奉城刻纸是从民间盛行的龙船贴花、窗棂装饰、鞋花、肚花等剪纸花演变而来的。民间艺人以“刻”代“剪”，令作品的刀法精妙入微，挺拔有力，线条更明快丰富，构图隽秀优美。奉城刻纸用的主要工具有刻刀和油盘。刻刀刀锋厚度仅 0.35 毫米，油盘则是在刻纸时垫衬在纸的下面，以便于镂空和剔去不需要的部分。纸张分样纸和色纸。样纸用来

曙光中学旧址

描绘图样，从打初稿开始，不断修改到最后定样。色纸即彩色油光纸，也是被刻成成品的纸张。创造一副作品需要先构图，然后修改润色，再进行刀刻，要求艺人具备一定的绘画、雕刻功底和丰富的想象力。

青 村 镇

青村镇隶属于上海市奉贤区，位于奉贤区中部，与南桥、奉城、金汇、海湾等镇接壤。境内水路交通便捷，南奉公路、平庄公路、林海公路、浦星公路、团青公路、沿钱公路、泰青公路，航塘公路、浦南运河，金汇港等纵贯南北，村级道路通向每一个居民点。2012 年，镇域面积 73.15 平方公里，常住总人口 98721 人，户籍人口 52194 人。2013 年，青村镇下辖 2 个社区，24 个村。

青村镇位于上海市区南部，奉贤区中部，东与奉城中心镇接壤，南邻海湾旅游开发区，西依南桥新城，北以青村界河与金汇镇相望。中心地理座标为东径 121°27′、北纬 30°56′。2012 年，镇域面积 73.15 平方公里。青村地区属季风副热带海洋性气候，受季风交替影响，具有明显的季节性变化，春、夏、秋、冬季节特征分明，光照充足，雨量充沛，无霜期长，常规自然条件十分有利于农作物生长。但也会遭受寒潮、霜冻、台风、旱涝等自然灾害的影响。

青村地区土壤大部分为水稻土类，属潴育型水稻土亚类。分两个土属：即沟干土土属、黄泥土土属。六个土种：即潮沟干土种、沙性沟干土种、沟干土土种、黄泥土土种、沙底黄泥土土种，沟干黄泥土土种。

潮沟干土的地下水位升降频繁，土体内水气流通，渗育层深厚。土地颜色较深，以棕灰色为主。质地中到轻壤，上部有绣纹绣斑，下部有铁锰结核，耕作层平均厚度 13.7 厘米。

世外桃园：青村世外桃源位于奉贤区青村镇桃园场航塘公路西侧，南靠南奉，离市区约 60 公里，是一个生态农业观光基地。世外桃园从 1998 年开始规划建设，方圆约一平方公里。园内以“古、土、稀、奇”为特点，独具匠心的开辟了漂流竹筏、山坡滑草、放飞风筝、踏青观源、趣味采摘、村野垂钓、老牛拉车、勇敢者道路、绿色迷宫、水上综合拓展、野炊、烧烤、野战 CS 等十多个旅游项目。

青村老街：青村老街原为青村港镇，古称青溪，因便捷的水陆交通遂成商贾云集的繁华街市。清嘉庆《松江府志·疆域》载：“舟楫往来如织，百货聚焉，廛尘闬之盛，遂冠东乡诸镇。”如今的青村老街遗韵犹存，市河上保存有康熙三十一年（1698）建的南虹桥、清代永寿桥等古石桥多座，两侧民居临水而建，保存完整，其中包括明代张弼三世司马宅、财神庙等建筑，古桥、庭院、吊脚楼、茶馆书苑、风味小

青村镇的桥

吃,整条街道独具江南水乡特色。2004 年,青村老街被列为上海市历史风貌保护区域。

申亚乡村度假农庄:申亚乡村度假农庄位于奉贤区青村镇朱店村,北靠 A30,西临沿钱公路,是一个集园林盆栽、果树种植、休闲餐饮于一体的完全乡村式的农庄。园内有 50 多种国内少见的、造型奇特的南瓜;有在凡高画作中出现的向日葵;可以进行乡村钓鱼、喂鸭,采摘新鲜水果。

上海花果山百枣园:上海花果山百枣园是集“优质鲜枣栽培、青少年科普知识教育、农业旅游观光度假”为一体的综合性现代化农业基地。基地总占地面积 750 亩,主要以冬枣、梨枣、大枣等 32 个名优品种的枣类为特色,生产安全卫生标准化优良品质鲜枣,结合休闲观光度假旅游,吸引市民踏看自然乡村风光,体验乡土生活,教育青少年参加社会实践劳动。

朱　泾　镇

朱泾镇位于金山区北部,东临张泾河,与亭林镇为界;西与枫泾镇接壤;南与吕巷镇为邻;北隔大、小泖港,与松江区泖港镇毗邻。镇域面积 77.11 平方公里,常住人口 12.8 万人。境内有大泖港、掘石港、胥浦塘等市级航道,能通航 150 ~ 200 吨级船舶;有张泾河、池泾河、秀州塘、小泖港、大茫塘、斜塘港、中官塘等区级航道,能通航 50 ~ 150 吨级船舶;有五人港、待步泾、蒋泾港、斜界泾、菱塘港、鱼洋泾、朱泥泾、长浜港、温河泾、新新河、朱泾市河等镇级航道,能通航 5 ~ 20 吨级船舶。

朱泾镇历史悠久,四面环水,人杰地灵,镇区内拥有 S36、S19、G1501 高速公路,西侧有沪杭高铁金山北站,是长三角交通枢纽的中心。在朱泾,有着优质的教育资源和卫生与医疗资源,共有 20 个教育机构和 6 个医疗机构,金融、商业、文化等功能和公共配套设施在全区最为完备齐全。

朱泾镇经济和社会各项事业蓬勃发展。工业是全镇的支柱产业,以医药、服装、电子等行业为主;第三产业发展迅速,房地产、服务业、旅游业等呈兴旺态势,教育、医疗、文化等社会各项事业的发展水平在金山区内都名列前茅。朱泾工业园区基础设施配套齐全,服务周到快捷,吸引了众多国内外企业的加盟。

朱泾镇历史悠久,文化底蕴深厚。自唐代建镇以来,已有千年历史。镇内名胜古迹繁多,民间艺术丰富,金山农民画远近驰名。朱泾人民热情好客,勤劳勇敢,为建设家乡奋力拼搏,也以自身的浓厚人文气质、优惠先进的人才政策吸引了四面八方的人才。

朱泾镇一角

三道旨：据《新农志》称，在“陈家埭”附近有一个卿相戴有祺，家里供着三卷圣旨，地方官经过门口，都要下轿。戴有祺曾经作诗《归隐思天恩而作》：“但作闲人何必隐，不耽佳句易成诗；欲报天恩一片心，愧对堂前三道旨。”戴有祺也想感恩报答皇帝，在做官与过自己想过的日子之间，他绝然选择了后者。

阁老坟：金山区朱泾镇五龙村爱国9组的“阁老坟”，2008年1月出土了两块清代康熙年武英殿大学士赠少傅谥文恭王顼龄墓志铭。金山区博物馆馆长奚吉平称，此墓志铭体积之大在上海地区实属罕见，具有重大的考古价值。这两块铭石为清代青石，形制呈正方形，边长80厘米，厚15厘米，是在雍正四年(1726)铭刻的，距今已近300年。其中一块铭石为篆体阴文，字迹十分清晰。另一块铭石四边均有线条流畅的龙形雕刻，上面用蝇头小楷镌刻有千余文字，字迹工整秀逸。因年代久远，铭石风化，多数文字无法看清。

五龙禅寺：原名五龙庙，在上海市金山区金张公路，紧傍五龙港。庙里供奉宋朝武将施锷(字伯成、封号靖江王镇海侯)，传说施锷亦是一名神医，善于岐黄之术，能治百病，群众中有疮痛者，都来庙里烧香求治。

五龙庙实际上是施锷庙，以五龙港命名。南北紧依五龙港，东西交叉归泾河，庙东斜出沤龙泾，五流交汇而得名。五龙庙实际上不是单一的庙宇。西面原来有一所武圣宫，供奉关公、岳飞、观音和弥陀等神佛，东首才是供奉施锷的五龙庙。

明朝万安桥：跨朱泾镇秀州塘，明朝洪武年初，由当地居民宋华甫建造。永乐十年(1412)，道腴和尚重修。嘉靖二十九年(1551)重建，年久而毁。万历年初，徐文贞公(徐阶)被免去了宰相回家，后来在南渡口重建万安桥。万历四十年(1613)以后坍塌，楚雄人、太守徐裕湖与朱晚庵(朱古匏之祖父)向郡守岳贡建议，移向北三十余丈的宽阔处重建，崇祯八年(1635)落成。

枫 泾 镇

枫泾镇位于上海市金山区西北部，东与朱泾镇、松江区新浜镇和泖港镇接壤，西与浙江省嘉善县魏塘、姚庄镇相连，南与浙江省平湖市新埭镇为邻，北与青浦区练塘镇毗邻。镇域面积91.66平方公里。枫泾曾是江南四大名镇之一。明朝宣德五年(1430)，枫泾以界河为线，新中国成立，南镇并入北镇，划归上海市管辖，统一称松江县枫泾镇。枫泾镇为典型的江南水乡集镇，素有“三步两座桥，一望十条港”之称，镇区多小圩，形似荷叶，故又称“清风泾”“枫溪”，别号“芙蓉镇”。枫泾是驰名中外的金山农民画的发源地，是现代民间绘画之乡，金山农民

枫泾镇风景

画被誉为“世界民间艺术珍品”。建有20多个景点。2018年5月24日，枫泾镇入选最美特色小城镇50强。

古镇周围水网遍布，镇区内河道纵横，桥梁有52座之多，现存最古的为元代致和桥，据今有近700年历史。镇区规模宏大，全镇有29处街、坊，84条巷、弄，仍完好保存的有和平街、生产街、北大街、友好街四处古建筑物，总面积达48750平方米(不包括其他街区保存的古建筑物)，是上海地区现存规模较大保存完好的水乡古镇。

在廊棚一条街的东首，城隍庙桥南堍，生产街124号，是民国期间枫泾东区火政会所在地。这是上海地区仅存的较为完整的一处近代消防机构旧址。火政会原址建筑是由一幢普通民宅改建而成的。受当时上海租界救火会建筑风格的影响，门面墙被改建成了西洋式。1926年，为纪念历次救火中牺牲的勇士，枫泾救火联合会在总会桃源漾清水桥西建造了座高7米的消防纪念塔，全称“枫泾救火联合会亡故同志纪念塔”，下刻铭文表彰义务救火有功人员的事迹。这是上海郊区惟一保存完好的消防历史纪念塔。

枫泾丁蹄：“枫泾丁蹄”创始于清咸丰二年(1852)，据《枫泾小志》记载：“市有丁肆善烹，人呼丁蹄，远近争购之。”枫泾丁蹄的烹饪制作技艺体现了“海派”特色，1915年，北洋政府选定“枫泾丁蹄”赴美国参加“巴拿马国际博览会”，获得金奖。2007年，评为上海市非物质文化遗产，2009年，获上海市著名商标；2011年，商务部重新授予“中华老字号”称号，同年获“上海市特色旅游食品”称号。

枫泾黄酒：枫泾是如今上海地区的优质黄酒产地。坐落在枫泾的金枫酿酒公司是我国单体厂生产规模最大的黄酒企业。建成全国首条年产万吨的新工艺生产流水线。采用爆麦曲工艺制作发酵糖化剂，形成了金枫酒独特的曲香风味。

枫泾豆腐干：据史料记载，天香豆腐干作为枫径特产，已有100多年的历史。其成品香味扑鼻，色泽乌亮，细腻鲜软，咸中蕴甜，既可做菜，又可零吃，还可泡在茶中吃(故又有“茶干”之名)。

枫泾状元糕：枫泾状元糕原名枫泾元糕。明末清初，镇上已有不少制作元糕的店铺和作坊。因绅商将状元蔡以台爱吃的元糕改名为“状元糕“，又因隐喻为“高中状元”之义，“状元糕”一名便流传下来。清咸丰十年(1860)，里人戚学庄开设戚协兴元糕店，专制“状元糕”，并以其独特的制作工艺扬名四方，其制作方法一直沿用。

亭 林 镇

亭林镇有耕地37.8329平方公里。辖村民委员会15个(龙泉、亭东、东新、新巷、油车、金门、亭西、亭北、红阳、浩光、金明、南星、驳岸、周栅、后岗)、居民委员会6个(复兴、寺平、中山、新建、松隐、寺北)。户籍数18350户，人口89100人。镇人民政府驻华亭路25号。

亭林镇成陆于6000年前，地处冈身(古海岸线)西部，20世纪70年代初，在大寺场寺平南路东侧与中山街西北隅的祝家港东畔两个古文化遗址，出土有新石器时代(良渚文化)晚期的文化层和商周两汉时期的文物。其中双把翘流黑衣灰陶壶、双层口沿密封黑陶罐等许多文物证实，距今4000多年前，我们的祖先就在此繁衍生息。

亭林还拥有丰富的文物资源，尤以野王读书堆，元代杨维祯手植树龄已有648年的“江南第一松”铁崖松(罗汉松)，仅存的书法家赵孟頫书有《重修宝云寺记》的子昂碑碑帽与碑文残块及原碑拓片极为重要。

读书堆：俗呼大寺山，位于中山街寺平南

亭林镇风景

路与大通路交汇处。南北朝梁陈时期顾野王晚年隐居于此，于茂林深处，结茅筑舍，读书、修《舆地志》而得名。大寺山原高 10 丈，占地数十亩，树木茂密，历经砍伐，主峰于 1968 年取土填河被削平，北麓紧靠笔尖厂。今读书堆上，仍有蓬蓬勃勃的树木数十株。

松雪碑：又名子昂碑，系元代书画家赵孟頫（1254—1322 年，字子昂，号松雪道人）所书。碑文共 953 字（不包括碑首与文题 14 字），记述重修宝云寺事宜。元至大元年（1308）立石。赵体书法遒劲清秀。“文化大革命”中被毁，现仅剩碑帽及碑文残块（占原碑的 1/20）。碑帽呈半圆形，高 49 厘米，宽 108 厘米，今存镇政府内。碑身高 170 厘米，中间有裂纹。有拓印碑文在民间流传。

楞严塔：又称飞来塔，在宝云寺内西南隅（今大寺新村）。竖有石幢一座，幢身以青石雕凿制成，座基莲花纹，浮雕佛像，犹如仙子，姿势优美，中柱六角形，镌刻陀罗尼经，覆顶雕有莲花，高约丈许。建于唐咸通二年（861），于 1956 年底因上半部倾斜危险而拆除，下半部又于“文化大革命”初期被拆除。后因保管不善，以致散失，仅存中柱竖于亭新中心小学内。

仙人洞：相传有二说：其一，在本镇东街栖霞道院内（今复兴东路 94 号）。据传明清时，院宇宏敞，有圆亭假山，曲径通幽，后人凑景附会，称仙人洞在此；其二，据考实，位于“读书堆”下。据清代肖中素诗咏宝云寺周围八景：“封来仙洞一泥丸。”

八角井：井栏呈八角形，栏下用瓦砌直至井底，外直径 0.25 米，高 0.3 米，边刻元代“泰定三年”（1326）4 字可辨。井在读书堆东侧，抗日战争前，有八景茶园，设于井处。八角井因井栏凿有八角而得名。70 年代在此处建设邮电局，挖掘地基时，曾挖出八角井之残栏。

览翠楼：览翠楼，自古流传，位于读书堆西面，据民间传说，位置各异。一谓在宝云寺内，一谓乃防倭举烽火为信号之楼。据《华亭县志》载，肖中素游宝云寺题诗云：“欲知览胜楼何处，衰草寒烟野寺西。”据此，该楼当在宝云寺之西，其兴废年代无考。

四、上海名景

苏州河

苏州河沿岸的优秀老建筑不计其数，有英国领事馆、礼查饭店、百老汇大厦、文汇博物院、新天安堂、光陆大戏院、公济医院大档、邮政局大楼、自来水厂、天后宫、河滨大楼、自来火房、圣约翰书院（后为圣约翰大学）等各擅胜场的建筑。

苏州河东段弄堂较少，多为高级公寓。而自河南路到恒丰路，则弄堂密布，它们建筑年代迥异，式样也不尽相同。例如斯文里，位于苏州河南岸、大通路两侧，纵向南伸至新闸路，是上海新式石库门弄堂建筑的早期代表，建于1916年。概括而言，新式石库门里弄建筑不同旧式之处在于，新式大量采用西方结构、装修设备和装潢材料，外观更加“洋派”。在今天的苏州河岸，新造的高楼也比比皆是，和老房子形成鲜明对比。

苏州河

苏州河水上旅游码头规划范围，东至苏州河河口，西至外环线，全长20.5公里。苏州河上设置了15处水上旅游码头。其中，黄浦区设置1处，为外滩源码头；闸北区设置3处，为慎余里码头、四行仓库码头、天目西路码头；静安区设置1处，为滨河区码头；普陀区最多，达6处，为昌化路码头、梦清园码头、西康路码头、曹家渡码头、长风公园码头、丹巴路码头；长宁区设置4处，为中山公园码头、风铃渡码头、朱家浜码头、纵泾港码头。上述码头被区分为景点型、交通型、商业型、公园型、综合型的不同类别，开航的定位有所不同。

上海科技馆

上海科技馆

上海科技馆是上海市人民政府为贯彻落实科教兴国战略，提高城市综合竞争力和市民科学文化素养而投资兴建的具有中国特色、时代特征、上海特点的综合性的自然科学技术博物馆，是对公众进行科普教育的公益性机构，是中国重要的科普教育基地和精神文明建设基地。科技馆位于浦东新区世纪大道2000号，主馆占地面积6.8万多平方米，建筑面积9.8万平方米，分为11个风格各异的主题展区、4个高科技特种影院、3个古今中外科学家及其足迹的艺术长廊、2个主题特展和若干个临时展厅，它们共同为四方游客生动地演绎着“自然、人、科技”的永恒话题，上海科技馆主馆于2001年12月18日正式对外开放，是中国首家通过ISO9000/14000国际质量/环境标准认证的科技馆，国家AAAAA级科普基地，上海科技馆科学影城拥有四个风格迥异的特色影院：IMAX立体巨幕影院、IWERKS四维影院、IMAX球幕影院、太空数码影院。这四个特色影院分布在科技馆的展区中，组成了亚洲地区最大的科学影城。

IMAX立体巨幕影院是中国大陆首家立体巨幕影院，其高18.3米，宽24.3米，可容纳观众441位。立体巨幕影院的放映设备采用70毫米15齿孔IMAX双机放映系统，它使用的70毫米15齿孔胶片画格是普通35毫米胶片的10倍。

太空影院是中国第一家采用视频拼接、图像处理、观众互动、电脑集成等技术综合而成的多媒体球幕影院。Digistar3系统共有6台视频投影仪，照明功率达到了4800瓦。它们在计算机的控制下，在直径13米的球形银幕透射出6幅衔接的影像，组成一幅完整的全球幕影象。整个影院有69个座位，座位的倾斜度达到了23°，观众几乎是躺着看电影的。最新奇的是每个座位的扶手上有一个控制按钮，观众可以按此按钮控制电影剧情的发展，达到了“画随人动，人随画思”的境界。

中共一大会址

1921年7月23日，来自各地中国共产党早期组织的代表李达、李汉俊、张国焘、刘仁静、毛泽东、何叔衡、董必武、陈潭秋、王尽美、邓恩铭、陈公博、周佛海,还有包惠僧及共产国际代表马林等秘密汇聚在上海法租界的贝勒路树德里3号(今兴业路76号会址),举行了中国共产党第一次全国代表大会。1984年3月,邓小平为中共一大纪念馆题写了馆名。

中共一大遗址纪念馆

中共一大会址纪念馆一层是观众服务设施,设有门厅、多功能学术报告厅和贵宾厅。二层为“中国共产党创建历史文物陈列”展览厅。基本陈列即由“中共‘一大’会议室旧址陈列”和“中国共产党创建历史文物陈列”两部分组成。

“中国共产党创建历史文物陈列”由三部分内容组成:中国党成立的历史背景;中国共产党早期组织的成立及其活动;中国共产党第一次全国代表大会召开的全过程。陈列室内还按照历史资料开辟了一个蜡像室,形象地刻画出当年出席中共“一大”会议的15位出席者(包括2位共产国际代表)围桌而坐、热烈讨论的生动场景。栩栩如生的蜡像人物增强了陈列的直观性和历史感染力,成为参观中的新热点。

纪念馆的藏品主要是鸦片战争以来至社会主义革命和建设各个历史时期的文献、实物、报刊、书籍和照片。据2007年底统计,共有藏品10万余件,珍贵文物2万余件,其中国家一级文物118套(416件)。较为珍贵的文物有:五卅烈士墓残碑,汪寿华、郑覆他、王孝和、李白等烈士的日记、遗书和遗物,解放战争时期欢送上海人民呼吁和平入京请愿代表团大会场景照片,上海学生抗议驻华美军暴行联合会宣言,解放初上海市人民政府第一枚印章和第一块木牌以及在龙华国民党警备司令部附近发掘出来的24烈士遗物等。其他珍贵文物还有《共产党宣言》中文全译本、太平天国干王洪仁玕著《资政新篇》、秋瑾烈士遗墨《光复军军制稿》、李大钊使用过的英文打字机等。

上海静安寺

静安寺,又称静安古寺,位于上海市静安区,其历史相传最早可追溯至三国孙吴赤乌十年(247),初名沪渎重玄寺。宋大中祥符元年(1008),更名静安寺。南宋嘉定九年(1216),寺从吴淞江畔迁入境内芦浦沸井浜边(今南京西路),早于上海建城。静安寺总建筑面积达22000万平方米,整个庙宇形成前寺后塔的格局,由大雄宝殿、天王殿、三圣殿三座主要建筑构成,是上海最古老的佛寺。寺内藏有八大山人名画、文徵明真迹《琵琶行》行草长卷。

静安寺

静安宝塔

静安区亦由静安寺而闻名于世。静安寺的建筑风格是仿明代以前的建筑风格，典型的代表就是斗拱的形制。

静安寺山门与天王殿一体，上下两层结构。花岗石料贴面，柚木木作，黄色琉璃瓦屋顶，屋脊上“正法久住”四个字正见佛陀心意。下层正中三扇柚木大门，上覆铜钉装饰，门洞一围石刻佛手、莲花、八吉祥等图案。正门石刻对联“愿祈佛手双垂下”、“摩得人心一样平”，山门左右两侧各饰一只万年青石雕刻法轮。二层回廊汉白玉围栏，内为柚木。

静安寺二层悬挂和平钟，钟高 3.3 米，口径 2.1 米，重 7.3 吨，用青铜浇铸而成，钟声浑厚，尾音绵长。下层恢复“静安八景”之一“涌泉”，人称“天下第六泉”，与新打的 156 米深井地下泉水相溶，涌泉观赏井深 6 米，井口为六边形，用整块金山石加工制成，整个涌泉井用 666 块花岗石砌成，一块井底石重达 3000 千克。

静安宝塔，为 7 层平面方形，宝塔占地面积 85 平方米，建筑面积 952 平方米，塔刹为金刚宝座塔样式，青铜浇铸，表面贴金。金佛殿坐落于大雄宝殿后面的法堂最高层，仿宋代建筑风格，柚木铜顶架构，殿内将供奉一尊 2 吨重纯金释迦牟尼佛像。法堂东、西顶端 20 米高处，建有知恩阁和报恩阁，与庙前的钟、鼓楼遥相呼应。

上海秋霞圃

上海秋霞圃是江南著名的古典园林。位于嘉定老城区，东邻秋霞公寓，西毗陆俨少艺术院，南连东大街，北依启良路。全园面积 30240 平方米，由龚氏、沈氏、金氏三姓的私宅园林和邑庙合并而成。有4个景区:桃花潭景区、凝霞阁景区、清镜塘景区,及邑庙景区。

秋霞圃红叶

桃花潭景区在园之西南,占地5333平方米。景区以桃花潭为中心,山石亭台互为衬景。南有晚香居、霁霞阁、池上草堂、仪慰厅,西有丛桂轩,北有即山亭、碧光亭、延绿轩、碧梧轩、观水亭,它们或筑于山上,或构于潭边。远近高低、前后左右,主次分明,疏密相宜。桃花潭南北两山对峙,南山峭壁耸崎,北山浑厚见长。沿潭茂林修竹,断岸滴泉,临水曲径,低栏板桥。可谓山具丘壑之美,水揽幽邃之胜。虽由人作,宛自天开。是典型的中国自然山水园林。

凝霞阁景区在园之东部,占地2666平方米。竟区以太湖石堆叠之大屏山为中心,北有凝霞阁,南有聊淹堂、游聘堂、彤轩、亦是轩,东有扶疏堂、环翠轩、觅句廊,西有屏山堂、数雨宅、闲研宅、依依小榭等。凝霞阁居高临下,登阁纵览,可观桃花潭、清镜塘两景区景色。区内多院组合,院廊相连,曲折深邃。院墙多置漏窗,园内植树和花草,步移景异,若隐若现。

清镜塘竟区在园之北部,面积约13333平方米。东有三隐堂、柳云居、秋水轩、清轩,西有青松岭、岁寒亭、补亭。柳云居前遍植垂柳,绿云叠翠。青松岭上青松、红枫、白玉兰、腊梅布局有致。景区以清镜塘贯穿东西,植物景观为主体,疏朗开阔。亭榭、林木、花径、溪塘、山丘、护岸或敞或蔽、或大或小、或明或暗,变化无穷,具有浓郁的村野气息,与建筑紧凑的凝霞阁景区形成强烈的反差,一疏一密,各具其趣。

上海植物园

上海植物园位于徐汇区西南部,前身为龙华苗圃,是一个以植物引种驯化和展示、园艺研究及科普教育为主的综合性植物园。1974年开始筹建,1980年1月1日正式建园,占地81.86万平方米。展览区设植物进化区、盆景园、草药园、展览温室、兰室和绿化示范区等15个专类园,是国家AAAA级旅游景区。

水生植物池:水生植物池位于植物进化区中央偏西南,面积7080平方米。池西岸有座双坡面敞廊式水榭,钢筋混凝土结构,面积105平方米。池内植睡莲、荷花、芡实、花叶水葱等水生植物。

牡丹园:位于水生植物池北,占地3.6万平方米。园内建牡丹亭、牡丹厅和长廊,均系仿明清建筑,砖木结构,面积分别为16、54、72.5平方米。园内种植着牡丹150个品种和芍药近万株,其中有被誉为牡丹中的花王姚黄、花后魏紫,以及枣红色的首案红、青白色的昆山夜光、肉红色的胡红,还有紫乔、洛阳红、大棕紫、玉楼春、乌龙卧墨池、晨玉、紫斑等精

上海植物园睡莲

品。每年四五月间，牡丹、芍药争先怒放，满园姹紫嫣红，成为沪上赏牡丹的最好去处。园内还配植香樟、月桂、杜英、紫椴、杜仲、红果榆、枫香等 86 种乔灌木。

兰室：兰室位于盆景园南侧，原占地 4500 平方米。2000 年兰室经扩建后占地 11150 平方米，是一座具有中国古典园林风格的大型赏兰、养兰场所。扩建后的兰室分为三个区域，分别为盆栽式展示区、自然式展示区、庭院式展示区，还设立了兰花展览温室营造了兰花原始生态环境，以及赏兰、咏兰、宣讲养兰技术的活动场所，使兰室同时具有兰花展览和普及兰文化的多种功能，使中国的兰花进一步被人们熟悉和赞扬。

上海美术馆

上海美术馆是一所公益性社会文化事业机构。原址坐落于繁华的南京西路，背靠人民广场，与上海博物馆、上海大剧院、上海城市规划展示馆、人民公园毗邻，是一座功能健全、设施先进、在国内外具有一定影响的近现代美术博物馆。2012 年 10 月 1 日以后，上海美术馆迁入原世博园的中国国家馆，并更名为中华艺术宫和上海当代艺术博物馆。

建馆初期，上海美术馆藏品不足 2000 件，逐步增加至超过 7000 余件。在经常性展出东南亚艺术藏品的同时，还策划了多种以国家为关注点的展览，分别在马来西亚、印度尼西亚和泰国举办“从古至今”“灵魂的联系：土地与人民”以及“信仰与存在”等展览。也曾于 2004 年 9 月至 2005 年

上海美术馆外景

6月,在马尼拉的阿亚拉博物馆展出了菲律宾艺术藏品。该馆还推出许多在上海国内外影响深远的展览,包括“东南亚美术主题”“上海的百年美术”“我们时代的艺术”“总统特选新秀作品展”“英雄十年:1955—1965年的上海艺术”“二十世纪七十年代东南亚当代艺术作品展(上海双年专题展览)”,以及最新展览的“上海美术馆藏品展”。

上海美术馆以收藏来说,第一代画家的作品最丰富,第二代次之,第三代最少。展出将特别突出第一代画家在20世纪50年代所完成的一批作品。在这些画家中,张荔英一生留下了94件作品,而且还有详细的文字记载和资料,如日记、文稿和各类剪报等。陈宗瑞的56件作品是由家人捐献,他的资料也相当完备。范昌乾有46件作品。这些数目不等的展品,有些是画家自己捐献,有些是画家的家人捐出来,有些则是收藏家的收藏。像松年法师就捐献了112件书画作品给美术馆、陈金川捐献了68件、郑农捐献了22件,美术馆主席卢明德医生也捐献了13件陈文希的画作。

上海美术馆拥有当今国际上最大的一批20世纪东南亚美术公开收藏品。其永久馆藏有超过6500件美术作品,其中包括拿督陆运涛遗赠的一批上海知名画家具像画作,由张氏遗产管理人和李氏基金所捐赠的张荔英藏品,以及最近的刘抗遗赠之作。正因为有如此丰富的永久馆藏品,上海美术馆才得以大大加强对本区域视觉艺术界和亚洲美术博物馆学的贡献。

五、商贸法律、法规

（一）国家商贸法律、法规

国家新颁布商贸法律、法规

法律、法规名称	发布机关	发布日期	实施日期
中华人民共和国进出口商品检验法实施条例(2019 年修订)	国务院	2019.3.2	
关于印发《跨国公司跨境资金集中运营管理规定》的通知	国家外汇管理局	2019.3.18	
关于进出口预包装食品标签检验监督管理有关事宜的公告	海关总署	2019.4.22	
关于深化提升"百城万村"家政扶贫的指导意见	商务部 发展改革委 财政部 国务院扶贫办 全国妇联	2019.4.28	
关于印发《口岸出境免税店管理暂行办法》的通知	财政部 商务部 文化和旅游部 海关总署 税务总局	2019.5.17	2019.5.17
中国人民银行 国家外汇管理局公告	中国人民银行 国家外汇管理局	2019.5.27	2019.5.27
关于个人取得有关收入适用个人所得税应税所得项目的公告	财政部 税务总局	2019.6.13	2019.1.1
关于促进家政服务业提质扩容的意见	国务院办公厅	2019.6.26	
关于部分国家储备商品有关税收政策的公告	财政部 税务总局	2019.6.28	2019.1.1
关于建立家政服务业信用体系的指导意见	商务部 国家发展改革委	2019.6.28	

（续表）

法律、法规名称	发布机关	发布日期	实施日期
中华人民共和国疫苗管理法	中华人民共和国主席令	2019.6.29	2019.12.1
关于印发《进一步推进中国（上海）自由贸易试验区外汇管理改革试点实施细则（4.0版）》的通知	上海汇发（2019）62号	2019.7.10	2019.7.10
关于完善建设用地使用权转让、出租、抵押二级市场的指导意见	国务院办公厅	2019.7.19	
关于实施便民办税缴费十条新举措的通知	国家税务总局	2019.7.23	
关于执行《鼓励外商投资产业目录（2019年版）》有关问题的公告	海关总署	2019.7.24	2019.7.30
关于同意设立中国（上海）自由贸易试验区临港新片区的批复	国务院	2019.7.27	
关于印发《商务信用联合惩戒对象名单管理办法》的通知	商务部	2019.7.31	2019.7.31
关于印发治理高值医用耗材改革方案的通知	国务院办公厅	2019.7.31	
关于开展“两步申报”改革试点的公告	海关总署	2019.7.31	2019.8.24
关于在综合保税区推广增值税一般纳税人资格试点的公告	国家税务总局 财政部 海关总署	2019.8.8	2019.8.8
关于公布《中华人民共和国海关〈中华人民共和国与东南亚国家联盟全面经济合作框架协议〉项下经修订的进出口货物原产地管理办法》的公告	海关总署	2019.8.19	
关于进一步激发文化和旅游消费潜力的意见	国务院办公厅	2019.8.23	
关于加快发展流通促进商业消费的意见	国务院办公厅	2019.8.27	
关于进一步促进汽车平行进口发展的意见	商务部等七部门	2019.8.30	
关于做好“家政服务信用信息平台”启用相关工作的通知	商务部办公厅	2019.9.5	
关于稳定生猪生产促进转型升级的意见	国务院办公厅	2019.9.10	
关于实施对外贸易经营者备案和原产地企业备案“两证合一”的公告	商务部 海关总署 中国贸促会	2019.9.23	2019.10.15
关于在中国（海南）自由贸易试验区试点其他自贸试验区施行政策的通知	商务部等18部门	2019.10.2	
关于进一步做好短缺药品保供稳价工作的意见	国务院办公厅	2019.10.11	2019.12月底
关于综合保税区内开展保税货物租赁和期货保税交割业务的公告	海关总署	2019.10.12	2019.10.12

（续表）

法律、法规名称	发布机关	发布日期	实施日期
关于培育建设国际消费中心城市的指导意见	商务部等 14 部门	2019.10.14	
关于进一步促进跨境贸易投资便利化的通知	国家外汇管理局	2020.10.25	2020.1.1
关于授权澳门特别行政区对横琴口岸澳方口岸区及相关延伸区实施管辖的决定(草案)审议结果的报告	全国人民代表大会宪法和法律委员会	2019.10.26	2019.12.1
关于授权国务院在自由贸易试验区暂时调整适用有关法律规定的决定	全国人民代表大会常务委员会	2019.10.26	
关于跨境电子商务综合试验区零售出口企业所得税核定征收有关问题的公告	国家税务总局	2019.10.26	2020.1.1
关于加快推进二手车出口工作关事项的通知	商务部办公厅 公安部办公厅 海关总署办公厅	2020.10.30	2019.11.20
中华人民共和国食品安全法实施条例	中华人民共和国国务院	2019.10.31	2019.12.1
关于开展进口商品样品预先归类咨询服务的公告	海关总署	2019.11.6	2019.1.20
关于调整优惠贸易协定项下进出海关特殊监管区域(场所)货物申报要求的公告	海关总署	2019.11.19	2020.1.1
关于支持和服务长江三角洲区域一体化发展措施的通知	国家税务总局	2019.11.27	
关于精简和规范作业手续 促进加工贸易便利化的公告	海关总署	2019.12.26	2020.1.1
关于修订市场采购贸易监管办法及其监管方式有关事宜的公告	海关总署	2019.12.27	2019.12.27
中华人民共和国基本医疗卫生与健康促进法	2019 年 12 月 28 日第十三届全国人民代表大会常务委员会第十五次会议通过	2019.12.28	2020.6.1
关于执行 2020 年进口暂定税率等调整方案的公告	海关总署	2019.12.28	
关于出口许可证管理货物目录(2020 年)的公告	商务部　海关总署	2019.12.31	2020.1.1
公布出口许可证件申领和适用货物通关无纸化有关事项公告	商务部　海关总署	2019.12.31	2020.1.1
关于《两用物项和技术进出口许可证管理目录》公告	商务部 海关总署	2019.12.31	2020.1.1
关于外商投资信息报告办法的令	商务部 市场监管总局	2019.12.31	2020.1.1
关于提醒广大出入境人员关注国际旅行健康的公告	海关总署	2019.12.31	
关于在自由贸易试验区试点取消部分外汇管理行政许可申请材料的通知	国家外汇管理局	2019.12.31	
关于完善外贸金融服务的指导意见	中国银保监会 商务部 国家外汇管理局	2020.1.3	
2019 年关于修改《台湾投资者经第三地转投资认定暂行办法》的公告	商务部 国务院台湾事务办公室	2020.1.3	2020.1.1

（续表）

法律、法规名称	发布机关	发布日期	实施日期
关于开展2019年度外商投资信息报告年度报告的公告	商务部 市场监管总局 外汇局	2020.1.3	2020.1.1
关于推动服务外包加快转型升级的指导意见	商务部等8部门	20230.1.14	
关于境外所得有关个人所得税政策的公告	财政部 税务总局	2020.1.17	
关于推动品牌连锁便利店加快发展的指导意见	商务部等13部门	2020.1.21	
公布货物进出口领域行政审批中介服务事项和行政委托事项清单	商务部	2020.1.23	
关于防控新型冠状病毒感染的肺炎的公告	海关总署 国家卫生健康委员会	2020.1.24	
关于建立外汇政策绿色通道 支持新型冠状病毒感染的肺炎疫情防控工作的通知	国家外汇管理局	2020.1.27	2020.1.27
关于优化纳税缴费服务配合做好新型冠状病毒感染肺炎疫情防控工作的通知	国家税务总局	2020.1.30	
关于进一步强化金融支持防控新型冠状病毒感染肺炎疫情的通知	中国人民银行 财政部 银保监会 证监会 外汇局	2020.2.1	
关于防控新型冠状病毒感染的肺炎疫情进口物资免税政策的公告	财政部 海关总署 税务总局	2020.2.1	
关于支持金融强化服务 做好新型冠状病毒感染肺炎疫情防控工作的通知	财政部	2020.2.1	2020.1.1
关于做好春节假期后金融服务工作的通知	中国人民银行 银保监会 证监会 外汇局	2020.2.3	
关于支持新型冠状病毒感染的肺炎疫情防控有关税收政策的公告	财政部 税务总局	2020.2.6	
关于打赢疫情防控阻击战强化疫情防控重点保障企业资金支持的紧急通知	财政部 发展改革委 工业和信息化部 人民银行 审计署	2020.2.7	
关于做好重点城市生活物资保供工作的通知	商务部办公厅	2020.02.11	
关于积极指导帮助走出去企业做好新冠肺炎疫情应对工作的通知	商务部办公厅	2020.2.12	
关于请继续做好对外承包工程领域应对新冠肺炎疫情有关工作的通知	商务部办公厅	2020.2.13	
关于进一步加快推进上海国际金融中心建设和金融支持长三角一体化发展的意见	中国人民银行 中国银行保险监督管理委员会 中国证券监督管理委员会 国家外汇管理局 上海市人民政府	2020.2.14	

（续表）

法律、法规名称	发布机关	发布日期	实施日期
关于修订《个人本外币兑换特许业务试点管理办法》的通知	国家外汇管理局	2020.2.19	
关于推广疫情防控时期保障生活必需品供应典型做法的通知	商务部办公厅	2020.2.26	
关于应对疫情影响 加大对个体工商户扶持力度的指导意见	市场监管总局 发展改革委 财政部 人力资源社会保障部 商务部 人民银行	2020.2.28	
关于支持个体工商户复工复业增值税政策的公告	财政部 税务总局	2020.2.28	
关于有效应对新冠肺炎疫情影响切实加强地方财政“三保”工作的通知	财政部	2020.3.4	
关于继续实施物流企业大宗商品仓储设施用地城镇土地使用税优惠政策的公告	财政部 税务总局	2020.3.13	
将推动RCEP协定如期签署生效 加快中日韩自贸区谈判进程	商务部	2020.3.13	
《关于进一步加强国境卫生检疫工作 依法惩治妨害国境卫生检疫违法犯罪的意见》的通知	最高人民法院 最高人民检察院 公安部 司法部 海关总署	2020.3.13	
关于应对新冠肺炎疫情 支持边境（跨境）经济合作区建设 促进边境贸易创新发展有关工作的通知	商务部办公厅 中国进出口银行办公室	2020.3.23	
关于《外商投资企业投诉工作办法（征求意见稿）》公开征求意见的通知	商务部	2020.3.23	
关于统筹做好新冠肺炎疫情防控和经济发展，全面做好国家级经开区工作的通知	商务部办公厅	2020.3.24	
关于支持中国（浙江）自由贸易试验区油气全产业链开放发展若干措施的批复	国务院	2020.3.26	
关于全面推广跨境电子商务出口商品退货监管措施有关事宜的公告	海关总署	2020.3.27	2020.3.27
关于应对新冠肺炎疫情完善金融服务支持步行街改造提升工作的通知	商务部 中国银行	2020.4.3	
关于应对疫情进一步改革开放做好稳外资工作的通知	商务部	2020.4.3	
关于进一步做好供应链创新与应用试点工作的通知	商务部等8部门	2020.4.13	
关于优化外汇管理 支持涉外业务发展的通知	国家外汇管理局	2020.4.14	2020.4.14

（二）上海商贸法律、法规

上海新颁布商贸法律、法规

法律、法规名称	发布机关	发布日期	实施日期
关于印发《上海市深化养老服务实施方案(2019－2022年)》的通知	上海市人民政府	2019.5.31	
关于促进上海创业投资持续健康高质量发展的若干意见	上海市人民政府	2019.7.30	2019.8.1
关于印发修订后的本市促进跨国公司地区总部发展的若干意见	上海市人民政府	2019.8.13	2019.9.1
中国(上海)自由贸易试验区临港新片区管理办法	上海市人民政府	2019.8.20	2019.8.20
上海市公共数据开放暂行办法	上海市人民政府	2019.8.29	2019.10.1
关于本市进一步促进外商投资的若干意见	上海市人民政府	2019.9.18.	2019.9.16
《关于在中国(上海)自由贸易试验区开展“证照分离”改革全覆盖试点的实施方案》的通知	上海市人民政府办公厅	2019.12.2	2019.12.1
关于印发《上海市小型餐饮服务提供者临时备案监督管理办法》的通知	上海市人民政府	2019.12.27	2020.1.1
关于延长《上海市企业住所登记管理办法》有效期的通知	上海市人民政府办公厅	2020.1.7	2015.3.1
关于印发《加快推进上海金融科技中心建设实施方案》的通知	上海市人民政府办公厅	2020.1.19	2020.2.1
关于印发上海市全力防控疫情支持服务企业平稳健康发展若干政策措施的通知	上海市人民政府	2020.2.7.	2020.2.7
关于同意《关于应对新冠肺炎疫情支持外贸企业稳定发展的政策措施》的通知	上海市人民政府办公厅	2020.3.12	2020.3.12
关于印发《本市贯彻〈国务院关于进一步做好利用外资工作的意见〉若丁措施》的通知	上海市人民政府	2020.4.8	2020.4.10
关于印发《上海市促进在线新经济发展行动方案(2020—2022年)》的通知	上海市人民政府办公厅	2020.4.8	

第九编

商贸统计

一、对外贸易往来的国家和地区

二、上海与『一带一路』沿线国家进出口贸易

三、商业、服务业

四、上海关区及市区进出口贸易

一、对外贸易往来的国家和地区

2019 年，上海在以习近平同志为核心的党中央坚强领导下，深入贯彻落实习近平总书记考察上海重要讲话精神，全市经济延续了总体平稳、稳中有进、进中固稳的发展态势，显示出较强的韧性和活力。

对外贸易小幅增长，利用外资增势良好。全年全市货物进出口总额 34046.82 亿元，比上年增长 0.1%。其中，出口总额 13720.91 亿元，增长 0.4%；进口总额 20325.91 亿元，下降 0.1%。全年全市外商直接投资项目 6800 个，比上年增长 21.5%；外商直接投资合同金额 502.53 亿美元，增长 7.1%；外商直接投资实际到位金额 190.48 亿美元，增长 10.1%。对外投资结构优化，对外直接投资中方投资额 140 亿美元，居全国第二。

2019 年上海对外贸易往来国家(地区)一览表

国别(地区)			进出口额		出口额		进口额	
			金额(万美元)	比上年(±%)	金额(万美元)	比上年(±%)	金额(万美元)	比上年(±%)
亚洲	中国	香港	2204428	1.54	2047284	2.31	157145	-7.47
		澳门	10443	20.52	10077	20.27	366	27.85
		台湾	3091410	13.59	1013894	31.55	2077516	6.50
	东亚	日本	5380259	-6.48	1970803	-8.36	3409456	-5.35
		韩国	2497844	-6.55	705242	2.54	1792602	-9.69
	东盟		6817557	6.38	2621207	1.92	4196350	9.37
	中东		—	—	—	—	—	—
非洲			942351	-4.94	487721	12.26	45.46	-18.36
欧洲	欧盟		10553152	-1.42	3438103	-6.66	7115049	1.33
	俄罗斯		503409	-2.41	271678	-4.35	231730	-0.04
美洲	美国		6569751	-14.55	4049545	-14.76	2520206	-14.21
	加拿大		623518	-9.53	231725	-14.74	391793	-6.15
	拉丁美洲		2662307	-4.65	906907	-3.05	1755400	-5.45
大洋洲	澳大利亚		2208213	-0.69	492701	-8.86	1715512	1.94
	新西兰		267759	4.91	54760	-17.87	21.30	12.96

2015—2019 年上海与中国香港贸易情况表

年份	进出口		出口		进口	
	金额(万美元)	比上年(±%)	金额(万美元)	比上年(±%)	金额(万美元)	比上年(±%)
2015	2146910	11. 50	1934340	4. 76	212578	169. 16
2016	2222600	3. 75	1813960	-6. 00	408637	92. 22
2017	1836072	-17. 43	1796351	-1. 03	39720	-90. 28
2018	2171080	18. 25	2001240	11. 41	169836	327. 58
2019	2204428	1. 54	2047284	2. 31	157145	-7. 47

2015—2019 年上海与中国澳门贸易情况表

年份	进出口		出口		进口	
	金额(万美元)	比上年(±%)	金额(万美元)	比上年(±%)	金额(万美元)	比上年(±%)
2015	14237	82. 04	13600	88. 68	636	3. 83
2016	10401	-26. 85	10065	-25. 90	336	-47. 16
2017	5691	-45. 28	5374	-46. 61	317	-5. 58
2018	8693	52. 74	8406	56. 44	286	-9. 84
2019	10443	20. 52	10077	20. 27	366	27. 85

2015—2019 年上海与中国台湾贸易情况表

年份	进出口		出口		进口	
	金额(万美元)	比上年(±%)	金额(万美元)	比上年(±%)	金额(万美元)	比上年(±%)
2015	2168750	-6. 35	612301	-8. 37	1556450	-5. 53
2016	2232730	3. 05	644102	5. 26	1588630	2. 18
2017	2485807	69. 24	692390	7. 49	1793416	12. 86
2018	2721570	9. 54	770785	11. 33	1950790	8. 85
2019	3091410	13. 59	1013894	31. 55	2077516	6. 50

2015—2019 年上海与日本贸易情况表

年份	进出口		出口		进口	
	金额(万美元)	比上年(±%)	金额(万美元)	比上年(±%)	金额(万美元)	比上年(±%)
2015	4986090	-8. 49	2132220	-8. 54	2853870	-8. 46
2016	4851890	-2. 20	1920680	-9. 07	2931210	2. 89
2017	5225130	7. 69	1934942	0. 76	3290188	12. 24
2018	5753820	10. 10	2150890	11. 17	3602940	9. 47
2019	5380259	-6. 48	1970803	-8. 36	3409456	-5. 35

2015—2019 年上海与韩国贸易情况表

年份	进出口		出口		进口	
	金额(万美元)	比上年(±%)	金额(万美元)	比上年(±%)	金额(万美元)	比上年(±%)
2015	2868290	9.28	847982	18.39	2020310	5.87
2016	2367320	-17.39	734451	-13.20	1633170	-19.15
2017	2496439	5.44	634120	-13.67	1862318	14.03
2018	2673120	7.05	687805	8.47	1985320	6.57
2019	2497844	-6.55	705242	2.54	1792602	-9.69

2015—2019 年上海与东盟贸易情况表

年份	进出口		出口		进口	
	金额(万美元)	比上年(±%)	金额(万美元)	比上年(±%)	金额(万美元)	比上年(±%)
2015	5339950	-0.74	2202980	-5.92	3136970	3.26
2016	5324140	-0.16	2192050	-0.06	3132090	-0.23
2017	6257491	17.52	2353981	7.39	3903510	24.62
2018	6407380	2.40	2572940	9.31	3834440	-1.77
2019	6817557	6.38	2621207	1.92	4196350	9.37

2015—2019 年上海与非洲贸易情况表

年份	进出口		出口		进口	
	金额(万美元)	比上年(±%)	金额(万美元)	比上年(±%)	金额(万美元)	比上年(±%)
2015	772632	-11.69	417953	-6.82	354679	-16.80
2016	733927	-4.87	365203	-12.58	368724	4.22
2017	817951	11.50	380887	4.30	437064	18.64
2018	991087	21.15	434579	14.10	556508	27.29
2019	942351	-4.94	487721	12.26	454630	-18.36

2015—2019 年上海与欧盟(28 国)贸易情况表

年份	进出口		出口		进口	
	金额(万美元)	比上年(±%)	金额(万美元)	比上年(±%)	金额(万美元)	比上年(±%)
2015	9276670	-10.61	3622310	-6.83	5654360	-12.87
2016	8658010	-6.33	3017010	-16.10	5641000	-0.10
2017	10077600	16.38	3438506	13.96	6639074	17.68
2018	10705600	6.23	3683830	7.14	7021740	5.77
2019	10553152	-1.42	3438103	-6.66	7115049	1.33

2015—2019 年上海与俄罗斯贸易情况表

年份	进出口		出口		进口	
	金额(万美元)	比上年(±%)	金额(万美元)	比上年(±%)	金额(万美元)	比上年(±%)
2015	452097	-8.92	170823	-43.38	281275	44.52
2016	373141	-17.45	164659	-3.59	208482	-25.87
2017	441632	18.30	239849	45.60	201783	-3.25
2018	515575	16.75	284048	18.44	231527	14.73
2019	503409	-2.41	271678	-4.35	231730	-0.04

2015—2019 年上海与美国贸易情况表

年份	进出口		出口		进口	
	金额(万美元)	比上年(±%)	金额(万美元)	比上年(±%)	金额(万美元)	比上年(±%)
2015	7411020	-3.00	4557890	-8.56	2853140	7.45
2016	7204020	-1.84	4491630	-0.66	2712390	-3.73
2017	7701100	6.89	4645750	3.44	3055350	12.60
2018	7688690	-0.16	4751010	2.27	2937670	-3.85
2019	6569751	-14.55	4049545	-14.76	2520206	-14.21

2015—2019 年上海与加拿大贸易情况表

年份	进出口		出口		进口	
	金额(万美元)	比上年(±%)	金额(万美元)	比上年(±%)	金额(万美元)	比上年(±%)
2015	498837	-7.76	209919	-25.63	288918	11.76
2016	493865	-0.94	199989	-4.70	293876	1.80
2017	525656	6.43	256342	28.18	269314	-8.37
2018	688799	31.03	271794	6.07	417005	54.77
2019	623518	-9.53	231725	-14.74	391793	-6.15

2015—2019 年上海与拉丁美洲贸易情况表

年份	进出口		出口		进口	
	金额(万美元)	比上年(±%)	金额(万美元)	比上年(±%)	金额(万美元)	比上年(±%)
2015	2143030	-11.00	831160	-16.68	1311870	-6.97
2016	1953350	-8.74	743848	-10.36	1209510	-7.72
2017	2424050	24.09	919046	23.55	1505000	24.42
2018	2791250	15.16	935429	1.79	1855820	23.33
2019	2662307	-4.65	906907	-3.05	1755400	-5.45

2015—2015 年上海与澳大利亚贸易情况表

年份	进出口		出口		进口	
	金额（万美元）	比上年（±%）	金额（万美元）	比上年（±%）	金额（万美元）	比上年（±%）
2015	1634740	-0.71	501821	-13.88	1132920	6.51
2016	1501110	-7.95	490142	-1.51	1010970	-10.77
2017	1834010	22.18	529536	8.04	1304480	29.03
2018	2220430	21.03	540526	2.08	1679910	28.72
2019	2208213	-0.69	492701	-8.86	1715512	1.94

2015—2019 年上海与新西兰贸易情况表

年份	进出口		出口		进口	
	金额（万美元）	比上年（±%）	金额（万美元）	比上年（±%）	金额（万美元）	比上年（±%）
2015	164900	-27.40	46803	-14.10	118096	-31.60
2016	204250	23.91	51152	9.26	153099	29.72
2017	238766	16.87	59452	16.22	179314	17.09
2018	255243	6.90	66687	12.17	188557	5.15
2019	267759	4.91	54760	-17.87	212999	12.96

资料来源：上海海关。

说明：2018 年数据海关略有修正，2019 年比 2018 年百分比数据以修正值计算。

二、上海与“一带一路”沿线国家进出口贸易

（一）中国、蒙古、东盟12国

2016—2019年上海与中国贸易情况表

年份	进出口		出口		进口	
	金额（万美元）	比上年（±%）	金额（万美元）	比上年（±%）	金额（万美元）	比上年（±%）
2016	1067050	-12.53	—	—	1054750	-13.54
2017	1144490	7.19	—	—	1144490	8.44
2018	1268310	10.82	—	—	1268310	10.82
2019	1151987	-9.15	—	—	1151987	-9.15

说明：根据2006年3月1日起实行的《中华人民共和国海关统计条例》中第九条，如果货物的原产国是中国，那么进口该货物的原产国为中国，也就是国货复进口。

2016—2019年上海与蒙古国贸易情况表

年份	进出口		出口		进口	
	金额（万美元）	比上年（±%）	金额（万美元）	比上年（±%）	金额（万美元）	比上年（±%）
2016	7633	-25.81	4692	-40.39	2941	21.69
2017	7051	-7.62	6751	43.87	300	-89.79
2018	12882	82.70	8619	27.68	4263	1319.56
2019	9282	-27.92	8226	-4.50	1056	-75.23

2016—2019 年上海与新加坡贸易情况表

年份	进出口		出口		进口	
	金额(万美元)	比上年(±%)	金额(万美元)	比上年(±%)	金额(万美元)	比上年(±%)
2016	1250630	-1.82	662471	69.23	588154	1.15
2017	1632680	30.51	734370	10.84	898307	52.64
2018	1375840	-1570	694102	-5.48	681734	-24.07
2019	1460962	6.17	638887	-7.96	822075	20.20

2016—2019 年上海与马来西亚贸易情况表

年份	进出口		出口		进口	
	金额(万美元)	比上年(±%)	金额(万美元)	比上年(±%)	金额(万美元)	比上年(±%)
2016	1377250	-6.41	354834	-0.7881	1022420	-8.22
2017	1505120	9.29	368376	3.83	1136740	11.18
2018	1572380	4.47	427014	15.96	1145370	0.75
2019	1647157	4.79	479855	12.41	1167301	1.94

2016—2019 年上海与印度尼西亚贸易情况表

年份	进出口		出口		进口	
	金额(万美元)	比上年(±%)	金额(万美元)	比上年(±%)	金额(万美元)	比上年(±%)
2016	610346	18.41	270738	-0.29	339609	39.21
2017	679079	11.26	270945	0.07	408134	20.18
2018	725724	6.84	344996	27.33	380728	-6.76
2019	759117	4.71	386487	12.26	372630	-2.11

2016—2019 年上海与缅甸贸易情况表

年份	进出口		出口		进口	
	金额(万美元)	比上年(±%)	金额(万美元)	比上年(±%)	金额(万美元)	比上年(±%)
2016	43554	-3.35	36181	-5.97	7373	11.90
2017	46083	5.79	38888	7.46	7195	-2.42
2018	55599	20.66	45796	17.78	9802	36.25
2019	59632	7.25	47119	2.88	12512	27.65

2016—2019 年上海与泰国贸易情况表

年份	进出口		出口		进口	
	金额(万美元)	比上年(±%)	金额(万美元)	比上年(±%)	金额(万美元)	比上年(±%)
2016	813541	2.20	359879	3.04	453662	1.54
2017	904819	11.23	366187	1.77	538632	18.73
2018	1026050	13.39	429569	17.31	596485	10.72
2019	948776	-7.50	414186	-3.51	534590	-10.37

2016—2019 年上海与老挝贸易情况表

年份	进出口		出口		进口	
	金额(万美元)	比上年(±%)	金额(万美元)	比上年(±%)	金额(万美元)	比上年(±%)
2016	6788	-67.89	2206	-9.32	4582	-75.50
2017	9283	36.75	3055	38.48	6228	35.92
2018	7194	-22.50	2747	-10.09	4448	-28.59
2019	7925	10.16	3024	10.10	4901	10.19

2016—2019 年上海与柬埔寨贸易情况表

年份	进出口		出口		进口	
	金额(万美元)	比上年(±%)	金额(万美元)	比上年(±%)	金额(万美元)	比上年(±%)
2016	52746	7.27	33146	13.47	19601	-1.79
2017	59783	13.34	34861	5.17	24922	27.15
2018	85458	42.94	39932	14.55	45526	82.66
2019	88791	3.94	46930	17.59	41860	-8.34

2016—2019 年上海与越南贸易情况表

年份	进出口		出口		进口	
	金额(万美元)	比上年(±%)	金额(万美元)	比上年(±%)	金额(万美元)	比上年(±%)
2016	766668	5.98	312050	4.75	454618	6.84
2017	923353	20.43	341122	9.31	582232	28.07
2018	1007360	9.10	359146	5.29	648214	11.34
2019	1342019	33.22	396183	10.30	945836	45.92

2016—2019 年上海与文莱贸易情况表

年份	进出口		出口		进口	
	金额(万美元)	比上年(±%)	金额(万美元)	比上年(±%)	金额(万美元)	比上年(±%)
2016	7527	266. 12	2900	104. 59	4627	624. 79
2017	9161	21. 72	7742	166. 99	1419	-69. 33
2018	22789	148. 75	20734	167. 80	2055	44. 82
2019	8492	-62. 74	5257	-74. 65	3235	57. 45

2016—2019 年上海与菲律宾贸易情况表

年份	进出口		出口		进口	
	金额(万美元)	比上年(±%)	金额(万美元)	比上年(±%)	金额(万美元)	比上年(±%)
2016	395091	-9. 15	157647	2. 93	237444	-15. 71
2017	488133	23. 55	188436	19. 53	299697	26. 23
2018	528987	8. 37	208900	10. 85	320086	6. 81
2019	494687	-6. 60	203278	-2. 65	291408	-9. 18

（二）西亚 18 国

2016—2019 年上海与伊朗贸易情况表

年份	进出口		出口		进口	
	金额(万美元)	比上年(±%)	金额(万美元)	比上年(±%)	金额(万美元)	比上年(±%)
2016	120424	-15. 16	89201	-10. 07	31223	-26. 96
2017	150693	25. 15	107106	20. 09	43587	39. 60
2018	138877	-7. 86	90679	-15. 35	48198	10. 55
2019	221003	59. 07	86954	-4. 07	134049	177. 58

2016—2019 年上海与伊拉克贸易情况表

年份	进出口		出口		进口	
	金额(万美元)	比上年(±%)	金额(万美元)	比上年(±%)	金额(万美元)	比上年(±%)
2016	13003	-9. 16	12990	-9. 23	13	405. 50
2017	16076	23. 63	16072	23. 73	4	-70. 77
2018	11958	-25. 61	11957	-25. 60	1	-72. 16
2019	17124	43. 20	17118	43. 17	6	419. 51

2016—2019 年上海与土耳其贸易情况表

年份	进出口		出口		进口	
	金额(万美元)	比上年(±%)	金额(万美元)	比上年(±%)	金额(万美元)	比上年(±%)
2016	160726	-11.69	106086	-21.50	54640	16.61
2017	173972	8.24	110210	3.88	63762	16.70
2018	181200	4.19	102403	7.03	78796	23.58
2019	164357	-9.27	98209	-4.09	66148	-16.01

2016—2019 年上海与叙利亚贸易情况表

年份	进出口		出口		进口	
	金额(万美元)	比上年(±%)	金额(万美元)	比上年(±%)	金额(万美元)	比上年(±%)
2016	2000	-19.49	1914	-18.29	86	-39.37
2017	3474	73.71	3460	80.77	14	-84.12
2018	2947	-15.18	2938	-15.09	8	-37.62
2019	2713	-7.93	2706	-7.90	7	-19.56

2016—2019 年上海与约旦贸易情况表

年份	进出口		出口		进口	
	金额(万美元)	比上年(±%)	金额(万美元)	比上年(±%)	金额(万美元)	比上年(±%)
2016	9405	1.61	7350	-11.20	2056	109.84
2017	10318	9.71	6747	-8.20	3571	73.73
2018	13700	32.77	9198	36.33	4501	26.04
2019	19321	41.57	13820	51.09	5501	22.22

2016—2019 年上海与黎巴嫩贸易情况表

年份	进出口		出口		进口	
	金额(万美元)	比上年(±%)	金额(万美元)	比上年(±%)	金额(万美元)	比上年(±%)
2016	5781	-8.93	5746	-8.89	35	-15.55
2017	11853	105.04	11796	105.29	57	63.76
2018	5824	-50.87	5758	-51.19	66	16.41
2019	4837	-17.00	4723	-18.03	114	72.55

2016—2019 年上海与以色列贸易情况表

年份	进出口		出口		进口	
	金额(万美元)	比上年(±%)	金额(万美元)	比上年(±%)	金额(万美元)	比上年(±%)
2016	114378	-1.64	35272	-20.53	79106	10.03
2017	113281	-1.01	37774	7.08	75508	-4.62

（续表）

年份	进出口		出口		进口	
	金额（万美元）	比上年（±%）	金额（万美元）	比上年（±%）	金额（万美元）	比上年（±%）
2018	140851	24.34	40535	7.31	100316	32.86
2019	140063	-0.56	46414	14.50	93649	-6.65

2016—2019年上海与巴勒斯坦贸易情况表

年份	进出口		出口		进口	
	金额（万美元）	比上年（±%）	金额（万美元）	比上年（±%）	金额（万美元）	比上年（±%）
2016	109	-27.88	109	-28.07	0	773.79
2017	161	47.54	160	47.36	1	112.00
2018	219	35.78	214	33.16	5	628.48
2019	219	-0.53	219	1.81	0	-99.69

2016—2019年上海与沙特阿拉伯贸易情况表

年份	进出口		出口		进口	
	金额（万美元）	比上年（±%）	金额（万美元）	比上年（±%）	金额（万美元）	比上年（±%）
2016	133822	-12.83	80829	-6.00	52994	-21.53
2017	178556	33.47	89248	10.42	89308	68.66
2018	240100	34.54	71286	20.13	168813	89.22
2019	235501	-1.73	88827	8.88	146674	-12.88

2016—2019年上海与也门贸易情况表

年份	进出口		出口		进口	
	金额（万美元）	比上年（±%）	金额（万美元）	比上年（±%）	金额（万美元）	比上年（±%）
2016	3153	-4.70	3114	-4.31	39	-28.07
2017	2839	-9.95	2819	-9.49	20	-47.23
2018	4829	70.06	4816	70.83	13	-35.92
2019	6875	42.38	6823	41.67	53	301.23

2016—2019年上海与阿曼贸易情况表

年份	进出口		出口		进口	
	金额（万美元）	比上年（±%）	金额（万美元）	比上年（±%）	金额（万美元）	比上年（±%）
2016	16835	8.57	13957	17.96	2878	-21.68
2017	10504	-37.61	8204	-41.22	2301	-20.07
2018	27329	160.17	13124	59.97	14206	517.42
2019	61379	124.41	19371	47.61	42008	195.25

2016—2019 年上海与阿联酋贸易情况表

年份	进出口		出口		进口	
	金额(万美元)	比上年(±%)	金额(万美元)	比上年(±%)	金额(万美元)	比上年(±%)
2016	269691	-2.56	184210	1.51	85480	-10.32
2017	255986	-5.10	157233	-14.67	98754	15.54
2018	255463	-0.20	158577	0.86	96886	-1.88
2019	315029	23.30	228195	43.90	86835	-10.41

2016—2019 年上海与卡塔尔贸易情况表

年份	进出口		出口		进口	
	金额(万美元)	比上年(±%)	金额(万美元)	比上年(±%)	金额(万美元)	比上年(±%)
2016	19821	-40.51	7375	-66.36	12446	9.22
2017	34718	75.13	10510	42.44	24208	94.50
2018	45709	31.66	13877	32.04	31832	31.50
2019	34829	-23.81	14946	7.70	19882	-37.54

2016—2019 年上海与科威特贸易情况表

年份	进出口		出口		进口	
	金额(万美元)	比上年(±%)	金额(万美元)	比上年(±%)	金额(万美元)	比上年(±%)
2016	26472	15.44	16394	-11.90	10078	133.11
2017	24392	-7.85	19926	21.54	4466	-55.68
2018	37030	51.81	19259	-3.35	17771	297.88
2019	36752	-0.75	15189	-21.12	21562	21.31

2016—2019 年上海与巴林贸易情况表

年份	进出口		出口		进口	
	金额(万美元)	比上年(±%)	金额(万美元)	比上年(±%)	金额(万美元)	比上年(±%)
2016	5903	-37.68	4831	-48.79	1072	26.99
2017	7422	25.75	5638	16.72	1784	66.44
2018	12561	69.23	11541	104.68	1020	-42.83
2019	12693	1.06	11756	1.87	937	-8.09

2016—2019 年上海与希腊贸易情况表

年份	进出口		出口		进口	
	金额(万美元)	比上年(±%)	金额(万美元)	比上年(±%)	金额(万美元)	比上年(±%)
2016	32136	86.91	24873	130.98	7263	13.04
2017	29618	-7.84	19403	-21.99	10215	40.64

（续表）

年份	进出口		出口		进口	
	金额(万美元)	比上年(±%)	金额(万美元)	比上年(±%)	金额(万美元)	比上年(±%)
2018	34890	17.80	29265	50.83	5625	-44.94
2019	43450	24.54	34320	17.27	9131	62.34

2016—2019 年上海与塞浦路斯贸易情况表

年份	进出口		出口		进口	
	金额(万美元)	比上年(±%)	金额(万美元)	比上年(±%)	金额(万美元)	比上年(±%)
2016	1759	-47.24	1467	-54.04	292	106.91
2017	7461	324.13	6974	375.24	487	66.91
2018	2886	-61.31	2451	68.41	435	-10.58
2019	04515	56.42	3922	60.01	593	36.23

2016—2019 年上海与埃及贸易情况表

年份	进出口		出口		进口	
	金额(万美元)	比上年(±%)	金额(万美元)	比上年(±%)	金额(万美元)	比上年(±%)
2016	49324	3.59	39887	-2.63	9436	41.88
2017	39924	-19.06	27445	-31.19	12479	32.23
2018	58232	45.81	42299	54.06	15932	27.68
2019	55037	-5.45	45604	7.86	9433	-40.78

（三）南亚 8 国

2016—2019 年上海与印度贸易情况表

年份	进出口		出口		进口	
	金额(万美元)	比上年(±%)	金额(万美元)	比上年(±%)	金额(万美元)	比上年(±%)
2016	737409	-6.43	462118	-8.14	275292	-3.40
2017	871585	18.13	496010	7.23	375575	36.44
2018	936295	7.06	528415	6.50	404880	7.80
2019	816075	-12.54	473508	-10.36	342566	-15.39

2016—2019 年上海与巴基斯坦贸易情况表

年份	进出口		出口		进口	
	金额(万美元)	比上年(±%)	金额(万美元)	比上年(±%)	金额(万美元)	比上年(±%)
2016	90149	3.93	77815	12.62	12334	-30.09
2017	90253	0.11	77379	-0.56	12873	4.35
2018	100215	11.07	87848	13.57	12367	-3.93
2019	93448	-6.75	71020	-19.156	22428	81.36

2016—2019 年上海与孟加拉贸易情况表

年份	进出口		出口		进口	
	金额(万美元)	比上年(±%)	金额(万美元)	比上年(±%)	金额(万美元)	比上年(±%)
2016	137379	8.68	94263	8.70	43134	8.62
2017	131041	-4.63	88844	-5.76	42198	-2.17
2018	152306	16.22	100056	12.62	52250	23.82
2019	149309	-2.09	97621	-2.62	51688	-1.05

2016—2019 年上海与阿富汗贸易情况表

年份	进出口		出口		进口	
	金额(万美元)	比上年(±%)	金额(万美元)	比上年(±%)	金额(万美元)	比上年(±%)
2016	1047	23.63	1042	25.19	5	-65.07
2017	662	-36.83	639	-38.71	23	346.33
2018	1678	153.67	1536	140.52	142	520.81
2019	5318	216.88	5249	241.65	68	-51.72

2016—2019 年上海与斯里兰卡贸易情况表

年份	进出口		出口		进口	
	金额(万美元)	比上年(±%)	金额(万美元)	比上年(±%)	金额(万美元)	比上年(±%)
2016	26858	-3.22	19539	-12.32	7319	33.85
2017	29590	10.17	21275	8.89	8314	13.60
2018	32576	10.09	23389	9.94	9187	10.49
2019	34472	5.82	23718	1.40	10754	17.08

2016—2019 年上海与马尔代夫贸易情况表

年份	进出口		出口		进口	
	金额(万美元)	比上年(±%)	金额(万美元)	比上年(±%)	金额(万美元)	比上年(±%)
2016	1013	125.90	1011	131.61	2	-86.81
2017	1516	49.69	1512	49.48	4	186.30

（续表）

年份	进出口		出口		进口	
	金额(万美元)	比上年(±%)	金额(万美元)	比上年(±%)	金额(万美元)	比上年(±%)
2018	974	-35.77	972	-35.69	2	62.58
2019	781	-19.15	779	-19.14	1	-24.01

2016—2019 年上海与尼泊尔贸易情况表

年份	进出口		出口		进口	
	金额(万美元)	比上年(±%)	金额(万美元)	比上年(±%)	金额(万美元)	比上年(±%)
2016	1862	-1.38	1667	-0.61	195	-7.45
2017	3383	81.65	3150	88.97	233	19.17
2018	3768	10.83	3599	13.62	170	27.14
2019	3722	-1.23	3472	-3.51	249	47.00

2016—2019 年上海与不丹贸易情况表

年份	进出口		出口		进口	
	金额(万美元)	比上年(±%)	金额(万美元)	比上年(±%)	金额(万美元)	比上年(±%)
2016	52	-35.63	52	7.41	0	-99.16
2017	46	-11.23	46	-11.45	0	30.69
2018	26	-43.31	26	43.31	0	-68.99
2019	36	36.63	36	36.89	0	-23.92

（四）中亚 5 国

2016—2019 年上海与哈萨克斯坦

年份	进出口		出口		进口	
	金额(万美元)	比上年(±%)	金额(万美元)	比上年(±%)	金额(万美元)	比上年(±%)
2016	43391	-40.28	11481	-22.02	31910	-44.92
2017	37385	-13.84	12371	7.75	25015	-21.61
2018	55644	48.84	25994	110.14	29651	8.53
2019	40090	-27.95	19897	-23.46	20194	-31.89

2016—2019 年上海与乌兹别克斯坦贸易情况表

年份	进出口		出口		进口	
	金额(万美元)	比上年(±%)	金额(万美元)	比上年(±%)	金额(万美元)	比上年(±%)
2016	18557	87.00	6886	-20.92	11671	860.17
2017	15774	-15.00	9261	34.48	6513	-44.19
2018	22371	41.83	16353	76.59	6018	-7.59
2019	20562	-8.10	17486	6.91	3076	-48.89

2016—2019 年上海与土库曼斯坦贸易情况表

年份	进出口		出口		进口	
	金额(万美元)	比上年(±%)	金额(万美元)	比上年(±%)	金额(万美元)	比上年(±%)
2016	1250	-42.08	864	-48.49	385	-19.62
2017	1132	-9.42	871	0.77	261	-32.28
2018	640	-43.43	594	-31.79	46	82.28
2019	2062	222.02	1344	126.19	718	1453.90

2016—2019 年上海与塔吉克斯坦贸易情况表

年份	进出口		出口		进口	
	金额(万美元)	比上年(±%)	金额(万美元)	比上年(±%)	金额(万美元)	比上年(±%)
2016	863	-27.36	860	-12.81	3	-98.39
2017	1270	47.12	1267	47.39	2	-24.26
2018	4194	230.01	4160	227.96	34	1280.66
2019	3220	-23.22	3199	-23.11	22	-36.67

2016—2019 年上海与吉尔吉斯斯坦贸易情况表

年份	进出口		出口		进口	
	金额(万美元)	比上年(±%)	金额(万美元)	比上年(±%)	金额(万美元)	比上年(±%)
2016	1665	-25.84	1663	-25.87	1	50.96
2017	1855	11.43	1852	11.35	3	119.51
2018	8401	352.95	8385	352.77	16	464.91
2019	12505	48.85	12497	49.04	8	-49.76

（五）独联体7国

2016—2019年上海与俄罗斯贸易情况表

年份	进出口		出口		进口	
	金额（万美元）	比上年（±%）	金额（万美元）	比上年（±%）	金额（万美元）	比上年（±%）
2016	373141	-17.45	164659	-3.59	208482	-25.87
2017	441632	18.30	239849	45.60	201783	-3.25
2018	515575	16.75	284048	18.44	231527	14.73
2019	503409	-2.41	271678	-4.35	231730	-0.04

2016—2019年上海与乌克兰贸易情况表

年份	进出口		出口		进口	
	金额（万美元）	比上年（±%）	金额（万美元）	比上年（±%）	金额（万美元）	比上年（±%）
2016	45191	19.05	17975	14.33	27216	22.39
2017	50522	11.80	23965	33.32	26557	-2.42
2018	67174	32.99	34280	43.04	32894	23.91
2019	66686	-0.70	29447	-14.10	37238	13.28

2016—2019年上海与白俄罗斯贸易情况表

年份	进出口		出口		进口	
	金额（万美元）	比上年（±%）	金额（万美元）	比上年（±%）	金额（万美元）	比上年（±%）
2016	6422	73.17	5641	121.70	781	-32.91
2017	9656	50.38	8494	50.59	1163	48.88
2018	14413	49.26	12913	52.02	1500	29.05
2019	25618	77.74	23501	82.00	2117	41.12

2016—2019年上海与格鲁吉亚贸易情况表

年份	进出口		出口		进口	
	金额（万美元）	比上年（±%）	金额（万美元）	比上年（±%）	金额（万美元）	比上年（±%）
2016	3256	-17.42	2596	-21.42	661	3.22
2017	4816	47.87	3024	16.47	1792	171.27
2018	7124	47.93	5913	95.57	1812	64.33
2019	4943	-30.61	3840	-35.06	1103	-8.91

2016—2019 年上海与阿塞拜疆贸易情况表

年份	进出口		出口		进口	
	金额(万美元)	比上年(±%)	金额(万美元)	比上年(±%)	金额(万美元)	比上年(±%)
2016	1746	-35.67	1583	-16.94	164	-79.75
2017	2946	68.71	2859	80.68	87	-46.86
2018	4223	43.33	3967	38.75	256	193.80
2019	5045	19.46	4133	4.19	911	256.28

2016—2019 年上海与亚美尼亚贸易情况表

年份	进出口		出口		进口	
	金额(万美元)	比上年(±%)	金额(万美元)	比上年(±%)	金额(万美元)	比上年(±%)
2016	1070	-5.78	325	23.08	745	-14.53
2017	1662	55.27	559	72.00	1102	47.96
2018	2314	39.21	502	-1030	1812	64.33
2019	3490	50.07	735	46.40	2756	51.08

2016—2019 年上海与摩尔多瓦贸易情况表

年份	进出口		出口		进口	
	金额(万美元)	比上年(±%)	金额(万美元)	比上年(±%)	金额(万美元)	比上年(±%)
2016	1339	-9.80	336	-1.32	1003	-12.33
2017	1763	31.70	470	39.98	1293	28.92
2018	2193	24.40	434	-7.70	1759	36.07
2019	2558	16.63	489	12.79	2068	17.57

（六）中东欧 16 国

2016—2019 年上海与波兰贸易情况表

年份	进出口		出口		进口	
	金额(万美元)	比上年(±%)	金额(万美元)	比上年(±%)	金额(万美元)	比上年(±%)
2016	166476	-13.00	98541	2.85	67935	-28.90
2017	187717	12.76	100860	2.35	86857	27.85
2018	192933	2.78	113302	12.34	79631	-8.32
2019	215046	11.52	123311	8.92	91734	15.20

2016—2019 年上海与立陶宛贸易情况表

年份	进出口		出口		进口	
	金额(万美元)	比上年(±%)	金额(万美元)	比上年(±%)	金额(万美元)	比上年(±%)
2016	13415	-2.47	6509	-3.87	6906	-1.11
2017	15289	13.97	6621	1.72	8668	25.51
2018	19049	24.59	8039	21.41	11010	27.02
2019	19150	0.53	7743	-3.67	11407	3.60

2016—2019 年上海与爱沙尼亚贸易情况表

年份	进出口		出口		进口	
	金额(万美元)	比上年(±%)	金额(万美元)	比上年(±%)	金额(万美元)	比上年(±%)
2016	14560	13.95	9277	11.77	5283	18.00
2017	14622	43.56	7556	-18.55	7066	33.77
2018	11707	-19.94	7212	-4.55	4495	-36.39
2019	14546	24.25	6059	-15.99	8487	88.82

2016—2019 年上海与拉脱维亚贸易情况表

年份	进出口		出口		进口	
	金额(万美元)	比上年(±%)	金额(万美元)	比上年(±%)	金额(万美元)	比上年(±%)
2016	9543	28.05	6820	28.58	2722	26.75
2017	10211	7.01	7167	5.08	3044	11.84
2018	9626	-5.73	6177	-13.81	3449	13.29
2019	8881	-7.75	5343	-13.51	3538	2.55

2016—2019 年上海与捷克贸易情况表

年份	进出口		出口		进口	
	金额(万美元)	比上年(±%)	金额(万美元)	比上年(±%)	金额(万美元)	比上年(±%)
2016	170646	-24.57	111575	-32.91	59071	-1.41
2017	222225	30.22	155675	39.51	66550	12.66
2018	273967	23.28	192554	23.69	81413	22.33
2019	256890	-6.23	170140	-11.63	86750	6.56

2016—2019 年上海与斯洛伐克贸易情况表

年份	进出口		出口		进口	
	金额(万美元)	比上年(±%)	金额(万美元)	比上年(±%)	金额(万美元)	比上年(±%)
2016	50037	29.73	20425	39.93	29612	23.53
2017	61481	22.87	29853	46.16	31627	6.81

（续表）

年份	进出口		出口		进口	
	金额（万美元）	比上年（±%）	金额（万美元）	比上年（±%）	金额（万美元）	比上年（±%）
2018	319242	419.26	29126	-2.44	290117	817.30
2019	360124	12.81	34129	17.18	325995	12.37

2016—2019 年上海与匈牙利贸易情况表

年份	进出口		出口		进口	
	金额（万美元）	比上年（±%）	金额（万美元）	比上年（±%）	金额（万美元）	比上年（±%）
2016	75339	10.99	20300	9.45	55039	11.57
2017	86889	15.33	21133	4.09	65756	19.47
2018	95134	9.49	27919	32.10	67215	2.22
2019	91266	-4.06	24162	-13.43	67104	-0.17

2016—2019 年上海与斯洛文尼亚贸易情况表

年份	进出口		出口		进口	
	金额（万美元）	比上年（±%）	金额（万美元）	比上年（±%）	金额（万美元）	比上年（±%）
2016	18884	25.76	12611	35.80	6273	9.48
2017	19839	5.06	12370	-1.91	7469	19.06
2018	25074	26.36	14892	20.35	10182	36.33
2019	24325	-2.98	13815	-7.23	10510	3.23

2016—2019 年上海与克罗地亚贸易情况表

年份	进出口		出口		进口	
	金额（万美元）	比上年（±%）	金额（万美元）	比上年（±%）	金额（万美元）	比上年（±%）
2016	7906	44.43	3404	-7.64	4502	151.74
2017	7876	-0.74	4539	32.22	3338	-25.87
2018	8593	8.98	6341	39.46	2252	-32.54
2019	8863	3.14	6327	-0.23	2536	12.63

2016—2019 年上海与波黑贸易情况表

年份	进出口		出口		进口	
	金额（万美元）	比上年（±%）	金额（万美元）	比上年（±%）	金额（万美元）	比上年（±%）
2016	2523	-31.91	283	-7.64	2240	-34.10
2017	3068	21.58	404	42.66	2664	18.92
2018	4060	32.33	320	-20.76	3740	40.38
2019	3354	-17.36	360	12.87	2994	-19.94

2016—2019 年上海与黑山贸易情况表

年份	进出口		出口		进口	
	金额(万美元)	比上年(±%)	金额(万美元)	比上年(±%)	金额(万美元)	比上年(±%)
2016	370	-68.93	312	-72.84	58	38.26
2017	700	88.82	333	6.40	367	533.40
2018	1268	81.10	557	67.26	711	93.64
2019	334	-73.66	295	-46.97	39	-94.56

2016—2019 年上海与塞尔维亚贸易情况表

年份	进出口		出口		进口	
	金额(万美元)	比上年(±%)	金额(万美元)	比上年(±%)	金额(万美元)	比上年(±%)
2016	5346	32.59	1536	28.30	3810	34.40
2017	5963	11.53	2102	36.84	3861	1.33
2018	6844	14.78	3497	66.37	3347	-13.31
2019	10964	60.20	7616	117.80	3348	0.03

2016—2019 年上海与阿尔巴尼亚贸易情况表

年份	进出口		出口		进口	
	金额(万美元)	比上年(±%)	金额(万美元)	比上年(±%)	金额(万美元)	比上年(±%)
2016	2153	-1.04	874	-3.89	1279	1.01
2017	2351	9.28	967	10.64	13.84	8.35
2018	2202	-6.34	914	5.42	1287	-6.99
2019	2532	14.99	1082	18.31	1450	12.63

2016—2019 年上海与罗马尼亚贸易情况表

年份	进出口		出口		进口	
	金额(万美元)	比上年(±%)	金额(万美元)	比上年(±%)	金额(万美元)	比上年(±%)
2016	67941	4.98	21574	-0.46	46367	7.71
2017	78450	15.46	22849	5.90	55601	19.91
2018	84931	8.26	24563	7.50	60369	8.58
2019	95527	12.48	28571	16.32	66956	10.91

2016—2019 年上海与保加利亚贸易情况表

年份	进出口		出口		进口	
	金额(万美元)	比上年(±%)	金额(万美元)	比上年(±%)	金额(万美元)	比上年(±%)
2016	20601	-32.76	6138	6.09	14463	-41.80
2017	24187	17.41	7078	15.33	17109	18.29

（续表）

年份	进出口		出口		进口	
	金额（万美元）	比上年（±%）	金额（万美元）	比上年（±%）	金额（万美元）	比上年（±%）
2018	24266	0.76	9053	27.89	15214	-10.53
2019	28498	17.41	10363	14.38	18135	19.21

2016—2019 年上海与马其顿贸易情况表

年份	进出口		出口		进口	
	金额（万美元）	比上年（±%）	金额（万美元）	比上年（±%）	金额（万美元）	比上年（±%）
2016	766	-4.47	204	7.57	562	-8.19
2017	1580	106.38	302	48.31	1278	127.40
2018	1705	7.90	431	42.83	1274	-0.35
2019	2607	52.87	1149	166.52	1458	14.42

三、商业、服务业

2019 年，全市经济运行总体平稳、稳中有进、进中固稳，主要预期目标较好完成。市场销售增长基本平稳，网上零售增长较快。

全年全市商品销售总额 120808.41 亿元，比上年增长 1.1%，增速比前三季度提高 0.2 个百分点；社会消费品零售总额 13497.21 亿元，比上年增长 6.5%。分行业看，批发和零售业零售额 12306.96 亿元，增长 6.8%；住宿和餐饮业零售额 1190.25 亿元，增长 4.3%。分商品类别看，化妆品类和通讯器材类增长较快，增速分别为 21.8% 和 21.3%。

全年无店铺零售业态零售额 2403.19 亿元，比上年增长 13.0%。其中，网上商店零售额 1896.51 亿元，增长 15.8%，占社会消费品零售总额的比重达 14.1%，比上年提高 2.2 个百分点。

2015—2019 年上海社会消费品零售总额情况表

单位：亿元

年份	社会消费品零售总额	按商品用途分			
		食品类	衣着类	用品类	燃料类
2015	10131.50	2248.70	1531.97	5769.28	581.55
2016	10946.57	2399.22	1776.87	6205.12	565.36
2017	11830.27	2485.79	2165.34	6450.15	728.99
2018	12668.69	2517.31	2535.51	6803.73	812.13
2019	13497.21	2912.69	2962.02	7063.48	559.03

2019 年上海市社会消费品零售总额商品类别占比示意图

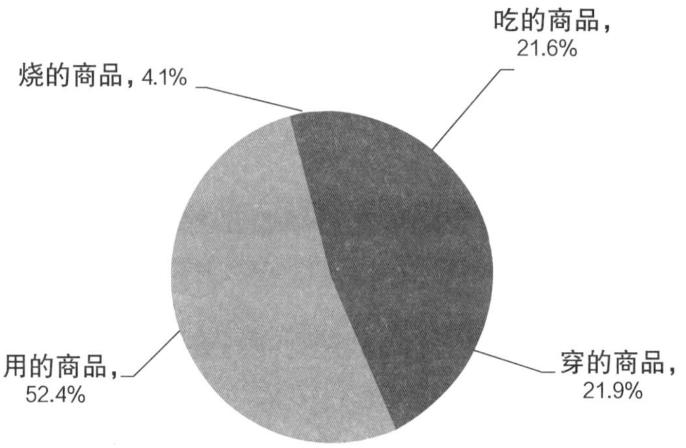

2019 年上海社会消费品零售总额及其增长速度表

指 标	绝对值(亿元)	比上年增长(±%)
社会消费品零售总额	13497.21	6.5
批发和零售业	12306.97	6.8
住宿和餐饮业	1190.25	4.3
国 有	57.05	12.5
私 营	2555.94	2.3
股份有限公司	896.36	1.6
港澳台商投资	2665.47	12.8
外商投资	3024.41	13.7
无店铺零售额	2403.19	13.0
网上商店零售额	1896.51	15.8

2019 年上海居民消费价格指数表

指 标	指数(以上年价格为 100)
居民消费价格指数	102.5
食品烟酒	105.0
衣 着	103.2
居 住	101.9
生活用品及服务	100.9
交通和通信	97.8
教育文化和娱乐	101.2
医疗保健	103.3
其他用品和服务	103.3

2019 年上海旅游设施情况表

指　标	单位	绝对值
星级宾馆	家	195
五星级	家	71
四星级	家	61
旅行社	家	1758
经营出境旅游业务的旅行社	家	297
A 级旅游景区(点)	个	113
5A 级景区(点)	个	3
4A 级景区(点)	个	62
红色旅游基地	个	34
全国红色旅游基地	个	12
旅游咨询服务中心	个	63
旅游集散中心站点	个	9

2019 年上海国际旅游入境人数情况表

指标名称	12 月	比上年同月增长(%)	1—12 月	比上年同期增长(%)
国际旅游入境人数(万人次)	73.00	2.3	897.23	0.4
外国人	56.81	5.8	692.12	0.9
港澳同胞	6.75	-7.8	76.89	0.1
台湾同胞	9.44	-8.8	128.22	-2.2

2015—2019 年上海国际旅游入境人数增速图

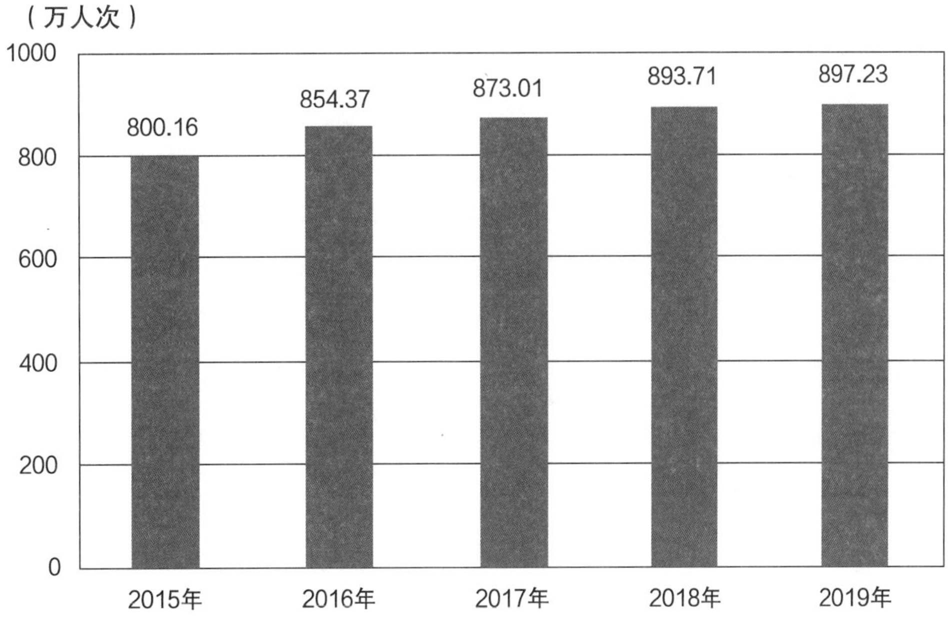

2019 年上海星级饭店经营情况表

指标名称	12 月	1—12 月
星级饭店客房平均出租率(%)	59.6	65.6
五星级	63.4	68.4
星级饭店平均房价(元/间天)	727	754
五星级	903	959
星级饭店平均房价增长(%)	0.8	0.1
五星级	-2.5	-2.3

2017—2019 年上海国际会展情况表

指标	2017 年	2018 年	2019 年
举办国际会展(个)	293	300	310
国际会展展出面积(万平方米)	1329	1415	1503

四、上海关区及市区进出口贸易

2016—2019 年按国别(地区)分的上海关区出口总额情况表

单位:亿美元

国别(地区)	2016 年	2017 年	2018 年	2019 年
总　计	4798.74	5116.76	5624.46	5402.45
亚　洲	2080.64	2191.83	2371.17	2385.81
中国香港	249.00	252.50	268.03	262.80
中国台湾	139.29	149.05	161.37	184.99
日　本	435.14	435.00	462.24	431.48
韩　国	203.74	198.77	213.02	431.48
新加坡	104.80	113.33	117.66	106.48
马来西亚	78.97	85.31	95.77	97.7971
泰　国	100.48	109.65	116.87	117.22
菲律宾	44.95	51.96	62.02	72.75
巴基斯坦	46.09	49.13	46.97	47.48
科威特	5.66	7.05	6.94	7.64
沙特阿拉伯	27.58	26.88	26.39	30.71
阿拉伯联合酋长国	45.34	42.10	43.55	58.15
非　洲	144.26	155.40	172.05	181.71
埃　及	18.63	19.68	23.05	21.25
苏　丹	2.41	2.69	1.91	1.84
欧　洲	973.63	1073.72	1169.54	1139.96
德　国	174.65	184.21	204.41	197.00
法　国	71.91	79.06	83.79	83.85
意大利	79.83	86.88	96.37	90.16
荷　兰	135.51	177.77	184.33	159.07

（续表）

国别(地区)	2016 年	2017 年	2018 年	2019 年
英　国	125.96	128.61	132.90	133.62
瑞　典	18.25	19.77	21.23	20.67
俄罗斯	51.14	65.50	74.09	73.31
美　洲	1457.21	1591.58	1747.63	154.43
美　国	1114.53	1199.32	1309.02	1118.52
加拿大	70.52	82.46	88.74	81.98
巴　西	61.60	75.74	89.73	87.98
智　利	26.17	28.16	33.00	31.05
大洋洲	143.00	154.07	164.05	150.65
澳大利亚	115.08	129.06	140.87	129.29
新西兰	14.37	15.87	17.97	16.46

2016—2019 年按国别(地区)分的上海关区进口总额情况表

单位:亿美元

国别(地区)	2016 年	2017 年	2018 年	2019 年
总　计	3127.25	3647.91	4090.77	3804.21
亚洲	1538.44	1843.72	2050.69	1918.47
中国香港	23.97	10.02	20.89	19.34
中国台湾	230.80	265.40	290.22	293.00
日　本	406.59	460.95	502.72	489.50
韩　国	295.48	391.91	479.43	353.14
新加坡	69.92	106.57	87.58	103.11
马来西亚	110.83	123.89	129.33	130.30
泰　国	64.38	74.20	76.65	73.57
菲律宾	31.03	34.87	42.31	46.11
巴基斯坦	3.06	3.51	3.30	1.98
科威特	0.58	0.35	0.37	0.39
沙特阿拉伯	10.47	13.50	19.92	16.18
阿拉伯联合酋长国	4.82	5.70	7.34	7.78
非　洲	34.89	42.07	56.89	53.20
埃　及	0.91	1.52	1.47	1.39
南　非	14.13	0.06	0.04	0.04
欧　洲	972.25	1081.72	1208.08	1115.32
德　国	304.92	350.45	379.70	370.62
法　国	75.76	86.59	96.21	107.29

（续表）

国别(地区)	2016年	2017年	2018年	2019年
意大利	73.87	99.30	96.23	102.96
荷　兰	28.50	27.11	30.36	34.34
英　国	60.41	61.48	65.18	59.80
瑞　典	33.61	42.42	49.44	43.28
俄罗斯	31.32	29.76	40.57	43.04
美　洲	490.57	561.83	614.98	563.17
美　国	327.66	377.16	382.92	342.54
加拿大	30.73	28.81	37.51	33.82
巴　西	24.10	24.02	30.21	38.17
智　利	54.65	66.20	87.58	67.84
大洋洲	90.58	118.01	159.14	150.51
澳大利亚	74.34	96.02	133.65	118.78
新西兰	15.86	21.33	25.10	30.76

2015—2019年上海关区出口总额分类情况表

单位：亿美元

年份	关区出口总额	其中				
		一般贸易	来料加工装配贸易	进料加工贸易	对外承包工程货物	出料加工贸易
2015	5005.80	3016.20	133.26	1497.66	67.43	0.04
2016	4798.74	2978.08	132.05	1307.63	73.73	0.07
2017	5166.76	3256.88	135.63	1385.12	84.12	0.03
2018	5624.46	3666.32	116.73	1423.57	88.30	0.12
2019	5402.45	3583.99	77.63	1285.17	77.70	0.17

2015—2019年上海关区进口总额分类情况表

单位：亿美元

年份	关区进口总额	其中				
		一般贸易	来料加工装配贸易	进料加工贸易	对外承包工程货物	出料加工贸易
2015	3182.06	1616.79	155.92	502.04	13.89	23.12
2016	3127.25	1674.22	141.84	452.20	9.00	2.87
2017	3647.91	2002.06	93.30	594.74	8.79	1.94
2018	4090.77	2234.96	61.41	750.68	6.68	2.95
2019	3804.21	2160.22	49.66	617.93	0	0.32

资料来源：上海海关。

2015—2019 年上海市进出口总额情况表

单位:亿美元

年份	进出口总额	进口总额	出口总额	进出口差额
2015	4517. 33	2547. 64	1969. 69	-577. 95
2016	4338. 05	2503. 38	1834. 67	-668. 71
2017	4761. 23	2824. 42	1936. 81	-887. 61
2018	5156. 49	3084. 79	2071. 70	-1013. 09
2019	4938. 03	2948. 64	1989. 39	-959. 25

资料来源:上海市统计局。

2015—2019 年上海外贸进出口贸易额及其增长速度情况表

年份	进出口总额		出口额		进口额	
	金额(亿美元)	比上年(±%)	金额(亿美元)	比上年(±%)	金额(亿美元)	比上年(±%)
2015	4517. 33	-3. 19	1969. 69	-6. 33	2547. 64	-6. 17
2016	4338. 05	-3. 97	1834. 67	-6. 86	2503. 38	-1. 74
2017	4761. 23	9. 75	1936. 81	5. 57	2824. 42	12. 81
2018	5156. 49	8. 30	2071. 70	6. 97	3084. 79	9. 21
2019	4938. 03	-4. 24	1989. 39	-3. 96	2948. 64	-4. 43

资料来源:上海市统计局。

2018—2019 年上海与世界各地进出口贸易往来情况表

单位:万美元

国别(地区)	2018 年				2019 年			
	进出口	进口	出口	进出口差额	进出口	进口	出口	进出口差额
总　值	51564900	30847900	20717000	-10130900	49380254	29486398	19893856	-9592542
亚　洲	23455800	13893800	9562010	-4331790	23625716	13858408	9767308	-4091100
中国香港	2171080	169836	2001240	1831404	2204428	157145	2047284	1890139
印　度	933295	404880	528415	123535	816075	342566	473508	130942
日　本	5753820	3602940	2150890	-1452050	5380259	3409456	1970803	-1438653
韩　国	267. 3	1985320	687805	-1297515	2497844	1792602	705242	-1087360
中　国	1268310	1268310	—	—	1151987	1151987	—	—
中国台湾	2721570	1950790	770785	-1180005	3091410	2077516	1013894	-1063622
东　盟	6407380	3834440	2572940	-1261500	6817557	4196350	2621207	-1575143
马来西亚	1572380	1145370	427014	-718256	1647157	1167301	479855	687446
新加坡	1375840	681734	694102	12368	1460962	822075	638887	-183188
泰　国	1026050	596485	429569	-166916	948776	534590	414186	-120404

（续表）

国别（地区）	2018年				2019年			
	进出口	进口	出口	进出口差额	进出口	进口	出口	进出口差额
非　洲	991087	556508	434579	−121929	942351	454630	487721	33091
欧　洲	13386000	9274730	4111240	−5163490	12398340	8516477	3881863	−4634614
英　国	1076030	634464	441568	−192896	1011116	522456	488660	−33796
德　国	3336970	2643290	693676	−1949614	3291594	2625744	665850	−1959894
法　国	1020000	780509	242087	−538422	1148391	915611	232781	−682830
意大利	1028040	740902	287137	−453765	1045489	788769	256720	−532049
荷　兰	1220550	246058	974489	728431	995276	255556	739720	484164
拉丁美洲	2791250	1855820	935429	−920391	2662307	1755400	906907	−848493
巴　西	1113180	902279	210897	−691382	985476	792213	193263	−598950
智　利	501071	417170	83902	−333268	425141	343916	81226	−262690
北美洲	8378730	3355370	5023370	1668000	7195992	2913837	4282155	1368318
美　国	7688690	2937670	4751010	1813340	6569751	2520206	4049545	1529339
大洋洲	2553400	1903040	650351	−1252689	2521413	1953511	567902	−1385609
澳大利亚	2220430	1679910	540526	−1139384	2208213	1715512	492701	−1222811

2016—2019年上海外贸出口市场构成情况表

国别（地区）	2016年		2017年		2018年		2019年	
	出口额（万美元）	占比（%）	出口额（万美元）	占比（%）	出口额（万美元）	占比（%）	出口额（万美元）	占比（%）
总　值	18346700	100	19368100	100	20717000	100	19893856	100
亚　洲	8585460	46.80	8735890	45.11	9562010	46.16	9767308	49.10
中国香港	1813960	9.89	1796350	9.28	2001240	9.66	2047284	10.29
印　度	462118	2.52	496010	2.56	528415	2.55	473508	2.38
日　本	1920680	10.47	1934940	9.99	2150890	10.38	1970803	9.91
韩　国	734451	4	634120	3.27	687805	3.32	705242	3.55
中国台湾	644102	3.51	692390	3.58	770785	3.72	1013894	5.10
东　盟	2192050	11.95	2353980	12.15	2572940	12.42	2621207	13.18
马来西亚	354834	1.93	368376	1.90	427014	2.06	479855	2.41
新加坡	662471	3.61	734370	3.79	694102	3.35	638887	3.21
泰　国	359879	1.96	366187	1.89	429569	2.07	414186	2.08
非　洲	365203	1.99	380887	1.97	434579	2.10	487721	2.45
欧　洲	3286680	17.91	3770810	19.47	4111240	19.85	3881863	19.51
英　国	436895	2.38	447212	2.31	441568	2.13	488660	2.46

（续表）

国别（地区）	2016 年		2017 年		2018 年		2019 年	
	出口额（万美元）	占比（%）	出口额（万美元）	占比（%）	出口额（万美元）	占比（%）	出口额（万美元）	占比（%）
德　国	589900	3.22	636263	3.29	693676	3.35	665850	3.35
法　国	217738	1.19	222820	1.15	242087	1.17	232781	1.17
意大利	242109	1.32	265154	1.37	287137	1.39	256720	1.29
荷　兰	604705	3.30	935157	4.83	974489	4.70	739720	3.27
拉丁美洲	743848	4.05	919046	4.75	935429	4.52	906907	4.56
巴　西	159132	0.87	200514	1.04	210897	1.02	193263	0.97
智　利	62341	0.34	79473	0.41	83902	0.41	81226	0.41
北美洲	4691820	25.57	4902320	25.31	5023370	24.25	4282155	21.53
美　国	4491630	24.48	4645750	23.99	4751010	22.25	4049545	20.36
大洋洲	673696	3.67	658016	3.40	650351	3.14	567902	2.86
澳大利亚	490142	2.67	529536	2.73	540526	2.61	492701	2.48

2016—2019 年上海外贸进口市场构成情况表

国别（地区）	2016 年		2017 年		2018 年		2019 年	
	进口额（万美元）	占比（%）	进口额（万美元）	占比（%）	进口额（万美元）	占比（%）	进口额（万美元）	占比（%）
总　值	25033800	100	28244200	100	30847900	100	29486398	100
亚　洲	11467500	45.81	12913900	45.72	13893800	45.04	13858408	47.00
中国香港	408637	1.63	39720	0.14	169836	0.55	157145	0.53
印　度	275292	1.10	375575	1.33	404880	1.31	342566	0.11
日　本	2931210	11.71	3290190	11.65	3602940	11.68	3409456	11.56
韩　国	1633170	6.52	1862320	6.59	1985320	6.44	1792602	6.08
中　国	1054750	4.21	—	—	1268310	4.11	1151987	3.91
中国台湾	1588630	6.35	1793420	6.35	1950790	6.32	2077516	7.05
东　盟	3132090	12.51	3903510	13.82	3834440	12.43	4196350	14.23
马来西亚	1022420	4.08	1136740	4.03	1145370	3.71	1167301	3.96
新加坡	588154	2.35	898307	3.18	681734	2.21	822075	2.79
泰　国	453662	1.81	538632	1.91	596485	1.93	534590	1.81
非　洲	368724	1.47	437064	1.55	556508	1.80	454630	1.54
欧　洲	7799860	31.16	8559050	30.30	9274730	30.07	8516477	28.88
英　国	580364	2.32	621827	2.20	634464	2.06	522456	1.77
德　国	2339980	9.35	2681050	9.49	2643290	8.57	2625744	8.91

（续表）

国别（地区）	2016年		2017年		2018年		2019年	
	进口额（万美元）	占比（%）	进口额（万美元）	占比（%）	进口额（万美元）	占比（%）	进口额（万美元）	占比（%）
法　国	629435	2.51	713272	2.53	780509	2.53	915611	3.11
意大利	573324	2.29	792284	2.81	740902	2.40	788769	2.68
荷　兰	207072	0.83	241378	0.86	246058	0.80	255556	0.87
拉丁美洲	1209510	4.83	1505000	5.33	1855820	6.02	1755400	5.95
巴　西	446063	1.78	720038	2.55	902279	2.93	792213	2.69
智　利	355240	1.42	331552	1.17	417170	1.35	343916	1.17
北美洲	3006870	12.01	3325310	11.77	3355370	10.88	2913837	9.88
美　国	2712390	10.84	3055350	10.82	2937670	8.52	2520206	8.55
大洋洲	1177510	4.70	1499400	5.31	1903040	6.17	1953511	6.63
澳大利亚	1010970	4.04	1304480	4.62	1679910	5.45	1715512	5.82

说明:1. 根据2006年3月1日起施行的《中华人民共和国海关统计条例》中第九条,如果货物的原产国是中国,那么进口该货物的原产国统计就列名为中国,也就是国货复进口。

2. 以上进出口资料来源除已注明来自上海市统计局外,其余均来自上海海关。

第十编 商贸便览

上海商贸资料

中国经贸资料

一、上海商贸资料

2019 年中国 · 上海商贸情况对照表

类别	项目	单位	中国		上海	
			数量	比上年(±%)	数量	比上年(±%)
国内生产总值	国内生产总值	亿元	990865	6.1	38155.32	6.0
	其中:第一产业增加值	亿元	70467	3.1	103.88	-5.0
	第二产业增加值	亿元	386165	5.7	10299.16	0.5
	第三产业增加值	亿元	534233	6.9	27752.28	8.2
	其中:服务业增加值	亿元	—	—	3422.79	13.3
国内贸易	商品销售总额	亿元	364928	7.9	120808.41	1.1
	社会消费品零售总额	亿元	411649	8.0	13497.21	6.5
	电子商务消费额	亿元	—	—	33186.10	14.7
	其中:B2B	亿元	—	—	19997.60	7.8
	网上购物	亿元	85239	19.5	13188.50	27.0
货物贸易	进出口总额	亿元	315505	3.4	34046.82	0.1
	其中:出口额	亿元	172342	5.0	13720.91	0.4
	进口额	亿元	143162	1.6	20325.91	-0.1
服务贸易	进出口总额	亿元	54153	2.8	—	—
	其中:出口额	亿元	19564	8.9	—	—
	进口额	亿元	34589	-0.4	—	—
利用外资	新批外资项目	个	40888	-32.5	6800	21.5
	合同利用外资	亿美元	—	—	502.53	7.1
	实际利用外资	亿美元	1381	2.4	190.48	10.1
总部经济	累计:在沪跨国公司地区总部	家	—	—	720	7.5
	投资性公司	家	—	—	—	—
	研发中心	家	—	—	461	4.5

（续表）

类别	项目	单位	中国		上海	
			数量	比上年(±%)	数量	比上年(±%)
对外投资	新批对外投资项目	个	—	—	—	—
	投资总额	亿美元	—	—	—	—
	其中:中方投资总额	亿美元	—	—	—	—
对外经济合作	新签对外承包工程合同额	亿美元	—	—	125.44	5.4
	完成营业额	亿美元	1729	2.3	94.01	24.7
	派出劳务人员	万人次	49	0	1.9843	102.3

2019 年上海市生产总值分类情况表

指标名称	总量(亿元)	比上年同期增长(%)
地区生产总值	38155.32	6.0
第一产业	103.88	-5.0
第二产业	10299.16	0.5
第三产业	27752.28	8.2
按行业分:		
农林牧渔业	110.10	-5.9
工　业	9670.68	0.4
建筑业	716.16	2.1
批发和零售业	5023.23	2.4
交通运输、仓储和邮政业	1650.44	3.6
住宿和餐饮业	458.86	-0.5
金融业	6600.60	11.6
房地产业	3300.72	5.1

2019 年上海市货物进出口总额及其增长速度表

指　标	绝对值(亿元)	比上年增长(%)
上海市货物进出口总额	34046.82	0.1
上海市货物进口总额	20325.91	-0.1
国有企业	2981.21	-17.1
外商投资企业	13307.76	1.8
私营企业	3862.24	9.5
一般贸易	11481.21	1.5
加工贸易	2242.62	-0.9
机电产品	9705.41	1.7

（续表）

指　　标	绝对值（亿元）	比上年增长（%）
高新技术产品	6315.68	8.5
上海市货物出口总额	13720.91	0.4
国有企业	1565.02	2.1
外商投资企业	8530.16	-3.8
私营企业	3471.90	10.0
一般贸易	6396.12	1.0
加工贸易	4798.34	-8.4
机电产品	9488.11	0.1
高新技术产品	5647.20	-1.7

2019 年上海对主要国家和地区货物进、出口总额及其增长速度表

国家和地区	出口额（亿元）	比上年增长（%）	进口额（亿元）	比上年增长（%）
美　国	2793.71	-10.0	1735.37	-10.3
欧　盟	2370.55	-2.6	4905.14	5.8
东　盟	1808.00	6.7	2893.38	14.5
日　本	1357.95	-4.2	2351.38	-1.1
中国香港	1411.56	6.8	107.31	-4.8
韩　国	485.82	7.1	1236.93	-5.5
中国台湾	700.64	37.4	1435.28	11.3
俄罗斯	187.56	0.1	159.28	4.8
“一带一路”沿线国家	3330.00	5.9	4312.80	12.1

2019 年中国（上海）自由贸易试验区主要经济指标及其增长速度表

指标	单位	绝对值	比上年增长（%）
一般公共预算收入	亿元	588.60	-9.2
外商直接投资实际到位金额	亿美元	79.63	17.6
全社会固定资产投资总额	亿元	725.68	13.7
规模以上工业总产值	亿元	4652.35	-2.5
社会消费品零售额	亿元	1602.90	5.8
商品销售总额	亿元	43008.39	4.5
服务业营业收入	亿元	5787.30	9.9
外贸进出口总额	亿元	14841.80	4.4
出口额	亿元	4493.50	3.8
期末监管类金融机构数	个	921	3.8

2019 年上海市进出口贸易往来前 20 位国家(地区)一览表

排序	国别(地区)	进出口额(万美元)	比上年(%)	排序	国别(地区)	进出口额(万美元)	比上年(%)
1	美 国	6569751	-14. 55	11	中 国	1151987	-9. 15
2	日 本	5380259	-6. 48	12	法 国	1148391	12. 31
3	德 国	3291594	-1. 37	13	意大利	1045489	1. 70
4	中国台湾	3091410	13. 59	14	瑞 士	1036081	-45. 77
5	韩 国	2497844	-6. 55	15	英 国	1011116	-6. 02
6	澳大利亚	2208213	-0. 69	16	荷 兰	995276	-18. 45
7	中国香港	2204428	1. 54	17	巴 西	985476	-11. 63
8	马来西亚	1647157	4. 79	18	泰 国	948776	-7. 50
9	新加坡	1460962	6. 02	19	印 度	816075	-12. 54
10	越 南	1342019	33. 22	20	智 利	425141	-15. 06

历届中国华东进出口商品交易会一览表

届次	年份	展馆(万平方米)	摊位(个)	参展省市(个)	参展企业(家)	到会外商(人次)	国别(地)(个)	总成交额(万美元)
1	1991	22. 10	1050	7	607	6018	71	102261
2	1992	2. 90	1450	7	700	6341	78	133247
3	1993	3. 50	1750	15	1000	6741	84	164784
4	1994	3. 60	1800	20	1000	7788	90	180508
5	1995	5. 10	2500	36	1400	7906	100	214100
6	1996	4. 90	2500	37	1500	7543	104	223600
7	1997	6. 42	2537	35	1500	7738	125	223144
8	1998	6. 38	2625	33	2000	6518	150	195500
9	1999	5. 18	2216	32	2000	6108	130	120600
10	2000	4. 40	1926	32	1926	7277	120	129500
11	2001	6. 12	2807	37	340	10562	126	153200
12	2002	5. 76	2850	35	3000	13646	154	168900
13	2003	5. 75	2966	35	3000	15749	175	204000
14	2004	8. 05	4158	14	3100	18915	—	255900
15	2005	8. 05	4158	39	3300	20558	151	297372
16	2006	10. 35	5346	39	3540	23660	—	332119
17	2007	10. 35	5346	39	3522	18557	117	355300
18	2008	10. 35	5346	39	3592	19263	145	367800
19	2009	10. 35	5312	39	3500	18229	140	224000
20	2010	10. 35	5310	39	3376	19029	123	273300

（续表）

届次	年份	展馆（万平方米）	摊位（个）	参展省市（个）	参展企业（家）	到会外商（人次）	国别（地）（个）	总成交额（万美元）
21	2011	10.35	5310	39	3326	20105	133	283900
22	2012	11.50	5880	39	3420	21124	128	312200
23	2013	11.50	5880	39	3607	20016	115	275900
24	2014	11.50	5780	13	3441	21433	117	275900
25	2015	11.50	5780	13	3378	21200	114	256600
26	2016	11.50	5480	—	3153	21454	114	231000
27	2017	12.09	5670	13	3900	22140	110	231700
28	2018	12.36	5707	12	4600	22311	109	232000
29	2019	12.65	5868	12	4000	22757	111	230000

2019 年上海企业 100 强名单

序号	企业名称	序号	企业名称
1	上海汽车集团股份有限公司	23	国网上海市电力公司
2	中国宝武钢铁集团有限公司	24	上海银行股份有限公司
3	交通银行股份有限公司	25	上海永达控股（集团）有限公司
4	中国太平洋保险（集团）股份有限公司	26	互诚信息技术（上海）有限公司
5	绿地控股集团有限公司	27	百联集团有限公司
6	上海浦东发展银行股份有限公司	28	上海华谊（集团）公司
7	上海万科企业有限公司	29	中智上海经济技术合作有限公司
8	中国建筑第八工程局有限公司	30	上海城建（集团）公司
9	上海建工集团股份有限公司	31	中运富通控股集团有限公司
10	益海嘉里金龙鱼粮油食品股份有限公司	32	老凤祥股份有限公司
11	上海医药集团股份有限公司	33	上海新增鼎资产管理有限公司
12	光明食品（集团）有限公司	34	中能（集团）有限公司
13	东浩兰生（集团）有限公司	35	上海仪电（集团）有限公司
14	太平人寿保险有限公司	36	中国大地财产保险股份有限公司
15	中国东方航空集团有限责任公司	37	上海国际港务（集团）股份有限公司
16	上海烟草集团有限责任公司	38	上海农村商业银行股份有限公司
17	上海电气（集团）总公司	39	环旭电子股份有限公司
18	东方国际（集团）有限公司	40	上海宝冶集团有限公司
19	复星国际有限公司	41	国泰君安证券股份有限公司
20	中国石化上海石油化工股份有限公司	42	上海均瑶（集团）有限公司
21	上海均和集团有限公司	43	上海中梁企业发展有限公司
22	上海钢联电子商务股份有限公司	44	中铁上海工程局集团有限公司

（续表）

序号	企业名称	序号	企业名称
45	圆通快递股份有限公司	73	上海景域文化传播股份有限公司
46	月星集团有限公司	74	上海博尔捷企业集团有限公司
47	中铁二十四局集团有限公司	75	中兵（上海）有限责任公司
48	海通证券股份有限公司	76	上海鑫冶铜业有限公司
49	上海闽路润贸易有限公司	77	中国建材国际工程集团有限公司
50	德邦物流股份有限公司	78	上海交运（集团）公司
51	中芯国际集成电路制造有限公司	79	上海源耀生物股份有限公司
52	中国万向控股有限公司	80	上海外高桥造船有限公司
53	上海振华重工（集团）股份有限公司	81	上海百润企业发展有限公司
54	中国二十冶集团有限公司	82	上海紫江企业集团股份有限公司
55	龙元建设集团股份有限公司	83	上海临港经济发展（集团）有限公司
56	上海胜华电缆（集团）有限公司	84	上海晨光文具股份有限公司
57	上海广微投资有限公司	85	中锐控股集团有限公司
58	上海三盛宏业投资（集团）有限责任公司	86	正泰电气股份有限公司
59	奥盛集团有限公司	87	欧普照明股份有限公司
60	江南造船（集团）有限责任公司	88	五冶集团上海有限公司
61	中通快递股份有限公司	89	亿达中国控股有限公司
62	上海协通（集团）有限公司	90	上海申华控股股份有限公司
63	申通快递有限公司	91	上海家化联合股份有限公司
64	致达控股集团有限公司	92	上海亚泰财富企业集团有限公司
65	上海机场（集团）有限公司	93	科世达（上海）管理有限公司
66	沪东中华造船（集团）有限公司	94	上海东方电视购物有限公司
67	上海春秋国际旅行社（集团）有限公司	95	网宿科技股份有限公司
68	上海龙宇燃油股份有限公司	96	上海起帆电缆股份有限公司
69	大华（集团）有限公司	97	远纺工业（上海）有限公司
70	鹏欣环球资源股份有限公司	98	东渡国际集团有限公司
71	上海大名城企业股份有限公司	99	上海中通瑞德投资集团有限公司
72	上海龙旗科技股份有限公司	100	龙盛集团控股（上海）有限公司

注：上海企协、上海市经团联和解放日报社联合发布。

2019 年上海制造业企业 100 强名单

序号	企业名称	序号	企业名称
1	上海汽车集团股份有限公司	3	益海嘉里金龙鱼粮油食品股份有限公司
2	中国宝武钢铁集团有限公司	4	上海医药集团股份有限公司

（续表）

序号	企业名称	序号	企业名称
5	光明食品（集团）有限公司	39	伽蓝（集团）股份有限公司
6	上海烟草集团有限责任公司	40	阿克苏诺贝尔漆油（上海）有限公司
7	上海电气（集团）总公司	41	上海飞科电器股份有限公司
8	复星国际有限公司	42	上海韦尔半导体股份有限公司
9	中国石化上海石油化工股份有限公司	43	上海金发科技发展有限公司
10	上海华谊（集团）公司	44	金安国纪科技股份有限公司
11	中运富通控股集团有限公司	45	上海普利特复合材料股份有限公司
12	老凤祥股份有限公司	46	科大智能科技股份有限公司
13	上海仪电（集团）有限公司	47	上海新时达电气股份有限公司
14	环旭电子股份有限公司	48	太安堂集团有限公司
15	中芯国际集成电路制造有限公司	49	上海东隆羽绒制品有限公司
16	上海振华重工（集团）股份有限公司	50	上海华峰超纤材料股份有限公司
17	上海胜华电缆（集团）有限公司	51	上海申龙客车有限公司
18	奥盛集团有限公司	52	上海凯泉泵业（集团）有限公司
19	江南造船（集团）有限责任公司	53	上海水星家用纺织品股份有限公司
20	致达控股集团有限公司	54	上海合全药业股份有限公司
21	沪东中华造船（集团）有限公司	55	上海双鹿上菱企业集团有限公司
22	鹏欣环球资源股份有限公司	56	蒂森克虏伯电梯（上海）有限公司
23	上海鑫冶铜业有限公司	57	上海高桥电缆集团有限公司
24	上海源耀生物股份有限公司	58	上海界龙集团有限公司
25	上海外高桥造船有限公司	59	上海保隆汽车科技股份有限公司
26	上海紫江企业集团股份有限公司	60	上海荣泰健康科技股份有限公司
27	上海晨光文具股份有限公司	61	上海顺灏新材料科技股份有限公司
28	正泰电气股份有限公司	62	上海科华生物工程股份有限公司
29	欧普照明股份有限公司	63	上海锦湖日丽塑料有限公司
30	上海家化联合股份有限公司	64	上海东富龙科技股份有限公司
31	科世达（上海）管理有限公司	65	上海鸣志电器股份有限公司
32	上海起帆电缆股份有限公司	66	上海龙阳精密复合铜管有限公司
33	远纺工业（上海）有限公司	67	上海雪榕生物科技股份有限公司
34	上海置信电气股份有限公司	68	南亚新材料科技股份有限公司
35	上海菱重增压器有限公司	69	柯马（上海）工程有限公司
36	上海太太乐食品有限公司	70	上海东方雨虹防水技术有限责任公司
37	亚东石化（上海）有限公司	71	上海汉钟精机股份有限公司
38	上海岱美汽车内饰件股份有限公司	72	上海恩梯恩精密机电有限公司

（续表）

序号	企业名称	序号	企业名称
73	上海海得控制系统股份有限公司	87	上海康德莱企业发展集团股份有限公司
74	上海江河幕墙系统工程有限公司	88	上海五星铜业股份有限公司
75	上海南大集团有限公司	89	威图电子机械技术(上海)有限公司
76	上海连成(集团)有限公司	90	上海北特科技股份有限公司
77	亚士创能科技(上海)股份有限公司	91	上海安诺其集团股份有限公司
78	上海创力集团股份有限公司	92	上海熊猫机械(集团)有限公司
79	上海联明投资集团有限公司	93	上海英汇科技发展有限公司
80	上海汇得科技股份有限公司	94	上海明凯投资(集团)有限公司
81	上海良信电器股份有限公司	95	上海精星仓储设备工程有限公司
82	上海昊海生物科技股份有限公司	96	上海强凌电子有限公司
83	上海杨铜电气成套有限公司	97	上海雅运纺织化工股份有限公司
84	上海东方泵业(集团)有限公司	98	上海康达化工新材料股份有限公司
85	上海凯宝药业股份有限公司	99	上海嘉乐股份有限公司
86	上海泰胜风能装备股份有限公司	100	开能健康科技集团股份有限公司

注:中商产业研究院整理。

2019 年上海服务业企业 100 强名单

序号	企业名称	序号	企业名称
1	交通银行股份有限公司	17	中智上海经济技术合作有限公司
2	中国太平洋保险(集团)股份有限公司	18	上海新增鼎资产管理有限公司
3	绿地控股集团股份有限公司	19	申能(集团)有限公司
4	上海浦东发展银行股份有限公司	20	中国大地财产保险股份有限公司
5	上海万科企业有限公司	21	上海国际港务(集团)股份有限公司
6	东浩兰生(集团)有限公司	22	上海农村商业银行股份有限公司
7	太平人寿保险有限公司	23	国泰君安证券股份有限公司
8	中国东方航空集团有限公司	24	上海均瑶(集团)有限公司
9	东方国际(集团)有限公司	25	上海中梁企业发展有限公司
10	上海均和集团有限公司	26	圆通快递股份有限公司
11	上海钢联电子商务股份有限公司	27	月星集团有限公司
12	国网上海市电力公司	28	海通证券股份有限公司
13	上海银行股份有限公司	29	上海闽路润贸易有限公司
14	上海永达控股(集团)有限公司	30	德邦物流股份有限公司
15	互诚信息技术(上海)有限公司	31	中国万向控股有限公司
16	百联集团有限公司	32	上海广微投资有限公司

（续表）

序号	企业名称	序号	企业名称
33	上海三盛宏业投资（集团）有限责任公司	67	上海丝绸集团股份有限公司
34	中通快递股份有限公司	68	上海添赫实业发展有限公司
35	上海协通（集团）有限公司	69	上海来伊份股份有限公司
36	申通快递有限公司	70	上海二三四五网络控股集团股份有限公司
37	上海机场（集团）有限公司	71	金鹏航空股份有限公司
38	上海春秋国际旅行社（集团）有限公司	72	上海钢宇实业集团有限公司
39	上海龙宇燃油股份有限公司	73	上海中晨电子商务股份有限公司
40	大华（集团）有限公司	74	大众交通（集团）股份有限公司
41	上海大名城企业股份有限公司	75	东方财富信息股份有限公司
42	上海龙旗科技股份有限公司	76	上海江杰荣泰置业（集团）有限公司
43	上海景域文化传播股份有限公司	77	中铁物资集团华东有限公司
44	上海博尔捷企业集团有限公司	78	中钢银通电子商务股份有限公司
45	中兵（上海）有限责任公司	79	上海吉电电子技术有限公司
46	中国建材国际工程集团有限公司	80	上海九州通医药有限公司
47	上海交运（集团）公司	81	上海淮海商业（集团）有限公司
48	上海百润企业发展有限公司	82	上海鹏盾电子商务股份有限公司
49	上海临港经济发展（集团）有限公司	83	永乐（中国）电器销售有限公司
50	中锐控股集团有限公司	84	上海康耐特旗计智能科技集团股份有限公司
51	亿达中国控股有限公司	85	上海怡亚通供应链有限公司
52	上海申华控股股份有限公司	86	上海三湘（集团）有限公司
53	上海东方电视购物有限公司	87	上海雅仕投资发展股份有限公司
54	网宿科技股份有限公司	88	东奉集团有限公司
55	东渡国际集团有限公司	89	上海风语筑展示股份有限公司
56	上海中通瑞德投资集团有限公司	90	上海润欣科技股份有限公司
57	龙盛集团控股（上海）有限公司	91	上海格派新能源技术有限公司
58	福然德股份有限公司	92	上海厂长经理人才有限公司
59	上海汉滨实业发展有限公司	93	上海复医天健医疗服务产业股份有限公司
60	上海浦原对外经贸有限公司	94	劲霸男装（上海）有限公司
61	中国海诚工程科技股份有限公司	95	卫宁健康科技集团股份有限公司
62	上海大众公用事业（集团）股份有限公司	96	上海龙韵传媒集团股份有限公司
63	上海金开利集团有限公司	97	优刻得科技股份有限公司
64	上海金桥（集团）有限公司	98	上海延华智能科技（集团）股份有限公司
65	上海苏宁易购销售有限公司	99	达疆网络科技（上海）有限公司
66	盛跃网络科技（上海）有限公司	100	上海兰卫医学检验所股份有限公司

注：中商产业研究院整理。

2019 年上海民营企业 100 强名单

序号	企业名称	序号	企业名称
1	上海万科企业有限公司	35	上海紫江企业集团股份有限公司
2	复星国际有限公司	36	上海晨光文具股份有限公司
3	上海钢联电子商务股份有限公司	37	中锐控股集团有限公司
4	上海永达控股(集团)有限公司	38	正泰电气股份有限公司
5	互诚信息技术(上海)有限公司	39	欧普照明股份有限公司
6	中运富通控股集团有限公司	40	亿达中国控股有限公司
7	上海新增鼎资产管理有限公司	41	上海家化联合股份有限公司
8	上海均瑶(集团)有限公司	42	上海亚泰财富企业集团有限公司
9	上海中梁企业发展有限公司	43	网宿科技股份有限公司
10	圆通快递股份有限公司	44	上海起帆电缆股份有限公司
11	月星集团有限公司	45	东渡国际集团有限公司
12	德邦物流股份有限公司	46	上海中通瑞德投资集团有限公司
13	中国万向控股有限公司	47	龙盛集团控股(上海)有限公司
14	龙元建设集团股份有限公司	48	福然德股份有限公司
15	上海胜华电缆(集团)有限公司	49	上海汉滨实业发展有限公司
16	上海广微投资有限公司	50	舜元建设(集团)有限公司
17	上海三盛宏业投资(集团)有限责任公司	51	上海海怡建设(集团)有限公司
18	奥盛集团有限公司	52	上海大众公用事业(集团)股份有限公司
19	中通快递股份有限公司	53	上海金开利集团有限公司
20	上海协通(集团)有限公司	54	上海苏宁易购销售有限公司
21	申通快递有限公司	55	盛跃网络科技(上海)有限公司
22	致达控股集团有限公司	56	上海丝绸集团股份有限公司
23	上海春秋国际旅行社(集团)有限公司	57	上海岱美汽车内饰件股份有限公司
24	上海龙宇燃油股份有限公司	58	伽蓝(集团)股份有限公司
25	大华(集团)有限公司	59	上海添赫实业发展有限公司
26	源山投资控股有限公司	60	上海飞科电器股份有限公司
27	鹏欣环球资源股份有限公司	61	上海韦尔半导体股份有限公司
28	上海大名城企业股份有限公司	62	上海来伊份股份有限公司
29	上海龙旗科技股份有限公司	63	上海金发科技发展有限公司
30	上海景域文化传播股份有限公司	64	上海二三四五网络控股集团股份有限公司
31	上海博尔捷企业集团有限公司	65	金鹏航空股份有限公司
32	上海鑫冶铜业有限公司	66	金安国纪科技股份有限公司
33	上海源耀生物股份有限公司	67	上海普利特复合材料股份有限公司
34	上海百润企业发展有限公司	68	科大智能科技股份有限公司

（续表）

序号	企业名称	序号	企业名称
69	上海新时达电气股份有限公司	85	上海吉电电子技术有限公司
70	上海钢宇实业集团有限公司	86	上海双鹿上菱企业集团有限公司
71	上海中晨电子商务股份有限公司	87	上海九州通医药有限公司
72	大众交通（集团）股份有限公司	88	上海嘉实（集团）有限公司
73	太安堂集团有限公司	89	上海高桥电缆集团有限公司
74	红阳建工集团有限公司	90	上海鹏盾电子商务股份有限公司
75	上海森信建设集团有限公司	91	上海界龙集团有限公司
76	上海东隆羽绒制品有限公司	92	永乐（中国）电器销售有限公司
77	东方财富信息股份有限公司	93	上海康耐特旗计智能科技集团股份有限公司
78	上海华峰超纤材料股份有限公司	94	上海保隆汽车科技股份有限公司
79	上海江杰荣泰置业（集团）有限公司	95	上海荣泰健康科技股份有限公司
80	上海申龙客车有限公司	96	上海顺灏新材料科技股份有限公司
81	上海凯泉泵业（集团）有限公司	97	上海锦湖日丽塑料有限公司
82	中钢银通电子商务股份有限公司	98	上海东富龙科技股份有限公司
83	上海水星家用纺织品股份有限公司	99	上海鸣志电器股份有限公司
84	上海合全药业股份有限公司	100	上海雪榕生物科技股份有限公司

注：上海企联发布。

2019 年上海民营制造业企业 100 强名单

序号	企业名称	序号	企业名称
1	复星国际有限公司	15	思源电气股份有限公司
2	中运富通控股集团有限公司	16	上海岱美汽车内饰件股份有限公司
3	上海胜华电缆（集团）有限公司	17	伽蓝（集团）股份有限公司
4	奥盛集团有限公司	18	上海新朋实业股份有限公司
5	致达控股集团有限公司	19	上海飞科电器股份有限公司
6	鹏欣环球资源股份有限公司	20	上海韦尔半导体股份有限公司
7	上海鑫冶铜业有限公司	21	上海金发科技发展有限公司
8	上海源耀生物股份有限公司	22	上海加冷松芝汽车空调股份有限公司
9	上海紫江企业集团股份有限公司	23	金安国纪科技股份有限公司
10	上海晨光文具股份有限公司	24	上海普利特复合材料股份有限公司
11	正泰电气股份有限公司	25	科大智能科技股份有限公司
12	欧普照明股份有限公司	26	上海新时达电气股份有限公司
13	上海家化联合股份有限公司	27	上海永利带业股份有限公司
14	上海起帆电缆股份有限公司	28	太安堂集团有限公司

（续表）

序号	企业名称	序号	企业名称
29	上海璞泰来新能源科技股份有限公司	63	上海泰胜风能装备股份有限公司
30	上海东隆羽绒制品有限公司	64	上海康德莱企业发展集团股份有限公司
31	上海剑桥科技股份有限公司	65	上海五星铜业股份有限公司
32	上海华峰超纤材料股份有限公司	66	上海科泰电源股份有限公司
33	上海申龙客车有限公司	67	上海北特科技股份有限公司
34	上海凯泉泵业(集团)有限公司	68	上海安诺其集团股份有限公司
35	上海水星家用纺织品股份有限公司	69	上海熊猫机械(集团)有限公司
36	上海合全药业股份有限公司	70	上海英汇科技发展有限公司
37	上海双鹿上菱企业集团有限公司	71	上海明凯投资(集团)有限公司
38	爱普香料集团股份有限公司	72	上海精星仓储设备工程有限公司
39	上海高桥电缆集团有限公司	73	上海雅运纺织化工股份有限公司
40	上海界龙集团有限公司	74	上海嘉乐股份有限公司
41	上海保隆汽车科技股份有限公司	75	开能健康科技集团股份有限公司
42	上海荣泰健康科技股份有限公司	76	上海鑫益瑞杰有色合金有限公司
43	上海顺灏新材料科技股份有限公司	77	上海纳尔实业股份有限公司
44	上海锦湖日丽塑料有限公司	78	上海神开石油化工装备股份有限公司
45	上海东富龙科技股份有限公司	79	上海回天新材料有限公司
46	上海鸣志电器股份有限公司	80	上海题桥纺织染纱有限公司
47	上海雪榕生物科技股份有限公司	81	上海威派格智慧水务股份有限公司
48	南亚新材料科技股份有限公司	82	上海富驰高科技股份有限公司
49	上海东方雨虹防水技术有限责任公司	83	上海德朗能动力电池有限公司
50	上海海得控制系统股份有限公司	84	上海艾录包装股份有限公司
51	上海江河幕墙系统工程有限公司	85	上海熊猫线缆股份有限公司
52	上海南大集团有限公司	86	上海众力投资发展有限公司
53	上海连成(集团)有限公司	87	上海柘中电气有限公司
54	亚士创能科技(上海)股份有限公司	88	华东理工大学华昌聚合物有限公司
55	上海创力集团股份有限公司	89	中路股份有限公司
56	上海联明投资集团有限公司	90	上海汇珏网络通信设备股份有限公司
57	上海汇得科技股份有限公司	91	上海晨兴希姆通电子科技有限公司
58	上海良信电器股份有限公司	92	安科瑞电气股份有限公司
59	上海昊海生物科技股份有限公司	93	上海鑫博海农副产品加工有限公司
60	上海杨铜电气成套有限公司	94	上海宝临电气集团有限公司
61	上海东方泵业(集团)有限公司	95	上海精益电器厂有限公司
62	上海凯宝药业股份有限公司	96	上海华银日用品有限公司

（续表）

序号	企业名称	序号	企业名称
97	上海黄海制药有限责任公司	99	上海纽贝滋营养乳品有限公司
98	上海阿波罗机械股份有限公司	100	上海联泰科技股份有限公司

注：上海企联发布。

2019 年上海民营服务业企业 100 强名单

序号	企业名称	序号	企业名称
1	上海万科企业有限公司	29	东渡国际集团有限公司
2	上海钢联电子商务股份有限公司	30	上海润达医疗科技股份有限公司
3	上海永达控股(集团)有限公司	31	上海中通瑞德投资集团有限公司
4	互诚信息技术(上海)有限公司	32	龙盛集团控股(上海)有限公司
5	上海新增鼎资产管理有限公司	33	福然德股份有限公司
6	上海均瑶(集团)有限公司	34	上海汉滨实业发展有限公司
7	上海中梁企业发展有限公司	35	上海大众公用事业(集团)股份有限公司
8	圆通快递股份有限公司	36	上海金开利集团有限公司
9	月星集团有限公司	37	上海苏宁易购销售有限公司
10	德邦物流股份有限公司	38	盛跃网络科技(上海)有限公司
11	中国万向控股有限公司	39	上海丝绸集团股份有限公司
12	上海广微投资有限公司	40	上海添赫实业发展有限公司
13	上海三盛宏业投资(集团)有限责任公司	41	上海来伊份股份有限公司
14	中通快递股份有限公司	42	上海二三四五网络控股集团股份有限公司
15	上海协通(集团)有限公司	43	金鹏航空股份有限公司
16	申通快递有限公司	44	上海钢宇实业集团有限公司
17	上海春秋国际旅行社(集团)有限公司	45	上海中晨电子商务股份有限公司
18	上海龙宇燃油股份有限公司	46	大众交通(集团)股份有限公司
19	大华(集团)有限公司	47	东方财富信息股份有限公司
20	源山投资控股有限公司	48	上海江杰荣泰置业(集团)有限公司
21	上海大名城企业股份有限公司	49	上海汉得信息技术股份有限公司
22	上海龙旗科技股份有限公司	50	中钢银通电子商务股份有限公司
23	上海景域文化传播股份有限公司	51	上海吉电电子技术有限公司
24	上海博尔捷企业集团有限公司	52	上海九州通医药有限公司
25	上海百润企业发展有限公司	53	上海鹏盾电子商务股份有限公司
26	中锐控股集团有限公司	54	永乐(中国)电器销售有限公司
27	亿达中国控股有限公司	55	上海康耐特旗计智能科技集团股份有限公司
28	网宿科技股份有限公司	56	万达信息股份有限公司

（续表）

序号	企业名称	序号	企业名称
57	上海三湘（集团）有限公司	79	上海申丝企业发展有限公司
58	上海雅仕投资发展股份有限公司	80	上海中信信息发展股份有限公司
59	东奉集团有限公司	81	上海博海餐饮集团有限公司
60	上海风语筑展示股份有限公司	82	上海明华物业管理有限公司
61	上海润欣科技股份有限公司	83	上海罗曼照明科技股份有限公司
62	上海格派新能源技术有限公司	84	上海宏泉集团有限公司
63	上海厂长经理人才有限公司	85	上海中石化工物流股份有限公司
64	劲霸男装（上海）有限公司	86	上海移为通信技术股份有限公司
65	卫宁健康科技集团股份有限公司	87	上海华蜂日用品有限公司
66	上海龙韵传媒集团股份有限公司	88	上海洗霸科技股份有限公司
67	优刻得科技股份有限公司	89	上海唐神广告传播有限公司
68	上海延华智能科技（集团）股份有限公司	90	上海智臻智能网络科技股份有限公司
69	达疆网络科技（上海）有限公司	91	上海朗脉洁净技术股份有限公司
70	上海兰卫医学检验所股份有限公司	92	上海东方投资监理有限公司
71	上海巴安水务股份有限公司	93	上海贝电实业（集团）股份有限公司
72	上海增裕实业有限公司	94	上海肯耐珂萨人力资源科技股份有限公司
73	上海泛微网络科技股份有限公司	95	上海财安金融服务集团股份有限公司
74	上海锦和投资集团有限公司	96	上海百通项目管理咨询有限公司
75	上海游民网络科技有限公司	97	上海金山石化物流股份有限公司
76	上海金桥信息股份有限公司	98	上海会畅通讯股份有限公司
77	上海新文化传媒集团股份有限公司	99	罗欣药业（上海）有限公司
78	上海京东到家元信信息技术有限公司	100	上海吉锐物流有限公司

2019 年上海市品牌排行榜

序号	品牌标志	品牌名称	票数比重	票数
1	OPPLE 欧普照明	欧普照明	12.73%	2578
2	老凤祥 SINCE1848	老凤祥	9.69%	1962
3	恒源祥	恒源祥	6.89%	1395

（续表）

序号	品牌标志	品牌名称	票数比重	票数
4		中华	4.4%	1101
5		罗莱家纺	5.43%	1100
6		圣象	5.21%	1054
7		南极人	4.56%	924
8		绿地控股	3.41%	691
9		杏花楼	2.65%	537
10		首旅如家	2.15%	435
11		保利管道	1.99%	402
12		佰草集	1.59%	322
13		北极绒	1.34%	272
14		永久	1.32%	267

（续表）

序号	品牌标志	品牌名称	票数比重	票数
15		水星家纺	1.27%	258
16		自然堂	1.25%	253
17		美特斯邦威	1.24%	251
18		交通银行	1.22%	247
19		携程	1.2%	244
20		索邦管	1.06%	214
21		飞雕	1.03%	208
22		上汽	1.01%	204
23		红双喜	0.95%	193
24		飞科	0.87%	177
25		太平洋保险	0.85%	173

（续表）

序号	品牌标志	品牌名称	票数比重	票数
26		大众点评	0.81%	164
27		晨光文具	0.8%	163
28		圆通速递	0.78%	158
29		申通快递	0.69%	139
30		东方航空	0.67%	135
31		宝武钢铁	0.63%	128
32		古今	0.63%	128
33		白猫	0.62%	125
34		浦发银行	0.61%	123
35		六神	0.61%	123
36		凤凰	0.60%	121

（续表）

序号	品牌标志	品牌名称	票数比重	票数
37		相宜本草	0.59%	119
38		回力	0.53%	108
39		百雀羚	0.53%	107
40		安信地板	0.51%	104
41		上海电气	0.51%	104
42		冠生园	0.51%	103
43		大白兔	0.5%	101
44		易尔拓	0.49%	99
45		前程无忧	0.47%	95
46		石库门	0.45%	92
47		红星美凯龙	0.45%	92

（续表）

序号	品牌标志	品牌名称	票数比重	票数
48	中国银联 China Unionpay	银联	0.44%	90
49	英雄 HERO	英雄	0.43%	87
50	海通证券 HAITONG	海通证券	0.42%	85

注：MAIGOO 发布，上海长三角商贸研究院整理。

2019 年上海企业家排行榜

上海排名	全国排名	姓　名	财富（亿元）	公　司
1	13	黄　峥	950	拼多多
2	29	刘永行家族	630	东方希望
3	35	郭广昌	520	复星
4	53	史玉柱、史　静父女	400	巨人
5	58	江南春	390	分众传媒
6	61	车建兴	385	红星美凯龙
7	71	刘益谦家族	350	新理益
8	71	童锦泉	350	长峰房地产
9	76	聂腾云、陈立英夫妇	340	韵达
10	79	欧宗荣	330	正荣
11	79	于　泳	330	鸿商产业
12	99	杨　剑	290	中梁
13	99	陈金霞	290	涌金投资
14	108	赖梅松	275	中通速递
15	126	黄　凯	240	上海莱士
16	126	喻会蛟、张小娟夫妇	240	圆通速递
17	131	姜照柏	235	鹏欣
18	133	王振华、王晓松父子	230	新城实业
19	139	李丐腾家族	220	飞科电器
20	151	李　革、赵宁夫妇	210	药明康德
21	154	梁信军	205	复星
22	163	其实家族	200	东方财富

（续表）

上海排名	全国排名	姓　名	财富(亿元)	公　司
23	171	马秀慧家族	195	欧普照明
24	181	黄柏年	185	外滩中心
25	181	林中家族	185	旭辉
26	195	季　琦	175	华住
27	198	王麒诚、吴艳夫妇	170	汉鼎宇佑
28	211	高天国	160	国之杰
29	211	葛卫东	160	混沌投资
30	263	刘冬生、张宁夫妇	130	彤程新材
31	263	虞　锋	130	云锋基金
32	276	史正富、翟立夫妇	125	同华投资
33	276	俞　熔	125	美年健康
34	286	陈大年	120	wifi 万能钥匙
35	286	林　亿	120	升龙
36	286	谭思亮	120	趣头条
37	324	陈荣家族	110	中路
38	324	李新炎、倪银英夫妇	110	中国龙工
39	324	王　瀚	110	均瑶
40	324	王均金家族	110	均瑶
41	324	严健军	110	致达
42	324	郑永刚	110	杉杉
43	344	郁国祥	105	新恒德置业
44	353	徐曙光	105	格林酒店
45	354	陈建铭	100	三盛宏业
46	354	欧宗洪家族	100	融信
47	354	徐　新	100	今日资本
48	354	许健康家族	100	宝龙
49	354	虞仁荣	100	韦尔股份
50	354	张胜飞	100	胜华电缆
51	354	张　涛	100	大众点评
52	394	梁　丰、邵晓梅夫妇	95	璞泰来
53	394	汪群斌	95	复星
54	427	丁佐宏	90	月星
55	427	周成建家族	90	美特斯邦威
56	444	马瑞敏、马艺芯母女	85	地素时尚

（续表）

上海排名	全国排名	姓　名	财富（亿元）	公　司
57	445	陈德军	85	申通快递
58	445	崔维星	85	德邦快递
59	445	张　波	85	大众点评
60	483	陈湖文	80	晨光文具
61	483	陈小英	80	申通快递
62	483	何　旗	80	均和
63	483	杨绍鹏	80	海丰航运
64	515	陈湖雄	78	晨光文具
65	521	王均豪	75	均瑶
66	521	杨爱华家族	75	宝信汽车
67	556	裘国根、骆奕夫妇	70	重阳投资
68	556	沈　波	70	分布式资本
69	556	王正华、王煜父子	70	春秋航空
70	556	张玉祥、朱雪莲夫妇	70	南极电商
71	623	洪天祝	65	天虹纺织
72	623	姜银台家族	65	岱美股份
73	673	曾焕沙、陈思红夫妇	60	弘阳集团
74	673	金惠明家族	60	大华
75	673	密春磊	60	览海控股
76	673	甄荣辉	60	51job
77	728	韩　涛	55	金安国际
78	728	林　奇	55	游族网络
79	761	韦锦坤、韦利东父子	54	泛微网络
80	789	陈宝珍	50	网宿科技
81	789	戴志康家族	50	证大
82	789	董经贵、钱经红夫妇	50	雅迪
83	789	李　明、李伟伟父子	50	东方环宇
84	789	刘建国、黄文欢夫妇	50	本间高尔夫
85	789	张文荣家族	50	上海亚龙
86	789	张旭豪	50	饿了么
87	789	周　忻	50	易居
88	876	沈培金	47	瀚叶股份
89	902	陈雪玲	45	晨光文具
90	902	王　刚	45	维思资本

（续表）

上海排名	全国排名	姓　名	财富(亿元)	公　司
91	902	王张兴	45	城市地产
92	902	张长虹	45	大智慧
93	902	周炜家族	45	卫宁软件
94	902	朱逢学	45	中曼石油
95	963	汪静波	43	诺亚财富
96	1006	李　晖、辛浩鹰夫妇	40	风语筑
97	1007	黄明松	40	科大智能
98	1007	林光荣家族	40	荣泰健康
99	1007	刘晓东	40	百润
100	1007	陆　风	40	万得资讯
101	1007	王树清	40	西郊庄园
102	1007	张德安家族	40	永达汽车
103	1007	章苏阳	40	火山石
104	1007	蒋　伟、游捷夫妇	40	昊海生物
105	1087	汤　亮	38	奥盛
106	1087	屠海鸣	38	豪都房地产
107	1111	陈　睿	38	哔哩哔哩
108	1149	陈立军	35	三盛宏业
109	1149	陈银河家族	35	密尔克卫
110	1149	冯　涛	35	上海永宣
111	1149	蒋锦志	35	景林资产
112	1149	沈　晖	35	威马汽车
113	1149	王旭宁	35	九阳
114	1149	张海明、张悦父女	35	海利生物
115	1248	问泽鸿	33	摩恩电气
116	1324	Fraser White	30	德威国际
117	1324	包叔平	30	二三四五
118	1324	陈宇昕	30	喜马拉雅
119	1324	龚　挺	30	SIG 海纳亚洲
120	1324	桂国杰	30	中房
121	1324	黄新华	30	韵达
122	1324	李　磊	30	趣头条
123	1324	刘成彦	30	网宿科技
124	1324	陆仁军	30	柘中股份

（续表）

上海排名	全国排名	姓　名	财富（亿元）	公　司
125	1324	施永雷家族	30	来伊份
126	1324	王　悦	30	恺英网络
127	1324	邢加兴	30	拉夏贝尔
128	1324	余建军	30	喜马拉雅
129	1324	张金山	30	飞凯材料
130	1324	郑效东	30	东富龙
131	1324	朱　珑	30	依图
132	1431	林凯文家族	28	凯泉泵业
133	1431	刘　芹	28	晨兴资本
134	1431	史一兵	28	万达信息
135	1431	张幼才	28	鹿鸣谷
136	1431	周　文、郭艺群夫妇	28	普利特
137	1470	范　敏	27	携程
138	1470	赵延平、杨云夫妇	27	华测导航
139	1510	黄　辉、万春香夫妇	26	三湘股份
140	1556	李玉池	25	中曼石油
141	1557	Filip Sedic	25	Foreo
142	1557	黎瑞刚	25	华人文化
143	1557	梁建章	25	携程
144	1626	张　熙	25	精锐教育
145	1627	郭新平	24	益倍
146	1627	薛伟成家族	24	罗莱生活
147	1627	杨　军	24	商赢
148	1661	潘　慰	23	味千拉面
149	1661	薛伟斌、薛骏腾父子	23	罗莱家纺
150	1699	徐　逸	23	哔哩哔哩
151	1700	丁佐龙	22	月星
152	1700	丁佐勇	22	月星
153	1700	舒宏瑞家族	22	上海沪工
154	1700	姚　明	22	
155	1737	董增平	21	思源电气
156	1737	瞿建国	21	开能健康
157	1773	荣俊林、荣青父子	21	天永智能
158	1775	Grant Horsfield	20	裸心
159	1775	马廷雄	20	维信金科

2019 年上海市“白玉兰奖”和“白玉兰纪念奖”名录

2019 年上海市“白玉兰荣誉奖”授奖仪式于 9 月 29 日在市政府隆重举行。意大利籍人士杰安彼德·柏罗第等 12 位外籍人士获得“白玉兰荣誉奖”。还有 58 位外籍人士荣获 2019 年“白玉兰纪念奖”。时任上海市市长应勇为获奖者及代表颁授奖章、证书。

2019 年获得“白玉兰荣誉奖”的外籍人士分别来自意大利、英国、法国、日本、德国、丹麦、美国、新加坡 8 个国家，既有经贸、金融、航运、服务行业的经营管理者，又有科技、文化领域的专家学者。

2019 年上海市“白玉兰荣誉奖”获奖者名录

序号	姓名(中文)	姓名(英文)	国籍	工作单位及职务
1	杰安彼德·柏罗第	Glanpletro Belotti	意大利	圣东尼(上海)针织机器有限公司首席执行官
2	柏　历	Jullan Guy Bllssett	英　国	上汽通用汽车有限公司执行副总经理
3	唐嘉年	Thierry Garnler	法　国	家乐福(中国)管理咨询服务有限公司中国区总裁兼首席执行官
4	伊滕幸孝	Yukitaka Ito	日　本	三井住友海上火灾保险(中国)有限公司董事长兼总经理
5	柯迪文	Stephan Kothrade	德　国	巴斯夫(中国)有限公司亚大区总裁、大中华区总裁兼董事长
6	李曦萌	Simon Lichtenberg	丹　麦	特雷通集团/上海西蒙李家居用品有限公司创始人、首席执行官
7	马　优	Claude Maillot	法　国	必维船级社集团高级副总裁，北亚暨中国区总裁
8	王玫瑰	Rosalind Stephanie Oliver	英　国	上海大学教师
9	许倍帝	Bettina Schoen-Behanzin	德　国	科德宝集团亚洲地区代表、科德宝企业管理(上海)有限公司执行董事
10	雷蒙德·查尔斯·斯蒂文斯	Raymond Charles Stevens	美　国	上海科技大学 iHuman 研究所创始所长、教授
11	卫周安	Eleanor Joanna Waley-Cohen	美　国	上海纽约大学教务长
12	朱依谆	Yi Zhun Zhu	新加坡	澳门科技大学药学院院长、讲座教授 复旦大学特聘讲座教授

2019 年上海市“白玉兰纪念奖”获奖者名录

序号	姓名(中文)	姓名(英文)	国籍	工作单位及职务
1	阿部刚士	Takeshi Abe	日　本	东陶(上海)有限公司董事兼总经理
2	卡洛斯	Carlos Miguel Barrasa Ruiz	西班牙	碧辟润滑油业务全球副总裁兼大中华区总裁
3	李绍强	Ben Lee Siev Keong	新加坡	吉宝置业中国有限公司总裁
4	安　润	Arun Kunar Bhardvaj	新西兰	蕾碧裳大中华区总裁
5	扎克利·布鲁姆加顿	Zachary Bloongarden	美　国	上海交通大学医学院附属瑞金医院特聘专家、《Journal of Diabetes》共同主编
6	博凯文	Kevin Francis-Xavier Bogardus	美　国	安达保险中国区总经理
7	米格尔	Miguel Angel Carrillo Pajuelo	西班牙	中国商飞上海飞机制造有限公司复合材料工装特聘专家
8	陈　耘	Yun Chen	德　国	科思创聚合物(中国)有限公司高级副总裁,上海一体化基地总经理
9	科林·高嘉礼	Colin Melville Kennedy Currie	马来西亚	阿迪达斯亚太区董事总经理
10	维托尔·佩雷拉	Vitor Manuel De Oliveira Lopes Pereira	葡萄牙	上海上港集团足球俱乐部有限公司一线队主教练
11	戴　璞	Denis Jean Clément Robert Depoux	法　国	罗兰贝格企业管理(上海)有限公司高级合伙人、大中华区执行合伙人
12	哈曼·达布拉	Harmen Dubbelaar	荷　兰	日本株式会社大仓饭店专务执行董事、花园饭店(上海)董事总经理
13	托马斯·艾克伯格	Dan Thomas Ekberg	瑞　典	欧瑞莲化妆品(中国)有限公司全球高级副总裁暨大中华区总裁
14	法布里奇奥·费里	Fabrizio Ferri	意大利	芬凯身倪(上海)贸易有限公司亚太地区负责人,芬坎蒂尼中国区首席执行官
15	福岛孝德	Takanori Fukushima	日　本	浦南医院最高顾问、特聘专家
16	嘉雷诺	Renaud Guy Gabay	法　国	雅培公司全球副总裁,雅培营养品北亚区总裁

（续表）

序号	姓名(中文)	姓名(英文)	国籍	工作单位及职务
17	纪秉盟	Mark Andrew John Gibbs	英国	思爱普公司全球执行副总裁，思爱普公司大中华区总裁
18	戴维·格雷厄姆	David Trevor Graham	澳大利亚	国际标准化组织中医药技术委员会前任主席(2009-2018)
19	魏展明	Michael Gui Tian Meng	新加坡	招商银行信用卡中心副总经理
20	哈比	Habib-Ur-Rehman	巴基斯坦	帕克柏仙地毯商业(上海)有限公司副总经理、长宁区平安志愿者
21	贺杰睿	Jeremy Andrev Hunter	英国	汉高大中华区总裁
22	丹尼尔·保罗·杰弗斯	Daniel Paul Jeffers	美国	国际玉米小麦改良中心高级科学家
23	蒋惟明	Weiming Jiang	丹麦	荷兰皇家帝斯曼集团中国区总裁
24	格德·克瑙斯特	Gerd Goetz Otto Knaust	德国	静安昆仑大酒店总经理
25	甘德密	Pavlos Vasileios Kontomichalos	希腊	希华集团创始人兼首席执行官
26	斯坦恩·库恩勒	Stein Kuhnle	挪威	复旦大学名誉教授、挪威卑尔根大学比较政治学荣休教授
27	兰珍珍	Zhenzhen Lan	法国	欧莱雅中国副总裁
28	罗熙文	Sylvain Bernard Laurent	法国	达索系统亚太总裁、全球直销渠道执行副总裁
29	彼得·雷根纳	Peter Stefan Bartholomaeus Legner	德国	上海申克机械有限公司总裁兼首席执行官
30	陆子维	Hervé Louis Lienhardt	法国	上海化学工业区中法水务发展有限公司总经理
31	罗道良	Douglas Bruce Lowrie	英国	上海公共卫生临床中心高级研究员
32	敏晔	Romain Hugues Mathias Millet	法国	博马努瓦集团亚洲首席执行官

（续表）

序号	姓名(中文)	姓名(英文)	国籍	工作单位及职务
33	查尔斯·纽曼	Charles Michael Nevnan	美　国	上海纽约大学教授、华东师范大学-纽约大学数学联合研究中心主任
34	小幡笃志	Atsushi Obata	日　本	社会福祉法人旭川庄日中医疗福祉研修中心所长
35	冈丰树	Toyoki Oka	日　本	瑞穗银行(中国)有限公司董事长
36	潘保罗	Paul Francis Pemberton	澳大利亚	上海民办中福会幼儿园外教组长
37	罗士德	Rashid Aleem Qureshi	巴基斯坦	雀巢集团大中华区董事长兼首席执行官
38	珊丽娜	Salina Hong Reinoehl Geb. Sun	德　国	上海楣梅实业有限公司总经理、设计总监
39	罗开朗	Keith Wimberly Ross	美　国	上海纽约大学工程与计算机科学部主任
40	卢逸凡	Ivan Ruvidic-Michaux	法　国	上海师范大学人文学院副教授
41	佐藤诚	Makoto Sato	日　本	中国科学院上海微系统与信息技术研究所客座研究员
42	诺曼·罗伊·斯考特	Norman Roy Scott	美　国	美国工程院院士、上海交通大学名誉教授
43	彼得·所罗门	Peter Adam Solomon	美　国	上海交响乐团圆号首席
44	司徒嘉德	Kjeld Staerk	丹　麦	丹佛斯自动控制管理(上海)有限公司总裁
45	孙雁霞	Yanxia Sun	英　国	安联环球投资亚太有限公司中国区董事总经理、安联寰通海外投资基金(上海)有限公司董事长
46	谭凌实	Lingshi Tan	美　国	缔脉生物医药科技(上海)有限公司创始人、董事长兼首席执行官
47	谭元元	Yuan Yuan Tan	美　国	上海戏剧学院谭元元国际芭蕾艺术工作室首席专家
48	田中年一	Toshikazu Tanaka	日　本	匠技新(上海)创业孵化器管理有限公司首席执行官
49	陶维康	Weikang Tao	美　国	上海恒瑞医药有限公司副总经理兼研发中心首席执行官
50	保罗·万瀚深	Paul Julius Alexander Van Hessen	荷　兰	上海星星肠衣有限公司特聘顾问

（续表）

序号	姓名(中文)	姓名(英文)	国籍	工作单位及职务
51	魏尚进	Shangjin Wei	美　国	美国哥伦比亚大学金融经济学终身讲席教授
52	魏无忌	Jason Michael Westvood	英　国	斯必克(上海)流体技术有限公司亚太区副总裁
53	吉姆·旺德曼	Janes Wunderman	美　国	旧金山湾区委员会总裁兼首席执行官
54	吴义隆	Yves Laurent Longueville	法　国	艾蒂复合材料(上海)有限公司总经理
55	张艺林	Yilin Zhang	德　国	舍弗勒集团董事会成员、大中华区首席执行官
56	张宇峰	Yufeng Zhang	美　国	霍尼韦尔综合科技(中国)有限公司科技事业部全球总裁
57	朱　旻	James Min Zhu	美　国	上海中彦信息科技股份有限公司返利网联合创始人兼首席运营官
58	马库斯·齐克沃尔	Marcus Zickwolff	德　国	全球清算对手方协会秘书长

二、中国商贸资料

（一）

2006—2019 年中国进出口贸易额情况表

年份	进出口总额(亿美元)	比上年(±%)	出口额(亿美元)	比上年(±%)	进口额(亿美元)	比上年(±%)	顺逆差额(亿美元)
2006	17606.9	23.8	9690.8	27.2	7916.1	19.9	1018.8
2007	21738.0	23.5	12180.0	25.7	9558.0	20.8	2622.0
2008	25616.3	17.8	14285.5	17.2	11330.8	18.5	2954.7
2009	22072.7	13.9	12016.7	-16.0	10056.0	-11.2	1960.7
2010	29728.0	34.7	15779.0	31.3	13948.0	38.7	1831.0
2011	36420.6	22.5	18986.0	20.3	17434.6	24.9	1551.4
2012	38668.0	6.2	20489.0	7.9	18178.0	4.3	2311.0
2013	41600.0	7.6	22096.0	7.9	19504.0	7.3	2592.0
2014	43030.0	3.4	23427.0	6.0	19603.0	0.5	3824.0
2015	39569.0	-8.0	22749.5	-2.9	16819.5	-14.2	5930.0
2016	36849.3	-6.8	20974.4	-7.7	15874.8	-5.5	5099.6
2017	41044.7	11.4	22634.9	7.9	18409.8	15.9	4225.1
2018	46230.4	12.6	24874.0	9.9	21356.4	16.0	3517.6
2019	45753.0	-1.0	24984.1	0.5	20768.9	-2.8	4215.2

2000—2019 年中国利用外资情况表

年份	总计		年份	总计	
	项目数(个)	实际利用额(亿美元)		项目数(个)	实际利用额(亿美元)
2000	22347	493.56	2002	34171	527.43
2001	26139	468.46	2003	48081	535.05

（续表）

年份	总计		年份	总计	
	项目数（个）	实际利用额（亿美元）		项目数（个）	实际利用额（亿美元）
2004	43664	606. 30	2012	24925	1117. 00
2005	44011	603. 25	2013	22773	1175. 86
2006	41473	630. 21	2014	23778	1195. 60
2007	37872	747. 00	2015	26575	1263. 00
2008	27514	923. 95	2016	27900	1260. 00
2009	23435	900. 30	2017	35652	1310. 40
2010	27406	1057. 00	2018	60533	1350. 00
2011	27712	1160. 10	2019	40888	1381. 00

2019 年中国对外贸易往来前 5 位国别（地区）情况表

排序	国别（地区）	贸易额（百万美元）	比上年（%）
1	欧　盟	705109. 8	3. 4
2	东　盟	641459. 5	9. 2
3	美　国	541223. 8	-14. 6
4	日　本	314992. 5	-3. 9
5	中国香港	288030. 6	-9. 2

2019 年中国对主要国家和地区货物进出口金额、增长速度及其比重表

国家和地区	出口额（亿元）	比上年增长（%）	占全部出口比重（%）	进口额（亿元）	比上年增长（%）	占全部进口比重（%）
欧　盟	29564	9. 6	17. 2	19063	5. 5	13. 3
东　盟	24797	17. 8	14. 4	19456	9. 8	13. 6
美　国	28865	-8. 7	16. 7	8454	-17. 1	5. 9
日　本	9875	1. 7	5. 7	11837	-0. 6	8. 3
中国香港	19243	-3. 6	11. 2	626	10. 9	0. 4
韩　国	7648	6. 6	4. 4	11960	-11. 4	8. 4
中国台湾	3799	18. 3	2. 2	11934	1. 9	8. 3
巴　西	2453	10. 8	1. 4	5501	7. 4	3. 8
俄罗斯	3434	8. 5	2. 0	4208	7. 5	2. 9
印　度	5156	2. 1	3. 0	1239	-0. 2	0. 9
南　非	1141	6. 4	0. 7	1784	-0. 8	1. 2

2015—2019 年国内生产总值及其增长速度图

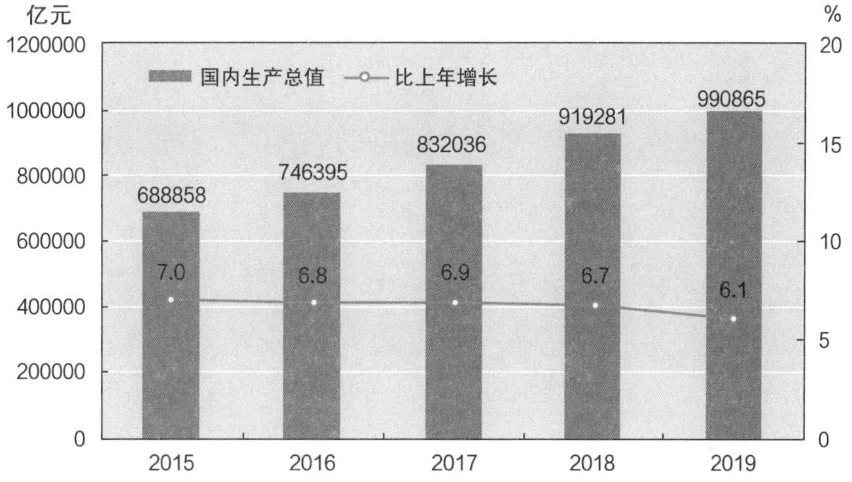

2015—2019 年三个产业增加值占国内生产总值比重图

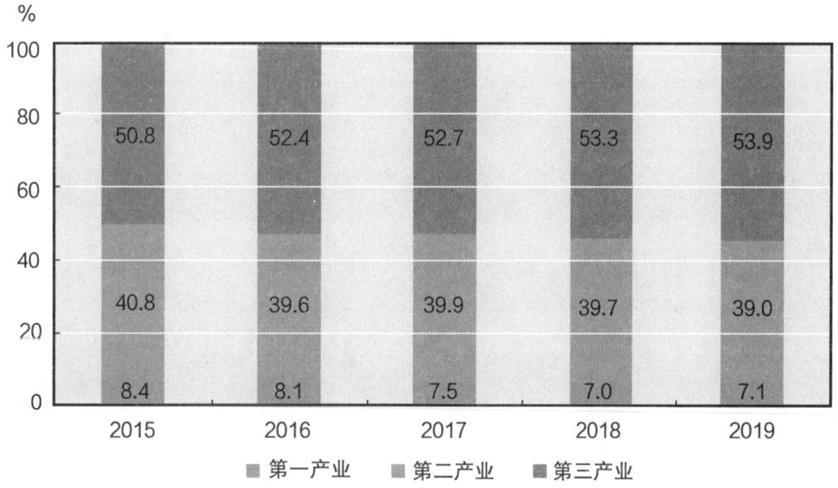

2015—2019 年国内社会消费品零售总额图

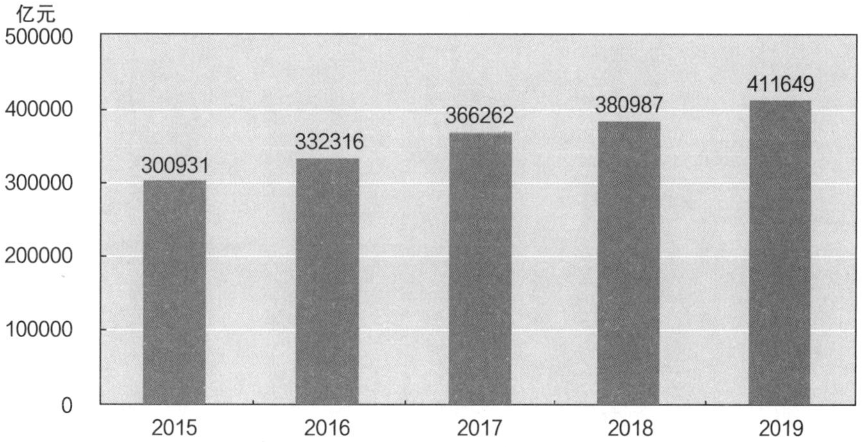

2015—2019 年全国货物进出口总额图

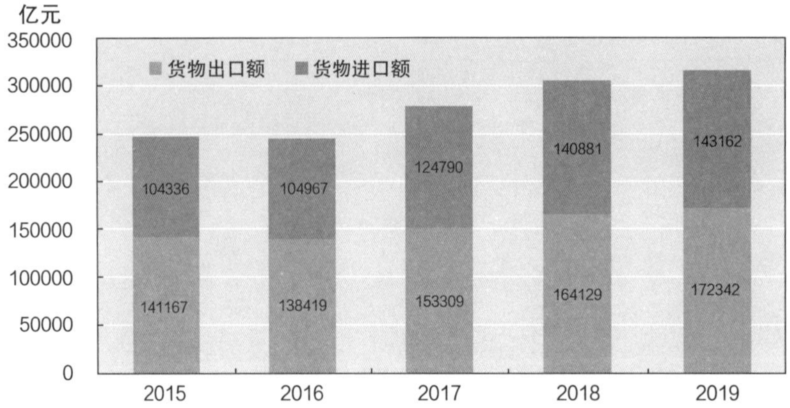

2019 年全国货物进出口总额及其增长速度表

指　标	金额(亿元)	比上年增长(%)
货物进出口总额	315505	3.4
货物出口额	172342	5.0
其中:一般贸易	99546	7.8
加工贸易	50729	-3.7
其中:机电产品	100631	4.4
高新技术产品	50427	2.1
货物进口额	143162	1.6
其中:一般贸易	86599	3.1
加工贸易	28778	-7.4
其中:机电产品	62596	-1.8
高新技术产品	43978	-0.8
货物进出口顺差	29180	—

2015—2019 年国内服务业增加值及其增长速度图

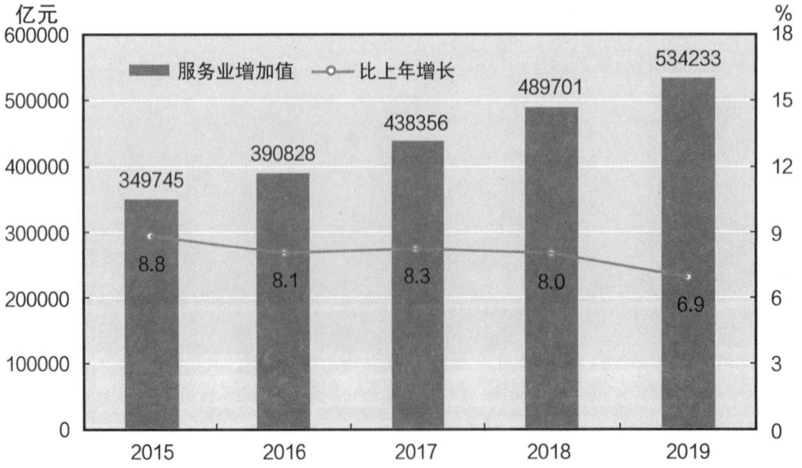

2015—2019 年国内快递业务量及其增长速度图

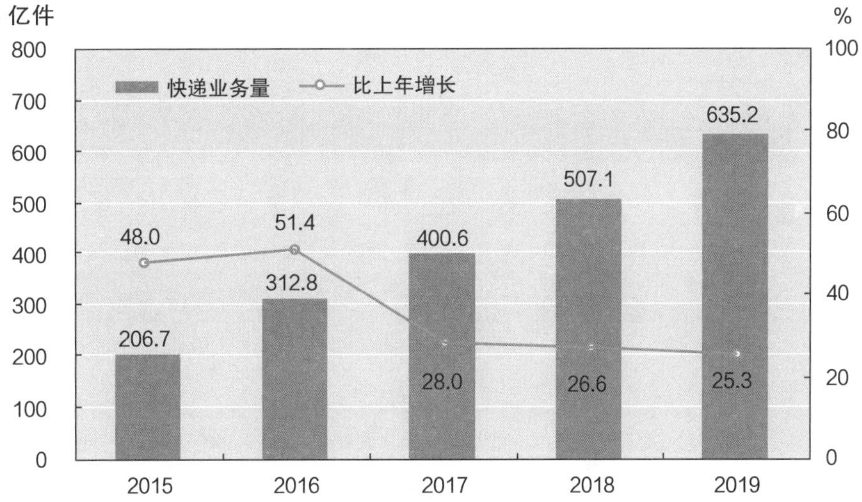

2004—2019 年中国出口商品交易会一览表

年份	届次		到会客商（人）		来自国别和地区（个）		成交额（百万美元）		全年成交额（百万美元）	比上年（±%）
	春季	秋季	春季	秋季	春季	秋季	春季	秋季		
2004	96	96	159717	167926	203	203	24510	27200	51710	107. 59
2005	97	98	195464	177000	210	210	29230	29430	56935	10. 10
2006	99	100	190011	192691	210	212	32220	34060	66280	16. 41
2007	101	102	206749	189500	211	213	36390	37450	73840	11. 41
2008	103	104	192013	174562	210	213	38230	31550	75680	2. 49
2009	105	106	165436	188170	209	212	26230	34070	60300	-20. 32
2010	107	108	203996	200612	212	208	34300	34833	69133	14. 65
2011	109	110	207103	209175	209	210	36860	37900	74760	8. 14
2012	111	112	210000	188145	213	211	36030	32680	68710	-8. 09
2013	113	114	202766	189646	211	212	35540	31690	67230	-2. 15
2014	115	116	188119	186104	214	211	31051	29160	60211	-10. 44
2015	117	118	184801	177544	216	213	28056	27010	55066	-8. 50
2016	119	120	185596	185704	210	213	28084	27890	55974	1. 65
2017	121	122	196490	191950	213	213	30020	30160	60180	7. 51
2018	123	124	203346	189812	214	215	30080	29860	59940	-0. 40
2019	125	126	195454	186015	213	214	29730	29288	59018	-0. 02

2019 年中国互联网企业 100 强名单

排名	中文名称	中文简称	主要品牌
1	阿里巴巴(中国)有限公司	阿里巴巴	淘宝、阿里云、高德
2	深圳市腾讯计算机系统有限责任公司	腾讯公司	微信、QQ、腾讯网
3	百度公司	百　度	百度、爱奇艺
4	京东集团	京　东	商城、物流、京东云
5	浙江蚂蚁小微金融服务集团股份有限公司	蚂蚁金服	支付宝、相互宝、芝麻信用蚂蚁森林
6	网易集团	网　易	网易邮箱、网易严选、网易新闻
7	美团点评	美　团	美团、大众点评、美团外卖、美团买菜
8	北京字节跳动科技有限公司	字节跳动	抖音、今日头条
9	三六零安全科技股份有限公司	三六零	360 安全卫士、360 浏览器
10	新浪公司	新浪公司	新浪网、微博
11	上海寻梦信息技术有限公司	拼多多	拼多多
12	搜狐公司	搜　狐	搜狐媒体、搜狐视频
13	北京五八信息技术有限公司	58 集团	58 同城、赶集网、安居客
14	苏宁控股集团有限公司	苏宁控股	苏宁易购、PP 视频
15	小米集团	小米集团	小米、米家、米兔
16	携程计算机技术(上海)有限公司	携程旅行网	携程旅行网、天巡
17	用友网络科技股份有限公司	用友网络	U8c、财务云、精智工业互联网平台
18	北京猎豹移动科技有限公司	猎豹移动	猎豹清理大师、AI 智能服务机器人
19	北京车之家信息技术有限公司	汽车之家	汽车之家、二手车之家
20	湖南快乐阳光互动娱乐传媒有限公司	快乐阳光	芒果 TV
21	唯品会(中国)有限公司	唯品会	唯品会
22	央视国际网络有限公司	央视网	央视网、中国 IPTV、CCTV 手机电视
23	三七文娱(广州)网络科技有限公司	三七互娱	37 手游、极光网络、37 游戏、37Games
24	北京昆仑万维科技股份有限公司	昆仑万维	GameArk、闲徕互娱、Grindr
25	浪潮集团有限公司	浪　潮	浪潮云、天元数据网、爱城市网、一贷通
26	北京网聘咨询有限公司	智联招聘	智联招聘
27	新华网股份有限公司	新华网	学习进行时、国家相册、思客
28	人民网股份有限公司	人民网	中国共产党新闻网、强国论坛、两会进行时
29	同程旅游集团	同程旅游	同程旅游、艺龙旅行网
30	武汉斗鱼网络科技有限公司	斗鱼直播	斗鱼直播
31	广州华多网络科技有限公司	欢聚时代	多玩游戏网、YYLive
32	网宿科技股份有限公司	网宿科技	网宿云分发、网宿云、网宿网盾
33	咪咕文化科技有限公司	咪咕文化	咪咕视频、咪咕音乐、咪咕阅读
34	巨人网络集团股份有限公司	巨人网络	征途系列、仙侠世界系列

（续表）

排名	中文名称	中文简称	主要品牌
35	贵阳朗玛信息技术股份有限公司	朗玛信息	39 互联网医院、39 健康网、39 健康智慧家庭
36	鹏博士电信传媒集团股份有限公司	鹏博士	鹏博士数据中心、鹏博士云网、长城宽带
37	上海钢银电子商务股份有限公司	钢银电商	钢银电商
38	东方明珠新媒体股份有限公司	东方明珠	百视通、东方购物、SITV
39	黑龙江龙采科技集团有限责任公司	龙采科技集团	龙采、资海、采云平台、龙采智慧云
40	深圳市迅雷网络技术有限公司	迅雷集团	迅雷 X、迅雷影音、玩客云
41	易车控股有限公司	易　车	易车网、易鑫集团
42	四三九九网络股份有限公司	4399	4399 小游戏、4399 休闲娱乐平台
43	上海米哈游网络科技股份有限公司	米哈游	米哈游
44	完美世界股份有限公司	完美世界	完美世界游戏、完美世界影视
45	竞技世界（北京）网络技术有限公司	竞技世界	JJ 比赛
46	前锦网络信息技术（上海）有限公司	前程无忧	前程无忧、应届生求职网、51 米多多
47	北京蜜莱坞网络科技有限公司	映客直播	映客 APP、种子视频
48	无锡华云数据技术服务有限公司	华云数据集团	华云、CloudUltra®、H2CI™
49	上海波克城市网络科技股份有限公司	波克城市	波克城市、捕鱼达人、猫咪公寓
50	东软集团股份有限公司	东软集团	Neusoft 东软
51	盛跃网络科技（上海）有限公司	盛趣游戏	盛趣游戏
52	科大讯飞股份有限公司	科大讯飞	讯飞输入法、讯飞翻译机、讯飞听见
53	优刻得科技股份有限公司	优刻得	UCloud、优铭云、安全屋
54	杭州顺网科技股份有限公司	顺网科技	网维大师、顺网云、顺网游戏
55	北京光环新网科技股份有限公司	光环新网	互联网数据中心服务、云计算及相关服务
56	汇通达网络股份有限公司	汇通达	超级老板 APP、汇通达汇掌柜 APP+微商城
57	深圳市房多多网络科技有限公司	房多多	房多多
58	福建网龙计算机网络信息技术有限公司	网龙网络公司	魔域、英魂之刃、101 贝考
59	美图公司	美　图	美图秀秀、美颜相机、美拍
60	汇量科技集团	汇量科技	Mobvista、Mintegral、GameAnalytics
61	广州多益网络股份有限公司	多益网络	多益网络、神武、梦想世界
62	深圳市创梦天地科技有限公司	创梦天地	乐逗游戏
63	深圳市梦网科技发展有限公司	梦网科技	富信 RBM、IM 云、物联云
64	上海二三四五网络控股集团股份有限公司	二三四五	2345 网址导航、2345 加速浏览器
65	北京搜房科技发展有限公司	房天下	房天下网、开发云、家居云
66	世纪龙信息网络有限责任公司	世纪龙（21CN）	天翼云盘、189 邮箱、21CN 门户
67	游族网络股份有限公司	游族网络	少年三国志、权力的游戏凛冬将至
68	河南锐之旗网络科技有限公司	锐之旗	锐之旗、云和数据

（续表）

排名	中文名称	中文简称	主要品牌
69	好未来教育科技集团	好未来	学而思网校
70	珍岛信息技术（上海）股份有限公司	珍　岛	珍岛、T 云、Trueland
71	杭州边锋网络技术有限公司	边锋网络	边锋游戏、游戏茶苑
72	金蝶软件（中国）有限公司	金蝶软件	金蝶、金蝶云
73	上海幻电信息科技有限公司	哔哩哔哩	哔哩哔哩
74	湖南竞网智赢网络技术有限公司	竞　网	智营销综合服务、网络营销推广服务
75	北京中钢网信息股份有限公司	中钢网	中钢网、抢钢宝、现货通
76	湖南草花互动网络科技有限公司	草花互动	草花手游平台
77	北京密境和风科技有限公司	花椒直播	花椒直播
78	贝壳找房（北京）科技有限公司	贝壳找房	贝壳找房
79	二六三网络通信股份有限公司	二六三网络通信	263 云通信、263 企业邮箱、263 企业直播
80	南京途牛科技有限公司	途　牛	途牛旅游网、笛风云、途牛金服
81	东方财富信息股份有限公司	东方财富	东方财富网、天天基金网、股吧
82	拉卡拉支付股份有限公司	拉卡拉	拉卡拉支付、积分购
83	厦门吉比特网络技术股份有限公司	吉比特	《问道》《问道手游》《不思议迷宫》
84	福建乐游网络科技有限公司	乐游网络	6Y 乐游网、乐游 App
85	广州荔支网络技术有限公司	荔　枝	荔枝 APP
86	深圳市岚悦网络科技有限公司	中手游	中手游
87	满帮集团	满　帮	货车帮、运满满
88	山东开创集团股份有限公司	开创集团	开创、开创云、众创社群、曹操送
89	厦门翔通动漫有限公司	翔通动漫	绿豆蛙、酷巴熊等动漫 IP
90	第一视频通信传媒有限公司	第一视频集团	第一视频网、疯狂体育、中阿卫视
91	上海东方网股份有限公司	东方网	翱翔、东方头条、纵相
92	上海创蓝文化传播有限公司	创蓝 253	短信、空号检测、国际短信
93	中至数据集团股份有限公司	中至数据集团	中至长尾广告、中至游戏
94	行吟信息科技（上海）有限公司	小红书	小红书 APP、小红书之家
95	湖北盛天网络技术股份有限公司	盛天网络	易乐游网娱平台、战吧电竞平台
96	百合佳缘网络集团股份有限公司	百合佳缘集团	世纪佳缘网、百合网、百合情感
97	上海找钢网信息科技股份有限公司	找钢网	钢铁全产业链电商、找钢指数
98	厦门美柚信息科技有限公司	美　柚	美柚、柚宝宝、柚子街
99	深圳市思贝克集团有限公司	思贝克	思贝克、SPEK
100	山东海看网络科技有限公司	海　看	海看 IPTV、轻快融媒、海看健康[2]

2019年中国企业500强名单

名次	企业名称	地区	营业收入(亿元)
1	中国石油化工集团有限公司	北京	27427.80
2	中国石油天然气集团有限公司	北京	25994.17
3	国家电网有限公司	北京	25602.54
4	中国建筑股份有限公司	北京	11993.25
5	中国工商银行股份有限公司	北京	11664.11
6	中国平安保险(集团)股份有限公司	广东	10821.46
7	中国建设银行股份有限公司	北京	9735.02
8	中国农业银行股份有限公司	北京	9229.05
9	上海汽车集团股份有限公司	上海	9021.94
10	中国银行股份有限公司	北京	8447.90
11	中国人寿保险(集团)公司	北京	7684.38
12	中国铁路工程集团有限公司	北京	7417.23
13	中国移动通信集团有限公司	北京	7414.80
14	中国铁道建筑有限公司	北京	7306.31
15	华为投资控股有限公司	广东	7212.02
16	中国海洋石油集团有限公司	北京	7152.49
17	国家开发银行股份有限公司	北京	6817.95
18	中国华润有限公司	广东	6085.09
19	苏宁控股集团有限公司	江苏	6024.56
20	东风汽车集团有限公司	湖北	6015.01
21	中国第一汽车集团有限公司	吉林	5940.30
22	中国交通建设集团有限公司	北京	5830.24
23	中国中化集团公司	北京	5810.76
24	太平洋建设集团有限公司	江苏	5729.81
25	中国邮政集团公司	北京	5664.02
26	国家能源投资集团有限责任公司	北京	5422.57
27	中国南方电网有限责任公司	广东	5355.49
28	中国五矿集团有限公司	北京	5296.80
29	正威国际集团有限公司	广东	5051.18
30	中国人民保险集团股份有限公司	北京	5037.99
31	北京汽车集团有限公司	北京	4807.38
32	中粮集团有限公司	北京	4711.20
33	中国中信集团有限公司	北京	4673.87
34	恒大集团有限公司	广东	4661.96

（续表）

名次	企业名称	地区	营业收入(亿元)
35	北京京东世纪贸易有限公司	北京	4620.20
36	中国兵器工业集团有限公司	北京	4549.43
37	中国电信集团有限公司	北京	4544.92
38	中国化工集团有限公司	北京	4458.14
39	中国航空工业集团有限公司	北京	4388.04
40	中国宝武钢铁集团有限公司	上海	4386.20
41	交通银行股份有限公司	上海	4340.46
42	中国电力建设集团有限公司	北京	4049.78
43	中国医药集团有限公司	北京	3967.50
44	碧桂园控股有限公司	广东	3790.79
45	阿里巴巴集团控股有限公司	浙江	3768.44
46	恒力集团有限公司	江苏	3717.36
47	招商银行股份有限公司	广东	3656.48
48	广州汽车工业集团有限公司	广东	3640.54
49	中国太平洋保险(集团)股份有限公司	上海	3543.63
50	绿地控股集团股份有限公司	上海	3484.26
51	中国建材集团有限公司	北京	3480.02
52	山东能源集团有限公司	山东	3389.74
53	联想集团有限公司	北京	3376.01
54	兴业银行股份有限公司	福建	3372.92
55	河钢集团有限公司	河北	3368.24
56	上海浦东发展银行股份有限公司	上海	3343.82
57	国美控股集团有限公司	北京	3340.98
58	浙江吉利控股集团有限公司	浙江	3285.21
59	中国民生银行股份有限公司	北京	3199.89
60	腾讯控股有限公司	广东	3126.94
61	中国保利集团公司	北京	3056.46
62	中国船舶重工集团有限公司	北京	3050.32
63	招商局集团有限公司	北京	3037.84
64	物产中大集团股份有限公司	浙江	3005.38
65	中国机械工业集团有限公司	北京	3004.65
66	中国铝业集团有限公司	北京	3002.00
67	万科企业股份有限公司	广东	2970.83
68	陕西延长石油(集团)有限责任公司	陕西	2951.37

（续表）

名次	企业名称	地区	营业收入（亿元）
69	中国联合网络通信集团有限公司	北京	2921.85
70	山东魏桥创业集团有限公司	山东	2844.87
71	厦门建发集团有限公司	福建	2826.21
72	中国远洋海运集团有限公司	北京	2818.37
73	陕西煤业化工集团有限责任公司	陕西	2805.87
74	中国航空油料集团有限公司	北京	2802.71
75	中国华能集团有限公司	北京	2786.27
76	中国光大集团有限公司	北京	2770.21
77	厦门国贸控股集团有限公司	福建	2740.96
78	雪松控股集团有限公司	广东	2688.26
79	海尔集团公司	山东	2661.18
80	美的集团股份有限公司	广东	2618.00
81	兖矿集团有限公司	山东	2572.28
82	中国航天科工集团有限公司	北京	2504.97
83	中国航天科技集团有限公司	北京	2495.56
84	厦门象屿集团有限公司	福建	2414.61
85	江苏沙钢集团有限公司	江苏	2410.45
86	冀中能源集团有限责任公司	河北	2362.85
87	潍柴控股集团有限公司	山东	2353.73
88	江西铜业集团有限公司	江西	2306.54
89	中国中车集团有限公司	北京	2293.51
90	青山控股集团有限公司	浙江	2265.01
91	国家电力投资集团有限公司	北京	2264.15
92	中国能源建设集团有限公司	北京	2260.67
93	中国兵器装备集团有限公司	北京	2242.10
94	中南控股集团有限公司	江苏	2225.43
95	阳光龙净集团有限公司	福建	2208.96
96	金川集团股份有限公司	甘肃	2208.75
97	中国电子科技集团公司	北京	2204.27
98	中国电子信息产业集团有限公司	北京	2183.67
99	鞍钢集团有限公司	辽宁	2157.67
100	中国华电集团有限公司	北京	2144.58
101	首钢集团有限公司	北京	2055.13
102	珠海格力电器股份有限公司	广东	2000.24

（续表）

名次	企业名称	地区	营业收入（亿元）
103	中国大唐集团有限公司	北京	1895.43
104	新疆广汇实业投资（集团）有限责任公司	新疆	1889.42
105	安徽海螺集团有限责任公司	安徽	1885.12
106	华夏人寿保险股份有限公司	北京	1884.71
107	中国太平保险控股有限公司	北京	1818.10
108	大连万达集团股份有限公司	辽宁	1807.70
109	铜陵有色金属集团控股有限公司	安徽	1775.82
110	山西潞安矿业（集团）有限责任公司	山西	1775.42
111	山西焦煤集团有限责任公司	山西	1765.65
112	大同煤矿集团有限责任公司	山西	1765.14
113	小米集团	北京	1749.15
114	阳泉煤业（集团）有限责任公司	山西	1739.01
115	海亮集团有限公司	浙江	1736.42
116	新兴际华集团有限公司	北京	1733.57
117	山西晋城无烟煤矿业集团有限责任公司	山西	1709.55
118	上海建工集团股份有限公司	上海	1705.46
119	河南能源化工集团有限公司	河南	1705.39
120	中国通用技术（集团）控股有限责任公司	北京	1705.21
121	泰康保险集团股份有限公司	北京	1649.15
122	上海医药集团股份有限公司	上海	1590.84
123	光明食品（集团）有限公司	上海	1580.08
124	山东钢铁集团有限公司	山东	1558.57
125	东浩兰生（集团）有限公司	上海	1543.44
126	新华人寿保险股份有限公司	北京	1541.67
127	华晨汽车集团控股有限公司	辽宁	1529.68
128	中国中煤能源集团有限公司	北京	1500.19
129	万洲国际有限公司	河南	1495.86
130	浙江恒逸集团有限公司	浙江	1473.93
131	中国南方航空集团有限公司	广东	1443.58
132	盛虹控股集团有限公司	江苏	1434.80
133	华夏银行股份有限公司	北京	1390.96
134	广西投资集团有限公司	广西	1388.35
135	浙江省交通投资集团有限公司	浙江	1376.91
136	中国国际航空股份有限公司	北京	1367.74

（续表）

名次	企业名称	地区	营业收入(亿元)
137	陕西有色金属控股集团有限责任公司	陕西	1355.09
138	北大方正集团有限公司	北京	1332.74
139	天能电池集团有限公司	浙江	1320.86
140	新希望集团有限公司	四川	1311.77
141	中国林业集团有限公司	北京	1302.53
142	比亚迪股份有限公司	广东	1300.55
143	浙江荣盛控股集团有限公司	浙江	1286.00
144	中国东方航空集团有限公司	上海	1279.49
145	北京首农食品集团有限公司	北京	1266.55
146	海信集团有限公司	山东	1266.35
147	中国平煤神马能源化工集团有限责任公司	河南	1260.46
148	中天钢铁集团有限公司	江苏	1250.33
149	重庆市金科投资控股(集团)有限责任公司	重庆	1238.28
150	南通三建控股有限公司	江苏	1223.56
151	四川长虹电子控股集团有限公司	四川	1220.59
152	国家开发投资集团有限公司	北京	1213.80
153	湖南华菱钢铁集团有限责任公司	湖南	1208.85
154	超威集团	浙江	1203.24
155	北京建龙重工集团有限公司	北京	1202.78
156	海澜集团有限公司	江苏	1200.59
157	南京钢铁集团有限公司	江苏	1182.06
158	北京银行股份有限公司	北京	1170.10
159	云南省建设投资控股集团有限公司	云南	1160.50
160	广州医药集团有限公司	广东	1160.10
161	黑龙江北大荒农垦集团总公司	黑龙江	1160.10
162	龙湖集团控股有限公司	重庆	1157.98
163	上海电气(集团)总公司	上海	1145.28
164	TCL 集团股份有限公司	广东	1133.60
165	万向集团公司	浙江	1121.00
166	协鑫集团有限公司	江苏	1118.16
167	东方国际(集团)有限公司	上海	1114.78
168	中国有色矿业集团有限公司	北京	1113.65
169	浙江省兴合集团有限责任公司	浙江	1105.11
170	华侨城集团有限公司	广东	1103.49

（续表）

名次	企业名称	地区	营业收入（亿元）
171	中国重型汽车集团有限公司	山东	1100.50
172	东岭集团股份有限公司	陕西	1096.57
173	北京电子控股有限责任公司	北京	1094.81
174	复星国际有限公司	上海	1093.52
175	云南省投资控股集团有限公司	云南	1089.24
176	南山集团有限公司	山东	1086.96
177	西安迈科金属国际集团有限公司	陕西	1086.26
178	河北津西钢铁集团股份有限公司	河北	1081.73
179	中国华融资产管理股份有限公司	北京	1072.53
180	中国信达资产管理股份有限公司	北京	1070.26
181	紫金矿业集团股份有限公司	福建	1059.94
182	中国黄金集团有限公司	北京	1052.57
183	北京金隅集团股份有限公司	北京	1050.67
184	上海均和集团有限公司	上海	1040.44
185	晋能集团有限公司	山西	1036.56
186	杭州钢铁集团有限公司	浙江	1031.49
187	亨通集团有限公司	江苏	1019.82
188	山东东明石化集团有限公司	山东	1018.20
189	浪潮集团有限公司	山东	1016.05
190	广西建工集团有限责任公司	广西	1008.58
191	陕西建工集团有限公司	陕西	1006.04
192	江铃汽车集团有限公司	江西	1006.00
193	新疆中泰（集团）有限责任公司	新疆	1004.64
194	福晟集团有限公司	福建	1002.68
195	长城汽车股份有限公司	河北	992.30
196	中国广核集团有限公司	广东	978.51
197	甘肃省公路航空旅游投资集团有限公司	甘肃	974.75
198	富德生命人寿保险股份有限公司	广东	970.48
199	酒泉钢铁（集团）有限责任公司	甘肃	960.72
200	上海钢联电子商务股份有限公司	上海	960.55
201	日照钢铁控股集团有限公司	山东	953.67
202	杭州汽轮动力集团有限公司	浙江	953.26
203	新华联集团有限公司	北京	952.96
204	浙江省能源集团有限公司	浙江	936.47

（续表）

名次	企业名称	地区	营业收入（亿元）
205	中国国际海运集装箱（集团）股份有限公司	广东	934.98
206	四川省宜宾五粮液集团有限公司	四川	931.18
207	无锡产业发展集团有限公司	江苏	930.54
208	北京控股集团有限公司	北京	925.39
209	万达控股集团有限公司	山东	923.15
210	马钢（集团）控股有限公司	安徽	917.84
211	江苏悦达集团有限公司	江苏	914.66
212	湖南建工集团有限公司	湖南	909.78
213	深圳顺丰泰森控股（集团）有限公司	广东	909.43
214	四川省铁路产业投资集团有限责任公司	四川	907.96
215	中国国际技术智力合作有限公司	北京	907.31
216	云南省能源投资集团有限公司	云南	904.32
217	敬业集团有限公司	河北	901.14
218	中天控股集团有限公司	浙江	900.16
219	上海银行股份有限公司	上海	898.28
220	广西柳州钢铁集团有限公司	广西	891.61
221	杭州锦江集团有限公司	浙江	889.94
222	雅戈尔集团股份有限公司	浙江	879.26
223	北京外企服务集团有限责任公司	北京	875.56
224	九州通医药集团股份有限公司	湖北	871.36
225	包头钢铁（集团）有限责任公司	内蒙古	870.69
226	中国化学工程集团有限公司	北京	869.51
227	阳光保险集团股份有限公司	北京	865.73
228	江阴澄星实业集团有限公司	江苏	863.41
229	奥克斯集团有限公司	浙江	860.03
230	利华益集团股份有限公司	山东	853.79
231	福中集团有限公司	江苏	853.79
232	传化集团有限公司	浙江	851.33
233	腾邦集团有限公司	广东	845.15
234	宁波金田投资控股有限公司	浙江	839.90
235	卓尔控股有限公司	湖北	822.63
236	山东黄金集团有限公司	山东	821.40
237	百度网络技术有限公司	北京	819.12
238	神州数码集团股份有限公司	北京	818.58

（续表）

名次	企业名称	地区	营业收入(亿元)
239	内蒙古电力(集团)有限责任公司	内蒙古	814.32
240	广厦控股集团有限公司	浙江	812.68
241	中融新大集团有限公司	山东	807.60
242	扬子江药业集团	江苏	805.68
243	内蒙古伊利实业集团股份有限公司	内蒙古	795.53
244	唯品会(中国)有限公司	广东	794.78
245	宁夏天元锰业集团有限公司	宁夏	793.47
246	太原钢铁(集团)有限公司	山西	785.58
247	正邦集团有限公司	江西	780.25
248	贵州茅台酒股份有限公司	贵州	771.99
249	弘阳集团有限公司	江苏	763.24
250	开滦(集团)有限责任公司	河北	760.47
251	北京城建集团有限责任公司	北京	758.30
252	河北新华联合冶金控股集团有限公司	河北	758.18
253	北京首都旅游集团有限责任公司	北京	757.99
254	华泰集团有限公司	山东	737.82
255	荣盛控股股份有限公司	河北	728.42
256	深圳市投资控股有限公司	广东	717.55
257	山东高速集团有限公司	山东	706.27
258	通威集团	四川	705.62
259	永辉超市股份有限公司	福建	705.17
260	正泰集团股份有限公司	浙江	704.64
261	广州市建筑集团有限公司	广东	701.24
262	深圳市怡亚通供应链股份有限公司	广东	700.72
263	上海永达控股(集团)有限公司	上海	695.18
264	福建省能源集团有限责任公司	福建	694.85
265	广西北部湾国际港务集团有限公司	广西	691.85
266	天津荣程祥泰投资控股集团有限公司	天津	690.01
267	奇瑞控股集团有限公司	安徽	689.85
268	三房巷集团有限公司	江苏	675.54
269	网易公司	北京	671.56
270	北京住总集团有限责任公司	北京	666.70
271	北京能源集团有限责任公司	北京	666.42
272	云南锡业集团(控股)有限责任公司	云南	664.19

（续表）

名次	企业名称	地区	营业收入（亿元）
273	红豆集团有限公司	江苏	663. 29
274	远大物产集团有限公司	浙江	660. 25
275	浙江省建设投资集团股份有限公司	浙江	656. 75
276	陕西汽车控股集团有限公司	陕西	654. 55
277	互诚信息技术（上海）有限公司	上海	652. 27
278	江苏南通二建集团有限公司	江苏	646. 15
279	前海人寿保险股份有限公司	广东	644. 05
280	徐州工程机械集团有限公司	江苏	643. 41
281	三一集团有限公司	湖南	641. 95
282	江西方大钢铁集团有限公司	江西	633. 98
283	云天化集团有限责任公司	云南	633. 91
284	本钢集团有限公司	辽宁	633. 66
285	中国铁路物资集团有限公司	北京	631. 82
286	金鼎钢铁集团有限公司	河北	631. 31
287	淮北矿业（集团）有限责任公司	安徽	628. 27
288	百联集团有限公司	上海	625. 89
289	南通四建集团有限公司	江苏	624. 71
290	山东海科化工集团有限公司	山东	620. 25
291	白银有色集团股份有限公司	甘肃	619. 47
292	青建集团	山东	613. 85
293	新奥能源控股有限公司	河北	606. 98
294	万华化学集团股份有限公司	山东	606. 21
295	上海华谊（集团）公司	上海	605. 98
296	双胞胎（集团）股份有限公司	江西	605. 33
297	新余钢铁集团有限公司	江西	605. 23
298	甘肃省建设投资（控股）集团总公司	甘肃	604. 73
299	盘锦北方沥青燃料有限公司	辽宁	600. 34
300	天津泰达投资控股有限公司	天津	599. 78
301	武安市文安钢铁有限公司	河北	599. 73
302	山东如意时尚投资控股有限公司	山东	596. 67
303	河北普阳钢铁有限公司	河北	591. 48
304	冀南钢铁集团有限公司	河北	584. 09
305	浙江省国际贸易集团有限公司	浙江	583. 89
306	广东省广晟资产经营有限公司	广东	583. 05

（续表）

名次	企业名称	地区	营业收入（亿元）
307	中基宁波集团股份有限公司	浙江	578.79
308	江苏国泰国际集团有限公司	江苏	575.19
309	玖龙纸业（控股）有限公司	广东	574.60
310	温氏食品集团股份有限公司	广东	572.36
311	福建省三钢（集团）有限责任公司	福建	570.16
312	深圳市爱施德股份有限公司	广东	569.84
313	昆明钢铁控股有限公司	云南	568.82
314	四川华西集团有限公司	四川	565.64
315	隆鑫控股有限公司	重庆	564.14
316	德力西集团有限公司	浙江	563.08
317	广东省广新控股集团有限公司	广东	562.90
318	宁波均胜电子股份有限公司	浙江	561.81
319	蓝润集团有限公司	四川	560.86
320	内蒙古伊泰集团有限公司	内蒙古	557.61
321	山西煤炭进出口集团有限公司	山西	551.47
322	杭州市实业投资集团有限公司	浙江	550.52
323	江苏省苏中建设集团股份有限公司	江苏	550.22
324	重庆商社（集团）有限公司	重庆	546.15
325	武安市裕华钢铁有限公司	河北	541.04
326	中天科技集团有限公司	江苏	538.33
327	新疆特变电工集团有限公司	新疆	537.28
328	山东京博控股集团有限公司	山东	535.12
329	渤海银行股份有限公司	天津	534.40
330	珠海华发集团有限公司	广东	532.79
331	天津友发钢管集团股份有限公司	天津	531.47
332	四川省川威集团有限公司	四川	530.27
333	山东金诚石化集团有限公司	山东	529.36
334	河北省物流产业集团有限公司	河北	528.94
335	稻花香集团	湖北	525.35
336	永锋集团有限公司	山东	522.73
337	山东招金集团有限公司	山东	522.29
338	东旭集团有限公司	河北	518.60
339	中国信息通信科技集团有限公司	湖北	513.21
340	山西建设投资集团有限公司	山西	512.44

（续表）

名次	企业名称	地区	营业收入(亿元)
341	安阳钢铁集团有限责任公司	河南	512.03
342	安徽江淮汽车集团控股有限公司	安徽	511.07
343	重庆市能源投资集团有限公司	重庆	506.32
344	旭阳控股有限公司	北京	506.05
345	江苏华西集团有限公司	江苏	504.44
346	深圳海王集团股份有限公司	广东	503.21
347	北京首都创业集团有限公司	北京	500.26
348	辽宁嘉晨控股集团有限公司	辽宁	496.40
349	上海城建(集团)公司	上海	493.21
350	东华能源股份有限公司	江苏	489.43
351	广东省建筑工程集团有限公司	广东	488.83
352	龙光交通集团有限公司	广东	486.25
353	广西北部湾投资集团有限公司	广西	485.99
354	广州智能装备产业集团有限公司	广东	484.05
355	晶科能源有限公司	上海	483.40
356	江苏新长江实业集团有限公司	江苏	482.41
357	湖南博长控股集团有限公司	湖南	480.86
358	新凤祥控股集团有限责任公司	山东	474.69
359	江苏扬子江船业集团	江苏	472.96
360	北京建工集团有限责任公司	北京	472.59
361	重庆建工投资控股有限责任公司	重庆	471.11
362	广东省交通集团有限公司	广东	470.37
363	四川省交通投资集团有限责任公司	四川	468.86
364	重庆化医控股(集团)公司	重庆	467.72
365	河北建设集团股份有限公司	河北	467.36
366	四川德胜集团钒钛有限公司	四川	467.01
367	盛京银行股份有限公司	辽宁	464.71
368	唐山港陆钢铁有限公司	河北	464.64
369	杉杉控股有限公司	浙江	464.10
370	重庆农村商业银行股份有限公司	重庆	459.35
371	山河控股集团有限公司	湖北	459.07
372	武安市明芳钢铁有限公司	河北	458.46
373	广东省能源集团有限公司	广东	458.31
374	天元建设集团有限公司	山东	456.71

（续表）

名次	企业名称	地区	营业收入（亿元）
375	重庆机电控股（集团）公司	重庆	455.82
376	中运富通控股集团有限公司	上海	452.33
377	红狮控股集团有限公司	浙江	451.88
378	河北新金钢铁有限公司	河北	450.87
379	西王集团有限公司	山东	450.37
380	太极集团有限公司	重庆	450.37
381	威高集团有限公司	山东	449.55
382	广州越秀集团有限公司	广东	448.21
383	广州轻工工贸集团有限公司	广东	447.39
384	江苏南通六建建设集团有限公司	江苏	445.74
385	重庆小康控股有限公司	重庆	445.47
386	淮河能源控股集团有限责任公司	安徽	443.97
387	江西省建工集团有限责任公司	江西	442.66
388	金澳科技（湖北）化工有限公司	湖北	439.60
389	华勤橡胶工业集团有限公司	山东	439.33
390	广东省广物控股集团有限公司	广东	438.84
391	四川省能源投资集团有限责任公司	四川	438.33
392	老凤祥股份有限公司	上海	437.84
393	郑州宇通企业集团	河南	436.74
394	成都兴城投资集团有限公司	四川	436.64
395	中华联合保险集团股份有限公司	北京	434.23
396	金浦投资控股集团有限公司	江苏	432.30
397	人民电器集团有限公司	浙江	432.15
398	欧菲光集团股份有限公司	广东	430.43
399	中科电力装备集团有限公司	安徽	430.18
400	浙江富冶集团有限公司	浙江	430.01
401	安徽建工集团控股有限公司	安徽	428.80
402	通鼎集团有限公司	江苏	428.38
403	福佳集团有限公司	辽宁	427.34
404	北京首都开发控股（集团）有限公司	北京	426.53
405	浙江前程投资股份有限公司	浙江	425.67
406	山东恒源石油化工股份有限公司	山东	425.12
407	上海新增鼎资产管理有限公司	上海	423.20
408	申能（集团）有限公司	上海	422.19

（续表）

名次	企业名称	地区	营业收入（亿元）
409	广东海大集团股份有限公司	广东	421.57
410	环嘉集团有限公司	辽宁	421.45
411	山东渤海实业股份有限公司	山东	419.86
412	石横特钢集团有限公司	山东	418.93
413	山东科达集团有限公司	山东	418.86
414	浙江中成控股集团有限公司	浙江	416.86
415	物美科技集团有限公司	北京	413.19
416	四川科伦实业集团有限公司	四川	412.44
417	山东玉皇化工有限公司	山东	412.16
418	山东金岭集团有限公司	山东	410.32
419	河南森源集团有限公司	河南	408.38
420	广东圣丰集团有限公司	广东	408.31
421	重庆力帆控股有限公司	重庆	407.76
422	山东汇丰石化集团有限公司	山东	406.67
423	天音通信有限公司	广东	402.39
424	云南省城市建设投资集团有限公司	云南	402.05
425	富通集团有限公司	浙江	401.53
426	福建永荣控股集团有限公司	福建	401.45
427	山东创新金属科技有限公司	山东	401.29
428	恒申控股集团有限公司	福建	400.24
429	通州建总集团有限公司	江苏	400.05
430	大汉控股集团有限公司	湖南	398.94
431	江苏中利能源控股有限公司	江苏	398.74
432	三河汇福粮油集团有限公司	河北	395.31
433	上海仪电（集团）有限公司	上海	393.02
434	步步高投资集团股份有限公司	湖南	390.13
435	江苏汇鸿国际集团股份有限公司	江苏	389.83
436	创维集团有限公司	广东	389.82
437	江苏华宏实业集团有限公司	江苏	389.45
438	双良集团有限公司	江苏	389.11
439	沂州集团有限公司	山东	388.37
440	广州万宝集团有限公司	广东	385.24
441	西部矿业集团有限公司	青海	383.20
442	中国大地财产保险股份有限公司	上海	382.20

（续表）

名次	企业名称	地区	营业收入(亿元)
443	江苏阳光集团有限公司	江苏	381.68
444	滨化集团	山东	381.33
445	法尔胜泓昇集团有限公司	江苏	381.07
446	上海国际港务(集团)股份有限公司	上海	380.43
447	宜昌兴发集团有限责任公司	湖北	380.34
448	山东泰山钢铁集团有限公司	山东	379.99
449	天瑞集团股份有限公司	河南	377.20
450	武汉金融控股(集团)有限公司	湖北	375.01
451	龙信建设集团有限公司	江苏	373.40
452	远东控股集团有限公司	江苏	372.18
453	陕西投资集团有限公司	陕西	371.77
454	河北建工集团有限责任公司	河北	371.75
455	宁波富邦控股集团有限公司	浙江	371.61
456	红太阳集团有限公司	江苏	371.36
457	河南豫光金铅集团有限责任公司	河南	370.02
458	武汉商联(集团)股份有限公司	湖北	369.66
459	广州农村商业银行股份有限公司	广东	368.43
460	齐鲁交通发展集团有限公司	山东	367.95
461	维维集团股份有限公司	江苏	367.22
462	北京市政路桥集团有限公司	北京	366.17
463	新疆生产建设兵团建设工程(集团)有限责任公司	新疆	365.80
464	深圳金雅福控股集团有限公司	广东	365.73
465	北京江南投资集团有限公司	北京	365.60
466	卧龙控股集团有限公司	浙江	365.36
467	山东博汇集团有限公司	山东	362.77
468	广西玉柴机器集团有限公司	广西	362.09
469	浙江宝业建设集团有限公司	浙江	361.45
470	新疆天业(集团)有限公司	新疆	358.71
471	立讯精密工业股份有限公司	广东	358.50
472	安徽省皖北煤电集团有限责任公司	安徽	358.47
473	徐州矿务集团有限公司	江苏	358.12
474	广州国资发展控股有限公司	广东	357.44
475	名创优品(广州)有限责任公司	广东	356.84
476	山东九羊集团有限公司	山东	352.59

（续表）

名次	企业名称	地区	营业收入（亿元）
477	上海农村商业银行股份有限公司	上海	352.42
478	山东清源集团有限公司	山东	352.17
479	新华锦集团	山东	351.83
480	重庆轻纺控股（集团）公司	重庆	351.59
481	浙江龙盛控股有限公司	浙江	350.25
482	晶龙实业集团有限公司	河北	349.91
483	深圳市中农网有限公司	广东	349.73
484	南昌市政公用投资控股有限责任公司	江西	348.19
485	波司登股份有限公司	江苏	347.05
486	融信（福建）投资集团有限公司	福建	343.67
487	远景能源（江苏）有限公司	江苏	341.97
488	万基控股集团有限公司	河南	341.86
489	瑞康医药集团股份有限公司	山东	339.19
490	澳洋集团有限公司	江苏	338.67
491	岚桥集团有限公司	山东	338.54
492	天津银行股份有限公司	天津	332.13
493	北京金融街投资（集团）有限公司	北京	330.28
494	金东纸业（江苏）股份有限公司	江苏	329.72
495	香江集团有限公司	广东	329.23
496	重庆华宇集团有限公司	重庆	326.67
497	新凤鸣集团股份有限公司	浙江	326.59
498	富海集团有限公司	山东	325.98
499	浙江昆仑控股集团有限公司	浙江	323.78
500	中国东方电气集团有限公司	四川	323.25

2019 年中国民营企业 500 强名单

排名	企业名称	省份	行业	营收（万元）
1	华为投资控股有限公司	广东省	计算机、通信和其他电子设备制造业	72120200
2	海航集团有限公司	海南省	综　合	61829289
3	苏宁控股集团	江苏省	零售业	60245624
4	正威国际集团有限公司	广东省	有色金属冶炼和压延加工业	50511826
5	恒大集团有限公司	广东省	房地产业	46619600
6	京东集团	北京市	互联网和相关服务	46201976
7	碧桂园控股有限公司	广东省	房地产业	37907900
8	恒力集团有限公司	江苏省	化学原料和化学制品制造业	37173616

（续表）

排名	企业名称	省份	行业	营收(万元)
9	联想控股股份有限公司	北京市	计算机、通信和其他电子设备制造业	35891968
10	国美控股集团有限公司	北京市	零售业	33409846
11	浙江吉利控股集团有限公司	浙江省	汽车制造业	32852088
12	大商集团有限公司	辽宁省	零售业	30029186
13	万科企业股份有限公司	广东省	房地产业	29767933
14	山东魏桥创业集团有限公司	山东省	有色金属冶炼和压延加工业	28448728
15	雪松控股集团有限公司	广东省	商务服务业	26882596
16	美的集团股份有限公司	广东省	电气机械和器材制造业	26181964
17	江苏沙钢集团有限公司	江苏省	黑色金属冶炼和压延加工业	24100178
18	青山控股集团有限公司	浙江省	黑色金属冶炼和压延加工业	22650146
19	中南控股集团有限公司	江苏省	房地产业	22254335
20	阳光龙净集团有限公司	福建省	综　合	22089593
21	信发集团有限公司	山东省	有色金属冶炼和压延加工业	19191336
22	新疆广汇实业投资(集团)有限责任公司	新疆维吾尔自治区	零售业	18894202
23	大连万达集团股份有限公司	辽宁省	综　合	18076999
24	小米通讯技术有限公司	北京市	综　合	17491543
25	海亮集团有限公司	浙江省	有色金属冶炼和压延加工业	17364210
26	泰康保险集团股份有限公司	北京市	保险业	16491538
27	正荣集团有限公司	福建省	综　合	14580001
28	浙江恒逸集团有限公司	浙江省	化学纤维制造业	14472200
29	盛虹控股集团有限公司	江苏省	纺织业	14347965
30	天能集团	浙江省	电气机械和器材制造业	13212338
31	新希望集团有限公司	四川省	农　业	13117718
32	比亚迪股份有限公司	广东省	汽车制造业	13005471
33	浙江荣盛控股集团有限公司	浙江省	化学原料和化学制品制造业	12859958
34	中天钢铁集团有限公司	江苏省	黑色金属冶炼和压延加工业	12503250
35	重庆市金科投资控股(集团)有限责任公司	重庆市	房地产业	12382825
36	南通三建控股有限公司	江苏省	房屋建筑业	12235603
37	超威集团	浙江省	电气机械和器材制造业	12032383
38	北京建龙重工集团有限公司	北京市	黑色金属冶炼和压延加工业	12027811
39	海澜集团有限公司	江苏省	纺织服装、服饰业	12005866
40	新奥集团股份有限公司	河北省	燃气生产和供应业	11613500

（续表）

排名	企业名称	省份	行业	营收(万元)
41	龙湖集团控股有限公司	重庆市	房地产业	11579846
42	东方希望集团有限公司	上海市	有色金属冶炼和压延加工业	11376051
43	TCL 集团股份有限公司	广东省	计算机、通信和其他电子设备制造业	11344744
44	万向集团公司	浙江省	汽车制造业	11210043
45	协鑫集团有限公司	江苏省	电气机械和器材制造业	11181648
46	青拓集团有限公司	福建省	黑色金属冶炼和压延加工业	11036402
47	东岭集团股份有限公司	陕西省	批发业	10965694
48	复星国际有限公司	上海市	综　合	10935164
49	南山集团有限公司	山东省	有色金属冶炼和压延加工业	10869617
50	西安迈科金属国际集团有限公司	陕西省	商务服务业	10862627
51	河北津西钢铁集团股份有限公司	河北省	黑色金属冶炼和压延加工业	10823489
52	上海均和集团有限公司	上海市	综　合	10404361
53	百度公司	北京市	互联网和相关服务	10227620
54	亨通集团有限公司	江苏省	计算机、通信和其他电子设备制造业	10198228
55	山东东明石化集团有限公司	山东省	石油加工、炼焦和核燃料加工业	10182020
56	福晟集团有限公司	福建省	综　合	10026844
57	长城汽车股份有限公司	河北省	汽车制造业	9922999
58	上海钢联电子商务股份有限公司	上海市	互联网和相关服务	9605509
59	日照钢铁控股集团有限公司	山东省	黑色金属冶炼和压延加工业	9536721
60	新华联集团有限公司	湖南省	综　合	9529585
61	万达控股集团有限公司	山东省	石油加工、炼焦和核燃料加工业	9231536
62	深圳顺丰泰森控股(集团)有限公司	广东省	邮政业	9094269
63	敬业集团有限公司	河北省	黑色金属冶炼和压延加工业	9011375
64	中天控股集团有限公司	浙江省	房屋建筑业	9008285
65	杭州锦江集团有限公司	浙江省	有色金属冶炼和压延加工业	8899377
66	雅戈尔集团股份有限公司	浙江省	纺织服装、服饰业	8792583
67	九州通医药集团股份有限公司	湖北省	批发业	8713636
68	阳光保险集团股份有限公司	广东省	保险业	8657283
69	江阴澄星实业集团有限公司	江苏省	化学原料和化学制品制造业	8634081
70	奥克斯集团有限公司	浙江省	电气机械和器材制造业	8600343
71	利华益集团股份有限公司	山东省	石油加工、炼焦和核燃料加工业	8537905
72	福中集团有限公司	江苏省	综　合	8537865
73	传化集团有限公司	浙江省	综　合	8513267
74	腾邦集团有限公司	广东省	综　合	8451484

（续表）

排名	企业名称	省份	行业	营收(万元)
75	宁波金田投资控股有限公司	浙江省	有色金属冶炼和压延加工业	8398973
76	华夏幸福基业股份有限公司	河北省	房地产业	8379859
77	卓尔控股有限公司	湖北省	综　合	8226308
78	神州数码集团股份有限公司	广东省	批发业	8185805
79	广厦控股集团有限公司	浙江省	房屋建筑业	8126846
80	中融新大集团有限公司	山东省	装卸搬运和运输代理业	8075990
81	内蒙古伊利实业集团股份有限公司	内蒙古自治区	食品制造业	7955328
82	唯品会(中国)有限公司	广东省	零售业	7947835
83	宁夏天元锰业集团有限公司	宁夏回族自治区	有色金属冶炼和压延加工业	7934688
84	正邦集团有限公司	江西省	农　业	7802537
85	广州富力地产股份有限公司	广东省	房地产业	7685768
86	弘阳集团有限公司	江苏省	综　合	7632357
87	河北新华联合冶金控股集团有限公司	河北省	黑色金属冶炼和压延加工业	7581766
88	融侨集团股份有限公司	福建省	房地产业	7535750
89	华泰集团有限公司	山东省	造纸和纸制品业	7378150
90	荣盛控股股份有限公司	河北省	房地产业	7284241
91	浙江桐昆控股集团有限公司	浙江省	化学纤维制造业	7193504
92	通威集团有限公司	四川省	农副食品加工业	7056181
93	永辉超市股份有限公司	福建省	零售业	7051665
94	正泰集团股份有限公司	浙江省	电气机械和器材制造业	7046353
95	深圳市怡亚通供应链股份有限公司	广东省	商务服务业	7007207
96	蓝思科技集团	湖南省	计算机、通信和其他电子设备制造业	6974086
97	隆基泰和实业有限公司	河北省	房地产业	6923613
98	天津荣程联合钢铁集团有限公司	天津市	黑色金属冶炼和压延加工业	6900140
99	三房巷集团有限公司	江苏省	化学纤维制造业	6755443
100	玖龙纸业(控股)有限公司	广东省	造纸和纸制品业	6733885
101	网易(杭州)网络有限公司	浙江省	互联网和相关服务	6715645
102	东方集团有限公司	黑龙江省	综　合	6653113
103	红豆集团有限公司	江苏省	纺织服装、服饰业	6632940
104	北京三快在线科技有限公司	北京市	互联网和相关服务	6522727
105	江苏南通二建集团有限公司	江苏省	房屋建筑业	6461523
106	三一集团有限公司	湖南省	专用设备制造业	6419458

（续表）

排名	企业名称	省份	行业	营收(万元)
107	江西方大钢铁集团有限公司	江西省	黑色金属冶炼和压延加工业	6339810
108	南通四建集团有限公司	江苏省	房屋建筑业	6247123
109	修正药业集团	吉林省	医药制造业	6241845
110	山东海科化工集团	山东省	石油加工、炼焦和核燃料加工业	6202486
111	江苏永钢集团有限公司	江苏省	黑色金属冶炼和压延加工业	6202355
112	青建集团股份公司	山东省	房屋建筑业	6138475
113	双胞胎(集团)股份有限公司	江西省	农副食品加工业	6053270
114	盘锦北方沥青燃料有限公司	辽宁省	石油加工、炼焦和核燃料加工业	6003399
115	山东如意时尚投资控股有限公司	山东省	纺织业	5966729
116	河北普阳钢铁有限公司	河北省	黑色金属冶炼和压延加工业	5914783
117	冀南钢铁集团有限公司	河北省	黑色金属冶炼和压延加工业	5840923
118	内蒙古鄂尔多斯投资控股集团有限公司	内蒙古自治区	综　合	5830950
119	蓝光投资控股集团有限公司	四川省	房地产业	5816036
120	中基宁波集团股份有限公司	浙江省	商务服务业	5764381
121	温氏食品集团股份有限公司	广东省	畜牧业	5724407
122	深圳市爱施德股份有限公司	广东省	批发业	5698379
123	天安人寿保险股份有限公司	北京市	保险业	5675266
124	隆鑫控股有限公司	重庆市	通用设备制造业	5641373
125	德力西集团有限公司	浙江省	电气机械和器材制造业	5630751
126	宁波均胜电子股份有限公司	浙江省	汽车制造业	5618093
127	雅居乐地产置业有限公司	广东省	房地产业	5614493
128	蓝润集团有限公司	四川省	房地产业	5608577
129	内蒙古伊泰集团有限公司	内蒙古自治区	煤炭开采和洗选业	5576076
130	江苏省苏中建设集团股份有限公司	江苏省	房屋建筑业	5502182
131	恒信汽车集团股份有限公司	湖北省	批发业	5413626
132	中天科技集团有限公司	江苏省	电气机械和器材制造业	5383320
133	新疆特变电工集团有限公司	新疆维吾尔自治区	电气机械和器材制造业	5372779
134	山东京博控股集团有限公司	山东省	石油加工、炼焦和核燃料加工业	5351185
135	天津友发钢管集团股份有限公司	天津市	金属制品业	5314748
136	稻花香集团	湖北省	酒、饮料和精制茶制造业	5302356
137	山东金诚石化集团有限公司	山东省	石油加工、炼焦和核燃料加工业	5293589
138	永锋集团有限公司	山东省	黑色金属冶炼和压延加工业	5227338

（续表）

排名	企业名称	省份	行业	营收（万元）
139	东旭集团有限公司	河北省	计算机、通信和其他电子设备制造业	5186045
140	山东太阳控股集团有限公司	山东省	造纸和纸制品业	5076058
141	深圳海王集团股份有限公司	广东省	医药制造业	5032143
142	金鼎钢铁集团有限公司	河北省	黑色金属冶炼和压延加工业	4990267
143	辽宁嘉晨控股集团有限公司	辽宁省	黑色金属冶炼和压延加工业	4963961
144	河北新金钢铁有限公司	河北省	黑色金属冶炼和压延加工业	4963158
145	郑州中瑞实业集团有限公司	河南省	商务服务业	4954050
146	东华能源股份有限公司	江苏省	批发业	4894286
147	河南双汇投资发展股份有限公司	河南省	农副食品加工业	4893188
148	龙光集团	广东省	房屋建筑业	4862539
149	物美科技集团有限公司	北京市	零售业	4834371
150	晶科能源有限公司	江西省	电气机械和器材制造业	4833952
151	江苏新长江实业集团有限公司	江苏省	黑色金属冶炼和压延加工业	4824146
152	湖南博长控股集团有限公司	湖南省	黑色金属冶炼和压延加工业	4808631
153	新凤祥控股集团有限责任公司	山东省	有色金属冶炼和压延加工业	4746895
154	江苏扬子江船业集团	江苏省	铁路、船舶、航空航天和其他运输设备制造业	4729628
155	河北天山实业集团有限公司	河北省	房屋建筑业	4715830
156	杭州娃哈哈集团有限公司	浙江省	酒、饮料和精制茶制造业	4688838
157	河北建设集团股份有限公司	河北省	房屋建筑业	4673642
158	四川德胜集团钒钛有限公司	四川省	黑色金属冶炼和压延加工业	4670130
159	唐山港陆钢铁有限公司	河北省	黑色金属冶炼和压延加工业	4646376
160	杉杉控股有限公司	上海市	电气机械和器材制造业	4640988
161	山河控股集团有限公司	湖北省	房屋建筑业	4590748
162	和润集团有限公司	浙江省	农副食品加工业	4588337
163	武安市明芳钢铁有限公司	河北省	黑色金属冶炼和压延加工业	4584630
164	天元建设集团有限公司	山东省	土木工程建筑业	4567128
165	河北新武安钢铁集团文安钢铁有限公司	河北省	黑色金属冶炼和压延加工业	4538996
166	中运富通控股集团有限公司	上海市	综　合	4523282
167	红狮控股集团有限公司	浙江省	非金属矿物制品业	4518823
168	西王集团有限公司	山东省	农副食品加工业	4503711
169	威高集团有限公司	山东省	医药制造业	4495514
170	江苏南通六建建设集团有限公司	江苏省	房屋建筑业	4457373

（续表）

排名	企业名称	省份	行业	营收(万元)
171	重庆小康控股有限公司	重庆市	汽车制造业	4454732
172	金澳科技(湖北)化工有限公司	湖北省	石油加工、炼焦和核燃料加工业	4396026
173	华勤橡胶工业集团有限公司	山东省	橡胶和塑料制品业	4393254
174	郑州宇通企业集团	河南省	汽车制造业	4367386
175	亿利资源集团有限公司	内蒙古自治区	综　合	4354756
176	金浦投资控股集团有限公司	江苏省	化学原料和化学制品制造业	4322989
177	人民电器集团有限公司	浙江省	电气机械和器材制造业	4321491
178	欧菲光集团股份有限公司	广东省	计算机、通信和其他电子设备制造业	4304280
179	浙江富冶集团有限公司	浙江省	有色金属冶炼和压延加工业	4300130
180	通鼎集团有限公司	江苏省	计算机、通信和其他电子设备制造业	4283825
181	五星控股集团有限公司	江苏省	批发业	4281900
182	福佳集团有限公司	辽宁省	化学原料和化学制品制造业	4273426
183	浙江前程投资股份有限公司	浙江省	批发业	4256698
184	广东海大集团股份有限公司	广东省	农副食品加工业	4215663
185	山东渤海实业股份有限公司	山东省	农副食品加工业	4198609
186	石横特钢集团有限公司	山东省	黑色金属冶炼和压延加工业	4189263
187	山东科达集团有限公司	山东省	土木工程建筑业	4188625
188	浙江中成控股集团有限公司	浙江省	房屋建筑业	4168570
189	四川科伦实业集团有限公司	四川省	医药制造业	4124378
190	山东玉皇化工有限公司	山东省	化学原料和化学制品制造业	4121640
191	山东金岭集团有限公司	山东省	化学原料和化学制品制造业	4103172
192	河南森源集团有限公司	河南省	电气机械和器材制造业	4083787
193	广东圣丰集团有限公司	广东省	橡胶和塑料制品业	4083127
194	重庆力帆控股有限公司	重庆市	汽车制造业	4077623
195	山东汇丰石化集团有限公司	山东省	石油加工、炼焦和核燃料加工业	4066682
196	富通集团有限公司	浙江省	计算机、通信和其他电子设备制造业	4015346
197	福建永荣控股集团有限公司	福建省	化学纤维制造业	4014512
198	山东创新金属科技有限公司	山东省	有色金属冶炼和压延加工业	4012941
199	恒申控股集团有限公司	福建省	化学纤维制造业	4002426
200	通州建总集团有限公司	江苏省	房屋建筑业	4000458
201	大汉控股集团有限公司	湖南省	商务服务业	3989426
202	江苏中利能源控股有限公司	江苏省	电气机械和器材制造业	3987368

（续表）

排名	企业名称	省份	行业	营收(万元)
203	三河汇福粮油集团有限公司	河北省	农副食品加工业	3953100
204	环嘉集团有限公司	辽宁省	废弃资源综合利用业	3914517
205	步步高集团	湖南省	零售业	3901253
206	创维集团有限公司	广东省	计算机、通信和其他电子设备制造业	3898159
207	江苏华宏实业集团有限公司	江苏省	化学纤维制造业	3894478
208	双良集团有限公司	江苏省	专用设备制造业	3891124
209	佳兆业集团(深圳)有限公司	广东省	房地产业	3870497
210	江苏阳光集团有限公司	江苏省	纺织业	3816803
211	滨化集团	山东省	化学原料和化学制品制造业	3813319
212	法尔胜泓昇集团有限公司	江苏省	金属制品业	3810691
213	荣民控股集团有限公司	陕西省	综合	3808429
214	山东泰山钢铁集团有限公司	山东省	黑色金属冶炼和压延加工业	3799909
215	三盛集团有限公司	福建省	房地产业	3798690
216	天瑞集团股份有限公司	河南省	非金属矿物制品业	3772022
217	研祥高科技控股集团有限公司	广东省	计算机、通信和其他电子设备制造业	3771870
218	重庆中昂投资集团有限公司	重庆市	房地产业	3764668
219	龙信建设集团有限公司	江苏省	房屋建筑业	3734032
220	中迪禾邦集团有限公司	四川省	房地产业	3731717
221	远东控股集团有限公司	江苏省	综　合	3721756
222	宁波富邦控股集团有限公司	浙江省	综　合	3716128
223	红太阳集团有限公司	江苏省	化学原料和化学制品制造业	3713626
224	华峰集团有限公司	浙江省	化学原料和化学制品制造业	3696292
225	浙江明日控股集团股份有限公司	浙江省	零售业	3682761
226	维维集团股份有限公司	江苏省	食品制造业	3672177
227	深圳金雅福控股集团有限公司	广东省	商务服务业	3657301
228	卧龙控股集团有限公司	浙江省	电气机械和器材制造业	3653562
229	山东新希望六和集团有限公司	山东省	畜牧业	3633685
230	山东博汇集团有限公司	山东省	化学原料和化学制品制造业	3627652
231	浙江宝业建设集团有限公司	浙江省	房屋建筑业	3614536
232	浙江新湖集团股份有限公司	浙江省	综　合	3573586
233	华仪集团有限公司	浙江省	电气机械和器材制造业	3562778
234	东岳氟硅科技集团有限公司	山东省	化学原料和化学制品制造业	3544915
235	山东九羊集团有限公司	山东省	黑色金属冶炼和压延加工业	3525927
236	山东清源集团有限公司	山东省	石油加工、炼焦和核燃料加工业	3521726

（续表）

排名	企业名称	省份	行业	营收（万元）
237	新华锦集团	山东省	批发业	3518320
238	临沂新程金锣肉制品集团有限公司	山东省	农副食品加工业	3513515
239	浙江龙盛控股有限公司	浙江省	化学原料和化学制品制造业	3502530
240	晶龙实业集团有限公司	河北省	其他制造业	3497314
241	北京运通国融投资集团有限公司	北京市	零售业	3492897
242	波司登股份有限公司	江苏省	纺织服装、服饰业	3470463
243	辽宁禾丰牧业股份有限公司	辽宁省	农副食品加工业	3462704
244	广州市时代控股集团有限公司	广东省	房地产业	3456028
245	融信（福建）投资集团有限公司	福建省	房地产业	3436650
246	佛山市兴海铜铝业有限公司	广东省	综　合	3421833
247	澳洋集团有限公司	江苏省	纺织业	3386710
248	岚桥集团有限公司	山东省	综　合	3385367
249	龙元建设集团股份有限公司	浙江省	房屋建筑业	3306628
250	迁安市九江线材有限责任公司	河北省	黑色金属冶炼和压延加工业	3306401
251	重庆协信控股（集团）有限公司	重庆市	房地产业	3300550
252	香江集团有限公司	广东省	综　合	3292301
253	河北千喜鹤饮食股份有限公司	河北省	餐饮业	3290534
254	重庆华宇集团有限公司	重庆市	房地产业	3266656
255	新凤鸣集团股份有限公司	浙江省	化学纤维制造业	3265877
256	富海集团有限公司	山东省	石油加工、炼焦和核燃料加工业	3259815
257	宏旺投资集团有限公司	广东省	黑色金属冶炼和压延加工业	3258426
258	帝海投资控股集团有限公司	北京市	房地产业	3250381
259	江苏大明金属制品有限公司	江苏省	金属制品业	3219395
260	万通海欣控股集团股份有限公司	山东省	石油加工、炼焦和核燃料加工业	3212256
261	天津亿联控股集团有限公司	天津市	房地产业	3205700
262	文一投资控股集团	安徽省	房地产业	3180620
263	南通化工轻工股份有限公司	江苏省	批发业	3176008
264	森马集团有限公司	浙江省	纺织服装、服饰业	3160129
265	华芳集团有限公司	江苏省	纺织业	3152055
266	五得利面粉集团有限公司	河北省	农副食品加工业	3135196
267	鲁丽集团有限公司	山东省	黑色金属冶炼和压延加工业	3118716
268	万丰奥特控股集团有限公司	浙江省	汽车制造业	3110927
269	泰禾集团股份有限公司	福建省	房地产业	3098492
270	重庆市中科控股有限公司	重庆市	房地产业	3096989

（续表）

排名	企业名称	省份	行业	营收(万元)
271	天茂实业集团股份有限公司	湖北省	保险业	3095084
272	奥园集团有限公司	广东省	房地产业	3076634
273	盛屯矿业集团股份有限公司	福建省	煤炭开采和洗选业	3075433
274	华东医药股份有限公司	浙江省	医药制造业	3066337
275	江苏集群信息产业集团	江苏省	软件和信息技术服务业	3065609
276	山东寿光鲁清石化有限公司	山东省	石油加工、炼焦和核燃料加工业	3063246
277	上海均瑶(集团)有限公司	上海市	综　合	3062102
278	东营鲁方金属材料有限公司	山东省	有色金属冶炼和压延加工业	3060812
279	东营方圆有色金属有限公司	山东省	有色金属冶炼和压延加工业	3051138
280	上海中梁企业发展有限公司	上海市	房地产业	3042009
281	山东齐成石油化工有限公司	山东省	石油加工、炼焦和核燃料加工业	3033100
282	美的置业集团有限公司	广东省	房地产业	3007195
283	石药控股集团有限公司	河北省	医药制造业	3006759
284	江苏天工集团有限公司	江苏省	金属制品业	2987456
285	福建省金纶高纤股份有限公司	福建省	化学纤维制造业	2986688
286	建华建材(中国)有限公司	江苏省	其他制造业	2979000
287	攀华集团有限公司	江苏省	金属制品业	2968021
288	迪信通科技集团有限公司	北京市	零售业	2966604
289	铭源控股集团有限公司	辽宁省	批发业	2964371
290	天士力控股集团有限公司	天津市	医药制造业	2962844
291	宁德时代新能源科技股份有限公司	福建省	电气机械和器材制造业	2961126
292	汇通达网络股份有限公司	江苏省	零售业	2954871
293	江苏金峰水泥集团有限公司	江苏省	非金属矿物制品业	2954429
294	利时集团股份有限公司	浙江省	橡胶和塑料制品业	2895648
295	华南物资集团有限公司	重庆市	批发业	2880259
296	山西立恒钢铁集团股份有限公司	山西省	黑色金属冶炼和压延加工业	2830181
297	重庆新鸥鹏企业(集团)有限公司	重庆市	房地产业	2827677
298	福星集团控股有限公司	湖北省	综　合	2812932
299	香驰控股有限公司	山东省	农副食品加工业	2808671
300	深圳市富森供应链管理有限公司	广东省	商务服务业	2807308
301	海外海集团有限公司	浙江省	商务服务业	2801874
302	巨星控股集团有限公司	浙江省	通用设备制造业	2800590
303	河北诚信集团有限公司	河北省	化学原料和化学制品制造业	2790977
304	武汉当代科技产业集团股份有限公司	湖北省	医药制造业	2772438

（续表）

排名	企业名称	省份	行业	营收（万元）
305	得力集团	浙江省	文教、工美、体育和娱乐用品制造业	2764200
306	浙江升华控股集团有限公司	浙江省	批发业	2750607
307	圆通速递股份有限公司	上海市	邮政业	2746514
308	北京链家房地产经纪有限公司	北京市	房地产业	2746158
309	月星集团有限公司	上海市	商务服务业	2738798
310	新八建设集团有限公司	湖北省	房屋建筑业	2736588
311	东莞华贝电子科技有限公司	广东省	计算机、通信和其他电子设备制造业	2725173
312	浙江元立金属制品集团有限公司	浙江省	金属制品业	2724649
313	祥生实业集团有限公司	浙江省	综　合	2705700
314	花园集团有限公司	浙江省	综　合	2674240
315	震雄铜业集团有限公司	江苏省	计算机、通信和其他电子设备制造业	2668392
316	兴华财富集团有限公司	河北省	黑色金属冶炼和压延加工业	2654290
317	利群集团股份有限公司	山东省	零售业	2653669
318	新七建设集团有限公司	湖北省	房屋建筑业	2651855
319	深圳市信利康供应链管理有限公司	广东省	商务服务业	2650017
320	太平鸟集团有限公司	浙江省	商务服务业	2639268
321	江苏新海石化有限公司	江苏省	石油加工、炼焦和核燃料加工业	2629846
322	永鼎集团有限公司	江苏省	计算机、通信和其他电子设备制造业	2629706
323	伟星集团有限公司	浙江省	综　合	2627213
324	百兴集团有限公司	江苏省	批发业	2626410
325	河北安丰钢铁有限公司	河北省	黑色金属冶炼和压延加工业	2623710
326	河北新武安钢铁集团鑫汇冶金有限公司	河北省	黑色金属冶炼和压延加工业	2612583
327	洛阳栾川钼业集团股份有限公司	河南省	有色金属矿采选业	2596286
328	舜宇集团有限公司	浙江省	计算机、通信和其他电子设备制造业	2593185
329	家家悦控股集团股份有限公司	山东省	零售业	2592670
330	同程控股股份有限公司	江苏省	商务服务业	2586923
331	山东永鑫能源集团有限公司	山东省	石油加工、炼焦和核燃料加工业	2583564
332	多弗国际控股集团有限公司	浙江省	综　合	2576743
333	重庆市博赛矿业（集团）有限公司	重庆市	有色金属冶炼和压延加工业	2575901
334	苏州金螳螂企业（集团）有限公司	江苏省	建筑装饰和其他建筑业	2572981
335	河北新武安钢铁集团烘熔钢铁有限公司	河北省	黑色金属冶炼和压延加工业	2557428
336	江苏沃得机电集团有限公司	江苏省	通用设备制造业	2556676

（续表）

排名	企业名称	省份	行业	营收(万元)
337	华立集团股份有限公司	浙江省	综　合	2533227
338	金发科技股份有限公司	广东省	橡胶和塑料制品业	2531662
339	三花控股集团有限公司	浙江省	通用设备制造业	2529667
340	中通快递股份有限公司	上海市	邮政业	2516526
341	五矿营口中板有限责任公司	辽宁省	黑色金属冶炼和压延加工业	2516410
342	心里程控股集团有限公司	广东省	综　合	2513917
343	宜华企业(集团)有限公司	广东省	木材加工和木、竹、藤、棕、草制品业	2511884
344	天合光能股份有限公司	江苏省	电气机械和器材制造业	2505404
345	常熟市龙腾特种钢有限公司	江苏省	黑色金属冶炼和压延加工业	2484242
346	红星美凯龙控股集团有限公司	上海市	综　合	2481753
347	阿特斯阳光电力集团有限公司	江苏省	电气机械和器材制造业	2460108
348	山鹰国际控股股份公司	安徽省	造纸和纸制品业	2436654
349	厦门禹洲集团股份有限公司	福建省	房地产业	2430587
350	江苏三木集团有限公司	江苏省	化学原料和化学制品制造业	2429559
351	新疆生产建设兵团第八师天山铝业股份有限公司	新疆生产建设兵团	有色金属冶炼和压延加工业	2411494
352	广州市方圆房地产发展有限公司	广东省	房地产业	2411267
353	安踏体育用品集团有限公司	福建省	皮革、毛皮、羽毛及其制品和制鞋业	2410004
354	江苏省镔鑫钢铁集团有限公司	江苏省	黑色金属冶炼和压延加工业	2407150
355	江苏新潮科技集团有限公司	江苏省	计算机、通信和其他电子设备制造业	2402508
356	深圳市思贝克集团有限公司	广东省	互联网和相关服务	2389143
357	无限极(中国)有限公司	广东省	食品制造业	2386081
358	三鼎控股集团有限公司	浙江省	纺织业	2376920
359	歌尔股份有限公司	山东省	计算机、通信和其他电子设备制造业	2375059
360	广东联塑科技实业有限公司	广东省	橡胶和塑料制品业	2373352
361	欣旺达电子股份有限公司	广东省	电气机械和器材制造业	2368891
362	武汉市金马凯旋家具投资有限公司	湖北省	综　合	2368795
363	浙江大华技术股份有限公司	浙江省	软件和信息技术服务业	2366569
364	建业控股有限公司	河南省	房地产业	2363943
365	奥德集团有限公司	山东省	燃气生产和供应业	2353597
366	纳爱斯集团有限公司	浙江省	其他制造业	2353330
367	东方润安集团有限公司	江苏省	黑色金属冶炼和压延加工业	2352515
368	江西博能实业集团有限公司	江西省	金属制品业	2352257

（续表）

排名	企业名称	省份	行业	营收(万元)
369	贵州通源集团	贵州省	零售业	2340413
370	华泽集团有限公司	湖南省	酒、饮料和精制茶制造业	2336345
371	深圳华强集团有限公司	广东省	软件和信息技术服务业	2312194
372	山西潞宝集团	山西省	石油加工、炼焦和核燃料加工业	2310921
373	北京蓝色光标数据科技股份有限公司	北京市	文化艺术业	2310396
374	德邦物流股份有限公司	上海市	道路运输业	2302532
375	广西盛隆冶金有限公司	广西壮族自治区	黑色金属冶炼和压延加工业	2301661
376	河北天柱钢铁集团有限公司	河北省	黑色金属冶炼和压延加工业	2299723
377	远景能源(江苏)有限公司	江苏省	其他制造业	2288954
378	江苏西城三联控股集团有限公司	江苏省	黑色金属冶炼和压延加工业	2287860
379	中如建工集团有限公司	江苏省	房屋建筑业	2266767
380	深圳传音控股股份有限公司	广东省	计算机、通信和其他电子设备制造业	2264588
381	山东中海化工集团有限公司	山东省	石油加工、炼焦和核燃料加工业	2261454
382	合景泰富集团控股有限公司	广东省	房地产业	2259440
383	辽宁宝来生物能源有限公司	辽宁省	石油加工、炼焦和核燃料加工业	2256639
384	东兆长泰集团有限公司	北京市	综合	2256147
385	盘锦浩业化工有限公司	辽宁省	石油加工、炼焦和核燃料加工业	2254118
386	山西建邦集团有限公司	山西省	黑色金属冶炼和压延加工业	2253401
387	三环集团有限公司	湖北省	汽车制造业	2252304
388	广东领益智造股份有限公司	广东省	计算机、通信和其他电子设备制造业	2249966
389	成都蛟龙港(成都蛟龙投资有限责任公司、成都蛟龙经济开发有限公司)	四川省	综　合	2249837
390	美锦能源集团有限公司	山西省	石油加工、炼焦和核燃料加工业	2244299
391	珠海赛纳打印科技股份有限公司	广东省	计算机、通信和其他电子设备制造业	2236564
392	金龙精密铜管集团股份有限公司	重庆市	有色金属冶炼和压延加工业	2228778
393	山东垦利石化集团有限公司	山东省	石油加工、炼焦和核燃料加工业	2220068
394	西子联合控股有限公司	浙江省	专用设备制造业	2207570
395	河南正商置业有限公司	河南省	房地产业	2207372
396	中国万向控股有限公司	上海市	综　合	2206939
397	隆基绿能科技股份有限公司	陕西省	电气机械和器材制造业	2198762
398	浙江方远控股集团有限公司	浙江省	房屋建筑业	2198757
399	纳思达股份有限公司	广东省	计算机、通信和其他电子设备制造业	2192647
400	江苏金昇控股有限公司	江苏省	专用设备制造业	2184916

（续表）

排名	企业名称	省份	行业	营收（万元）
401	南京新华海科技产业集团有限公司	江苏省	综　合	2183755
402	浙江东南网架集团有限公司	浙江省	金属制品业	2181759
403	德华集团控股股份有限公司	浙江省	木材加工和木、竹、藤、棕、草制品业	2178868
404	利泰集团有限公司	广东省	零售业	2173585
405	河南龙成集团有限公司	河南省	黑色金属冶炼和压延加工业	2163198
406	河南金汇不锈钢产业集团有限公司	河南省	黑色金属冶炼和压延加工业	2161186
407	新星宇建设集团有限公司	吉林省	房屋建筑业	2156164
408	跨境通宝电子商务股份有限公司	山西省	零售业	2153387
409	华盛江泉集团有限公司	山东省	黑色金属冶炼和压延加工业	2147255
410	江西济民可信集团有限公司	江西省	医药制造业	2144042
411	海越能源集团股份有限公司	浙江省	批发业	2141260
412	兴惠化纤集团有限公司	浙江省	纺织业	2131698
413	河北鑫海控股有限公司	河北省	石油加工、炼焦和核燃料加工业	2130719
414	山东齐鲁制药集团有限公司	山东省	医药制造业	2127250
415	广东格兰仕集团有限公司	广东省	电气机械和器材制造业	2124430
416	杭州滨江房产集团股份有限公司	浙江省	房地产业	2111547
417	江苏国强镀锌实业有限公司	江苏省	金属制品业	2110578
418	连云港兴鑫钢铁有限公司	江苏省	黑色金属冶炼和压延加工业	2110105
419	泰地控股集团有限公司	浙江省	仓储业	2109148
420	浙江宝利德股份有限公司	浙江省	零售业	2101903
421	宁波申洲针织有限公司	浙江省	纺织服装、服饰业	2095021
422	振石控股集团有限公司	浙江省	商务服务业	2093988
423	农夫山泉股份有限公司	浙江省	酒、饮料和精制茶制造业	2091073
424	道恩集团有限公司	山东省	综　合	2090247
425	大运九州集团有限公司	山西省	汽车制造业	2089490
426	腾达建设集团股份有限公司	浙江省	建筑安装业	2087972
427	达利食品集团有限公司	福建省	食品制造业	2086356
428	江苏吴中集团有限公司	江苏省	综　合	2085242
429	孝义市鹏飞实业有限公司	山西省	石油加工、炼焦和核燃料加工业	2075484
430	河南济源钢铁（集团）有限公司	河南省	黑色金属冶炼和压延加工业	2072070
431	连云港亚新钢铁有限公司	江苏省	黑色金属冶炼和压延加工业	2071076
432	天津华北集团有限公司	天津市	有色金属冶炼和压延加工业	2065433
433	青岛世纪瑞丰集团有限公司	山东省	批发业	2065279
434	中国金属资源利用有限公司	四川省	批发业	2064256

（续表）

排名	企业名称	省份	行业	营收（万元）
435	新阳科技集团	江苏省	化学原料和化学制品制造业	2063989
436	华孚控股有限公司	广东省	纺织业	2062068
437	深圳市世纪云芯科技有限公司	广东省	计算机、通信和其他电子设备制造业	2060576
438	东营齐润化工有限公司	山东省	石油加工、炼焦和核燃料加工业	2060047
439	中亿丰建设集团股份有限公司	江苏省	房屋建筑业	2058781
440	杭州东恒石油有限公司	浙江省	批发业	2056202
441	福建恒安集团有限公司	福建省	造纸和纸制品业	2051388
442	程力汽车集团股份有限公司	湖北省	汽车制造业	2043986
443	宗申产业集团有限公司	重庆市	铁路、船舶、航空航天和其他运输设备制造业	2040601
444	长江润发集团有限公司	江苏省	医药制造业	2037814
445	济源市万洋冶炼（集团）有限公司	河南省	有色金属冶炼和压延加工业	2031364
446	三宝集团股份有限公司	福建省	黑色金属冶炼和压延加工业	2030638
447	河南金利金铅集团有限公司	河南省	有色金属冶炼和压延加工业	2027929
448	天洁集团有限公司	浙江省	专用设备制造业	2027783
449	雅迪科技集团有限公司	江苏省	其他制造业	2026169
450	南京途牛科技有限公司	江苏省	软件和信息技术服务业	2023729
451	福耀玻璃工业集团股份有限公司	福建省	非金属矿物制品业	2022499
452	南通五建控股集团有限公司	江苏省	房屋建筑业	2022480
453	日照兴业集团有限公司	山东省	综　合	2021719
454	华翔集团股份有限公司	浙江省	汽车制造业	2021156
455	江阴长三角钢铁集团有限公司	江苏省	批发业	2011878
456	金花投资控股集团有限公司	陕西省	综　合	2006646
457	浙江富春江通信集团有限公司	浙江省	计算机、通信和其他电子设备制造业	2004891
458	唐山瑞丰钢铁（集团）有限公司	河北省	黑色金属冶炼和压延加工业	2002674
459	浙江协和集团有限公司	浙江省	黑色金属冶炼和压延加工业	1997819
460	大自然钢业集团有限公司	浙江省	黑色金属冶炼和压延加工业	1993354
461	无锡市不锈钢电子交易中心有限公司	江苏省	零售业	1992334
462	重庆东银控股集团有限公司	重庆市	房地产业	1985902
463	南通建工集团股份有限公司	江苏省	房屋建筑业	1985610
464	上海胜华电缆（集团）有限公司	上海市	电气机械和器材制造业	1983694
465	苏州东山精密制造股份有限公司	江苏省	计算机、通信和其他电子设备制造业	1982542
466	曙光控股集团有限公司	浙江省	房屋建筑业	1978437

（续表）

排名	企业名称	省份	行业	营收（万元）
467	骆驼集团股份有限公司	湖北省	电气机械和器材制造业	1974067
468	亚厦控股有限公司	浙江省	建筑装饰和其他建筑业	1973907
469	广州立白企业集团有限公司	广东省	化学原料和化学制品制造业	1968176
470	天津恒兴集团有限公司	天津市	黑色金属冶炼和压延加工业	1967700
471	新十建设集团有限公司	湖北省	房屋建筑业	1967626
472	万事利集团有限公司	浙江省	纺织服装、服饰业	1957347
473	奥康集团有限公司	浙江省	皮革、毛皮、羽毛及其制品和制鞋业	1950224
474	深圳市华富洋供应链有限公司	广东省	商务服务业	1947058
475	康美药业股份有限公司	广东省	医药制造业	1935623
476	浙江中南建设集团有限公司	浙江省	房屋建筑业	1933820
477	北京大北农科技集团股份有限公司	北京市	农、林、牧、渔服务业	1930206
478	武汉联杰能源有限公司	湖北省	批发业	1917896
479	桂林力源粮油食品集团有限公司	广西壮族自治区	农副食品加工业	1917542
480	福建圣农控股集团有限公司	福建省	畜牧业	1915175
481	宁夏宝丰集团有限公司	宁夏回族自治区	化学原料和化学制品制造业	1911834
482	万马联合控股集团有限公司	浙江省	零售业	1911317
483	广州美涂士投资控股有限公司	广东省	化学原料和化学制品制造业	1910687
484	厦门恒兴集团有限公司	福建省	批发业	1909876
485	温州法派服饰股份有限公司	浙江省	纺织服装、服饰业	1901532
486	江南集团有限公司	江苏省	金属制品业	1899622
487	胜达集团有限公司	浙江省	造纸和纸制品业	1896428
488	大亚科技集团有限公司	江苏省	木材加工和木、竹、藤、棕、草制品业	1896077
489	浩均发展集团有限公司	四川省	有色金属冶炼和压延加工业	1893803
490	浙江正凯集团有限公司	浙江省	纺织业	1891611
491	邯郸市正大制管有限公司	河北省	黑色金属冶炼和压延加工业	1890895
492	鸿翔控股集团有限公司	浙江省	房屋建筑业	1880791
493	四川省乐山市福华农科投资集团有限责任公司	四川省	化学原料和化学制品制造业	1879530
494	天颂建设集团有限公司	浙江省	房屋建筑业	1877269
495	山东联盟化工集团有限公司	山东省	化学原料和化学制品制造业	1876167
496	宝业湖北建工集团有限公司	湖北省	房屋建筑业	1870841

（续表）

排名	企业名称	省份	行业	营收(万元)
497	宁波博洋控股集团有限公司	浙江省	纺织业	1870652
498	山东东方华龙工贸集团有限公司	山东省	石油加工、炼焦和核燃料加工业	1867608
499	浙江建华集团有限公司	浙江省	批发业	1862655
500	浙江国泰建设集团有限公司	浙江省	房屋建筑业	1858575

注:全国工商联发布。

2019 年中国新型企业 100 强名单

排名	企业名称	品牌/简称
1	北京字节跳动科技有限公司	字节跳动
2	上海寻梦信息技术有限公司	拼多多
3	瑞幸咖啡(北京)有限公司	瑞幸咖啡
4	上海蔚来汽车有限公司	蔚来汽车
5	度小满科技(北京)有限公司	度小满金融
6	京东数字科技控股有限公司	京东数科
7	北京市商汤科技开发有限公司	商汤科技
8	医渡云技术有限公司	医渡云
9	北京紫光展锐科技有限公司	紫光展锐
10	杭州大搜车汽车服务有限公司	大搜车
11	香港旷视文化传媒集团有限公司	旷视集团
12	同盾科技有限公司	同盾科技
13	北京影谱科技股份有限公司	影谱科技
14	车好多集团	车好多
15	天津小屋信息科技有限公司	贝壳找房
16	三只松鼠股份有限公司	三只松鼠
17	西安景兆信息科技有限公司	景兆科技
18	天津花生好车信息科技有限公司	花生好车
19	北京腾云天下科技有限公司	TalkingData
20	微医云(杭州)控股有限公司	微　医
21	上海乂学教育科技有限公司	松鼠 AI
22	浙江邦盛科技有限公司	邦盛科技
23	北京精准科技有限公司	精准科技
24	北京公瑾科技有限公司	慧算账
25	北京每日优鲜电子商务有限公司	每日优鲜
26	北京天下秀科技股份有限公司	IMS 天下秀

（续表）

排名	企业名称	品牌/简称
27	上海东方低碳科技产业股份有限公司	东方低碳
28	北京春雨天下软件有限公司	春雨医生
29	北京快手科技有限公司	快　手
30	北京易点淘网络技术有限公司	易点租
31	北京中科寒武纪科技有限公司	寒武纪科技
32	厦门瑞为信息技术有限公司	瑞为技术
33	上海风创信息咨询有限公司	海风教育
34	深圳美西西餐饮管理有限公司	喜茶 HEYTEA
35	小船出海教育科技（北京）有限公司	作业帮
36	北京维太格科技有限公司	亿点连接
37	北京世纪好未来教育科技有限公司	好未来
38	北京明略软件系统有限公司	明略数据
39	北京百分点信息科技有限公司	百分点
40	北京古北水镇旅游有限公司	古北水镇
41	南京蓝鲸人网络科技有限公司	美　篇
42	北京澎思智能科技有限公司	澎思科技
43	天津大海云科技有限公司	海云数据
44	特斯联（北京）科技有限公司	特斯联
45	贵州白山云科技股份有限公司	白山云科技
46	北京世诚优聘科技发展有限公司	斗　米
47	威马汽车科技集团有限公司	威马汽车
48	脚印兄弟（北京）信息科技有限责任公司	悟空租车
49	上海麦克风文化传媒有限公司	蜻蜓 FM
50	北京集奥聚合科技有限公司	集奥聚合
51	深圳市幸福西饼食品有限公司	幸福西饼
52	北京悦畅科技有限公司	ETCP
53	厦门汉印实业有限公司	厦门汉印科技
54	北京臻迪科技股份有限公司	臻迪科技
55	北京卓立汉光仪器有限公司	卓立汉光
56	北京云知声信息技术有限公司	云知声
57	维信诺科技股份有限公司	维信诺
58	北京易捷思达科技发展有限公司	EasyStack
59	北京猎户星空科技有限公司	猎户星空
60	北京品驰医疗设备有限公司	品驰医疗

（续表）

排名	企业名称	品牌/简称
61	中科新松有限公司	中科新松
62	上海天诚通信技术股份有限公司	天诚通信
63	北京滴普科技有限公司	滴普科技
64	上海溢米教育科技有限公司	溢米辅导
65	北京金堤征信服务有限公司	天眼查
66	旭宇光电(深圳)股份有限公司	旭宇光电
67	上海合煦信息科技有限公司	一起作业
68	贵阳朗玛信息技术股份有限公司	朗玛信息
69	苏州蜗牛数字科技股份有限公司	蜗牛数字
70	深圳点猫科技有限公司	编程猫
71	成都创感时代科技有限公司	创感时代
72	杭州数梦工场科技有限公司	数梦工场
73	唐山贺祥机电股份有限公司	贺祥机电
74	北京凯普林光电科技股份有限公司	凯普林光电
75	精英数智科技股份有限公司	精英数智
76	深圳市凌雄租赁服务有限公司	小熊 U 租
77	深圳市云帆加速科技有限公司	云帆加速
78	北京凯声文化传媒有限责任公司	凯叔讲故事
79	沈阳芯源微电子设备股份有限公司	芯源微电子
80	北方智能装备有限公司	北方智能装备
81	山东科宝生物科技有限公司	科宝生物
82	湖南新中新电子科技有限公司	新中新电子
83	长沙金龙铸造实业有限公司	金龙铸造
84	上海金友金弘智能电气股份有限公司	金友金弘
85	上海波汇科技有限公司	波汇科技
86	神策网络科技(北京)有限公司	神策数据
87	青岛东海药业有限公司	东海药业
88	北京图森未来科技有限公司	图森未来
89	广东先导先进材料股份有限公司	先导先进
90	广州中浩控制技术有限公司	中浩控制
91	广东伟达智能装备股份有限公司	伟达智能
92	深圳安培龙科技股份有限公司	安培龙科
93	深圳市雄帝科技股份有限公司	雄帝科技
94	重庆盟讯电子科技有限公司	盟讯电子

（续表）

排名	企业名称	品牌/简称
95	重庆英卡电子有限公司	英卡电子
96	四川汉舟电气股份有限公司	汉舟电气
97	昆明理工恒达科技股份有限公司	昆明理工恒达科技
98	甘肃清河源清真食品股份有限公司	清河源
99	青海康普生物科技股份有限公司	康普生物
100	新疆银朵兰维药股份有限公司	银朵兰维药

注:2019《互联网周刊》研究院发布。

（二）
共建“一带一路”

巴基斯坦首条地铁

广州地铁集团联合体与巴基斯坦旁遮普省公共交通管理局 2020 年 2 月 25 日签订巴基斯坦拉合尔轨道交通橙线运营及维护服务合同，这是广州地铁首次走出国门获得境外地

巴基斯坦首条地铁

铁运营项目。

拉合尔是巴基斯坦文化和艺术中心、第二大城市，具有2000多年历史的古城，现已成为拥有1200万人口的该国重要工业中心。拉合尔轨道交通橙线是巴基斯坦首条地铁，也是“一带一路”倡议框架下中巴经济走廊第一个轨道交通项目，全线采用中国标准、中国技术、中国装备。线路全长25.58公里，线路大致为南北走向，以高架为主，共26个车站（高架24座，地下2座），共设车辆段和停车场各1座，主变电所2座，车辆配置为5辆编组B1型车27列，直流750伏第三轨供电，最高运行速度80公里/时。

拉合尔橙线计划2020年6月上旬开通商业运行。随着合同的签署，广州地铁集团将组织开展运营筹备、管理和技术人员的招聘培训等工作，确保橙线项目顺利开通。

根据国际地铁协会（CoMET）2019年公布的最新数据，在全球38家大型地铁中，广州地铁多项主要运营指标位居行业领先，其中，运营安全表现、正点率排名第一，服务可靠度、运能利用度排名也位居前列。同时，广州地铁集团还是中国首家承接城际线路运营的地铁公司，正筹备运营多条广东省珠三角城际铁路项目。

拉合尔轨道交通橙线运营项目是广州市轨道交通产业“走出去”的标志性项目。广州地铁集团表示，将全力运营好拉合尔轨道交通橙线，为“一带一路”发展提供优质服务。

越南公清燃煤电厂EPC项目

中国能建中南院和广东火电组成的联营体，与越南公清集团签订越南公清燃煤电厂项目EPC合同。该项目位于越南清化省静嘉县，计划建设1台600兆瓦超临界燃煤发电机组，包括提供设计服务、制造、监造、测试、设备供应、全厂建筑、安装、调试、培训、质保期内的备品备件、消耗品及服务等，项目合同金额约为7.47亿美元，合同工期为42个月。

公清燃煤电厂外景

越南公清项目的成功签约，将进一步强化中国能建品牌在越南电力市场的影响力。作为项目 EPC 方，联合体双方将精诚合作，严格履行合同要求，全力以赴，力争把公清项目打造成越南电力行业的标杆项目，助力"一带一路"建设，打造闪亮的中国能建名片。

特拉维夫轻轨红线隧道全线贯通

轻轨隧道工地外景

2019 年，随着"复兴号"盾构机破土而出和"正义号"盾构机顺利到达终点，由中国中铁隧道局作为施工设计总承包方承建的以色列特拉维夫轻轨红线 9 条盾构隧道全线贯通。

中铁隧道局以色列分公司总经理古宗华对新华社记者说，这标志着以色列轨道交通历史上首条地下轨道交通线全部隧道顺利完成贯通。

据古宗华介绍，特拉维夫轻轨红线使用中国为其量身打造的 6 台盾构机进行施工，在施工过程中，盾构机多次掘进通过高速公路、铁路、河道、桥梁以及老城区危险建筑物，并完成了大角度斜穿车站等多项高难度、高风险类施工。该项目提前完成合同里程碑节点，展示了中国技术、中国速度、中国质量，赢得了以色列业主及社会各界的高度认可。

特拉维夫轻轨红线是该市城市轨道交通规划中第一条轻轨线路，全长 23.5 公里，跨越人口最密集、交通最繁忙的城市中心区，计划 2021 年底正式开通运营。

缅甸北克钦邦与 230 千伏主干网连通工程竣工

2020 年 1 月 11 日，中国国家电网公司承建的缅甸北克钦邦与 230 千伏主干网连通工程竣工仪式在缅甸实皆省瑞博市举行。缅甸电力与能源部部长吴温楷、实皆省省长敏奈，中国驻缅甸大使馆经商参赞谭书富出席仪式。中国国家电网有限公司所属中国电力技术装备有限公司以工程总承包（EPC）模式建设实施该项目。

电网外景

缅甸北克钦邦与230千伏主干网连通工程于2017年11月开工建设,业主为缅甸电力与能源部,合同金额1.3347亿美元。工程新建两座230千伏变电站和两条总长约300公里的230千伏双回输电线路,起点位于缅甸克钦邦境内的太平江水电站,终点位于缅甸第二大城市曼德勒附近。工程优质高效建设和成功投运,得到了业主的高度认可和赞赏。

工程将缅北太平江水电站与缅甸骨干电网联接,是缅甸"北电南送"的重要通道工程。工程投运后将缅北丰富的水电源源不断输送至缅甸南部用电负荷中心,有效解决缅北水电站窝电困局,并极大改善南部电力短缺现状。工程可满足500万户缅甸家庭用电需求,助力缅甸2030年全国通电目标的尽早实现,并有力带动缅甸电源、原材料、人员就业等上下游产业发展,为缅甸经济快速发展和民生改善提供有力保障。

加强电力合作是中缅共建"一带一路"建设的重要内容,也构成了中缅经济走廊的骨干电网支撑。缅甸北克钦邦与230千伏主干网连通工程的成功投运,标志着中缅电力能源合作又迈出关键一步,为以中国电力技术普惠缅甸民生改善增添了新的典范,还将进一步加快中国—缅甸及其周边国家基础设施互联互通步伐。

尼泊尔援建中学举行竣工仪式

2020年2月,由中国援助重建的尼泊尔拜拉夫中学举行隆重仪式,庆祝新校竣工并投入使用。尼泊尔第四省教育部长苏纳尔等当地官员出席了19日举行的仪式。苏纳尔表示,非常感谢中国在尼泊尔偏远地区援建现代化学校,这将有力推动当地乡村地区教育的发展。拜拉夫中学管理委员会主席塔帕表示,因为中国的帮助,学校获得新生,吸引更多学生前来就读。

学校外景

拜拉夫中学位于尼泊尔第四省勒姆宗县，在2015年尼泊尔大地震中受到严重破坏。震后，中方承诺帮助尼方实施一系列重建项目，其中包括拜拉夫中学重建项目。新校占地4000多平方米，主楼中有教室、实验室、图书室、音乐室、食堂、宿舍等。

肯尼亚蒙内铁路安全运营1000天

在蒙巴萨—内罗毕标轨铁路(蒙内铁路)安全运营1000天之际，负责铁路运营的非洲

蒙内铁路外景

之星铁路运营公司总经理李久平说，蒙内铁路取得了良好的社会效益和经济效益，助力肯尼亚经济和社会发展。还说，蒙内铁路自2017年5月31日开通以来，未发生安全责任事故，安全形势总体可控，创造了肯尼亚标轨铁路新的里程碑，向社会交出了一份合格答卷。

作为中国在非洲承建的“一带一路”重要项目，蒙内铁路截至2月24日已开通运营1000天，累计开行列车1.3万列次，累计运营636.8万公里，运送旅客417万人次，发送货物77.1万个标准箱。

蒙内铁路现有肯方员工2525人，中方员工676人。肯方员工在主要技术工种开始独立顶岗，有1072名肯方员工可以独立完成58个作业项目。2019年底，公司内部晋升和社会招聘肯方管理人员252人。

蒙内铁路连接东非第一大港口蒙巴萨和肯首都内罗毕，铁路全长约480公里，是肯尼亚独立以来建设的首条铁路，是一条采用中国标准、中国技术、中国装备建造的现代化铁路。

沙特吉赞阿美石油应急响应中心项目顺利竣工

中铁十八局集团沙特阿拉伯公司吉赞阿美石油应急响应中心项目经业主沙特国家石油公司（沙特阿美）与沙特皇家委员会对所有建筑物进行了初验并通过验收，项目正式取得一号地块初验证书，标志着吉赞阿美石油应急响应中心项目顺利交付业主。

吉赞阿美石油应急响应中心项目地处沙特吉赞省经济城内。吉赞经济城是沙特“2030愿景”改革计划重点建设的经济城之一。

中铁十八局集团沙特阿拉伯公司以总承包的方式承接了经济城内基础设施建设配套的四栋服务型建筑——消防站、警察局、应急医疗中心和政府安保大楼，以及室外配套基础设施的建设，总建筑面积为7780平方米。

吉赞阿美石油应急响应中心项目经理王亮说：“该项目是中铁十八局沙特阿拉伯公司打入阿美市场的首个项目，对我们来说是一个机遇与挑战并存的项目，完成好这个项目将为公司在沙特开辟新领域、新市场奠定良好的基

项目外景

础。”

中铁十八局集团积极响应国家“一带一路”倡议。吉赞阿美石油应急响应中心项目通过竣工验收，标志着中铁十八局集团沙特阿拉伯公司迈出了沙特阿美石油市场深耕的第一步，也标志着该企业用实际行动落实“一带一路”倡议过程中取得又一重要成果。

中泰企业合作孟加拉国交通基建项目

工程外景

2020 年 2 月 26 日，由中国、泰国两国企业建设运营的孟加拉国高架快速路项目在孟加拉国首都达卡举行协议签署仪式。该项目由山东高速集团下属的山东对外经济技术合作集团有限公司与中国水电建设集团国际工程有限公司及泰国一家公司合作投资、建设和经营。

项目拟建的孟加拉国达卡国际机场高架快速路项目全长近 20 公里，为双向四车道，大致成南北走向，从机场纵穿达卡市老商业区，至达卡市南部，连接吉大港公路。项目总投资 12.63 亿美元。

项目建成后，将大幅减少当地居民出行时间，缓解达卡市区交通拥堵，有利于促进当地经济发展，对建设孟中印缅经济走廊具有重要意义。

柬埔寨 58 号公路通车

连接柬埔寨班迭棉吉、奥多棉吉两省的 58 号公路正式通车。58 号公路全长 174 公

工程现场

里，项目修建长达四年，中方为其提供了优惠出口买方信贷资金支持。该项目由中国企业上海建工集团承建。柬埔寨首相洪森、中国驻柬埔寨大使王文天，以及柬多位副首相和政府高官、民众共一万余人出席了通车仪式。

在通车仪式上，洪森高度评价柬中全面战略合作伙伴关系，称世界上没有其他国家像中国一样对柬提供真诚无私的帮助。中方已为柬修建了3000多公里公路，数座跨湄公河大型桥梁，为柬医疗卫生、水利灌溉、教育、人力资源等各个领域提供了大量援助。

王文天表示，中柬传统友谊最显著的特点就是双方始终守望相助，患难与共。近年来，中柬两国在柬西部地区合作实施了多个基础设施建设项目，形成了西北地区交通网络的主干线，极大地提高了本区域的交通效率，为促进柬经济社会发展，改善当地人民生活发挥了重要作用。虽然当下的新冠疫情给双边务实合作带来一些困难，但随着疫情逐步缓解，中柬在各领域的务实合作必将迸发出更大的活力与生机。

印尼爪哇单机容量最大火电机组投产

中国企业在海外投资建设的单机容量最大、拥有自主知识产权的火电机组——国家能源集团国华印尼爪哇7号2×1050MW燃煤发电工程1号机组正式投产。这也是印尼电力建设史上装机容量最大、参数最高、技术最先进、指标最优的高效环保型电站，印尼这一

电厂外景

“海上丝绸之路”首倡之地再添能源新地标。爪哇 7 号项目是中国制造成体系、高水平、大协作“走出去”的大型火力发电项目，汇聚中国电力工程设计、装备制造、施工建设、管理运营的优秀范例。

印尼爪哇7号项目位于印尼爪哇岛万丹省，项目总投资 120 亿元（约 18.83 亿美元），总装机容量 2×1050 兆瓦。项目整体投运后，年发电量约 150 亿千瓦时，将有效改善印尼区域电力供应现状，大大缓解爪哇地区用电紧张局面，对当地经济增长和社会发展起到强有力的拉动作用。

上海商贸年鉴支持单位

SHANGHAI BUSINESS YEARBOOK SUPPORTERS

德高广告（上海）有限公司
宝理工程塑料贸易（上海）有限公司
和通汽车投资有限公司
上海新凤翔废旧物资处理有限公司
格朗吉斯铝业（上海）有限公司
上海吴淞口国际邮轮港发展有限公司
昌硕科技（上海）有限公司
三菱电机上海机电电梯有限公司
统一超商（上海）便利有限公司
浙江民泰商业银行股份有限公司上海分行
安利捷（中国）投资有限公司
上海华泛信息服务有限公司（飞翱集团）
无印良品（上海）商业有限公司
上海柯渡医学科技股份有限公司
香港太古地产有限公司上海代表处
上海华天房地产发展有限公司（虹桥南丰城）
养乐多（中国）投资有限公司
集荟商业管理（上海）有限公司
飞牛集达电子商务有限公司
上海电气风电集团有限公司
上海大博文鞋业有限公司
三井化学（中国）管理有限公司
上海豫园（集团）有限公司
玉川卫生用品上海有限公司
地素时尚股份有限公司
上海长泰商业经营管理有限公司
上海外联发商务咨询有限公司
三菱电机自动化（中国）有限公司
上汽大通汽车有限公司
巴斯夫催化剂（上海）有限公司
3M中国有限公司

排名不分先后

Excellent 优秀

上汽大众汽车有限公司
捷普科技（上海）有限公司
安莉芳（上海）有限公司
金佰利（中国）有限公司
松下家电（中国）有限公司
新奥能源动力科技（上海）有限公司
平安养老保险股份有限公司上海分公司
统一企业（中国）投资有限公司
通安房地产有限公司（晶品购物中心）
连卡佛百货商贸（上海）有限公司
梅龙镇广场有限公司
保乐力加（中国）有限公司
上海正欧实业有限公司
如新（中国）日用保健品有限公司
上海市金茂律师事务所
上海佳配电子商务有限公司
东方美谷企业集团股份有限公司
华领医药技术（上海）有限公司

排名不分先后

企业风采

Enterprises Style

公安部第三研究所
上海绿地商业（集团）有限公司
宝钢资源控股（上海）有限公司
福斯润滑油（中国）有限公司
东芝开利空调销售(上海)有限公司
上海奉贤经济发展有限公司
上海浦东发展银行股份有限公司上海分行
上海临港普洛斯国际物流发展有限公司
硕腾（上海）企业管理有限公司
中铁二十四局集团有限公司
上海恒邦房地产开发有限公司
宁波银行股份有限公司上海分行
上海安吉星信息服务有限公司
上海乐来汽车分析测试有限公司
上海航天壹亘智能科技有限公司
上海新世界集团假日酒店管理有限公司
上海古林国际印务有限公司
希思黎（上海）化妆品商贸有限公司
上海银星汽车修理有限公司

排名不分先后

JABIL

捷普是一家面向全球电子设备技术公司提供完备的电子设计，生产以及产品制造服务的电子设备解决方案企业。它于1966年在密歇根州成立。捷普是全球第三大电子制造服务供应商。

我们通过在全球范围内提供完备的电子产品供应链管理来帮助促进电子产品更快的走向市场以及使成本控制更加的有效。捷普在全球四大洲拥有90家工厂，超过180，000名员工以及30.5百万平方英尺的生产区域，同时捷普在广泛的领域里为客户提供全面的，个性化，针对性的解决方案。在2013年，公司销售额达到183亿美金。

捷普亚洲总部-捷普科技（上海）有限公司成立于2002年9月2日，坐落于上海市漕河泾开发区，目前是研发的亚洲区总部，也是捷普亚洲区的医疗产品生产基地。现工厂占地面积155,000平方英尺。捷普科技（上海）有限公司始终倡导授权、团队合作、充分沟通的工作理念，并且为员工提供良好的职业发展机会。为打造全球一流的EMS企业，我们始终坚持质量是永远第一位，客户满意是工作的第一目标。

捷普上海为多种行业提供专业的可配置产品的解决方案。独特的业务模式使我们在目标行业中与客户成为真正的合作伙伴，这些行业包括：医疗、分析仪器、网络、国防和航空航天、计算和存储以及工业控制。我们高度熟练并经验丰富的劳动力能够提供卓越的响应速度、效率和质量。

我们在行业领域中提供了最广阔的设计和制造能力。

拥有40年的经验，我们高度专业化的团队通过发展和制造成品药物输送设备、一次性用品、医疗电子及机械和系统解决方案，满足了复杂的医疗和医药市场的需求，也使一些世界领导品牌实现了他们的市场潜力。我们所传达的创新、专业以及让人安心的概念,帮助我们的客户构建的产品能够维持或改善人们的生活。

高复杂产品提供端对端的解决方案

海制造工厂战略定位为服务于高复杂产品及组件，为其提供扩展端对端制造和后期制造方案。

竞争日益激烈的全球市场中，我们提供：

计与开发

- 产品设计服务包含从概念到详细的设计阶段
- 可制造性和可测试性设计
- 测试流程的设计与开发

型设计和新产品导入服务

我们提供的新产品导入服务通过卓越的质量和工程支持，能促进产品更快的进入市场。其优点包括：

- 丰富的经验—体现在监管要求、技术和产品的复杂性
- 灵活的解决方案—针对客户的需求
- 无缝过渡到生产—提升速度和知识转移

杂产品制造

- 印刷电路板组装与测试（PCBA & T）
- 机电系统组装
- 背板组件

统集成

- 机箱建造，设备建造，定制生产/按单配置（BTO / CTO），直接实现（DF）
- 先进技术及全球测试
- 印刷电路板组装及机电关键部件管理
- 附件整合，BTO / CTO，DF

流服务

- 供应链设计与管理
- 售后服务
- 定制生产/按单配置
- 直接实现

一联络点

以客户为中心是我们的核心价值。公司为每个客户都设定一个联系人，并有一个支持团队在本地和全球范围内以确保最佳表现。我们有得天独厚的优势为客户提供高技能、积极向上及经验丰富的员工队伍、灵活适应性、加速进入市场、材料用杠杆以及全球供应链的合作伙伴。我们并承诺于不断开发人力资源和升级设备及工艺。

- 协作关系
- 灵活性
- 主动沟通
- 客户特定的解决方案
- 本地为中心的业务
- 一个单一的联络点专用资源

证与经验

场经验和应用

拥有超过20万平方尺的生产区域及10年以上的专业经验，我们的关注一直是战略性发展许多高要求和监管行业所需要的专业知识。我们不同于任何其他制造服务公司表现在：

- 在全球所有捷普工厂运行一个单一的全球企业资源规划系统（SAP）
- 持续监控和调整我们全球的覆盖区域，以满足市场需求和我们客户的需求
- 提供一个全球性的IT部署流程

非凡的能力 设计到制造的完美协同

Extraordinary Capsbilities

Synergy of Design Through Manucafturing

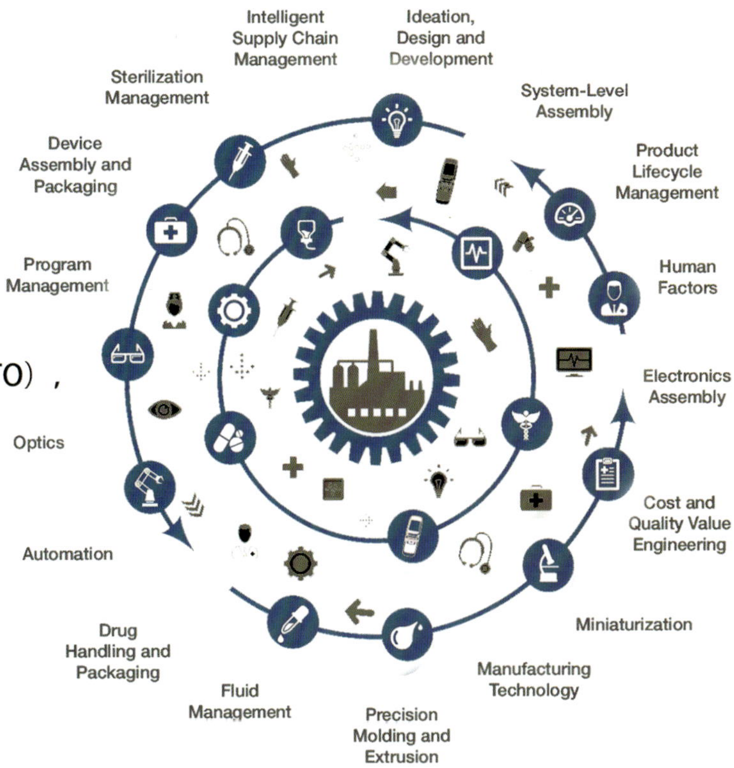

认证

- 中国国家药监局
- 环境：ISO 14001:2004
- 防静电S20：20
- ISO 13485
- TL9000
- OHSAS 18001
- 美国FDA
- 法规认证UL，CSA，TUV
- AS9100

JABIL

Embry Form
安莉芳
中国环境标志
CHINA ENVIRONMENTAL LABELLING
安莉芳
健康美学
GREEN
EMBRY
安莉芳荣誉出品
匠心内衣45年
独创罩杯技术已申请专利
专利
轻柔杯
SOFT-FITTING BRA
申请专利号：201910712872.3

ABOUT EMBRY FORM

安莉芳控股有限公司简介
Embry Holdings Limited

安莉芳控股有限公司（「安莉芳控股」）连同其附属公司（[安莉芳]或[集团]）是中国主要的内衣品牌及零售企业。自1975年创办于中国香港，经过四十多年的经营，安莉芳已经发展成为一家现代大型企业。本着“扎根香港、北望神州、放眼世界”的业务发展方向，集团将总部设于中国香港，自置写字楼面积达5,000平方米，更分别在1987年于深圳成立安莉芳（中国）服装有限公司，1993年成立安莉芳（常州）服装有限公司，并将生产线设于两地。21世纪，在改革开放的第三个十年，安莉芳借势国家渤海湾大经济圈的发展战略，选址山东省明水经济开发区，建立了绿色生态工业园。2010年，安莉芳上海总部大厦正式落成启用。

集团聘用员工近8,000人，致力提升产品质素，加强服务水准。除了不断招聘经验丰富的技术人员外，更不断投资增置最新的生产和信息设备，成绩骄人。自九十年代初期进军国内市场以来，集团业务发展迅猛，品牌影响力日益强大。迄今为止，安莉芳的零售业务遍及中国包括港澳地区在内逾300个城市，拥有逾1,400个零售点。

安莉芳不仅是女性内衣的零售商，更成功地建立了高素质、多元化的八大内衣品牌系列：优雅、舒适、时尚的母品牌“EMBRY FORM安莉芳”；年轻时尚、SEXY&CHIC的“FANDECIE芬狄诗”；健康清雅、功能为主打的“COMFIT”；高贵奢华，充满爱与魅力的内衣奢侈品牌“LIZA CHENG”；时尚舒适、专业品质的亲民品牌“E-BRA”；崇尚清新性感，FRESH&SEXY的“安朵”、精细考究、低调奢华又充满时尚活力的精英男士品牌“IVU”；以及创造安全、健康、自在、奇趣的少女品牌“LUCIE'S WORLD”，多品牌的组合战略成就了东方内衣的魅力传奇。现时，集团旗下的产品种类包括胸围、内裤、睡衣、泳衣、棉毛衣、束衣、运动内衣、袜裤和孕妇哺乳内衣等，深受各界人士欢迎。

关爱女性群体，关爱社会，关爱环境，安莉芳用高品质的产品为女性创造健康与美丽，给予女性自信与活力。秉承内外兼修的发展理念，融合科技、文化与社会责任，安莉芳孜孜不倦地对美丽事业进行着丰富的诠释，在成就着东方内衣魅力传奇的同时，更盛放着美丽梦想……

妇女卫生护理用品

高洁丝®Kotex®品牌1920年诞生于美国，是全球首个对大众进行经期知识教育的卫生巾品牌，并使一次性经期卫生护理产品被广泛接纳。诞生百年以来，高洁丝®帮助全球无数女性享受这款革命性产品所带来的便利。秉持卓越的创新，高洁丝®以高品质的产品和贴心的设计，不仅满足女性朋友的生理需求，更令每位女性在生活中倍感呵护和自信。

成人失禁护理用品

Depend®得伴，全球成人失禁护理领导品牌。自1980年诞生之日起，Depend®得伴始终坚持产品创新，研发出多款从轻度到中重度失禁的成人失禁护理产品。畅销全球几十个国家，为全球上千万尿失禁人群及看护者带来福音，使深受尿失禁困扰的人群受到舒适、专业的防漏保护。

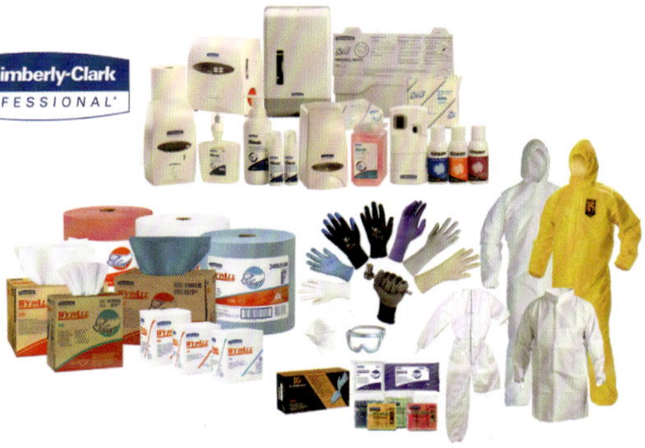

商用消费品

针对商业客户的卫生场所及工作区域中遇到的问题，运用专业技术及创新理念，不断研究开发品质卓越、物有所值的产品，力求提供最有效的解决方案，帮助您创造更健康、更安全、更高效的工作场所，我们称之为“完美工作新空间”。

松下集团的中国事业始于1978年，邓小平副总理访问日本，邀请集团创始人松下幸之助为中国的现代化作贡献。经过近10年的合作，1987年，松下集团在华成立了第一家合资企业。时至今日，松下集团在华拥有6万员工、74家公司，事业规模达1,100亿元，事业涵盖家电、住宅、冷链、零部件、汽车电子、互联解决方案等多个领域。2019年4月，松下集团成立了集事业和地域统括职能于一体的中国东北亚公司，以广受关注的社会课题“健康养老”以及“生鲜食品供应链”两大业务范畴重新定义成长领域，为中国消费者提供更加健康美好的生活体验。

互联解决方案

以投影机、液晶显示器、专业视音频设备、高速扫描仪、坚固型笔记本电脑、安防监控系统等拳头产品，全面覆盖媒体娱乐、广播电视、公共、教育、制造等行业。通过整体系统解决方案的输出，为客户现场带来革新，帮助客户解决经营课题。

媒体娱乐行业 | 广播电视行业 | 公共行业

教育行业

制造行业

机电解决方案

通过提供电子零部件、FA／工业元器件、电子材料、电池等产品展开BtoB事业，在工厂省人化、车载、情报通信、基础设施等社会需求大的领域提供全新的机电系统解决方案。

ICT | 车载 | 工业 | 基础设施

汽车电子

面向汽车产业电子化和节能环保的普及和发展，集合家电、ICT、能源方面的技术能力，在“优质化（舒适）”“统合安全（安全·安心）”“电动化（环境）”领域，成为汽车制造业不可或缺的供应商。

优质化 | 统合安全 | 电动化

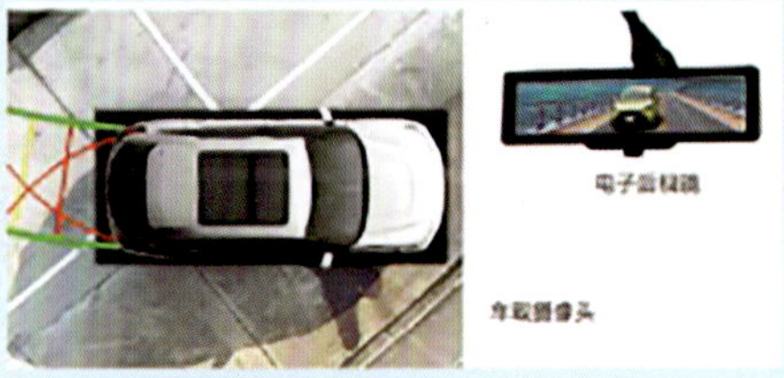

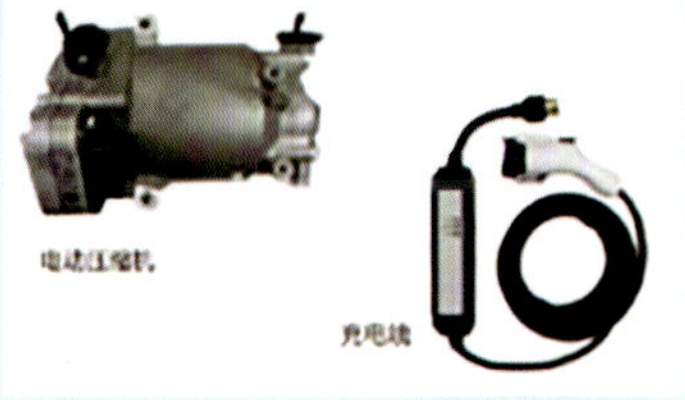

E150R发电发电机组

E150R系列机组是在新奥动力首款微燃机产品E135系列的基础上进行优化和技术升级得到，其继承了E100系列产品的成熟结构，同时核心机利用滚动轴承代替E135的滑动轴承，大大减少了机械损失，并利用同轴启发一体高速电机代替原有的常规发电机加齿轮箱的配置，减少了传动损失，整机的润滑和冷却需求显著下降，机组尺寸和重量相比E135降低约一半，性能明显提高，是新奥动力100千瓦等级微燃机的主推产品。

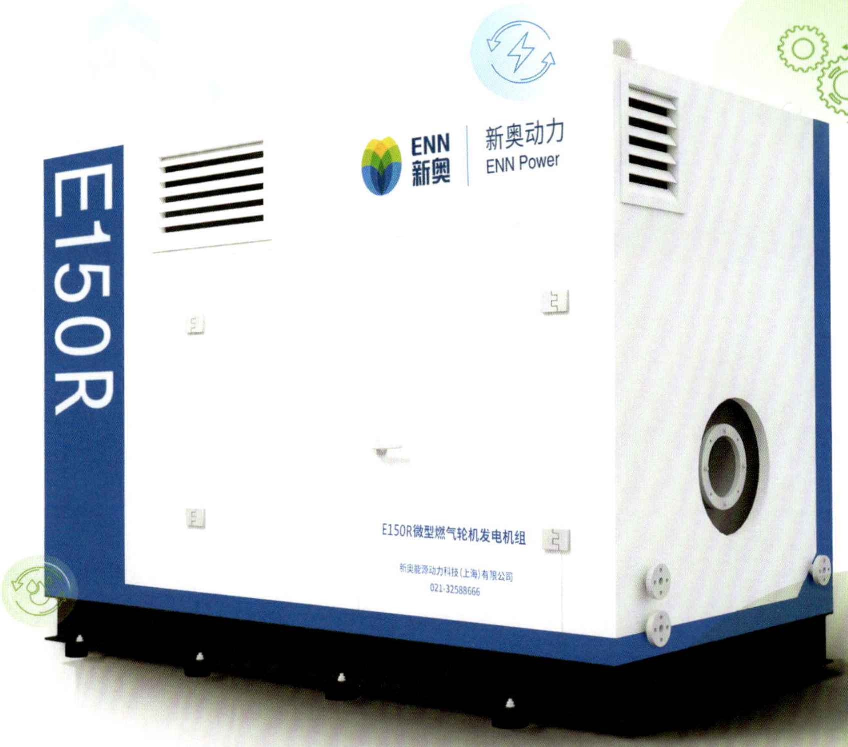

E150R发电发电机组参数介绍

热力性能数据			
回热循环机组		简单循环机组	
额定电功率	123 kW	额定电功率	150kW
额定发电效率	29%	额定发电效率	17%
排气温度	270 ℃	排气温度	650 ℃
排气流量	1.06 kg / s	排气流量	1.06 kg / s

环境性能数据			
NOx *	< 25 ppm	噪声	< 70 dB（A）
设备尺寸参数			
回热循环机组		简单循环机组	
外形尺寸	5000 x 1500 x 2140 mm	外形尺寸	3000 x 1500 x 2140 mm
重量	4.5 t	重量	3.5 t

冷热电三联供数据			
回热循环机组		简单循环机组	
制冷/制热功率	171/129 kW	制冷/制热功率	811/554 kW
供冷/供热面积	1900 ~ 4300 m²	供冷/供热面积	9000 ~ 20300 m²
简单循环机组热电联产蒸汽量 0.8 t / h			

平安养老保险股份有限公司上海分公司

平安养老保险股份有限公司上海分公司（以下简称平安养老险上海分公司或分公司)2007年3月在上海成立，主要经营以年金为主的养老资产管理，以企业员工福利保障和城乡居民大病保障为主的保险业务，具备企业年金、职业年金、基本养老金、第三方资管等资质。公司拥有优秀的专业团队，截至2019年末，公司员工总数600余人。

自2007年成立以来，分公司紧紧抓住了平安养老险成立快速发展、做大做强的历史机遇，公司业务规模不断扩大，经营绩效持续提升。截至2019年末，保费规模27.05亿，市场份额39.2%。

作为市场上首批同时拥有受托、投资、帐管三项资格的专业养老险公司，平安养老险上海分公司凭借平安养老险强大的专业能力和集团强大的后台 IT 系统，为上海地区广大客户提供“三位一体”的年金服务。在2019年上海市机关事业单位职业年金计划受托人评选中，平安养老险脱颖而出，成功中标。

同时，作为企业保险福利的供应商，平安养老险上海分公司全面关注员工健康，协助企业完善员工福利体系，十几年间为众多行业知名企业提供优质保险服务，受到广大客户的普遍认可。

放眼未来，平安养老险上海分公司将以“专业的养老资产管理机构”和“专业的民生福利保障供应商”为目标，继续肩负服务民生保障的重任，坚持创新、协调、绿色、开放、共享的发展理念，将更加聚焦民生服务事业并支持养老健康产业发展，解决好老百姓“老有所养、病有所医、贫有所助”的民生问题，为全面建成小康社会做出更大的贡献。

中国平安 PINGAN
金融·科技
专业 让生活更简单
医保卡原功能为用于药房购药
和医疗费用结算支付等
在未患病情况下可用机会相对较少
睡眠资金比例高达75%
政府来支招！只需一分钟
唤醒医保卡
睡眠资金
医保卡可以购买
重疾/医疗保险!!!
平安专属
医账通APP
不用现金，费率低
自费部分可报销
保障详细内容请以保险合同为准
可续保
至75周岁
扫一扫 移动链接直接投保
95511按#转6转5
pingan.com
微博@中国平安V
平安养老保险 上海分公司

统一企业®

统一企业于1967年在中国台湾台南成立，由最初的食品制造本业开始，生产及销售面粉、油脂及方便面等产品，一路发展至今，包括食品、连锁便利、贸易、食用油、马口铁、物流、生物科技等产业领域，涵盖如贸易、证券、休闲、零售百货等包括了多项民生相关的消费品及服务产业，已成为一个多元化、国际化经营的综合生活产业集团。事业版图已扩充至祖国大陆、越南、印度尼西亚、菲律宾以及泰国等地。

1992年，统一企业集团开始在祖国大陆投资设厂。1998年，统一企业（中国）投资有限公司在上海成立，统筹管理所属各子公司生产和销售的方便面、饮料、包装水、乳品等产品。统一企业一直秉持“三好一公道”的经营理念，致力于提供品质安全的产品，让消费者吃得放心、吃得健康，在全国创立了众多饮料和方便面知名品牌，如统一冰红茶，统一绿茶，统一鲜橙多，阿萨姆奶茶、统一冰糖雪梨、海之言、小茗同学、如饮、雅哈、水趣多、爱夸、统一老坛酸菜牛肉面、统一卤肉面、满汉宴、满汉大餐、汤达人、都会小馆、相拌一城、小浣熊、冠军榜、统一100、来一桶等，深受广大消费者的喜爱。

保障食品安全是企业的生存之本，更是企业肩负的社会责任。不论是原物料还是产品，大陆统一企业持续推动食品安全的有效管理，并成立了通过中国合格评定国家认可委员会（CNAS）认可的食品安全检测中心。公司内部一直坚持对所有原材料进行严格质检，并不断加强对产业链上下游的控制，确保产品质量安全。

统一企业在经营事业的同时，也善尽社会公民的责任，参与祖国大陆的社会公益活动。2008年第二十九届奥林匹克运动会在北京隆重举行，统一企业积极参与奥运，成为奥运有史以来唯一的方便面赞助商。我们捐助奥运希望工程、希望小学等，同时也积极捐赠救助汶川地震、青海玉树地震、甘肃舟曲泥石流、雅安地震、定西地震、昭通地震等。

统一企业一直秉持公司“三好一公道”的经营理念，致力于提供品质安全，以及深受消费者喜爱的产品。统一企业，以成为全球最大的食品公司之一作为21世纪的战略目标，掌握时代脉搏，全心尽力演奏出一首永为大家喜爱的食品交响乐，传播健康与快乐，与消费者携手共创美好的生活。

开创健康快乐的明天

统一企业（中国）投资有限公司
UNI-PRESIDENT ENTERPRISES (CHINA) INVESTMENT CO.,LTD.

SAVOR
VIGOR
BEAUTY

国际品牌

Lane Crawford

连卡佛于2013年10月开设了中国上海旗舰店，为消费者在上海提供一个高质量时尚和生活方式终点站。

上海旗舰店位于淮海中路99号的上海时代广场，面积达150,000平方英尺（约14,000平方米），合共四层。旗舰店汇聚1000多个国内外品牌，当中包括女装、美容、珠宝首饰、男装以及生活方式等商品组合，囊括了丰富的国内外知名品牌和设计师品牌。

该旗舰店的投资额约为四亿人民币，是连卡佛在大中华地区的第八家门店，占地面积广，为消费者提供了宽敞舒适的购物环境。

上海旗舰店是连卡佛与建筑事务所Yabu Pushelberg合作设计的。Yabu Pushelberg与连卡佛合作设计过四家门店。上海旗舰店采用了现代画廊的设计方法，使得全店能有一个充满活力的、启发性的和不断变化的整体环境。

上海旗舰店将面积超过20,000平方英尺（约1,800平方米）的空间辟为美容、时尚以及生活方式的个性化服务区域。64位个人形象顾问和礼宾人员将在这些舒适和私密的服务区域为顾客打造个性化的购物体验。

以「连通商务」策略将大中华区全部实体店与全球在线店铺实现对接，倾力打造无缝式购物体验。顾客可以在连卡佛线上商店订购商品，然后在上海旗舰店内的“线上商店礼宾部”取货或退货。

另外还有约3,000平方英尺（约278平方米）的名为The Hub的创意空间，专门展示创意作品。The Hub旨在通过在店中心展出新兴设计师和艺术家的作品，来支持他们的成长和发展。

时尚

奢华

About Pernod Ricard China
关于保乐力加中国

Introduction to Pernod Ricard China
保乐力加中国

在中国，保乐力加是进口酒类国际集团中无可争议的第一。早在二十多年前，一些主要品牌如芝华士、马爹利、皇家礼炮就已进入中国市场，并逐步成长为中国进口烈酒市场的领导品牌。近几年对联合多美和Vin & Sprit的成功收购，进一步巩固了保乐力加在中国的领导地位。随着2005年百龄坛、玛姆、巴黎之花、必富达、甘露和马利宝，2008年绝对伏特加以及2016年猴王47黑森林等品牌的加入，公司强大的产品组合得到不断丰富。

目前，保乐力加在中国拥有一家独资贸易公司 —— 保乐力加（中国）贸易有限公司，总部位于上海，分销网络覆盖全国，并在北京、广州、厦门、武汉等地设有分公司。

In China, Pernod Ricard leads the way among all international wine and spirits groups. Key brands such as Chivas Regal, Martell and Royal Salute were introduced into the country over two decades ago, since then they have grown to become China's leading portfolio of imported spirits. The acquisition of Allied Domecq and Vin & Sprit further consolidated Pernod Ricard's leadership in China with the addition of Ballantine's, Mumm, Perrier-Jouët, Beefeater, Kahlúa and Malibu in 2005, Absolut vodka in 2008, and Monkey 47 in 2016 to the already strong brand portfolio.

Pernod Ricard has a wholly-owned trading company based in Shanghai, with a strong distribution network across China and key offices located in Beijing, Guangzhou, Xiamen, and Wuhan.

Pernod Ricard China
保乐力加中国

NU SKIN
DISCOVER THE BEST YOU™

如新（中国）日用保健品有限公司

NU SKIN 如新 30有诚 用心创造微笑

Nu Skin 如新集团于1984年创立于美国犹他州普罗沃市，并于1996年在纽约证券交易所挂牌上市，业务遍及全球50多个市场，是一家深耕于个人保养品和营养补充品领域的跨国企业。2018年，Nu Skin在全球营收达26.8亿美元。Nu Skin 整合了先进科技和阵容强大的科研团队，打造业界领先的抗衰老科研中心，持续为市场研发出优质、创新的抗衰老产品。

如新中国是 Nu Skin 在中国大陆设立的子公司。2014年4月，投资近5亿元人民币打造的GCIP在上海落成，这是 Nu Skin 发展史上最大的海外投资案。该园区整合了抗衰老科研中心、使命中心与长长服务中心，地块面积超过38,000平方米，建筑面积达34,000平方米，约相当于6个足球场，可支持未来销售业绩的成长。GCIP的优秀环保设计，更于2014年8月荣获由美国绿色建筑协会颁发的LEED金奖认证。除了GCIP，Nu Skin 在华投资还包括如新个人保养品生产基地（上海）、华茂植物提取原料生产基地（浙江）、华茂保健品生产基地（浙江）和如新华茂生物光子扫描仪生产基地（上海）。

Nu Skin 始终秉持“荟萃优质 纯然无瑕”的产品理念，将重点放在产品内容和品质上。如新在不断创新的基础上，将科技融合到产品中，从而把这种科技上的进步通过产品传递给消费者。

Nu Skin 积极承担社会责任，持续行善。「受饥儿滋养计划」已捐赠超过6亿份蜜儿餐给世界各地饥饿及营养不良的儿童；「Nu Skin如新中华儿童心脏病基金」已成功在大中华区募集善款超过1亿1900万元人民币，共救治8,798名贫困先心病患儿；「乐善汇」已组织超过45,791人次志愿者帮助陪伴109,606位受助人，贡献志愿时间174,522小时。

Nu Skin 在人才、产品、企业文化等表现上屡获肯定，迄今共囊括55项国际企业大奖。2019年4月，Nu Skin获美国《直销新闻》杂志（Direct Selling News，DSN）连续第四年授予「最佳雇主」称号，同时跻身DSN全球百大直销企业排行十强，位列第七。2019年5月，Nu Skin 获评2017年及2018年全球排名第一的居家美容仪器系列品牌。如新（中国）日用保健品有限公司，凭借在慈善事业中的突出贡献，分别在2008、2011、2012年、2016年及2018年，五度获得由中华人民共和国民政部颁发的「中华慈善奖」；同时自2010年至2018年连续九年荣膺「中国慈善排行榜十大慈善企业奖」。

Automobile Service

上海银星汽车维修有限公司

公司质量方针：质量是企业的核心，安全是企业的生命。

公司质量目标：车辆修理出厂合格率达到100%，客户满意度达到95%以上。

董事长兼总经理：邹元放

银星公司办公大楼

银星公司停车场

上海市奉贤区南桥镇南亭公路 1301 号
电话：021-57425001、37520818

公司前称上海浦江汽车运输有限公司汽车修理厂，始建于 1996 年 7 月，于 2006 年 1 月更名为上海银星汽车维修有限公司。位于奉贤区区府所在地南挢镇南亭公路 1301 号。处于沪杭公路、南亭公路、亭大高速公路出入口交汇处，地理位置十分优越。公司是奉贤区唯一具有一类资质的汽车修理企业，是一个有相当实力和规模的专业汽车修理企业，公司以汽车修理（含大小客车．大小货车及危险品车辆）为主体，另设有停车场，车友俱乐部经营业务。

公司始终追求开拓市场，扩大发展，实施一流管理的汽车修理业务，创建一流企业的经营宗旨，切实搞好车辆的修理。公司是上海市奉贤区危险品车辆定点维修单位，是宇通客车、金龙客车、玉柴发动机的特约维修单位，又是中保公司奉贤支公司、中华联合奉贤支公司、太平洋奉贤支公司、都邦保险奉贤支公司事故定损、理赔、维修一条龙服务单位。

公司拥有一个懂管理、善经营、勇于开拓市场的高素质领导班子，拥有一批有事业心和责任感强的管理人员。更拥有一支敬业爱岗，服务优质，业务熟练的员工队伍。公司在车辆修理中狠抓服务质量和安全管理，以优质、高效、规范服务于社会，历年来公司被行业管理部门均评为汽车修理先进单位。几年来．公司投入大量的人力．财力，物力发展汽车修理服务事业，公司的固定资产投资达 2000 万元以上．占地面积 50 余亩．建筑面积达 4800 余平方米．绿化面积占厂区的 30%，使公司真正成为终年常青，四季花香的花园式厂区。

公司现有牵引车一辆、四轮定位仪一台、举升机十二台、大客车喷漆房、四合一检测仪。并拥有钣金台、水磨台、烘漆房、镗缸机等设施，其设备总资产高达 500 万元以上，年收入高达 1000 万元，公司现拥有高级经济师、高级政工师、工程师、助理工程师、会计师、助理会计师等技术人员 12 人，并拥有机修、钣金、油漆、电工等高级工 11 人，中级工 14 人，公司内部管理严格．职责岗位明确．操作规范有序。公司于 2009 年 5 月通过 ISO9001-2008 质量管理体系新版本的确认工作，汽车修理 2010-2012 年被上海市交通运输和港口管理局诚信考核中评为 3A 企业。停车场管理 2011-2012 年被上海市交通运输和港口管理局诚信考核中评为 3A 企业。

公司与上海奉贤联运有限公司、上海奉贤交通液化气有限公司、上海浦江汽车远输有限公司、上海远方气瓶检验有限公司、上海凤舞汽车运输有限公司、上海远方旅行社有限公司之间相互依托．互相支持，形成具有一定实力的经济联合体，为振兴奉贤经济发展创建和谐社会而努力奋斗。

公司坚持以科学发展观适应市场竞争．以此适应车辆修理业务的发展，按照现代化企业制度框架建立新型的企业模式．加强内部管理，致力于管理科学化．服务规范化，不断发展创新．公司质量方针：质量是企业的核心，安全是企生的生命，公司质量目标：车辆修理出厂合格率达到 100．客户满意度达到 95% 以上。公司紧紧依靠全体员工共同努力，开拓创新，把企业做优，做强，做大．以安全优质，温馨服务打造“银星”品牌，为创新和谐社会作出应有的贡献。

银星公司修理厂

极配正品

G-PART.CN

做中国汽配服务第一品牌

极配电子商务有限公司（以下简称“极配”）成立于2014年，是华胜集团（1998年成立）重组上海隆丰（1984年成立）承接其供应链资源而成立的全国大型高端汽配流通服务企业。

极配共代理全球50多个国际一线汽车零部件品牌，是奔驰、宝马、奥迪、大众品牌配件的一级经销商。已在全国20多个省市设立了近40个专业仓储配送网点，服务及配送范围覆盖全国。

极配以“做中国汽配服务第一品牌”为企业愿景，践行“不卖假件”的承诺、“正心　正品”为价值观的发展理念，着力于全面建设汽配流通商务平台，致力于为修理厂提供整体解决方案。

成立至今，极配营业收入快速增长，预计到2019年，极配营业收入将超过20亿元。

东方美谷美丽健康产业园

东方美谷是 2016 年奉贤区委、区政府提出打造建设的，是由原上海奉贤经济开发区生物科技园区转型升级而来。东方美谷以美丽健康特色布局，增强高端生物制品、创新中药等方面的综合实力，提升生命健康产业的吸引力和竞争力。

园区规划土地面积 5.95 平方公里，五年内推出 1700 亩可用土地，按照产城融合发展理念，全力推动以“化妆品生产和生物科技产业”为核心的美丽健康产业，支持莱士血液、上生所、伽蓝集团等重点企业，推动巴斯德研究院、药明生物、中生集团抗体产业平台项目，打造生命健康全产业链创新生态。

在生产性服务业方面坚持以龙头项目为引领，重点发展企业总部、研发设计中心、运营销售中心、管理服务中心等“一部三中心”的相关业态。全力推进科创版孵化基地、OTC 股权托管服务中心、漕河泾南桥园区、上海石油化工交易中心等重点项目。

在科技产业配套方面坚持以“四大功能”和“八大中心”，重点引进和培育具有高成长性、发展潜力大、自主创新能力强、企业核心竞争力强、有品牌效应的企业，不断整合优质资源，积极推进检验检测、展览展示、销售体验、商品追溯、药妆技术等功能平台建设，打造有利于推动产业发展和集聚的配套体系。

在公共配套服务方面坚持以落户企业的发展需求为导向，重点建设交通、商务、商业、居住、娱乐等公共配套服务功能，打造集交流交友、便利购物、餐饮休闲、图书观影于一体的生活驿站，打好“产城融合”发展的坚实基础。

下一阶段，东方美谷将继续把美丽健康产业作为大健康产业发展的重要支柱，加快促进美丽健康产业集聚壮大，努力把东方美谷建设成为全市都市产业的生力军，打造国内体现上海实力水平的“名片”式特色产业集群，奋力谱写东方美谷发展的新篇章。

公安部第三研究所

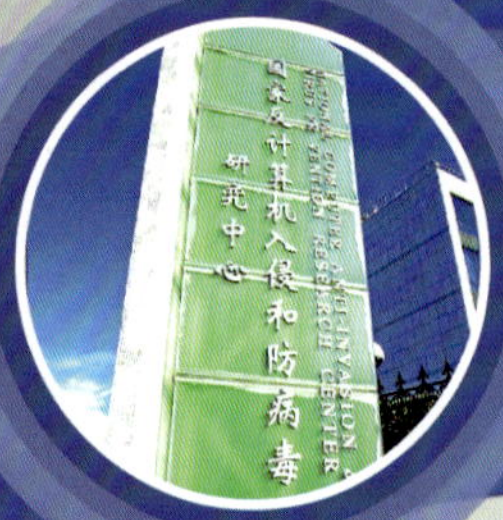

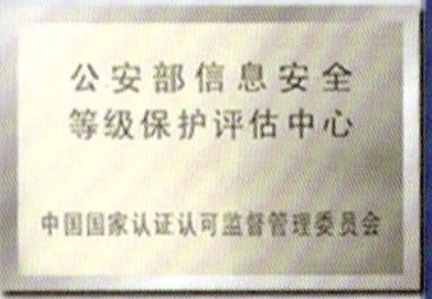

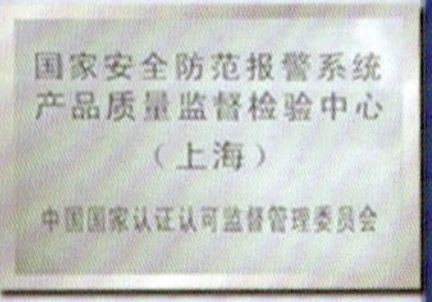

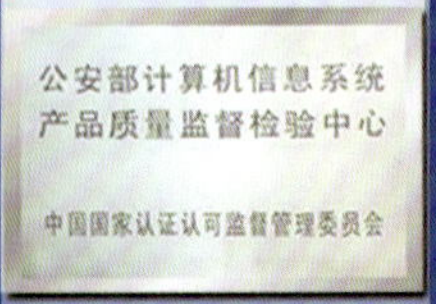

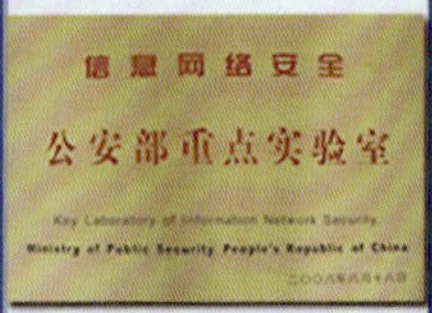

公安部第三研究所创建于 1978 年，是公安部直属科研单位。所本部位于上海市岳阳路 76 号，在浦东张江高科技园区及北京市区分别设有研究基地、业务机构。现有干部职工近 2089 人，其中科研人员 1460 余人，博士、硕士研究生以上学历人员 700 余人。

本所主要研究领域包括信息网络安全、物联网、特种通讯、禁毒、反恐防爆、图像处理和传输以及社会公共安全防范技术等。拥有博士后科研工作站、国家反计算机入侵和防病毒研究中心、信息网络安全公安部重点实验室、电子数据司法鉴定实验室等一批国家级、部级专业技术实验室。先后承担了国家科技支撑计划、“863”、高新技术产业化项目和发改委、科技部、公安部、上海市等国家级、省部级重要课题的研究任务，在 eID（网络身份认证）、RFID（射频识别）、VSD（视频结构化描述）、PDD（警用数字化单兵）等领域取得显著成绩，多次获得国家级、省部级科学技术奖励。自 1995 年至今，连续被上海市科委认定为高新技术单位。2005 年通过了 ISO9001 质量管理体系认证。

本所将以建设公安科技领域具有全国领先水平的科研机构为战略目标，以“敢为人先，引领发展，科技强警，励志报国”的核心价值观为引领，按照“科研和实战一体化、科研和产业一体化、科研和检测一体化、科研和教育培训一体化”的指导思想，坚持与时俱进、开拓创新，热情服务，不断破解公安实战中的关键技术难题，为科技强警做出新的贡献。

绿地贸易港集团

Greenland Global Commodity Trading Hub Group

绿地全球商品贸易港集是世界企业500强、全球经营的多元化企业集团——**绿地集团旗下的核心成员企业**，是**绿地大消费战略的主要实施者**。贸易港集团总部设于中国上海，前身是上海绿地商业（集团）有限公司，成立于2005年。在国家扩大对外开放、举办中国国际进口博览会、推进贸易高质量发展的**新时代背景下**，贸易港集团依托绿地海外资源配置优势，**着力打造贸易港产业核心平台**，重点开拓**国际贸易**、**终端零售**、**商业运营**、**商贸物流**领域，围绕进口全产业链布局，加快打造成为**中国商贸流通龙头企业**，并成为绿地转型发展的重要动力源及又一高增长板块。

绿地全球商品贸易港项目作为政府认定的进博会常年交易服务平台，承载展览展示、采购交易、商贸服务、消费旅游功能，已成为放大进博会溢出效应及承接商贸创新发展的重大平台，相继在上海、天津、济南、哈尔滨落户。首个贸易港项目——上海虹桥示范项目位于上海虹桥商务区内，紧邻国家会展中心，总面积11万平方米，于2018年11月开业。现有来自56个国家和地区的138家企业及组织入驻，开设国家进口馆34个，引进商品60000余件，累计交易额超过50亿元。项目内还建成上海首个保税展示展销场所，通过发挥绿地直采及海关政策的双重优势，以保税方式展销奢侈品、高端家居千余种，实现与海外"同质同价"；与以色列最大钻石零售商合作，共同打造亚洲最大现货裸钻直销中心。

G-SUPER

G-EXPRESS

国际贸易聚焦进口流通领域，通过发挥绿地海外资源配置优势，立足大宗商品及消费品持续扩大进口，开展国际贸易、国内贸易及代理业务，现已在肉食、水产、水果、酒饮等核心品类上形成突出规模。与海外政府机构、商协会、使领馆合作拓展优质资源，通过引入专业供应链服务、建立分销及零售渠道，将海外资源与国内市场快速衔接，打造符合绿地特点的低风险、高效率、轻资产贸易新模式。

徐汇绿地缤纷城

终端零售通过把握国内消费升级趋势，打造集"购物+餐饮+娱乐+社交"等功能于一体的创新零售连锁品牌——G-Super绿地优选。绿地优选打通"自产+直采+直销"供应链模式，引进数万种优质商品，成为国内进口商品占比最高的零售平台，现已在北京、上海、重庆、南京、成都、广州、深圳等20余个国内一、二线城市开业超过80家门店，并同步实现全渠道布局。同时，还与华为、微软等一线品牌合作，通过开设授权店、代理分销等方式打造电子消费品业务。

青浦仓

商业运营立足资产管理及商业价值提升，在近年来着力打造了品质型城市商业综合体——绿地缤纷城。缤纷城聚焦家庭亲自、城市白领、年轻潮人等多层次人群，形成以零售、餐饮、文化、艺术、亲子、时尚为核心的业态组合，营造"潮流+品质+生活"的消费体验，现已在北京、上海、武汉、南昌、西安、宁波等城市开业超过10个项目，上海徐汇绿地缤纷城、武汉绿地缤纷城、北京大兴绿地缤纷城等已成为区域商业新标杆。

国际贸易

商贸物流依托商贸综合产业优势，在全国范围内开展高标仓储投资建设、供应链增值服务、物流与保税园区运营等业务，现已在天津、武汉、成都、苏州、芜湖等国内重要交通枢纽城市获取超过1000亩用地，总建筑面积超过400万平方米。深入进口全流通环节，为上下游企业提供增值服务，针对采购、生产、销售等各环节供应链需求，打通包括口岸通关、仓储管理、货物配送等一体化的综合物流服务。

绿地全球商品贸易港

贸易港集团主动承担**社会责任**、践行**社会公益**，全力服务保障第一、二届中国国际进口博览会，产业扶贫助力陕西延川、云南禄劝脱贫攻坚，开展"绿地•阳光"志愿行动公益项目，以实际行动回报社会各界支持，公司自2005起连续七届获评"上海市文明单位"。

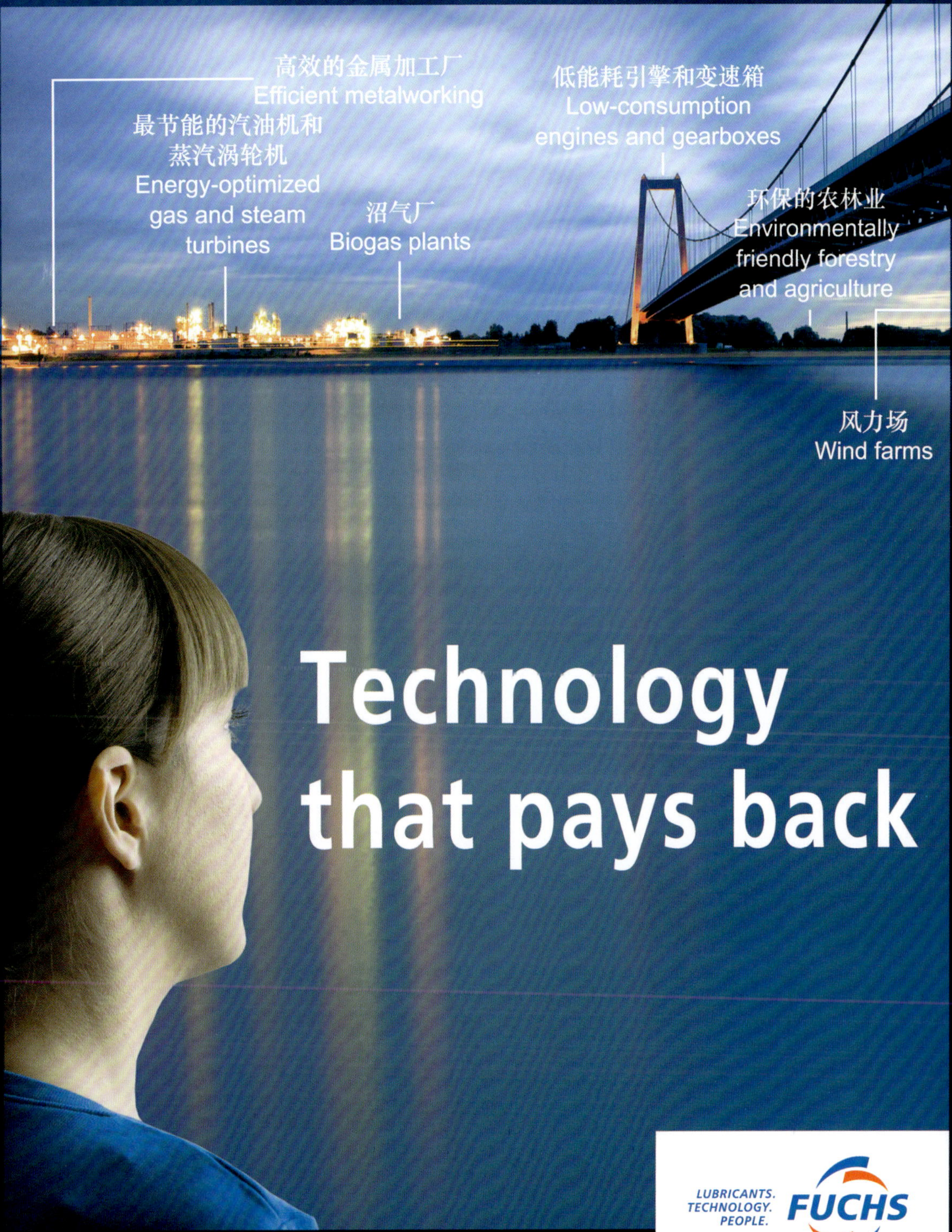
高效的金属加工厂
Efficient metalworking
最节能的汽油机和
蒸汽涡轮机
Energy-optimized
gas and steam
turbines
沼气厂
Biogas plants
低能耗引擎和变速箱
Low-consumption
engines and gearboxes
环保的农林业
Environmentally
friendly forestry
and agriculture
风力场
Wind farms
Technology
that pays back

奉贤 经济发展

SHANGHAI

地址：上海市奉贤区南桥镇宏伟路24号
电话：67190580　67190706

2016年12月，上海奉贤经济发展有限公司（以下简称公司）由上海市奉贤区供销合作总社、上海奉贤工业总公司、奉贤区粮油总公司三家企业合并组建而成，并负责这三家公司（社）经营管理业务的拓展。公司秉承“服务城市发展、服务百姓生活”的理念，现有全资企业20家，控、参股企业17家，注册资本3亿元，总资产24.27亿元，净资产11.71亿元，资产面积40万平方米，土地面积72万平方米。

以资产经营为基础，提升发展能级。结合存量资产招商，注重“租金”“税金”联动发展。结合上海城市更新和奉贤特色小镇建设，以规划为引领，以市镇、社区、街道为单位进行资产改造，扩大优质资产覆盖面，积极参与“生活驿站”建设，探索打造社区中小商业综合体。运用信息化手段，提升资产出租经营水平。运营管理9.6万平方米上海市工业综合开发区乐活青年社区轻资产项目，深化合作，寻求共赢，实施无边界经营。2018年，公司资产经营收入近亿元。

以招商引资为关键，做大发展总量。围绕奉贤东方美谷建设，积极发展医疗器械、文化创意、食品流通专业园区。公司驻上海招商服务中心正式运行。打造的公司医疗器械产业园现有10幢厂房，税收近亿元。“奉工源”文创园成为第一批区级文创园，现已开工建设。食品流通产业园已完成样板房装修工作。以东方美谷园中园建设为机遇，改造建设供销经济园区东方美谷园中园，组建专业团队，开展专业园区招商。公司赴北京、深圳、石家庄召开招商推介会，积极引入龙头企业和“金凤凰”。2018年，公司商贸型税收8.34亿元，同比增长32.38%；新增有效纳税户1749户，同比增长19.52%。

以为民服务为宗旨，推进乡村振兴。以粮油购销公司为龙头，2018年秋粮收购达7.6万吨，创20年来历史新高。8万吨奉城新粮库建设项目去年底开工建设。保障军粮供应，做好“双拥”工作。“全国诚信市场”南桥集贸市场加强标准化、智慧菜场建设，彰显公办菜场的公益性、引领性和示范性。完善农资经营管理体制。参与“两网融合”实施工作，全面参与垃圾分类新时尚产业，率先在南桥镇建立回收点36家。做好农业专业合作社蜜梨、黄桃等优质农产品的销售。深化推进贵州、青海对口帮扶工作，加快筹建帮扶地区农产品在沪销售平台工作，销售贵州遵义地区农产品近500万元。

以多元发展为突破，增强发展后劲。鼓励产权经纪融入上海产权联交所服务体系，典当、拍卖等走出奉贤，到更大、更广阔的市场搏击。加大对投资参股企业的监管力度，不断提高经营效益。积极探索对商业资产收购及股权的投入，确保国有资产的保值增值。重视“鼎丰”等老字号品牌保护和企业发展。2018年，公司系统共申请专利20多项，2家公司获得中国轻工业百强企业称号，2家公司分别获得上海市优秀发明金奖提名和银奖。

以国企党建为引领，强化发展保障。公司党委发挥领导核心和政治核心作用，切实做到把方向、管大局、保落实。坚持改革创新，开展作风建设和大调研工作，走访调研基层企业。强化工匠精神，重视企业文化建设，沉淀公司的特色文化。

站在新的起点，上海奉贤经济发展有限公司将传承光荣传统，抓住时代契机，积极开拓进取，重铸企业辉煌，为区域经济社会发展作出新贡献。

小微企业续贷纾困

小微企业在能按时全额支付贷款利息的前提下，可向我行申请无还本续贷。经审核同意后，无需归还贷款本金，即可完成续贷，解决资金临时短缺的困难，续贷期限最长可达一年。

快速支持复工复产

期限灵活	利率优惠	线上申请	无需还本
专人受理	快速审批	流程简化	额度保障

申请流程

1. 企业线上或线下进行无还本续贷申请。
2. 填写《浦发银行小微客户续贷业务申请书》。
3. 专人业务审批通过后，完成续贷。

线上线下预约申请通道

1. 关注浦发银行公众号，进入菜单“普惠金融－无还本续贷”，阅读原文。
2. 登陆上海市企业服务云（ssme.sh.gov.cn）搜索“浦发银行上海分行”，选择“无还本续贷”点击申请。
3. 所有上海地区浦发银行网点均可预约。

浦发银行上海分行联系人：

谢希安 13817611101

施嘉俊 13818285953

专人专岗，快速审批，

扫码即可申请。

临港普洛斯国际物流园区

定位与优势

· 由普洛斯和上海临港集团所共同投资与开发
· 上海临港产业区内唯一的公共物流设施平台；
  依托洋山自由贸易区，紧邻浦东国际空港，辐射长三角
· 保税与非保税相配套； 国内配送和国际配送相结合

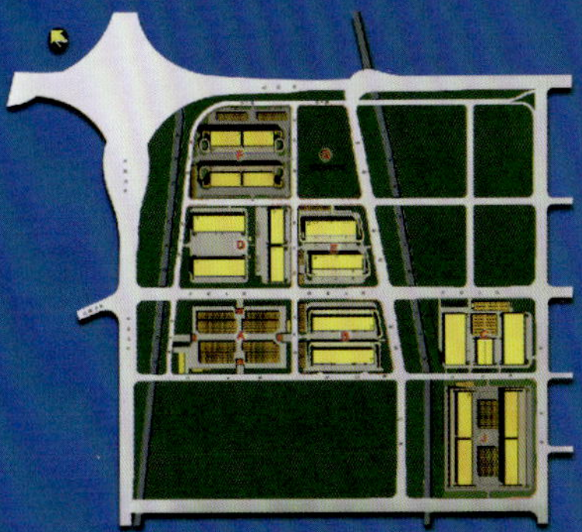

临港普洛斯国际物流园各地块区位展示图

大体量现代化通用物流设施

· 总物业面积超过90万平方米
· 2,000㎡~5,000㎡的单元面积方便客户自由组合
· 7.5m~9m仓库净高，便于安装各类货架
· 既有方便货物进出的双面开门仓库，也有适合汽配、服装物流的单边开门仓库
· 3%的屋顶自然采光，高效节能
· 园区CCTV监控，协助客户安全管理
· 下沉式地下助动车停车库，有效管理园区交通
· 9m宽自动升降卷帘门，6m宽月台，9m宽雨棚，高效配合客户24/7全时作业

客户业务类型

· 海运集拼进出口
· 服装进出口加工
· 电子商务国内配送
· 汽车零部件
· 生产物料管理
· 大宗货物贸易

优越的地理位置

· 位于上海东南角的临港产业区内
· 距洋山深水港32公里
· 距浦东国际机场37公里
· 距上海市中心75公里
· 距虹桥机场80公里
· 毗邻铁路中心站、沪芦高速、两港大道等发达的交通网络

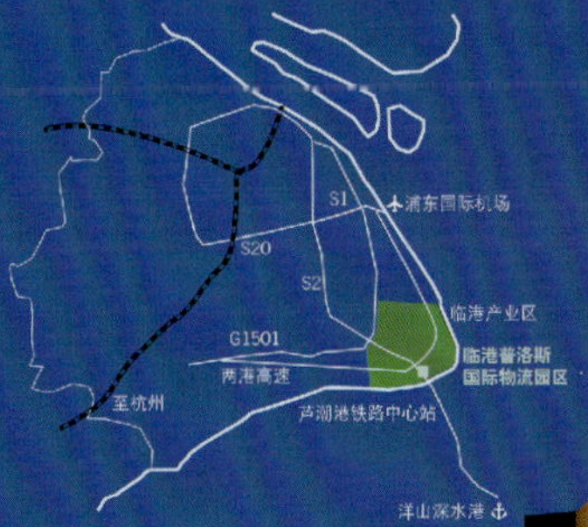

中铁二十四局集团有限公司

信守承诺 奉献精品 追求卓越

中铁二十四局集团有限公司是中国铁建股份有限公司的全资子公司。本部设在上海市，下辖7家综合工程公司、3家专业工程公司、3家分公司，并设有7个区域指挥部。中铁二十四局集团有限公司及下属企业共拥有各类资质152项，并拥有“五特五甲”资质：铁路工程施工总承包特级资质1项（含铁道行业设计甲Ⅱ级资质）、市政公用工程施工总承包特级资质2项（含市政行业设计甲级资质）、建筑工程施工总承包特级资质1项（含建筑行业设计甲级资质）、公路工程施工总承包特级资质1项（含公路行业设计甲级资质）。获批国家企业技术中心、国家高新技术企业。

在60多年的发展历程中，中铁二十四局集团有限公司及成员企业参与了30多条客运专线、城际铁路、高速铁路的建设；31个省、自治区、直辖市的公路、市政、房建、机电安装、水利水电等工程建设，20余个城市的轨道交通工程建设；先后荣获中国建筑工程鲁班奖、国家优质工程奖（金、银奖）、中国土木工程詹天佑奖等40余项，中国市政工程金杯奖和省部级优质工程奖100余项，获得全国优秀施工企业、全国建筑业诚信企业、全国模范职工之家、全国文明单位、全国五四红旗团委等国家级、省部级荣誉80余项。

集团公司高度重视新技术、新工艺的开发和应用，在长期的工程建设中积累了丰富的施工经验。在高速铁路建设、铁路既有线改造、上跨下穿铁路既有线、软土地基处理、各类深水、大跨、异型桥梁建造、长大隧道施工、电力、通信、信号、电气化、高速公路、高层建筑和城市轨道交通等施工领域形成了自己的特色，具有强大而雄厚的施工能力。荣获国家技术发明奖及众多省部级科技进步奖，拥有大批国家级、省部级工法、国家发明专利和行业标准，创造了多项中国企业新纪录。

“信守承诺、奉献精品、追求卓越”是我们的优良传统和不懈追求。中铁二十四局集团有限公司将以创新、协调、绿色、开放、共享的发展理念为引领，秉承“责任、诚信、创新、包容”的价值取向，愿与社会各界精诚合作，共谋发展，共创和谐，共迎美好明天！

上海恒隆广场

上海恒隆广场以HOME TO LUXURY为定位，引领高端时尚潮流，是新一代高净值人群娱乐消闲的必到之所。项目位于上海市静安区知名的商业购物区——南京西路1266号，自开业以来，一直是屹立上海市的瞩目地标，更曾被评为国内成功的商业综合项目之一。

上海恒隆广场是上海人所熟知的奢侈品高地，五层高的购物商场云集了世界100多个知名奢侈品牌，租户名单仿如一本“品牌名人录”，如 Louis Vuitton、Hermes、Chanel、Dior、Cartier、Prada、Bottega Veneta、Boucheron等。而其他品牌如Valextra、Mulberry、Moynat及一系列潮流高端餐饮食肆的不断入驻更是为恒隆广场注入了新的活力。恒隆广场也一直致力于引领高端生活方式，为宾客创造更优质的多元化体验，已连续三年在推广活动方面荣获亚洲—太平洋史蒂夫奖，是名副其实汇聚时尚潮流和品味生活的 HOME TO LUXURY。

上海恒隆广场拥有行内领先的会员计划“恒隆会”，并设有专属贵宾室The Lounge 为绿宝会员带来尊享体验。“恒隆会”的宗旨是为会员提供与别不同的体验，其贵宾体验专员将专责照顾指定会员，提供独家限定、包括为个人度身订制及有高度体验价值的服务。指定会员将有机会获邀参与国际时装周、品牌新品发布会、与知名设计师或星级名厨聚会、优先预订品牌限量版货品、携同亲友使用The Lounge的设施、形象指导、私人管家、私人订制菜单等。

此外，上海恒隆广场更活跃于社交平台，以短视频（Vlog）形式作为进驻小红书的内容策略的一部分，针对热衷奢侈品消费的年轻受众，以精心策划的选题、高品质的内容推出了线上时尚Vlog频道——Channel 66，让消费者安坐家中也可以获得直观及亲切的购物体验。

本着“以客为尊”的理念，恒隆广场未来将通过一系列市场推广策略和尊尚服务，在其龙头地位之上再创新的历程。

请扫码关注
上海恒隆广场
官方微信

微博：@上海恒隆广场
网址：www.plaza66.com
电话：2225 1800

上海古林国际印务有限公司

上海古林国际印务有限公司创建于一九九四年七月，是由日本古林纸工株式会社和上海包装造纸<集团>有限公司合资组建的综合性包装企业。

本公司注册地址：上海市闸北区陈家宅路56号，注册资金1000万美元。其中日方占股份60%，中方占股份40%。本公司充分发挥日本印刷包装界先进技术及经营管理方式，在日本古林纸工株式会社八十余年来制造纸容器的丰厚经验和独特技术的基础上，将款式设计、生产技术、质量管理、售前售后服务融合一体，形成了可迅速满足客户的产销体制，赢得了众多著名制药公司（世界500强制药公司）和化妆品公司的信赖，并成为他们最重要的供应商。

由于本公司不断采用创新工艺技术，采用BACD、折光、荧光、线条等多种综合一体的高科技防伪印刷手段的产品，已达到世界包装行业先进水平行列。

本公司坚持奉行以包装奉献社会的经营理念和“让客户更满意”的方针，1991年和2004年率先在全行业中荣获ISO9001质量管理体系和ISO14001环境管理体系认证。

《上海商贸年鉴》（以下简称《年鉴》）是一部大型的上海商贸专业工具书，其主要任务是全面收集上海每一年的商贸发展情况及资料信息，并编辑整理，汇集成册。

《年鉴》的前身为《上海对外经济贸易年鉴》，创刊于1995年，每年编纂出版1卷，其中包含《上海商务年鉴》7卷。2016年改名为《上海商贸年鉴》。

《年鉴》是一部在国内外具有一定影响力的专业工具书。自创刊至2018年，有8517篇图文被中国知网收录，并可供广大读者查阅和下载。《年鉴》充分反映上海商贸新的特色以及商贸系统在“创新驱动、转型发展”中出现的新成果和新经验。全书约100万字，收集图照200余幅，国内外公开发行。回顾年鉴历程，展望未来，以展示上海商贸的崭新风貌为己任，更好地为广大读者服务。

欢迎订阅《上海商贸年鉴》，我们将更努力地编撰年鉴，搜集更多商贸信息和资料，以供大家参考，为上海的商贸经济发展做出贡献。同时欢迎广大单位、企业、商户与我们合作，介绍在商贸活动中的事迹和经验，共同提高，繁荣上海的商贸事业。

《上海商贸年鉴》编纂委员会

7秒钟，决定第一印象。初见的第一眼，便会惊叹于其流线光影
雕刻车身与流光型车顶美学设计，亦静亦动间缔造流动美感。
Captain Chair行政级第二排礼宾座椅，尽展诚挚尊崇。长宽高
5346x1976x1781mm的车身尺寸，展现大气磅礴的外在气度。
豪华宽奢7座空间映射广阔博局的内在气场。
扫码了解更多
莅临试乘试驾
上汽大众
SAIC VOLKSWAGEN
上汽大众超级APP
数字化世界专属体验
搜索上汽大众超级APP
svw-volkswagen.com